U0559624

他们当时在南京

南京大屠杀的英美国民见证

【美】陆束屏◎著　张玉亮◎译
【美】陆束屏◎审校修订

团结出版社

图书在版编目（CIP）数据

他们当时在南京：南京大屠杀的英美国民见证 /（美）陆束屏著；张玉亮译．-- 北京：团结出版社，2023.1（2024.5）

ISBN 978-7-5126-9852-9

Ⅰ．①他… Ⅱ．①陆… ②张… Ⅲ．①南京大屠杀 - 史料 Ⅳ．① K265.606

中国版本图书馆 CIP 数据核字 (2022) 第 220508 号

出　版：团结出版社
（北京市东城区东皇城根南街 84 号　邮编：100006）
电　话：（010）65228880　65244790（出版社）
（010）65238766　85113874　65133603（发行部）
（010）65133603（邮购）
网　址：http://www.tjpress.com
E-mail：zb65244790@vip.163.com
tjcbsfxb@163.com（发行部邮购）
经　销：全国新华书店
印　装：三河市东方印刷有限公司

开　本：170mm × 240mm　16 开
印　张：30.25
字　数：443 千字
版　次：2023 年 1 月　第 1 版
印　次：2024 年 5 月　第 2 次印刷

书　号：978-7-5126-9852-9
定　价：88.00 元

作者自画像

作者简介

陆束屏　美国内布拉斯加大学教授，主要英文著作有 *Japanese Atrocities in Nanking：The Nanjing Massacre and Post-Massacre Social Conditions Recorded in German Diplomatic Documents*（2022），*The 1937-1938 Nanjing Atrocities*（2019），*A Dark Page in History：The Nanjing Massacre and Post-Massacre Social Conditions Recorded in British Diplomatic Dispatches, Admiralty Documents and U.S. Naval Intelligence Reports*（2012，2019），*A Mission under Duress：The Nanjing Massacre and Post-Massacre Social Conditions Documented by American Diplomats*（2010），*Terror in Minnie Vautrin's Nanjing：Diaries and Correspondence, 1937-1938*（2008），*They Were in Nanjing：The Nanjing Massacre Witnessed by American and British Nationals*（2004）等。

从 1999 年至 2021 年，先后用中文在北京和南京出版关于南京大屠杀研究的专著 8 部：《日军南京暴行：德国外交文件中记载的南京大屠杀与劫后社会状况》（2021），《忍辱负重的使命：美国外交官中记载的南京大屠杀与劫后社会状况》（2018），《历史上的黑暗一页：英国外交文件与英美海军档案中的南京大屠杀》（2017），《血腥恐怖　金陵岁月：金陵女子文理学院中外人士的记载》（上下册，2014），《英国外交官和英美海军军官的记载：日军大屠杀与浩劫后的南京城》（2013），《腥风血雨话金陵：明妮·魏特林一九三七——一九三八年日记、书信和电文》（2012），《美国外交官的记载：日军大屠杀与浩劫后的南京城》（2012），《南京大屠杀：英美人士的目击报道》（1999）；并于 2022 年 10 月在德国用德文出版 *Japanische Greueltaten in Nanking：Das Nanjing Massaker in deutschen diplomatischen Dokumenten* 一书。因在南京大屠杀研究领域的成果及其在英语世界的传播，2014 年被南京大屠杀遇难同胞纪念馆授予“特别贡献奖”。

中文版序

1996 年底张纯如出版的著作《南京浩劫：被遗忘的第二次世界大战大屠杀》，以及德国商人约翰·拉贝的外孙女公布拉贝写于南京大屠杀期间的日记，引起了当时的西方学术界，乃至整个社会对南京大屠杀这一事件的关注。

由于笔者的母校之一——南京师范大学的校园曾经是 1915 年美国教会创建的金陵女子文理学院的校址。1937 年至 1938 年冬季，南京大屠杀期间，正是在这片美丽的校园中，人们将校舍整理出来，使之成为一座收容保护上万妇女儿童的难民营。当时有一批美国传教士留在南京城内，积极建立安全区、难民营，在很大程度上保护了无助的市民。这些传教士均接受过良好的教育，亲身经历南京大屠杀这样令人终生难忘的事件，笔者认为他们不可能不留下文字记录，因此，笔者决定做一些搜寻工作，寻找他们当时所书写的各类相关的文字材料。

1997 年 2 月中旬，笔者利用到美国华盛顿开会的机会，首次造访了国会图书馆，并搜寻到詹姆斯·亨利·麦考伦 1937 年 12 月 19 日至 1938 年 1 月 15 日的日记以及路易斯·斯特朗·凯瑟·史迈斯的《1937 年 12 月至 1938 年 3 月南京地区的战争损失：城乡调查》（*War Damage in the Nanking Area December 1937 to March 1938: Urban and Rural Surveys*）。接着笔者利用本校内布拉斯加大学图书馆的馆藏资料及其他资源，并通过馆际借阅系统，寻获了一批原始材料，包括身陷南京城内的美国记者发回的新闻报道，美国传教士的部分书信、日记，美国外交官于1938年初发给美国国务卿的外交电文等。与此同时，笔者一直关注收集新闻报道中、外交文件里，以及各类档案记载的大屠杀期间留在南京城内的西方籍人士的消息，包括确切的人数、姓名、国籍、职业、工作单位、日军攻占城市后在南京的日期等。准确的名单至关重要，具有纲举目张的作用，有助于引导研究者搜寻到真实可靠而具有历史与研究价值的大屠杀目击证词。

从最初搜获的这些英文原始资料中，笔者选取了每一种类别具有代表性、有价值的文字材料，翻译成中文，结集成《南京大屠杀：英美人士的目击报道》一书，由红旗出版社于1999年9月出版。由于当时收集的材料数量有限，质量也有不足之处，该书的出版并不令人满意。尽管如此，这本书在当时仍产生了一定的影响，国内的媒体，包括《人民日报》《光明日报》报道了该书的出版，刊登了书评，采访了笔者；中央电视台在2000年1月31日晚间《新闻联播》节目中也作了报道。这本书的出版在一定程度上为南京大屠杀研究界在回溯历史记忆、搜寻出版原始资料方面起了引导的作用。

然而，笔者研究南京大屠杀并非局限于收集原始资料，更不满足于仅仅用中文出版相关的书籍。南京大屠杀这一事件在中国国内可以说是家喻户晓，但在英语世界了解它的人并不多，也缺乏系统而深入细致的研究。因此笔者希望更广泛深入地收集各方面收藏的原始资料，用英文就南京大屠杀这一课题撰写研究专著，因为英语作为世界性的语言在很多国家使用，用英文撰写的关于南京大屠杀的研究作品，其传播会更为广泛，由此对历史学界乃至世界人民对于南京大屠杀的认知会产生更为深远的影响。

1998年12月，笔者争取到一笔研究基金，并在《南京大屠杀：英美人士的目击报道》一书完稿之后，于1999年夏动身前往美国东海岸，先后在哈佛大学燕京图书馆、耶鲁大学神学院图书馆、在华盛顿特区市中心的美国国家档案馆、位于马里兰州学院公园的国家第二档案馆待了一个多月，潜心查找收集当年留下的各种英文材料。

日军攻占南京之后，有四名美国记者、一名英国记者，以及十四名美国传教士留在城内。1937年12月15日、16日两天，这五名记者分别搭乘美国、英国和日本炮艇离开南京前往上海，均以最快的速度将有关南京大屠杀最初情况的电讯稿发往英美各大报章。因此，最初向世人报道揭露南京大屠杀日军暴行的是这几位记者，而不是中国方面的人士或新闻机构。十四位美国传教士在城内经历了大屠杀的全过程。1938年1月6日，三名美国外交官返回南京，1月9日，三名英国外交官与三名德国外交官也回到城内，分别重开各自的大使馆，并仔细收集材料，将南京的状况，包括大屠杀期间日军的暴行与各自国家的公民遭受的财产损失及时报告给各自的政府。

因此，笔者此次收集资料的重点便是尽可能多地搜寻新闻记者的报道、传教士留下的各类目击文字，以及外交官拍发回华盛顿的外交电文。哈佛大学燕京图书馆收藏了十四个传教士之一乔治·爱希默·菲齐的家庭档案，里面收有大屠杀期间菲齐写的信件与其他相关的资料。燕京图书馆还收藏了极为丰富的中国各地出版的报纸。1938年上半年出版的中文报纸刊载了逃离南京的各阶层人士述说亲历恐怖暴行的文章。耶鲁大学神学院图书馆收藏了1850至1950年间前往中国的美国传教士的材料，大多数是在传教士离世之后由家属捐赠的。需要搜寻的十四名传教士中，这里藏有九位，亦即马内·舍尔·贝茨、菲齐、欧内斯特·赫曼·福斯特、约翰·吉利斯比·麦琪、麦考伦、威尔逊·波鲁默·米尔斯、史迈斯、明妮·魏特琳、罗伯特·奥利·威尔逊等人的资料，包括大屠杀时期他们写给家人、朋友、同事的信件，以及所记的日记。耶鲁大学神学院图书馆还收藏了金陵大学与金陵女子文理学院的英文档案，应该说在笔者搜寻的资料中，耶鲁的收藏是最为丰富的。

在耶鲁查阅这些资料时，感触尤深的是魏特琳的信件、报告，及其在1937年8月至1940年4月逐日记述的日记。她当时主要的活动都在金陵女子文理学院的校园内，在这些文件、日记中所描述的校园各处的建筑、生活在那儿的人、发生在那儿的事，不禁勾起了笔者脑海中珍藏的对那座熟悉而美丽校园的记忆：春天百花盛开，掩映着葱翠的树木、碧绿的草坪、巍峨的大屋顶红色校舍；金秋十月，色彩斑斓，金黄色的银杏树怎么也遮不住深红色的 500 号楼。[①] 由于笔者在同一座校园内生活、学习、工作了十多年，对她的描写不可能不产生强烈的共鸣；当然，也产生极大的反差：阴霾的冬季，风雪交加，恐怖笼罩的校园里，惊恐的妇女踽踽而行，寻找栖身之所。魏特琳逐日记述的金陵日记是一份研究南京大屠杀不可多得的重要原始资料。笔者以后整理、编辑、注释了日记的摘录版本，由魏特琳的母校伊利诺伊大学出版社于2008年出版，南京出版社在2012年出版了此书的中文版，2014 年出版了笔者编译的从 1937 年 8 月至 1940 年 4 月魏特琳日记的中文完整版。

在哈佛和耶鲁收集到大批传教士的资料之后，笔者继续前往首都华盛顿，到位于市中心的美国国家档案馆查询。然而，数量可观的档案，包括美国国务院的文件电文已迁往远郊的国家第二档案馆。但军事档案仍收藏在城内的档案馆，因此，笔者先花了些时间搜寻海军档案资料，查找到美国当年在南京港驻泊的巡逻炮艇“巴纳号”和“瓦胡号”在 1937 年 12 月与 1938 年上半年的每周情报报告与航行记录。

此后，笔者每天早晨在 8 点之前赶到市中心的档案馆，搭乘两个档案馆之间的班车，历时一个多小时，前往远郊位于马里兰州学院公园的第二档案馆。国家档案馆馆藏浩如烟海，其规模远非大学图书馆可比，因此，第一次来的研究者均要在一位档案专家的咨询指导下才不致迷失方向，顺利开展查找工作。

笔者在美国国家档案馆的主要任务是搜寻与南京大屠杀相关的外交文件，更具体的则是寻找 1938 年初在南京的美国官阶最高的外交官——三等秘书约翰·摩尔·爱利生——从南京发回华盛顿以及美国驻中国其他城市使领馆的报告、信件与电文。极为凑巧，爱利生自幼生长在笔者目前居住的内布拉斯加州首府林肯市，1927 年毕业于笔者目前供职的内布拉斯加大学。他从林肯前往

① 1919 年，金陵女子文理学院在建校四年之后，在南京城中西部的陶谷购地筹建新校园，并于 1923 年建成启用。当时落成的主要校舍、楼宇都是传统的大屋顶结构，用 100 至 700 号来命名，并一直沿用至今。校园里的 500 号楼是外文系，笔者当年几乎每天都出入这栋楼宇。

南京工作，而笔者反方向从南京来林肯任职，只是其间相隔了57年。因此由笔者来承担这项搜寻工作不仅是义不容辞的职责，也似乎是命中注定的缘分。

更为巧合的是，指导笔者搜寻的资深档案专家米尔顿·奥德尔·古斯塔夫森就是1974年接收、解密这批外交文件的负责人，对国务院的档案极为熟悉。而且，他也毕业于内布拉斯加大学，1966年获得历史学博士学位。相谈之中，得知笔者从内布拉斯加来做研究，虽不能说是他乡遇故知，却有一份与他人不同的亲切感。在古斯塔夫森的悉心指导与协助下，以及此后与他的通信联络，笔者得以寻获爱利生于1937年12月30日至1938年8月10日从南京发出的各类电报、报告、信件、文件达200多份，其中绝大部分文件从未公之于世，对这一研究项目和这本专著的撰写起了至关重要的作用。令人遗憾的是，古斯塔夫森于2008年4月12日逝世，没能见到笔者后来整理结集成书——2010年在美国出版的与南京大屠杀相关的美国外交文件集。该书的中文版2012年由南京出版社出版，2018年江苏人民出版社再次出版。

1999年的东海岸之旅寻获了众多珍贵的资料，但也有一些资料无法在美国获得。例如，1864至1950年间英国人在上海出版的英文报纸《字林西报》在南京大屠杀期间也刊载了一些报道。然而，20世纪六七十年代，美国图书馆界将旧报纸拍摄成微缩胶卷，制作多份，以便于保存与传播，因为当时中美关系尚未解冻，选用了东京大学法学院的馆藏本来制作微缩胶卷，由于不难理解的原因，载有日军暴行的有些日期的报纸失踪不见。笔者推断，能够找到这些报纸的地方应该是北京的中国国家图书馆或上海图书馆。

于是，笔者在2000年夏季开启了亚洲之旅，前往北京与南京继续搜寻、收集资料。在北京顺利寻获此前缺失的《字林西报》部分日期版面。中国国家图书馆也有非常丰富的中国各地报纸的收藏，并和哈佛大学燕京图书馆的藏品形成互补，比较全面地反映了1938年上半年中文媒体刊登的大屠杀幸存者与目击者逃离南京到达徐州、武汉、西安、长沙、广州、成都等地后叙述的经历。

1945年末至1946年，国民政府在南京进行了全市范围的敌人罪行调查，当时的主要目的是为军事法庭审判日本战犯收集证据，客观上也为后人留下珍贵的原始档案。这些档案均收藏在南京的中国第二历史档案馆。1984 年，南京市政府再次在全市范围内进行大规模调查，采访了 1700 多名大屠杀幸存者与目击者。这次调查的文字材料，此后由南京大屠杀遇难同胞纪念馆整理、筛选结集成书，在 1994 年出版。

然而，南京大屠杀期间遭到屠杀的绝大部分遇难者是中国军人，而军队的成员来自全国各地，并不是南京当地的居民。大屠杀的大部分幸存者也应该是军人。幸存之后，他们或者归队，继续与日军作战，其中有些人在此后的战场上为国捐躯；或者返回故乡。总之，在 1945–1946 年与 1984 年，这些幸存者都不在南京生活。因此，这两次南京全市范围的调查均遗漏了大屠杀遇难者主体——中国军人——中的大部分幸存者。

收集到的大量原始资料为这个研究项目奠定了坚实的基础。此后一年多的时间内，对这些资料进行整理、分类、输入电脑、阅读、再精选、制订写作计划、筹划作品的具体框架。经再三斟酌，专著将侧重于美国与英国公民对南京大屠杀的目击证词与记载。由于日本方面一而再再而三地否认南京大屠杀，笔者认为很有必要选取中立第三方的英美人士的视角，以他们在 1937–1938 年记录的各类文字材料作为基础，用英文撰写一部专著，让英语世界的读者感受这些英美人士以他们的亲身经历、所见所闻，从各自不同的角度与方位，来讲述事件的过程与具体细节。

到 2001 年下半年，笔者已收集齐全英文媒体 1937–1938 年间在纽约、芝加哥、伦敦、香港、上海与北京等地发表的南京大屠杀的相关报道，相关的美国外交文件也已整理就绪，十四位美国传教士中，已收集到九位的目击文字材料，虽仍有工作需要做，但主体部分已经掌握，仅缺乏英国外交文件，因而很自然地进入写作的阶段。同时，笔者申请了次年上半年学术休假，可以全身心地投入到写作之中；此外还申请了另一笔研究基金，以资助笔者前往伦敦收集资料之旅。

至 2002 年 4 月底，全书前七章的初稿已基本就绪。5 月笔者启程前往伦敦，为第八章搜寻相关的英国外交文件。每天早晨，笔者在下榻的旅馆附近的维多利亚车站，搭乘绿线地铁前往坐落在皇家植物园近旁的英国国家档案馆。然而，在伦敦的搜寻工作却没有在美国国家档案馆那么顺利。首先，英国国家档案馆不向研究者公开所有的外交文件，只提供经过选择并装订成册的部分文件；其次，英国外交官的汇报系统也有别于美国。爱利生在一般情况下直接向美国国务卿考德尔·豪尔发电文，此外，如果他发电报给美国驻中国的其他使领馆，或驻东京大使馆，也会抄发一份给华盛顿的国务卿，这样可以保证有较为完整的一套爱利生发出的电文在华盛顿的国务院存档。而英国驻南京领事亨弗雷·英吉兰·普利焘－布伦以及他的继任者欧内斯特·威廉·捷夫雷的电文只发给英国驻上海大使馆的临时代办罗伯特·乔治·豪尔，豪尔再甄别筛选将他认为有价值的电文发往伦敦外交部。因此，英国外交部的档案中并没有一套完整的从南京发出的电文。

外交电文都有编号，核查之下，显而易见，笔者在英国外交部档案中只寻获数量极为有限的从南京发出的电文。寻找英国驻南京与上海大使馆档案的努力也是无功而返。档案专家推测，珍珠港事变之后，日本向英美宣战，羁押了英国的驻华外交官，这两个使馆的外交文件及档案在此过程中被销毁或遗失。于是笔者向档案专家介绍，1938 年初英国驻南京大使馆没有无线电发报设备，必须依赖驻泊在南京水域的英国炮艇收发电文，因此，英国皇家海军档案中应该存有外交电文的副本。最终在这位档案专家多方设法的帮助下，笔者在海军档案中查寻到一部分外交电文。虽然这些远非南京发出的全部电报，却是当时情况下能够取得的最好结果，并且也具有足够的资料供第八章的撰写。这些英国外交文件在后来和英国皇家海军与美国海军每周情报报告一道汇编成一册，于 2012 年在美国出版，2019 年增加了材料又出版了修订版，其中文版于 2013 年由南京出版社出版，江苏人民出版社 2017 年再次出版。

2002 年末，全书的初稿完成，然而笔者并不完全满意论述美国传教士的证言部分，认为仍有改进的空间，但必须寻找更多的资料。2003 年 3 月，笔者前往田纳西州首府纳希维尔开会，会议期间抽空去位于当地的基督会全国历史学会图书馆。十四名美国传教士中，有五位隶属该教会，由这个教会资助去中国工作，给他们发工资，因而他们的人事档案均收藏于此。在此获得贝茨、麦考伦、史迈斯、魏特琳等人更多的信件、文件等目击资料，以及格瑞丝·露易丝·鲍尔的人事档案。

2003年上半年，笔者通过多方努力，与克里福特·夏普·特里默1925年在南京鼓楼医院出生的儿子约翰·莫里斯·特里默取得联系，他慷慨地捐赠了其父于1938年给家人与朋友的信件。查询中得知哈佛大学霍顿图书馆收藏了查尔斯·亨利·里格斯1938年初给妻子与家人的信件，经联系，笔者向霍顿图书馆邮购了这些信件的微缩胶卷。十四名传教士中有三位，亦即威尔逊、特里默与胡勃特·拉法耶特·索尼，隶属美国卫理公会，他们的人事档案收藏在位于新泽西州麦迪逊市的卫理公会全国历史协会档案馆。该档案馆还收藏了金陵神学院的英文档案，其中包括索尼1938年上半年给同事、朋友的信件。他在信中详细描述了日军暴行的状况，及其本人遭日军殴打的经历。档案馆邮寄来他们的人事档案，同时，笔者购买了金陵神学院档案的微缩胶卷。

这些新寻获的资料不仅进一步充实了原有九位传教士的内容，而且增加了三位传教士，这样第四章论述了十二位传教士的经历与他们的目击文字材料。只有伊娃·M. 海因兹的材料始终没有找到。她于1875年出生，1938年时已经63岁，而且她是妇产科的护士，主要工作为看护新生儿，没有机会外出，但是日本兵在医院内抢走她的手表、钢笔与现金。另一位美国传教士为鲍尔。她于1919至1941年间在鼓楼医院担任化验室主任，大屠杀期间也留有日记，还给父母写家信，描述了当时的情景。但是笔者直至2005年才和她的侄外孙女取得联系，获赠一封长篇家信，因而没有能够在2004年出版的这本书中收入她的证言。鲍尔的亲属2007年前往南京鼓楼医院，首次拜访缅怀了她曾工作22年的地方，并捐赠给鼓楼医院一套鲍尔日记的副本。

本书英文原版出版前夕，出版社请张纯如为此书题写推介赞语，她欣然应允，并写道：

For decades revisionists in Japan denied the existence of the "Rape of Nanking"—the brutal rape torture and murder of hundreds of thousands of Chinese civilians in 1937 and 1938—while conveniently ignoring the fact that these atrocities had been carefully recorded in thousands of primary source documents across the globe. They Were in Nanjing is an important compilation of many contemporaneous eyewitness accounts and should serve as a vital historical resource for all serious scholars of the Pacific War.

几十年来，日本右翼分子否认“南京大屠杀”——1937至1938年间成千上万的中国平民百姓遭到残酷的强奸、酷刑和杀戮——的存在，同时却忽略了这些暴行在全球各地被仔细载入数以千计的原始资料文件之中。《他们当时身在南京》一书是汇集了很多当年目击者证词的重要著作，应作为所有认真研究太平洋战争的学者使用的重要历史资料。

遗憾的是，本书英文原版于2004年11月11日由香港大学出版社出版，而张纯如2004年11月9日在加州自杀身亡，生前没有见到此书出版。但是，她为本书题写的推介赞语，应是她生前所写并出版印行的最后一段文字。笔者根据她生前的要求，寄赠一册给她的父母。

在为这本书搜集资料以及写作的过程中，很多人在不同的位置以不同的方式提供了各种协助与帮助。在英文原版发行之际曾一一致谢。然而随着20年时间的流逝，他们中的一些人已经离我们而去，借此机会，列出所知的几位，以表缅怀，再致谢意：

拉瑞·李·凯利（Larry Lee Kahle，1939-2003）、张纯如（Iris Chang，1968-2004）、米尔顿·奥德尔·古斯塔夫森（Milton Odell Gustafson，1939-2008）、约翰·莫里斯·特里默（John Morris Trimmer，1925-2015）、琼·露丝·吉塞克（Joan Ruth Giesecke，1951-

2017）、约翰·林伍德·麦克法谨（John Lynwood McFadyen，1943-2020）

与此同时，非常感激团结出版社决定出版本书的中文版，方莉编辑劳心费力组织出版中文版的事宜。然而，这本书毕竟是20年前的著作，由于当时掌握的资料与信息尚不够完备，书中个别地方仍有不够完善之处。在这本专著完成以后，笔者就南京大屠杀这一主题，又收集了更多的资料，进行了更为深入的研究，并出版了五部英文专著。在这个过程中，研究的能力必定大幅提高，也积累了更多更广的知识。因此回过头来再度审视这部著作时，觉得有必要做一些调整，补充完善。

出版中文版为进一步完善这部著作提供了极好的机会。在本书中，除了修订一些不够完善之处，还填补了一些当时尚未掌握的信息。英文原著第一章中提到1938年2月11至13日法国驻中国大使馆空军武官在美国传教士詹姆斯·弗朗西斯·卡尼的陪同下乘坐法国炮艇“都达·德·拉格瑞号（Doudart de Lagrée）”前往南京查看法国驻南京大使馆馆舍，以及其他法国房产遭受损害、损失的情况。笔者当时并不了解这位空军武官的姓名，以后在查阅法国外交文件中查找到他的姓名为蒂博·德·拉·费特－塞尼克泰尔（Thibault de la Ferté － Sénectère）。

一般情况下，这位空军武官在南京查访后，会起草一份报告，汇报南京之行以及城内的情况。笔者曾于2016年初夏前往巴黎，在坐落于文森城堡（Château de Vincennes）的法国军事档案馆（Service Historique de la Défense）查找法国驻中国大使馆武官的报告，但是没有发现1938年2月空军武官南京之行的报告。然而，以后在查阅法国外交文件中，发现了护送空军武官去南京的“都达·德·拉格瑞号”炮艇的船长马塞尔·让·布斯凯尔（Marcel Jean Buscail）海军中校于1938年2月起草的报告收藏在外交档案中。布斯凯尔船长描述了来南京的情况，他们1938年2月8日从上海启程，9日抵达南京，14日离开南京返回上海。尽管日本驻上海总领事曾允诺法国炮艇上的军官可以上岸，但南京的日本军事当局起先却不同意。最后终于同意了，但条件是，法国官员必须由领事“邀请”，而且他们必须始终有人陪同。由于他们不能自由走动，因此很难准确地评估局势。

根据布斯凯尔船长的报告，他显然也曾进城查访，并提到法国使馆的馆舍完好，但遭到洗劫。法国教堂及其两所学校（男校和女校）没有被摧毁，但均被洗劫一空。耶稣会利玛窦学院被三枚炮弹击中而焚毁，并遭受掳掠。位于难民区的方济各会教会的房舍没有受到损害。然而，法国军官未能见到三位外国领事，即德国领事罗森、美国领事爱利生与英国领事捷夫雷。关于日军暴行的情况，布斯凯尔特别谈道：“很不幸，我没有机会和德国领事罗森先生面谈，他是肆无忌惮的士兵暴行的公正见证人，他们沉醉于蹂躏、强奸与血腥屠杀。向我们报告的一些场景让人想起匈奴人的做法。根据最乐观的信息，有15000名中国人被屠杀。”（Je n'ai malheureusement pas eu l'occasion d'avoir une entrevue avec M. Rosen consul d'Allemagne et témoin impartial des exactions de la soldatesque effrénée ivre de rapine de viol de sang. Certaines scènes qui nous ont été rapportées rappellent les procédés dignes des Huns. D'après les renseignements les plus optimistes 15000 Chinois auraient été massacrés.）①

在英文原版第一章中，笔者还提到1938年1月19日进城在美国大使馆担任无线电收发报工作，并会说日语的海军发报员，但当时也没有能够提供这位发报员的姓名。以后经多方查询，此人的姓名与生平信息为：詹姆斯·门罗·顿拉普（James Monroe Dunlap，1912-1945），1912年9月6日出生于上海，父亲是在上海的美国医生，自幼在上海与北京长大，1932年回

① ［法］马塞尔·让·布斯凯尔：布斯凯尔船长的报告，1938年2月，法国外交部1918至1940年政治与商业信函，中国，第503卷，公使馆（1930年2月22日至1938年5月31日），第169至215页；8月6日给大使馆的报告第215页。（Ministère des Affaires Etrangères Correspondance politique et commerciale 1918-1940 Chine volume 503 Légation（22 février1930-31 mai 1938）rapport du capitaine Buscail février 1938 p.169-215；6 août rapport à l' ambassade p. 215.）

美国读大学。1938 年 1 月 19 日作为美国海军的发报员，到美国驻南京大使馆工作，负责电报的收发工作。1940 年回上海，担任教育组织工作。珍珠港事件之后，被日军关进上海的集中营，1945 年 7 月 3 日因脑溢血在集中营中去世。

在第四章中，圣公会传教士福斯特和麦琪分别在家信中提及，他们教会的信徒和难民都集中居住在位于安全区内德国军事顾问瓦尔特·弗朗兹·玛利亚·斯坦尼斯、在南京的美国德士古火油公司任经理的丹麦籍商人约翰斯·莫契·翰森，以及在新民洋行任职的德国商人 J. 舒尔兹－潘丁的住宅里。福斯特和麦琪轮流在这些房屋前站岗守卫，以防日本兵来骚扰作恶。在中文版中笔者用注释介绍了这几个人的简单生平与住宅的具体地址，同时增补一幅在耶鲁大学神学院图书馆寻获的这些住宅与附近街道的平面图，以协助读者更直观地理解这些传教士讲述的内容。

全书通篇出现了很多人物，笔者择其重要的，或与所叙述内容密切相关的，在有可靠资料可借鉴的情况下，在中文版中加以注释，以帮助读者理解行文，使叙述的内容更有可读性。

2010 年夏天，笔者再次前往美国国家第二档案馆搜集资料，此行的主要成果是扫描回来一份重要的外交文件，及其所附的 13 幅照片。1938 年 9 月 16 日，美国驻上海总领事弗兰克·布鲁特·洛克哈特向美国国务卿发送了 13 张日军行刑屠杀中国军民的照片。从拍摄的地点与角度来判断，这些照片均为日军在屠杀的现场拍摄，虽然在今天看来，这些照片是比较常见的展示日军暴行的图像，但在 1938 年却是要冒着生命危险才能获取的。这显示当时的美国外交官积极搜寻日军暴行证据，及时向美国决策高层传送这些图像。当时的美国国务卿很有可能早于中国高层的官员见到这些照片。这份外交文件的时间节点使得它极为珍贵。因此笔者将这份文件、照片，以及笔者对当时的历史背景所作的介绍收录在英文原著的 15 个附录之后，作为中文本的第 16 个附录。

经过增订修改的中文版，可以毫不夸张地说，和英文原著相比，已大为改进、更为准确而具有更高的历史与研究价值，并在 20 年后以全新的面貌呈献给中文读者。

陆束屏

2022 年 9 月

于美国内布拉斯加大学

鸣　谢

我对“南京大屠杀”这个课题的研究始于1997年初。自那时起，我一直在世界各地奔走，搜寻大屠杀发生时在南京的美国和英国国民留下的目击证词。在这漫长、有时颇令人烦恼的寻找、收集和积累原始材料的过程中，许多人提供了这样或那样的支持和帮助，这对我的搜寻之旅富有成果与收获至关重要。

在此，由衷地感谢内布拉斯加大学研究基金会提供的两项科研基金，使我能够前往中国、英国和美国东海岸的几座城市做研究。感谢琼·露丝·吉塞克（Joan Ruth Giesecke）、拉瑞·李·凯利（Larry Lee Kahle）和特蕾西·比克内尔－霍姆斯（Tracy Bicknell-Holmes）在不同的阶段以不同的身份持续提供的支持和协助。

还要感谢戴安娜·迪恩（Diana Dean），20世纪90年代末她在内布拉斯加大学图书馆馆际互借部工作期间，在我研究初期阶段为我借来很多材料。特别感谢以下人士：美国国家档案馆的米尔顿·奥德尔·古斯塔夫森（Milton Odell Gustafson）先生，他提供了富有真知灼见的指导，协助我在迷宫般的美国国家档案馆中搜寻获取珍贵的文件资料。耶鲁大学神学院图书馆的玛莎·斯马利（Martha Smalley）和琼·达菲（Joan Duffy）提供的支持和帮助，不仅方便了我在耶鲁大学的研究，而且使之卓有成效。田纳西州纳什维尔基督会历史学会的彼得·M. 摩根（Peter M. Morgan）、琳恩·摩根

(Lynne Morgan)、萨拉·哈威尔(Sara Harwell)和伊莱恩·菲尔波特(Elaine Philpott)以美国南方特有的热情好客，协助我搜寻到比此前预期的数量更为众多的目击证词；萨拉·哈威尔还为我提供了新的线索，在各教会历史学会继续开展研究。

我很幸运能与约翰·莫里斯·特里默(John Morris Trimmer)取得联系，他对我写作中的这本书十分热心，给予了大力支持，并从他家庭珍藏的资料中慷慨地向我提供了关于他父亲的宝贵材料。

还得对特蕾西·德尔·杜卡(Tracey Del Duca)、苏珊·哈尔佩特(Susan Halpert)、钟鸣、詹妮弗·彼得斯(Jennifer Peters)、扬·布洛杰特(Jan Blodgett)、弗吉尼·A. 斯特德温特(Virginia A. Sturdevant)、约翰·林伍德·麦克法谨(John Lynwood McFadyen)、哈罗德·沃特利(Harold Worthley)和爱德华·巴恩斯(Edward Barnes)等人表示感谢，他们协助我寻找到大量的原始资料或提供了很多的生平传记资料。有些人虽然我不知道他们的名字，在此我也希望表达感激之情。例如，在华盛顿特区的美国国家档案馆的工作人员，她检索到1937-1938年的美国海军情报报告；在北京的中国国家图书馆工作人员寻获1937年12月的《字林西报》文章；在伦敦的英国国家档案馆的档案管理员协助找到英国海军部档案中收藏的英国皇家海军长江巡逻舰队档案；斯坦福大学胡佛研究所的工作人员给我邮寄了一套罗伯特·威尔逊的日记信件与其他材料；南卡罗来纳大学的档案员为我寄来了W. P. 米尔斯的信件资料。

还有很多机构为我提供了各种各样的帮助。在此特别感谢如下机构组织：美国国会图书馆、美国国家档案馆、英国国家档案馆、中国国家图书馆、哈佛大学燕京图书馆、哈佛大学霍顿图书馆、哈佛大学档案馆(普西图书馆)、耶鲁大学校友办公室、普林斯顿大学档案馆、纽约协和神学院图书馆；俄亥俄州立大学校友办公室、内布拉斯加大学校友办公室、里士满大学图书馆、拉法耶特学院档案馆和校友办公室、戴维森学院图书馆、联合卫理公会档案馆、圣公会档案馆、公理会图书馆、长老会历史学会；巴尔的摩县公共图书馆、辛辛那提公共图书馆和纽约尤蒂卡公共图书馆等。感谢耶鲁大学神学院图书馆允许我全文使用他们的一些文件及引用资料；感谢哈佛大学燕京图书馆、哈佛大学霍顿图书馆、基督会历史学会和联合卫理公会档案馆允许我引用他们收藏的材料。

与此同时，感谢苏·安·加德纳（Sue Ann Gardner）、芭芭拉·特纳（Barb Turner）、凯瑟琳·林克维奇（Katharine C. Rinkevich）和珍妮·克里菲斯（Jenny M. Kreifeis），她们或者协助我将原始档案转换成电子文件，或者协助我校对书稿。特别要感谢我的女儿陆媞（Diana Lu），原始材料中有一些极难辨认和容易误解的潦草字迹，是她帮我解决了这些难题。

对多伦多大学的蒂莫西·布鲁克（Timothy Brook）的鼎力支持感激不尽。他通读了此书的初稿，并提供了极有见地的建设性建议，使此书成为更好的作品。香港大学出版社的戴尔芬·叶 （Delphine Ip）和米娜·赛尔尼·库马尔（Mina Cerny Kumar）在项目推进的每个阶段都给予了热情帮助。她们的热心协助和鞭策鼓励，以及蒂莫西·布鲁克的建议，成为支持我一路走来的动力，并将这个研究项目雕琢成一部学术专著。

原英文版序

1937 年 12 月 13 日，取得胜利的日军一进入中国首都南京，便对城内及周边地区的平民和解除武装的中国军人犯下暴行，史称“南京浩劫”或“南京大屠杀”的暴行顿时震惊世界，因为暴行规模巨大，而且在南京城中有 27 名西方国民亲历了这场人间浩劫，其中有五人为英美记者。当时大屠杀还在进行之中，这些记者的报道便使这一事件立即成为世人关注的焦点。在接下来的几个月，仍然留在南京城内的美国传教士通过外交途径将真实状况的资料披露给外界，根据这些目击证词，世界各地的英语媒体持续报道了这一事件。

1946 年，数名美国传教士或者在远东国际军事法庭作为控方证人出庭作证，或者向法庭提交书面证词。然而，他们提供的材料只是冰山一角，仍有大量目击证词因由私人家庭与个人收藏而埋没无闻。西方人士在南京城内所起的作用和他们的经历直到最近才得到充分的研究。

张纯如的著作《南京浩劫：被遗忘的第二次世界大战大屠杀》（*Rape of Nanking: The Forgotten Holocaust of World War Ⅱ*），以及乌苏拉·莱因哈特（Ursula Reinhardt）1996 年底公布她外祖父约翰·拉贝的南京日记，引起了公众重新审视这一事件的兴趣，同时也促使学界重新审视这场暴行及其相关问题。近年来，学术界倾向于挖掘历史档案，搜寻中立国目击者留下的原始资料。

随着时间的推移，亲历南京大屠杀的西方人士相继离世。弗兰克·提尔曼·杜丁或许是最后离去的。他于1998年7月7日去世，享年91岁。幸运的是，他们的许多目击证词都由美国各大高校和教会历史协会保存收藏。有些目击报告是在上述机构的人事档案中发现的，有些是在他们家人捐赠的个人档案中找到的，还有一些则是在与他们有书信来往的朋友的档案中发现的。在这些档案资料中，耶鲁大学神学院图书馆的中国传教士档案（China Mission Collection）所收藏的美国传教士的信件、日记、报告和其他文件尤为突出。大屠杀发生时，共有14名美国传教士在南京城内。仅耶鲁大学的中国传教士档案就收藏了其中九人的目击证词。

玛莎·斯莫利（Martha L. Smalley）率先出版了大屠杀的原件记录。她编辑了一本题为《美国传教士见证的南京大屠杀》（*American Missionary Eyewitnesses to the Nanking Massacre*）的文集，从九位传教士的材料中各选取了一些出版。后来章开沅将斯莫利的文集扩充为内容更为充实的作品：《目击大屠杀：美国传教士见证日军南京暴行》（*Eyewitnesses to Massacre: American Missionaries Bear Witness to Japanese Atrocities in Nanjing*）。章开沅在这本书中收录了九位传教士大部分原始资料。此外，他还出版了阿尔伯特·斯图尔特（Albert Newton Steward，1897—1959）的几页日记节选。尽管斯图尔特没有亲历南京大屠杀，但在1938年底他重返南京城。在日记中他记录了抵达后所见到的满目疮痍以及听闻的悲惨故事。

蒂莫西·布鲁克（Timothy Brook）也出版了大屠杀目击者的证言，他编辑出版了《南京暴行文件》（*Documents on the Rape of Nanking*）。布鲁克重新刊印了1939年徐淑希在上海编辑出版的《南京安全区文件》（*Documents of the Nanking Safety Zone*），并在书中补充了一些史料，包括罗伯特·奥利·威尔逊（Robert Ory Wilson，1906—1967）在1937年12月9日至1938年3月7日期间寄给妻子玛娇莉·伊丽莎白·尤斯特·威尔逊（Marjorie Elizabeth Jost Wilson，1908—2004）的日记信件以及一些与东京军事法庭有关的文件。布鲁克所收集的威尔逊日记信件从数量上超过了耶鲁大学神学院和斯坦福大学胡佛研究所所收藏的。很显然，他联系到了威尔逊的遗孀玛娇莉，并从她手中获得了这些珍贵的信件。

除了上述学者出版的著作之外，还有很多关于南京大屠杀的英文原始资料尚未出版。乔治·爱希默·菲齐（George Ashmore Fitch，1883–1979）的家人将他的个人资料捐赠给了哈佛大学燕京图书馆，并在那里建立了菲齐家族档案；威尔逊·波鲁默·米尔斯（Wilson Plumer Mills，1883–1959）的家庭档案收藏在南卡罗来纳州哥伦比亚市南卡罗来纳大学的南卡罗来纳图书馆，而米尔斯的人事档案则保存在费城的长老会历史学会。田纳西州纳什维尔的基督会历史学会图书馆收藏了另一批珍贵的传教士目击资料。詹姆斯·亨利·麦考伦（James Henry McCallum，1893–1984）档案的主体部分、路易斯·斯特朗·凯瑟·史迈斯（Lewis Strong Casey Smythe，1901–1978）的大量文件、明妮·魏特琳（Minnie Vautrin，1886–1941）的许多原始档案，以及马内·舍尔·贝茨（Miner Searle Bates，1897–1978）的部分文件和格瑞丝·露易丝·鲍尔（Grace Louise Bauer，1896–1976）的一些材料都在这里得到了完好的保存。胡勃特·拉法耶特·索尼（Hubert Lafayette Sone，1892–1970）的主要材料和克利福特·夏普·特里默（Clifford Sharp Trimmer，1891–1974）的一些档案保存在新泽西州麦迪逊市的卫理公会教堂档案馆。查尔斯·亨利·里格斯（Charles Henry Riggs，1892–1953）的资料存放在波士顿的公理会图书馆和哈佛大学霍顿图书馆。约翰·吉利斯比·麦琪（John Gillespie Magee，1884–1953）和欧内斯特·赫曼·福斯特（Ernest Herman Forster，1896–1971）的一些档案收藏在得克萨斯州奥斯汀的圣公会档案馆。贝茨、史迈斯、麦考伦、索尼和米尔斯写给美国驻南京大使馆的许多信件都保存在美国国家档案馆。即使是耶鲁大学中国传教档案的收藏资料，也有很多有价值的材料尚未出版。出于某些原因，章开沅的著作中也没有收录米尔斯 1938 年 1 月 3 日至 12 月 23 日期间写给妻子和女儿的十多封重要信件，也没有选收米尔斯 1938 年 3 月 2 日写给广田丰中佐（Shigeru Hirota，1892–1972）的信、1938

年 4 月 17 日写给朋友的信，以及贝茨的许多家书和福斯特的几封信。该著作也没有包括魏特琳写给朋友的许多信件和她的大部分日记，其中有几篇日记记录了她从红十字会的掩埋记录中获得的遇难者人数。在这些文件中，魏特琳提到她亲眼目睹了红十字会成员埋葬受害者尸体的场景，以及与朋友谈论南京郊外长江沿岸散落着数万具尸体的屠杀现场。

此外，史迈斯的《1937 年 12 月至 1938 年 3 月南京地区的战争损失：城乡调查》（*War Damage in the Nanking Area December 1937 to March 1938: Urban and Rural Surveys*）是另一份重要的原始资料。记者弗兰克·提尔曼·杜丁（Frank Tillman Durdin，1907—1998）和阿契包德·特洛简·斯提尔（Archibald Trojan Steele，1903—1992）也留下了很多资料，更不用说那些随着 65 年岁月的流逝而显得模糊不清、散布在世界各地不同角落的新闻电讯稿和媒体报道，值得重新发掘，重新认识。最重要的是，英美两国的外交和海军档案中有大量富有价值的文件需要追寻收集。

这本书是搜寻并展示目击者对大屠杀的叙述以及与该事件相关的其他原始材料的又一次尝试，但方式与以前的出版物相比有所不同，规模也更大。虽然本书并不是原始资料集，但也同样以原始资料为基础，叙述了英美国民在沦陷的南京城中的所见所闻以及他们的亲身经历。通过原始日记、信件、电讯稿、报告、外交电报、海军情报报告以及从世界各地不同渠道发现的其他文件，本书再现了他们的经历。通过目击者记录的重点内容以及穿插在行文中的分析解读，本书不仅能帮助读者全方位了解到这个主题的原始英文材料，而且还讨论了尚未得到充分解决的问题。

有一个简单的问题长期以来一直困扰着研究南京大屠杀的学者，那就是南京沦陷后这一小群西方人士的相关准确信息。笔者尝试整理出一份 27 名西方国民的名单，包括他们的全名、国籍、工作单位、职业和在沦陷的南京城停留的时间等。1938 年 1 月初，美国、英国和德国大使馆的九名领事官员抵达南京，重新履行各自的外交职责。他们之中有些停留的时间长些，有些人待得短些，还有其他外交官前来接替预定调离的人员。1、2 月份，荷兰、法国和意大利外交官来南京作短暂停留查看他们在南京的财产是否受损。还有一些人，包括美国和英国海军军官也来过南京。随后，这份名单逐渐加长，从 1937 年 12 月 13 日至 1938 年 3 月中旬，留在南京或到访的达 51 人之多。

整理出这份名单有助于帮助后人确认留守在南京的西方国民的准确信息，成为确认核实原始目击材料的关键因素。更重要的是，这份名单有助于该领域的研究人员将来发掘新的原始资料。比如，某位学者很可能碰巧在洛杉矶某所大学的图书馆的一个阴暗角落里找到伊娃·M. 海因兹（Iva M. Hynds，1875-1959）的个人档案；格瑞丝·露易丝·鲍尔的资料也有可能在巴尔的摩的一个地方历史学会中重现天日，这并非完全不可能。美舰“瓦胡号”（USS Oahu）船长约翰·米歇尔·希汉（John Mitchell Sheehan，1893-1956）和英舰“蜜蜂号”的指挥官哈罗德·汤姆斯·阿姆斯特朗（Harold Thomas Armstrong，1904-1944）也可能在看到南京城外长江沿岸的一些场景后，留下一些目击记录。

从 1937 年 12 月中旬至 1938 年 10 月，英语媒体对南京大屠杀的报道在世界各地（包括芝加哥、纽约、旧金山、伦敦、香港、北京、上海等）刊发。媒体报道大致可以分为两类：一类是五名英美记者的报道，另一类是根据留在南京城的美国传教士的目击证词而写的新闻稿。20 世纪 30 年代末，这些报道及时揭露了南京大屠杀的真相，通过真切的目击证词引起了公众和世界领导人的关注。可以毫不夸张地说，正是因为英语媒体的真实报道才让南京大屠杀引起了全球的广泛关注；然而，多年以后，这些报道似乎已渐渐隐入历史的长河中，为世人遗忘。本书分析了各主要英语媒体的报道，同时也将相关南京大屠杀的主要英语媒体报道逐一列出，详见附录二。

南京安全区是受饶家驹神父（Father Robert Jacquinot de Besange，1878-1946）在上海设立的安全区启发而设立的，南京沦陷后这个安全区为成千上万中国难民提供了住所、食物和安全保护，发挥了不可替代的作用。耶鲁大学中国传教档案收藏的原始资料和从美国外交档案中寻获的其他资料翔实记录了南京安全区国际委员会成立的起源、组织、发展和开展的活动，以及国际委员会在南京安全区的设立和运作中发挥的作用。

安全区的文件是南京安全区开展各项活动的最有力证明。然而，如果没有《曼彻斯特卫报》（*Manchester Guardian*）驻中国记者哈罗德·约翰·田伯烈（Harold John Timperley，1898–1954）以及中国政治教授徐淑希（1892–1982）的努力，安全区的文件不可能公布于众，也不可能有现在的突出地位了。尽管两位先驱是为了不同的图书项目，但几乎在同一时间广泛调研，出版了国际委员会记载的日军暴行报告和美国传教士其他的目击记录。1938 年 7 月，田伯烈的《外国人目睹之日军暴行》（*What War Means: Japanese Terror in China*）在伦敦首次发行，而徐淑希的《日人战争行为》（*The War Conduct of the Japanese*）几乎同时在上海印刷出版。随后徐淑希继续搜集资料，在 1939 年编辑并出版了《南京安全区文件》一书。尽管 444 起暴行案件中徐淑希没找到其中的 46 起，即 114–143、155–164 和 204–209 号案件，而未能将其编入书中，这本书仍被视为国际委员会发行的最完整的文件汇编。这些遗漏的案件在 1938 年由美国外交官妥善保存归档，现笔者已从美国国家档案馆中寻获，并在本书中与 445–470 号案件一起重印出版。

如果说 60 多年前英语媒体的报道和安全区文件就广为人知，但美国传教士的许多个人目击记录直到最近才公之于众。有些目击证词尚未出版，其他的原始资料则刚刚被发现。作者使用这些宝贵的原始资料讲述了每一位美国传教士在南京陷落后的非凡经历，但对书中内容进行了谨慎挑选，避免重复发表已经出版过的案件。每一则故事通过亲历者的独特视角，向读者展示了他们的所见所闻。例如，除了菲齐著名的日记之外，最近从哈佛大学燕京图书馆搜寻到的家书，有助于构建他的叙述；贝茨许多未公开的家书、写给美国和日本大使馆的信件以及保存在耶鲁、纳什维尔和国家档案馆的其他文件进一步丰富了他的目击记录的内容；米尔斯给妻子的信构成了他叙述的核心内容；史迈斯的调查为读者提供了充足的原始资料，使他的经历显得格外与众不同；最近才发现的 30 多起血淋淋的外科手术清单，从医学专业人员的视角呈现了威尔逊的所观所感。

大屠杀至暗时刻告一段落之后，美国领事小组于1938年1月6日抵达南京。他们是日军占领南京后第一批获准进入该城的外国官员。三天后，英国、德国外交官也步美国人的后尘进入南京。外交官的主要职责之一就是定期向上级汇报南京陷落后的情况。美国领事官员勤奋工作，维护美国的权益，几乎每天都会向国务院发回电报，因此，积累了如山的史料财富，目前收藏在美国国家档案馆。这些报告和外交文件涵盖范围广泛，包括对日本暴行的详细描述、对美国财产的侵犯、难民救济工作以及南京陷落后的经济与社会状况，充分反映了美国外交官的活动，以及为了保护美国权益和维护中国人起码的尊严，他们同日本外交官进行的角力斗争。

众所周知，大屠杀期间许多中国平民惨遭屠杀，很多妇女被猥亵强奸。但鲜为人知的是，留在南京的美国公民也时常遭到日军的恐吓威胁。有些美国人甚至被打耳光，遭到袭击、抢劫，遭受虐待。在14名美国传教士中，有12人遭遇了各种形式的虐待。查尔斯·里格斯似乎是遭受最多虐待的传教士，有好几次他被打耳光，遭日军殴打。

最臭名昭著的事件发生在南京城内官阶最高的美国外交官约翰·摩尔·爱利生（John Moore Allison，1905–1978）身上，他在调查美国房产上发生的强奸案时被一名日本兵打了耳光。1938年初，爱利生事件在美国、英国和中国的许多主要英文报纸上成为头条新闻。尽管日方最终道歉，但该事件与美国炮舰“巴纳号（USS Panay）”被炸事件一起成为美日外交摩擦的导火索。

汤姆森事件是美国公民遭日军虐待的另一个例子。詹姆斯·克劳德·汤姆森（James Claude Thomson，1889–1974）是金陵大学的化学教授，一名日本哨兵在南京的大马路上拦截并搜查汤姆森坐的人力车，还打了他耳光。然而，当爱利生对这一事件提出强烈抗议时，日本当局否认曾发生过打耳光的事件。发生在1938年6月中旬的这起事件，很好地说明了日本兵的行为模式，也说明大屠杀期间达到顶峰的残暴行为依然存在。

美国外交官最关心的问题是对美国财产和利益造成的破坏和损失。由于日军攻占南京以及随之而来的巨大破坏，南京的美国机构和驻南京的公民也遭受了巨大损失。擅自闯入美国房产并犯罪的案件即使不是每天都有，也是经常发生。美国人的房屋被非法闯入后，里面的东西要么被毁，要么遭洗劫。因此，美国公民持续不断向美国驻南京大使馆提出赔偿要求。数月之中，美国外交官一直忙着调查财产损失案件，核实财产损失情况，将案件提交给日方并与他们谈判，讨价还价，以便向索赔人通报其赔偿金额。

英国外交官虽然不像美国外交官那样态度强硬，但也定期向上级报告南京的情况。他们对暴行的描述没有美国外交官写得那么详细，但也面临着相当多的财产损坏与损失的案件。不幸的是，由于英国的外交报告制度和外交部的归档规则等问题，公共档案局（英国国家档案馆）留下的原始资料不如美国国家档案馆那么多。

按美国 20 世纪 30 年代的报告制度，如果爱利生向美国驻上海总领事克拉伦斯·爱德华·高斯（Clarence Edward Gauss，1886-1960）或美国驻汉口大使纳尔逊·杜鲁斯勒·约翰逊（Nelson Trusler Johnson，1887-1954）发电报时，他总会抄送一份给国务卿科德尔·赫尔（Cordel Hull，1871-1955）。大部分时间，爱利生直接给国务卿发送电文。这项制度保证了华盛顿特区可以保存一整套来往电文。

与美国人的做法不同，英国驻南京领事亨弗雷·英吉兰·普利焘－布伦（Humphrey Ingelram Prideaux-Brune，1886-1979）以及接任的欧内斯特·威廉·捷夫雷（Ernest William Jeffery，1903-1989）从未直接向英国伦敦的外交部汇报。大多数时候，领事只与英国驻上海大使馆的临时代办罗伯特·乔治·豪尔（Robert George Howe，1893-1981）联系，因为大使许阁森爵士（Sir Hughe Montgomery Knatchbull-Hugessen，1888-1971）在 1937 年 8 月从南京乘车前往上海时被日军打伤，便由豪尔决定南京的哪些信息将被转发到伦敦。有时他把南京领事的电报抄送给外交部，但大部分情况下，他把南京报告的内容归纳概要发送给伦敦。因此在英国外交部档案中没有直接来自南京的电报，只能找到自上海发来的电文。英国外交部解密旧档案时，并非公共档案局的所有电报都向公众开放。笔者试图在英国驻上海和南京大使馆的档案中查询这些电文，但一无所获。这些档案有可能在珍珠港事件后英国领事从中国撤离时丢失或被毁。

幸运的是，英国领事小组抵达南京时没有无线电发报设施，只能依靠英国炮艇上的海军无线电设施发送信息，所以许多南京的电文是从英国海军档案中找到的。但查阅电报的编号可以判断，很多电报缺失了。

现存的南京电文表明，由于日军的暴行，英国人在南京也遭受了巨额财产损失。自1840年鸦片战争以来，英国企业已经在中国立足了近一个世纪，占据了中国市场很大的份额。有相当多的英国公司和企业在南京经营，在那里工作的英国人也很多。南京城内发生大规模破坏、掳掠、焚烧时，他们的财产不可能避免损害与损失。英国人提出的财产损失索赔要求源源不断涌入英国驻南京大使馆。截至1938年10月底，英国驻上海总领事馆收到了十几宗案件，等待南京领事提交给日方索赔。

尽管英国外交官在暴行问题上一般对日本人较为温和，但他们非常关注何时能让英国商人回城做生意。当地的经济状况和财经信息是外交报告中的另一大主题。同时英国驻南京领事积极争取从日本人那儿获得英国商人访问南京的许可。

除了南京城内有外交官员之外，英美的炮艇也一直停泊在南京附近的长江上。英国海军的“蚜虫号”（HMS Aphis）、“蜜蜂号”“蟋蟀号”（HMS Cricket）和“圣甲虫号”（HMS Scarab）四艘炮艇在南京、上海和芜湖港口之间轮流运送设备、物资和邮件。美国炮艇“瓦胡号”也在这三个港口之间航行，执行类似的任务。日军进攻南京时，所有的英美炮艇都撤离了南京水域。1937年12月5日在芜湖被日军炸伤的英舰“瓢虫号”（HMS Ladybird）以及匆匆驶往下游营救“巴纳号”而幸存的美舰“瓦胡号”于12月15日下午4时30分抵达并停泊在南京上游数英里处，次日早晨启程前往上海。“蜜蜂号”不晚于12月18日抵达南京，并在附近停留至12月22日。五天后，即12月27日“蜜蜂号”再次返回，直至1938年1月29日才离开。与此同时，美舰

“瓦胡号”12月31日抵达南京水域，第二天驶往“巴纳号”沉没的地点。“瓦胡号”1938年1月6日返回送美国外交官员上岸，并在1月9日继续参加“巴纳号”的打捞行动。这次行动到1月12日才完成。随后“瓦胡号”返回，与英舰“蜜蜂号”停泊在一起至2月初。

英美的海军军官都报告了南京附近的活动。“蜜蜂号”的指挥官阿姆斯特朗根据自己的观察每月记录南京城外的情况，“瓦胡号”的舰长约翰·希汉则每周上报一次。同样，美国海军的情报报告比英国海军的情况报告要更加翔实具体。这些文件都是珍贵的原始资料，尤其是希汉数次获准进入南京，尽管处于日本宪兵的密切监视之下，他所观察到的情况及其详细报告格外富有价值。

“二战”结束后，远东国际军事法庭在东京成立。几名美国传教士同意提交书面证词或作为审判松井石根（1878–1948）的控方证人出庭作证。正是在松井石根的指挥下，日军攻占了南京，在城内外犯下暴行。1946年，贝茨、麦琪和威尔逊在东京出庭作证；贝茨、菲齐、麦考伦、史迈斯和威尔逊提交了书面证词。他们的证词虽然是在南京大屠杀发生九年后提供的，但所提供的情况与他们在大屠杀期间的个人记录大体吻合。这几位传教士的描述与他们的所见所闻和亲身经历也是一致的。鉴于这些口头和书面证词通常被归类为事后追忆，因此被保留在本书的附录中。

在20世纪30年代，汉字的拼音没有统一的规范。同样的词不同的人会用不同的拼写表述，甚至同一个人对同一个名字的拼法都会有所不同。在某些情况下，这些拼音根本无法回溯到原来的中文字词。因此要理顺各种拼音的变异形式绝非易事。为了在不影响原始材料真实性的前提下保持统一的中文拼音，笔者在叙述中除了个别姓名外均采用标准汉语拼音，而引文中的拼音则保留了其原始形式。

目　录

第五章 美国外交文件与美国海军情报报告

第六章 日军对美国公民的袭击

第七章 美国财产及权益遭受的破坏与损失

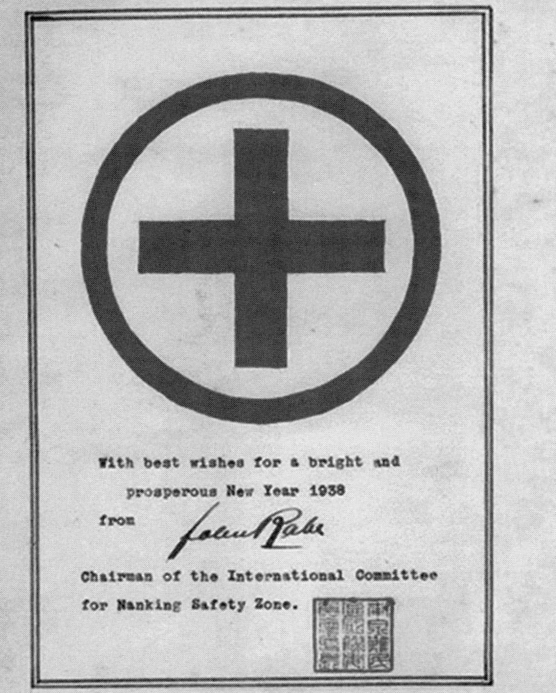

1938 年元旦，身陷南京的 22 位西方籍人士签署了贺年卡

第一章　南京沦陷后留在城内的西方人士

1937 年 7 月 7 日，北京近郊发生的卢沟桥事变，标志着第二次中日战争的爆发。战火很快向南蔓延至上海地区，虹桥机场发生的小规模冲突最终于 8 月 13 日导致淞沪会战的爆发。经历了残酷激烈的战斗之后，上海在 11 月中旬被日军占领；1937 年 12 月 13 日，首都南京沦陷，随后日本侵略军在南京犯下了滔天罪行，史称“南京大屠杀”。

11 月下旬，日本侵占上海后，国民政府决定将首都从南京迁至中国西部的重庆，包括外交部在内的部分政府机构则暂时迁至华中的汉口。外国政府敦促本国公民撤离南京，仍在南京留有外交机构的国家则将人员缩减至精干的小组。南京战事日趋紧张之际，外交官将工作地点转移到英美船舰上。1937 年 12 月 11 日，在日军发起总攻之前，美国炮舰“巴纳号”载着最后一批外交人员撤离南京，但第二天就被日本飞机轰炸击沉。

尽管所有外交官和大多数外国公民都在南京沦陷前撤离了，但仍有为数不多的西方人士选择留在南京城内。他们亲历了这座城市遭围困以及陷落的过程，目睹了接踵而至的野蛮暴行，也正是他们首先将南京大屠杀的真相揭露给西方国家。因此，探寻查明这些人士的准确身份具有十分重要的意义。

有两份名单广为流传。一份是南京安全区国际委员会名单，另一份是南京国际红十字委员会名单。这两份名单 1938 年在田伯烈《外国人目睹之日军暴行》一书中首次公布。前一份名单列出 15 名西方国民，后一份有 17 人，既有中国人也有外国人，见下表。

南京安全区国际委员会名单

姓名	国籍	服务单位
1. 约翰·H. D. 拉贝①（会长）	德国	西门子洋行
2. 路易斯·S. C. 史迈斯（秘书长）	美国	金陵大学
3. P. H. 蒙罗－福勒②	英国	亚细亚火油公司
4. 约翰·G. 麦琪	美国	美国圣公会
5. P. R. 希尔兹③	英国	和记洋行
6. J. M. 翰森④	丹麦	德士古火油公司

① 约翰·韩里克·德特利夫·拉贝（John Heinrich Detlev Rabe，1882-1950），1882 年 11 月 23 日出生在德国汉堡。1908 年前往中国，1911 年受雇于西门子中国公司，先后在沈阳、北京、天津、上海、南京等地工作；1931 至 1938 年任西门子公司南京代理，在中国经商、生活长达 30 年。1937 年日军进攻南京之际，他积极组建安全区，出任国际委员会会长，在难民营及在他自己的宅院里庇护了成千上万的中国难民。同时，他在日记中详细记叙了日军在南京的暴行。他于 1938 年 2 月 23 日奉召离开南京回德国。抵达德国后四处演讲，放映麦琪拍摄的影片，揭露日军暴行，并写信给希特勒，提交关于南京大屠杀的报告，因此，他曾被盖世太保逮捕。战后，因曾是纳粹党员而被盟军关押，1946 年 6 月获释，生活拮据，得到南京市民的捐助及国民政府每月金钱和粮食接济。1950 年 1 月 5 日在贫困中逝世于柏林。1997 年他的墓碑由柏林搬到南京大屠杀遇难同胞纪念馆保存。

② 英国公民保罗·海克特·蒙罗 - 福勒（Paul Hector Munro-Faure，1894-1956），1894 年出生于英国，1912 年参加预备役军队，并在第一次世界大战中参战。战后在亚细亚火油公司（Asiatic Petroleum Company）工作，任该公司驻中国数个城市（包括南京）的分部经理直至第二次世界大战爆发。日军向南京进军之际，他在南京协助组建南京安全区，并担任南京安全区国际委员会成员。1937 年 12 月初，在其供职的亚细亚火油公司敦促之下，他撤离南京。所以，在大屠杀期间他没有留在南京城内。1939 年第二次世界大战爆发后，他再次从军，在英军特别行动执行部（Special Operation Executives）任少校、中校，在缅甸与中国训练游击作战人员。1945 年，他曾在英国驻罗马尼亚大使馆任专员，1949 年退休，1956 年逝世。

③ 菲利浦·罗勃特·希尔兹（Philip Robert Shields）是南京和记洋行的主管工程师，曾协助组建南京安全区国际委员会，但是在其公司的敦促下，于 1937 年 12 月 8 日撤离南京。他 1938 年 6 月回到南京，担任国际救济委员会的成员。

④ 约翰斯·莫契·翰森（Johannes Morch Hansen，1898-1980），1898 年 1 月 17 日出生于丹麦尼科宾（Nykobing），读了两年法律专业后，和朋友一起去做生意。他 1920 年前往中国，1937 年时，担任南京德士古中国有限公司的经理。日军向南京进攻之际，他在南京组建安全区，并出任南京安全区国际委员会的成员。1937 年 12 月初，在其供职的德士古公司敦促下他撤离南京，并把他私人的汽车存放在美国驻南京大使馆的院子内。他的汽车被日军抢劫走，为此，他要求 1700 美元赔偿他的斯塔德贝克牌（Studebaker）汽车。翰森于 1980 年 6 月 28 日在乘车前往哥本哈根的旅途中去世。

续表

姓名	国籍	服务单位
7. J. 舒尔茨 – 潘丁[①]	德国	新民洋行
8. 伊万・麦凯[②]	英国	太古洋行
9. J. V. 皮克林[③]	美国	美孚火油公司
10. 爱德华・斯波林[④]	德国	上海保险行
11. M. S. 贝茨	美国	金陵大学
12. W. P. 米尔斯	美国	北方长老会
13. J. D. 林恩[⑤]	英国	亚细亚火油公司
14. C. S. 特里默	美国	鼓楼医院
15. 查尔斯・H. 里格斯	美国	金陵大学

① J. 舒尔茨 - 潘丁（J. Schultze-Pantin）是新民洋行的德国雇员，也是南京安全区国际委员会的成员，但他在日军抵达南京之前已撤离。大屠杀期间，约翰・麦琪（John Magee）和他的基督教徒们将他在鼓楼四条巷 10 号的住所用作庇护所。

② 伊万・E. L. 麦凯（Ivor E. L. Mackey）是太古洋行南京分行的经理。

③ 詹姆斯・万斯・皮克林（James Vance Pickering, 1906-1975），1906 年 2 月 16 日出生于美国俄亥俄州卡笛兹（Cadiz），1928 年毕业于哈佛大学，此后前往中国，任美孚石油公司南京分支总管。1937 年 11 月，日军向南京进逼之际，他是南京安全区国际委员会委员，参与筹备安全区的工作。12 月初在其任职的美孚公司的敦促下，他乘美孚火油公司油轮“美平号”撤离南京，于 12 月 12 日日军飞机炸沉美舰“巴纳号”时，该油轮也被炸伤。1938 年 6 月，他回到南京，担任南京国际救济委员会委员。1939 年调任美孚公司重庆分支经理，负责调度飞越驼峰的中印航线运输。他 1975 年 10 月 13 日在康涅狄格州格林威治（Greenwich）逝世。

④ 上海保险行（Shanghai Insurance Company）的爱德华・斯波林（Eduard Sperling）为德国公民，是大屠杀期间留在南京的 22 名西方籍人士之一。他帮助组织安全区，协助保护中国难民。他也留下了记录日军暴行的书面材料。

⑤ J. D. 林恩（J. D. Lean）为亚细亚火油公司的雇员，曾协助组建南京安全区国际委员会，但是在其公司的敦促下，于 1937 年 12 月 8 日撤离南京。他 1938 年 6 月回到南京，担任国际救济委员会的成员直至 1939 年 6 月。

国际红十字会南京委员会名单

1. 约翰·G. 麦琪牧师（会长）	10. C. S. 特里默医生
2. 李春南先生（副会长）	11. 詹姆斯·H. 麦考伦牧师
3. 刘怀德先生[①]（副会长）	12. M. S. 贝茨博士
4. 欧内斯特·H. 福斯特牧师（秘书长）	13. 约翰·H. D. 拉贝先生
5. 克里斯卿·克罗格先生[②]（司库）	14. 路易斯·S. C. 史迈斯
6. 保罗·德威特·特威楠女士[③]	15. W. P. 米尔斯牧师
7. 明妮·魏特琳小姐	16. 科拉·波德希伏洛夫先生[④]
8. 罗伯特·威尔逊医生	17. 沈玉书牧师[⑤]
9. P. H. 蒙罗－福勒先生	

① 刘怀德，英文名 Walter Lowe。当时刘怀德是中国旅行社创办的南京首都饭店（Metropolitan Hotel）的经理，在南京留守饭店，同时积极参加安全区的工作，并担任救济重振委员会（Rehabilitation Commission）的主任，以及南京国际红十字会副会长。1938 年 12 月，曾被日军逮捕下狱数月，经美国传教士营救出狱后即离开南京。此后，曾先后担任中旅社河内招待所经理与印度加尔各答中旅社开办的中国招待所经理。

② 克里斯卿·杰考伯·克罗格（Christian Jakob Kröger，1903-1993），1903 年 2 月 5 日出生于德国汉堡附近的奥藤森（Ottensen），1928 年受礼和洋行（Carlowitz and Company）派遣到太原工作，因出差南京时结识一位在山东烟台出生的德国姑娘爱瑞卡·布斯（Erika Busse），于 1936 年调到南京礼和洋行。他是大屠杀期间留在南京的 22 名西方籍人士之一，主管南京安全区国际委员会财务，同时做了大量工作保护中国难民。他是第一个获准离开南京的外国公民，以结婚为由于 1938 年 1 月 23 日乘火车去上海，并在上海就日军南京暴行发表公开演讲。3 月 8 日他在中国香港与爱瑞卡·布斯结婚，1939 年 1 月回德国。1986 年他将自己于 1938 年 1 月撰写的南京大屠杀目击报告——*Nankings Schicksalstage*（《南京命运悲惨的日子》），重新打印，寄送给当时中国驻联邦德国大使郭丰民，以纪念南京大屠杀 50 周年。他 1993 年 3 月 21 日在汉堡逝世。

③ 玛丽·特威楠（Mary Twinem，1895-1983），全名玛丽·道萝瑟·方茵·特威楠（Mary Dorothy, Fine Twinem），中文名戴玛丽，1895 年 4 月 8 日出生于美国新泽西州的泉顿市（Trenton），毕业于康涅狄格州哈特福德学院，获宗教教育学士学位，以后曾获得纽约大学硕士学位。她 1919 年 9 月作为长老会传教士来到中国，在安徽怀远传教。1922 年 5 月与金陵大学美籍教授保罗·德威特·特威楠（Paul DeWitt Twinem）结婚，但是，婚后仅仅 16 个月保罗于 1923 年 9 月 24 日突然病逝。在此后漫长的岁月里，除了短期回美国休假、学习外，她终生生活在中国，在金陵大学教书，协助宋美龄组织基督教团体，并加入了中国籍。南京沦陷后，她在 1937 年 12 月 17 日搬到金陵女子文理学院校园居住，帮助魏特琳管理难民营，驱赶前来骚扰、强奸妇女的日本兵。1938 年 6 月 16 日离开南京，以后前往重庆工作，战后回到南京。1949 年迁往台湾。六七十年代，她和软禁中的张学良夫妇过从甚密，常有书信来往。她 1983 年 9 月 9 日在台北逝世。

④ 桑德格林电器行（Sandgren' s Electrical Shop）的尼古拉·波德希伏洛夫（Nicolai Podshivoloff，1912-？），昵称科拉·波德希伏洛夫（Cola Podshivoloff），中文名高良，1912 年 2 月 1 日出生于俄国赤塔，1928 年 7 月来到哈尔滨，1930 年高中毕业后随亲戚至上海，1936 年 12 月到南京。他是大屠杀期间留在南京的 22 名西方籍人士之一，并为保护中国难民做了大量的工作。

⑤ ［英］哈罗德·约翰·田伯烈（Harold John Timperley）：《外国人目睹之日军暴行》（*What War Means: Japanese Terror in China*），伦敦：维克多·格兰茨出版社，1938，第 208-210 页。

由于外国政府和公司敦促本国国民撤离南京，以上名单中的一些人在日军到来之前就撤离了南京。福勒、希尔兹、翰森、潘丁、麦凯、皮克林和林恩在 1937 年 12 月初离开了南京。他们只参与了委员会的组织筹备，由其他成员在接下来的几个月里继续开展余下的工作。① 同时，还有一些留在南京的人并没有被列入名单，因为他们不是这两个委员会的成员。

1937 年 12 月 15 日，《波士顿环球晚报》首先报道了南京沦陷后留在城内的西方国民的情况。报道指出南京城内的 27 名外国人，包括 18 名美国人、六名德国人、两名俄罗斯人和一名英国人，在这座沦陷的城市都安然无恙。除透露了三名美国记者的身份，即美联社的查尔斯·叶兹·麦克丹尼尔（C. Yates McDaniel）、《纽约时报》的提尔曼·杜丁、帕拉蒙新闻摄影社（Paramount Newsreel）的亚瑟·孟肯（Arthur Menken）外，这则新闻没有提供其余 24 人的进一步信息。② 同一天的《波士顿环球晚报》上另一份来自上海的新闻电讯报道，在南京的五名英美记者 12 月 15 日（南京时间）与日本海军当局接洽，询问从南京到上海的最佳途径。除了上述三名记者外，报道还提到《芝加哥每日新闻报》的斯提尔和路透社的史密斯。③

1937 年 12 月 24 日，英国人在上海出版的英文报纸《字林西报》刊登了一份在南京的 22 名西方人士的名单。这份由日本军方发言人 12 月 23 日在上海公布的名单显示，截至 1937 年 12 月 16 日，南京共有 22 名西方人士，其中包括 14 名美国人、6 名德国人和两名白俄：

> 西门子洋行的约翰·H. D. 拉贝先生，德国人；礼和洋行的克里斯卿·克

---

① 《南京国际救济委员会报告》（"Report of the Nanking International Relief Committee"），1937 年 11 月至 1938 年 4 月 30 日，第 53 页，藏耶鲁大学神学院图书馆特藏部第 10 档案组第 102 档案盒第 868 档案夹。

② 《在陷落的南京美国人均安然无恙》（"All Americans Safe in Captured Nanking"），《波士顿环球晚报》（*The Boston Evening Globe*）1937 年 12 月 15 日第 13 版。

③ 《海军报告在南京的外籍人士安然无恙》（"Navy Reports Foreigners Safe within Nanking"），《波士顿环球晚报》1937 年 12 月 15 日第 12 版。

罗格先生，德国人；上海保险行的斯波林先生，德国人；起士林点心铺的兆提格先生，德国人；河北饭店（North Hotel）的翰培尔先生，德国人；南京安全区的汽车修理工 R. R. 哈兹先生，德国人；桑德林电器行的科拉·波德希伏洛夫先生，白俄；南京安全区的汽车修理工 A. 扎尔先生，白俄；金陵大学的查尔斯·H. 里格斯先生、M. S. 贝茨博士和路易斯·S. C. 史迈斯博士，美国人；鼓楼医院的 C. S. 特里默医生、罗伯特·O. 威尔逊医生、格瑞丝·鲍尔小姐和伊娃·M. 海因兹小姐，美国人；美国基督会的詹姆士·麦考伦牧师，美国人（现在鼓楼医院）；金陵女子文理学院的明妮·魏特琳小姐，美国人；北方长老会的 W. P. 米尔斯牧师，美国人；金陵神学院的胡勃特·L. 索尼，美国人；基督教青年会的乔治·菲齐，美国人；美国圣公会的欧内斯特·H. 福斯特牧师和约翰·麦琪牧师，美国人。[①]

同时，《纽约时报》1937 年 12 月 25 日公布了另一份名单，[②] 列出了 14 名美国公民以及他们的家乡。除了一些拼写上的差异外，就美国人而言，日方和美方公布的名单是一致的。

在耶鲁大学神学院图书馆的特藏部中寻获一张由 22 名西方国民签名的南京安全区国际委员会 1938 年新年贺卡。[③] 这张新年贺卡是国际委员会的会长约翰·拉贝为 1938 年元旦特别制作的，“正面印有安全区标志，背面有所有留在南京的外国人的签名”[④]。

① 《外籍人士在南京安然无恙》(“Foreigners Safe in Nanking”),《字林西报》(*The North-China Daily News*) 1937 年 12 月 24 日第 6 版。

② 这是一份发表在《纽约时报》1937 年 12 月 25 日第 1 版与第 5 版哈立特·爱德华·阿本德(Hallett Edward Abend)写的新闻报道中的名单。报道题为《济南被围攻：据报道日本人在两处渡过黄河》(“Tsinan is besieged ; Japanese are reported across Yellow River at two places”)。类似的名单还登载在《纽约时报》1937 年 12 月 10 日第 4 版和《洛杉矶时报》1937 年 12 月 13 日第 5 版上。除了一些名字的拼写不同，以及 12 月 10 日的名单包括斯提尔和孟肯，这三份名单基本相同。

③ 原件藏耶鲁大学神学院图书馆特藏部第 8 档案组第 263 档案盒第 2 档案夹。

④ 欧内斯特·福斯特，致妻子克莱瑞莎(Clarissa)的信，1938 年 1 月 3 日，藏耶鲁大学神学院图书馆特藏部第 8 档案组第 263 档案盒第 5 档案夹。

经过对比，日方公布的名单与签名名单有两点不同，“Taussig”和“Zeil”在安全区的签名名单上分别是“Aug. Zautig”和“A. Zial”。由于这是22名西方人士的亲笔签名，尽管这份签名名单并没有包括他们的国籍和隶属单位，但提供的信息是准确可靠的。

笔者在位于马里兰州学院公园（College Park）美国国家第二档案馆的国务院档案中发现了另一份1937年12月16日留在南京的22名西方国民名单。这份名单进一步确认了安全区签名名单的准确性，并证实了日方名单上记录的国籍和隶属单位，只有哈兹[①]的国籍不符，这份名单将他列为“奥地利人”，而不是日方名单所列的“德国人”。

根据上述新闻报道、人员名单以及他们当时写的日记和信件，共有27名西方国民亲历了南京的陷落，并目睹了随后发生的大屠杀：

	姓名	国籍	工作单位	职业
1	约翰·拉贝	德国	西门子洋行	商人
2	克里斯卿·克罗格	德国	礼和洋行	商人
3	爱德华·斯波林	德国	上海保险行	商人
4	奥古斯特·兆提格	德国	起士林点心铺	商人
5	理查德·翰培尔	德国	河北饭店	商人
6	鲁波特·哈兹	奥地利	南京安全区	汽车修理工
7	尼古拉·波德希伏洛夫	白俄	桑德林电器行	商人
8	A. 扎尔	白俄	南京安全区	汽车修理工
9	莱斯利·C. 史密斯	英国	路透社	记者
10	阿契包德·特洛简·斯提尔	美国	《芝加哥每日新闻报》	记者
11	弗兰克·提尔曼·杜丁	美国	《纽约时报》	记者
12	查尔斯·叶兹·麦克丹尼尔	美国	美联社	记者
13	亚瑟·冯·布里森·孟肯	美国	帕拉蒙新闻摄影社	记者
14	马内·舍尔·贝茨	美国	金陵大学	教授

① 鲁波特·R. 哈兹（Rupert R. Hatz）为奥地利公民，安全区的机修工，也是大屠杀期间留在南京的22名西方籍人士之一。

续表

	姓名	国籍	工作单位	职业
15	路易斯·斯特朗·凯瑟·史迈斯	美国	金陵大学	教授
16	查尔斯·亨利·里格斯	美国	金陵大学	教授
17	罗伯特·奥利·威尔逊	美国	鼓楼医院	医生
18	克利福特·夏普·特里默	美国	鼓楼医院	医生
19	伊娃·M. 海因兹	美国	鼓楼医院	护士
20	格瑞丝·露易丝·鲍尔	美国	鼓楼医院	实验室技术人员
21	明妮·魏特琳	美国	金陵女子文理学院	校务管理人员
22	乔治·爱希默·菲齐	美国	基督教青年会	秘书
23	约翰·吉利斯比·麦琪	美国	美国圣公会	牧师
24	詹姆斯·亨利·麦考伦	美国	美国基督会（在鼓楼医院工作）	牧师
25	威尔逊·波鲁默·米尔斯	美国	北方长老会	牧师
26	胡勃特·拉法耶特·索尼	美国	金陵神学院	教授
27	欧内斯特·赫曼·福斯特	美国	美国圣公会	牧师

在耶鲁大学神学院图书馆发现的另一份名单[①]进一步核实了这27个人的姓名、国籍和所属机构。它包含的信息远比之前的名单多，因为它记录了1937年12月13日至1938年3月中旬在南京的42名西方国民。该名单还提供了五名英美记者1937年12月15日与16日离开南京的信息，其他22人均在南京直至克罗格于1938年1月23日、菲齐在2月20日、拉贝于2月23日、哈兹和兆提格于2月28日分别离开。[②]这份名单的剩余部分如下：

① 《美国在南京的财产权益损失情况》（“Conditions of American Property and Interests in Nanking”）附件15-A，1938年2月28日，（美国国务院档案编号：393.115/233），藏马里兰州学院公园市，美国国家第二档案馆第59档案组，1930-1939年国务院编码档案，第1821档案盒。

② 《日军进城时在南京的西方公民》（“Western Nationals in Nanking at the Time of Japanese Entry”），1937年12月13日。藏耶鲁大学神学院图书馆特藏部第10档案组第102档案盒第862档案夹。

（下列人员在所列的日期中在南京）

28	约翰·爱利生先生	美国	1 月 6 日 –	美国大使馆
29	詹姆斯·爱斯比先生	美国	1 月 6 日 –	美国大使馆
30	A. A. 麦克法谨先生	美国	1 月 6 日 –3 月 13 日	美国大使馆
31	H. 普利泰 – 布伦先生	英国	1 月 9 日 –29 日	英国大使馆
32	洛瓦特 – 弗莱瑟上校	英国	1 月 9 日 – ?	英国武官
33	乔治·罗森博士	德国	1 月 9 日 –	德国大使馆
34	莎芬伯格博士	德国	1 月 9 日 –	德国大使馆
35	霍特先生	德国	1 月 9 日 –	德国大使馆
36	比希布里克先生[①]	美国	1 月 23 日 –2 月 6 日	祥泰木行
37	E. W. 捷夫雷先生	英国	1 月 27 日 –	英国大使馆
38	沃特·H. 威廉斯先生	英国	1 月 27 日 –	英国大使馆
39	亨德里克·博斯先生	荷兰	2 月 8–12 日	荷兰公使馆
40	詹姆斯·卡尼神父[②]	美国	2 月 11–13 日	美国耶稣会

① 斯坦利·比希布里克(Stanley Bishoprick, 1904-1995), 1904 年 5 月 2 日出生于美国阿拉斯加州斯加维（Skagway），1929 年毕业于俄勒冈州立大学。比希布里克身为美国公民，但受雇于英国公司祥泰木行（China Import & Export Lumber Company）。日军攻占南京时，他在上海，在南京日军当局的邀请下，他于 1938 年 1 月 31 日至 2 月 6 日到南京来商讨出售木材给日军的事宜。1995 年 10 月 8 日，比希布里克在华盛顿州奥林匹亚（Olympia）逝世。

② 詹姆斯·弗朗西斯·卡尼（James Francis Kearney，1896-1967），神父，中文名甘雅各，隶属于美国天主教耶稣传教会的传教士，1896 年 8 月 15 日出生于密苏里州堪萨斯城，1915 年在加州洛斯·盖托斯（Los Gatos）圣心修道院成为修道士，1921 年毕业于华盛顿州冈萨加（Gonzaga）大学，1922 年在同一所大学获硕士学位，1930 年前往中国，在南京、上海的教会中学里教英语至 1935 年，1935 至 1941 年在南京天主教耶稣传教会工作。在日军攻占南京前，卡尼神父已撤往上海。1938 年 2 月 11 日至 13 日，他陪同法国外交官乘坐法国炮艇“都达·德·拉格瑞号（Doudart de Lagrée）”前往南京察看法国房产受损的情况。以后回到南京，1938 年 6 月担任南京国际救济委员会成员，1939 年 5 月担任救济委员会秘书长。珍珠港事件之后，他被日军关进上海徐家汇集中营直至 1945 年 8 月战争结束。1945 至 1949 年在上海担任《天主教评论》编辑，1949 至 1952 年在美国加州圣塔·克拉拉（Santa Clara）大学任哲学教授。以后曾在菲律宾与新加坡工作。1967 年 6 月 22 日在加州洛斯·盖托斯圣心修道院逝世。

续表

41	? ①	法国	2月11–13日	法国空军武官
42	R. F. 布莱迪医生 ②	美国	2月21日 –	鼓楼医院 ③

这份名单不仅记录了美国领事小组1938年1月6日抵达南京，还记录了麦克法谨3月13日离开，但没有提及二等秘书乔治·爱契逊3月11日至13日对南京进行了短暂访问，然后与麦克法谨一起前往上海。④ 爱利生在他的第28号电报中报告说，1938年1月19日，一名美国海军报务员上岸，派驻到美国大使馆从事收发电报的工作。这个人会说日语，爱利生在6、7月间还数次提到他。⑤ 然而，这份名单并没提及这位海军报务员。⑥

这份名单还显示了英国、德国当时在南京派驻了外交人员。1938年1月9日，英国、德国领事小组乘英舰"蟋蟀号"抵达南京。英国领事小组由领事普利焘 – 布伦、武官洛瓦特 – 弗莱瑟上校和空军武官约翰·古斯塔夫·沃

---

① 当时法国驻华空军武官为蒂博·德·拉·弗特 - 圣尼克泰尔（Thibault de la Ferté-Senectère）。

② 理查德·弗里曼·布莱迪（Richard Freeman Brady，1902-1995），中文名裴睿德，1902年2月12日出生于美国宾夕法尼亚州伊利市（Erie），1926年从医学院毕业后于1928年前往菲律宾行医，1931年来到南京鼓楼医院工作。1937年夏战事爆发后，他一直留在南京救治伤病员，直至1937年12月3日离开南京前往牯岭看望重病的女儿。由于日军占领南京后限制外籍人士进出南京，直到1938年2月21日布莱迪才获准回到南京，在鼓楼医院为难民治病扶伤。他于1941年秋回到美国，在肯塔基州行医，1944年移居加利福尼亚，继续行医。布莱迪1995年2月17日在加州波特维尔（Porterville）逝世。

③ 《日军进城时在南京的西方公民》("Western Nationals in Nanking at the Time of Japanese Entry")，1937年12月13日，藏耶鲁大学神学院图书馆特藏部第10档案组第102档案盒第862档案夹。

④ ［美］乔治·爱契逊（George Atcheson）：72号电报，1938年3月11日，档案编号123 AT 2/327，美国国家第二档案馆第59档案组第350档案盒与约翰·M. 爱利生（John M. Allison），74号电报，1938年3月13日，档案编号123 AT 2/ 329，第59档案组第350档案盒。

⑤ ［美］约翰·M. 爱利生：28号电报，1938年1月19日下午2时，档案编号124.932/564，驻中国外交机构，第2172卷（南京1938年第8卷），美国国家第二档案馆第84档案组；114号电报，1938年6月13日下午6时，档案编号893.5151/477，第59档案组微缩胶卷LM63第136卷，以及131号电报，1938年7月9日上午11时，档案编号793.94/13415，第59档案组 - 微缩胶卷M976第54卷。

⑥ 这位海军发报员是詹姆斯·门罗·顿莱伯（James Monroe Dunlap，1912-1945），他1912年9月6日出生于上海，父亲是在上海的美国医生，自幼在上海与北京长大，1932年回美国读大学。因为他懂日语，1938年1月19日作为美国海军的发报员，被派到美国驻南京大使馆，负责电报的收发工作。1940年回上海，担任教育组织工作。珍珠港事件之后，被日军关进上海闸北集中营，1945年7月3日因脑溢血在集中营去世。

尔瑟[1]组成。然而，日本人以没接到沃尔瑟前来南京的通知为借口，直至1938年1月12日才允许他登岸。[2]出于某种原因，他的名字也未列入名单中。1月14日，英国驻南京海军高级军官报告道："领事非常希望目前上岸在南京的武官与空军武官离开，因为他们使日本人恼怒不快"，随后在1月16日安排他们去上海。[3]普利焘－布伦在南京逗留的时间也很短。他1月29日与菲齐一起搭乘英舰"蜜蜂号"前往上海，菲齐去上海为安全区筹措食品。[4]另两名英国外交官捷夫雷和沃特·亨利·威廉斯1938年1月27日抵达南京，接替普利焘－布伦的工作。

以乔治·罗森为首的德国领事小组的成员还有保罗·莎芬伯格和阿尔弗雷德·霍特。

根据美国和英国海军的记录，1938年1月29日，意大利炮艇"埃曼诺卡洛托号"（Eimanno Carlotta）搭载拉斐尔－费拉约洛（Raffaele Ferrajolo）先生和武官普里内拉·戈齐奥（Prinela Gozio）上校从上海驶抵南京。[5]1938年2月8日至12日，荷兰外交官亨德里克·博斯（Hendrick Bos）对南京进行了短暂的访问。[6]法国驻华使馆空军武官蒂博·德·拉·弗特－

① 约翰·古斯塔夫·沃尔瑟（John Gustave Walser）曾在第一次世界大战中服役，1914年12月任陆军少尉。以后转为空军，1917年，他从空军中尉晋升预备空军上尉，1923年升为空军上尉。1937年4月，他从空军少校晋升为空军中校。1937年12月，他被任命为英军驻华总司令部（General Officer Commanding（G.O.C.））的联络官，1938年，调任皇家空军远东总部。

② ［美］约翰·M. 希汉（John M. Sheehan）:美舰"瓦胡号"截至1938年1月16日的每周情报概要，美国华盛顿特区美国国家档案馆，1929-1942年海军情报一般信函，海军作战部长办公档案，第38档案组第195档案盒A8-2/FS#3档案夹。

③ 英国驻南京高级海军军官（Senior Naval Officer at Nanjing）：致扬子江英国海军少将的电报，1938年1月14日，伦敦英国国家档案馆，长江巡逻档案，1938年1月，海军档案编号ADM116/3882。

④ ［德］约翰·拉贝（John Rabe）:《南京好汉：拉贝日记》（*Good Man of Nanking*：*The Diaries of John Rabe*），纽约：克诺夫出版社，1998，第162页。

⑤ ［美］约翰·M. 希汉：美舰"瓦胡号"截至1938年1月30日的每周情报概要，美国国家档案馆，第38档案组第195档案盒A8-2/FS#3档案夹；以及南京高级海军军官，密码电报，1938年1月30日，英国国家档案馆，扬子江巡逻档案，1938年1月，海军档案编号ADM116/3882。

⑥ ［美］约翰·M. 爱利生：53号电报，1938年2月10日下午3时，档案编号793.94/12384，美国国家第二档案馆第59档案组微缩胶卷M976第50卷。

圣尼克泰尔在担任英日文翻译的美国传教士詹姆斯·弗朗西斯·卡尼神父的陪同下，乘坐法国炮艇“杜达·德·拉格瑞号”（Doudart de Lagrée）于1938年2月8日从上海出发，9日抵达南京水域。空军武官、“杜达·德·拉格瑞号”船长马塞尔·让·布斯凯尔海军中校①和卡尼神父大约于2月10日至13日在城内查访法国使馆馆舍与其他法国房产受损的情况，于14日驶离南京。布斯凯尔船长详细报告了他们的南京之行。②

除了外交官员，日方不允许其他外国人进入南京。美国公民斯坦利·比希布里克是英国公司祥泰木行（China Export and Import Lumber Co.）的一名雇员，应日军当局的邀请，于1月23日至2月6日访问南京，安排向日军出售木材的事宜。③鼓楼医院的医生理查德·弗里曼·布莱迪也在2月21日获准返回南京继续行医。

需要指出的是，保罗·威特·特威楠夫人出现在南京国际红十字会委员会的名单上，但并不在日方和美方的名单中，也不在签名名单之中。然而，麦考伦、菲齐、史迈斯、魏特琳和其他人在日记或信件中都提到特威楠夫人，她在南京协助魏特琳管理金陵女子文理学院的难民营。但为什么她的名字没有出现在这些名单上？菲齐的日记帮我们解开了谜团。他在脚注中写道：“保罗·威特·特威楠以前是美国人，现为中国公民，在金陵大学任职。”④由

---

① 马塞尔·让·布斯凯尔（Marcel Jean Buscail，1896-1940），1896年1月7日出生于阿尔及利亚布吉（Bougie），1915年加入法国海军，1917年任二等海军少尉，驻防法国土伦（Toulon），1918年晋升一等海军少尉，1921年进入海军军官学校受训，1922年晋升中尉，1928年1月14日获得荣誉军团骑士勋章（Chevalier de la Légion d' Honneur）。1932年晋升海军中校，以后调防中国上海，任法国炮艇“杜达·德·拉格瑞号”（Doudart de Lagrée）船长。1938年12月23日获得荣誉军团军官勋章（Officier de la Légion d' Honneur），1940年5月20日在法国土伦去世。

② ［法］马塞尔·让·布斯凯尔：布斯凯尔船长的报告，1938年2月，法国外交部1918至1940年政治与商业信函，中国，第503卷，公使馆（1930年2月22日至1938年5月31日），第169至215页；8月6日给大使馆的报告第215页。

③ ［美］詹姆斯·爱斯比（James Espy）:《美国在南京的财产权益损失情况》,1938年2月28日，第21页，档案编号393.115/233，美国国家第二档案馆第59档案组第1821档案盒。

④ 乔治·菲齐的日记在田伯烈所著《外人目睹中之日军暴行》中首次匿名发表，参见该书第33页的注释。菲齐1967年出版回忆录《旅华岁月八十载》（*My Eighty Years in China*）（台北：美亚出版社），其中收录了菲齐的南京日记，参见该书第440页的注释。

于她的中国公民身份，不再被视为美国公民。

南京大屠杀期间，德国人卡尔·根特[①]和丹麦人伯恩哈德·阿尔普·辛德伯格[②]在南京城以东约15英里的栖霞山水泥厂开设了一个难民中心。辛德伯格经常往返于栖霞山和南京之间，在南京也相当活跃。

1938年1月7日，美舰"瓦胡号"船长约翰·希汉[③]获准访问美国驻南京大使馆。[④]2月17日，希汉与"瓦胡号"的军医和英舰"蜜蜂号"的船长

① 卡尔·根特（Karl Günther，1903-1987），1903年出生于中国唐山，他的父亲汉斯·弗里德里希·马丁·根特（Hans Friedrich Martin Günther，1872-1936）曾在唐山启新洋灰公司担任总工程师。他在唐山长大，但回到德国求学，于1925年从汉堡的汉莎高中（Hansa Gymnasium）毕业，并在柏林理工大学（Technische Universität Berlin）毕业后回到中国，在父亲的水泥厂工作。1937年12月4日，他冒险南下到南京，担任南京东郊江南水泥厂的代理经理。日军兵临南京城下之际，他和丹麦人伯恩哈德·阿尔普·辛德伯格在江南水泥厂厂区设立了难民营，收容来自附近村庄的一万多难民。并见证了南京大屠杀，保留了许多珍贵的照片和资料。1938年6月，南京的交通恢复常态，经他和日方交涉后，工厂里的难民得以安全回家。不久辛德伯格离开水泥厂，根特则留了下来。中华人民共和国成立后，卡尔·根特担任江南水泥厂化学工程师。1950年12月，他偕妻子埃蒂丝和儿子返回德国，直至逝世未再回中国。他1987年在汉堡去世。

② ［美］约翰·G. 麦琪（John G. Magee）:《约翰·G. 麦琪的栖霞山之行报告》（"Report of a Trip to Tsih Hsia Shan by John G. Magee"），耶鲁大学神学院图书馆特藏部第10档案组第102档案盒。伯恩哈德·阿尔普·辛德伯格（Bernhard Arp Sindberg，1911-1983）1911年2月19日出生于丹麦奥斯胡（Aarhus），1927年离家去美国、南美远游，曾于1932年在海军服役一年，1934年在一艘丹麦远洋商船上工作时，因与长官争吵而被捕，当商船停靠上海港时，他戴着手铐踏上上海码头。此后数年，在上海做各种杂活。1937年12月2日，他受雇来到南京栖霞山附近的江南水泥厂，看管厂房、设备。日军攻占南京之际，他和德国人卡尔·根特在水泥厂开设难民营，收容附近难民一万多人。他1938年3月离开南京，不久移民美国加州。曾加入海军作战，以后在远洋商船上工作，1983年3月25日在加州洛杉矶逝世。

③ 约翰·米歇尔·希汉（John Mitchell Sheehan，1893-1956），1893年5月17日出生在美国波士顿。第一次世界大战时参加海军作战，此后，服役于美舰"肖莫特号"（USS Shawmut）、亚洲舰队飞行队、位于华盛顿的航空局、"怀俄明号"（USS Wyoming）军舰、"西雅图号"（USS Seattle）军舰。1937年2月调到亚洲舰队任长江巡逻炮艇"瓦湖号"船长直至1938年3月调往位于菲律宾的卡维特（Cavite）海军船厂。他曾发表多篇有关海军工程和在中国（特别是在南京）经历的文章。希汉1947年退役，1956年4月11日在罗得岛州的新港（New Port）逝世，安葬于阿灵顿国家公墓。

④ ［美］约翰·M. 希汉（John M. Sheehan）：美舰"瓦胡号"截至1938年1月9日的每周情报概要，美国国家档案馆1929-1942年海军情报一般信函，海军作战部长办公档案，第38档案组第194档案盒A8-2/FS#2档案夹。

H. T. 阿姆斯特朗[①]再次访问了美国驻南京大使馆。[②]2月23日，“瓦胡号”的海军军官也获准再度访问南京，但必须在日本宪兵的陪同下乘坐大使馆汽车入城。[③]

根据从各方获得的文件和其他资料，从1937年12月13日至15日，南京被攻占后有27名西方公民在城内。从1937年12月16日至1938年1月6日美国外交官抵达之际，有22名西方人士留在南京城内。1937年12月13日到1938年3月中旬这段时间内，共有50多名西方国民，其中包括三名美国、五名英国和三名德国外交官，留在南京城内或到访该城。（1937年12月13日至1938年3月中旬期间，在南京的西方国民的完整名单详见附录一。）

① 哈罗德·汤姆斯·阿姆斯特朗（Harold Thomas Armstrong，1904-1944），1904年9月出生于英国波茨茅斯（Portsmouth），1922年加入皇家海军，1925年就读于海军学院，1934年晋升为海军少校，1937年4月升任海军中校，1941年升为海军上校。他1937年8月任英国军舰“大甲虫号（Cockchafer）”船长，1937年12月24日调任“蜜蜂号”船长。此后，先后任“蟋蟀号”船长（1938-1939）、“鹪鹩号”（Wren）船长（1940）、“毛利号”（Maori）船长（1940-1941）与“莱弗利号”（Laforey）船长（1943-1944）。1944年3月30日，他任船长的“莱弗利舰”在意大利西西里岛帕勒莫（Palermo）港东北60英里处，被德军潜水艇击沉而殉职。

② ［美］约翰·M. 希汉：美舰“瓦胡号”截至1938年2月21日的每周情报概要，美国国家档案馆，第38档案组第195档案盒A8-2/FS#3档案夹。

③ ［美］约翰·M. 希汉：美舰“瓦胡号”截至1938年2月28日的每周情报概要，美国国家档案馆，第38档案组第195档案盒A8-2/FS#3档案夹。

第二章　英语媒体对南京大屠杀的报道

五位英美记者的报道

留在南京报道围城战斗以及城市陷落的五名美国和英国记者随后目睹的不仅仅是血腥的战斗与混乱的撤退。对于日军在沦陷的城市内及其周边地区犯下的暴行，他们震惊不已，迅速作出反应，在新闻稿中报道了这些暴行。

记者们急切地希望能将他们的报道尽快发送出去公之于众。然而，随着当时的中国市政当局瘫痪，城市的邮政、电报、供水、供电都停顿了。混乱的局面使他们不可能用电报发送新闻稿。他们唯一的选择是离开南京前往上海。1937 年 12 月 14 日，杜丁[①]驱车前往上海，但他的车只开到句容便被日

① 弗兰克·提尔曼·杜丁（Frank Tillman Durtin，1907-1998），1907 年 3 月 30 日出生在美国得克萨斯州的爱尔克哈特（Elkhart），曾就读于得克萨斯基督教大学，在多家报社，包括《洛杉矶时报》和《上海大晚报（Shanghai Evening Post）》担任记者。1937 年，他出任《纽约时报》驻中国记者。日军进攻南京时，他留在城内报道攻城的情况，并目睹了大屠杀的惨况。他于 1937 年 12 月 15 日乘坐美国炮艇“瓦胡号”前往上海，及时向《纽约时报》拍发了多篇有关南京大屠杀的通讯报道。他在《纽约时报》工作至 1974 年退休。1971 年，时任《纽约时报》香港站站长的杜丁曾随美国乒乓球队访问中国大陆，亲身见证了具有历史意义的中美乒乓外交。以后，他多次访问中国，并于 1985 年会见了邓小平。1988 年，他重访南京，参观了南京大屠杀遇难同胞纪念馆，并于 1988 年 7 月 17 日在加州圣地亚哥的报纸《圣地亚哥联盟论坛报》（*San Diego Union-Tribune*）发表长篇文章记叙了他重访南京参观，回顾了当年亲身目睹日军暴行的经历。杜丁 1998 年 7 月 7 日在加州圣地亚哥去世。

军拦截而折返。与此同时，斯提尔[①]成功地潜出城到江边，见到几艘日本军舰，并惊讶地从一名日本水兵口中得知，美国军舰“巴纳号”被炸沉了。[②]当天下午 3 点左右，五名记者登上日本炮艇“势多号”（Seta），询问从南京前往上海的可能性。日本指挥官告诉他们，如果愿意，他们可以乘坐日本军舰前往。[③]

此时，另一艘美国在长江的巡逻炮艇“瓦胡号”已经加足马力，迅速驶往“巴纳号”沉没的和县水域。“瓦胡号”于 12 月 14 日傍晚抵达，救援“巴纳号”的幸存者。1937 年 12 月 15 日下午一点左右“瓦胡号”载着“巴纳号”的幸存者与英舰“瓢虫号”一道驶离和县。12 月 15 日下午四点多，由两艘日本军舰护航，“瓦胡号”和“瓢虫号”停泊在南京上游左岸附近的江面上，直到第二天凌晨才启程前往上海。12 月 15 日杜丁、斯提尔和孟肯[④]等人登上“瓦胡号”，史密斯[⑤]

---

① 阿契包德·特洛简·斯提尔(Archibald Trojan Steele，1903-1992)，1903 年 6 月 25 日出生于加拿大的多伦多，1916 年移民到美国。1924 年毕业于斯坦福大学。1932 年成为《芝加哥每日新闻报》驻中国记者。1937 年卢沟桥事变爆发时，他在北京；日军攻打南京时，他留下来报道了南京攻防战役，南京城陷之后于 1937 年 12 月 15 日乘美舰“瓦胡号”去上海。他利用“瓦胡号”的无线电设备向《芝加哥每日新闻报》发通讯稿，首先于 1937 年 12 月 15 日向全世界报道了南京大屠杀。他曾于 30 年代访问延安，见过毛泽东。70 年代以后曾数次重访中国，并于 1978 年采访了邓小平。他曾出版多部关于中国的书籍。斯提尔 1992 年 2 月 28 日在亚利桑那州的赛多纳（Sedona）去世。

② ［美］乔治·A. 菲齐（George A. Fitch），日记，第 8 页，1937 年 12 月 14 日。藏耶鲁神学院图书馆特藏部第 11 档案组第 9 档案盒第 202 档案夹。

③ 《海军报告在南京的外籍人士安然无恙》（“Navy Reports Foreigners Safe within Nanking”），《波士顿环球晚报》（*The Boston Evening Globe*）1937 年 12 月 15 日第 12 版。

④ 亚瑟·冯·布里森·孟肯（Arthur von Briesen Menken，1903-1973），帕拉蒙新闻摄影社（Paramount Newsreel）的摄影记者，1903 年 12 月 13 日出生于美国纽约，1925 年毕业于哈佛大学。他在世界各地游历广泛，用摄影镜头记录了众多暴乱、罢工、战争。他曾在非洲沙漠驱车，深入南美奥里诺科（Orinoco）河的上游，报道了西班牙内战。1937 年 12 月，日军进攻南京时，他留在南京报道了南京战役、南京城陷，并目睹了接踵而至的南京大屠杀后，于 1937 年 12 月 15 日离开南京前往上海，向海外报道了南京大屠杀的真相。第二次世界大战时，他从军参战，战后曾为美国政府在意大利的情报机构工作。孟肯 1973 年 1 月 10 日在意大利佛罗伦萨去世。

⑤ 英国路透社记者莱斯利·C. 史密斯（Leslie C. Smith）留下来报道南京战役、南京城陷之后，于 1937 年 12 月 15 日乘坐英舰“瓢虫号”前往上海，并向英国发通讯稿，报道南京大屠杀的情况。珍珠港事件之后出任英国驻华使馆一等秘书，负责新闻方面的工作，战后重返新闻界，担任《星期日泰晤士报》（*Sunday Times*）驻中国记者。1949 年解放军攻占上海之前，前往中国香港，创立并主持英国的东南亚新闻中心。70 年代初退休，居住在中国台湾。

乘坐“瓢虫号”。[①] 麦克丹尼尔[②] 则推迟至第二天才乘坐日军炮舰“栂号”（Tsuga）离开。

登上“瓦胡号”后，斯提尔便不失时机地试图用军舰上的无线电设施将新闻稿发出去。12 月 15 日，炮艇仍停泊在南京附近时，他说服“瓦胡号”的报务员，将其报道发送给《芝加哥每日新闻报》，以便能在芝加哥时间的同一天刊登在报纸上。

1937 年 12 月 15 日至 1938 年 2 月 4 日，斯提尔共发表了五篇关于日军在南京犯下暴行的新闻报道。他于 1937 年 12 月 15 日在《芝加哥每日新闻报》上发表了题为“日军屠杀成千上万”的报道，首次向世人披露了南京大屠杀的消息。随后几天，其他四名记者也相继发表了有关大屠杀的报道。

正如斯提尔在 1937 年 12 月 15 日发表的新闻报道中所指出的，他的报告是基于他本人以及围城期间在南京的其他外国人的所见所闻而写成的。根据他的报道，“‘地狱中的四天’是用来形容攻占南京经过的最恰当的字眼”[③]。斯提尔描述了南京城陷落时混乱的景象——征服者日本军队的恐怖统治接踵而至，造成成千上万的无辜生灵涂炭：

> 日军只要宽恕困在城里大多数已放下武器准备投降的中国军人就几乎可以不费一枪一弹占领南京城其余的部分。然而，他们选择了有计划

---

① 《目击者叙述南京的陷落》（“Fall of Nanking Vividly Reported by Eye-witness”），《北京纪事报》（*The Peking Chronicle*）1937 年 12 月 19 日第 1 版。

② 查尔斯·叶兹·麦克丹尼尔（Charles Yates McDaniel，1906-1983），1906 年 8 月 28 日在苏州出生于一个美国传教士家庭，1927 年毕业于弗吉尼亚的里士满大学（University of Richmond），并在北卡罗来纳大学获硕士学位。1935 年加入美联社。日军进攻南京时，他留在南京报道南京战役、南京城陷，并目睹了接踵而至的南京大屠杀后，于 1937 年 12 月 16 日乘日本炮艇“栂号”（Tsuga）离开南京前往上海，并于 1937 年 12 月 18 日在《芝加哥论坛报》刊登有关南京大屠杀的报道。他是最后撤离南京的西方记者。1942 年日军进攻新加坡时，他也是最后撤离新加坡的记者。战后，他曾担任美联社底特律站站长直至 1971 年退休。麦克丹尼尔 1983 年 3 月 14 日在佛罗里达州的圣彼得堡（St. Petersburg）逝世。

③ ［美］A. T. 斯提尔：《日军屠杀成千上万》（“Japanese Troops Kill Thousands”），《芝加哥每日新闻报》（*The Chicago Daily News*）1937 年 12 月 15 日第 1 版。

地屠杀守军的做法。

尸体积有五英尺高

屠杀犹如屠宰羔羊。很难估计有多少军人受困，遭屠杀，也许在五千与两万之间。

由于陆路已切断，中国军人通过挹江门涌向江边，挹江门迅速堵塞。今天经此城门过，发现要在积有五英尺高的尸体堆上开车才能通过城门。已有数百辆日军卡车、大炮在尸体堆上开过。

城里所有街道上都遍布着平民百姓的尸体和遗弃的中国军队的装备与军装。①

离开南京之际，斯提尔和其他记者最后见到的场景“是一群三百名中国人在江边的城墙前井然有序地遭处决，那儿的尸体已积有膝盖高”②。

在那短短的几天里，充斥着太多的悲怆、痛苦、恐慌与野蛮，使得斯提尔感到有太多的话要说，尽管他明白语言远不足以描述这段经历。两天后，也就是12月17日，他的第二篇报道刊登在《芝加哥每日新闻报》上，在这篇报道中他讲述了几件亲眼目睹的事情，希望它们能表述对南京所经历的恐怖的一些印象：

映入我眼帘的是那座城门外一片肆意屠杀的场景，至少上千名军人以各种可能的姿态战死的躯体，断落的电话、电灯线杂乱无章地散落在周围，到处是烧焦的残骸……

我也见过这样的场面：……月光下日军的机枪手在街头游荡，击杀奔跑者，也打死不跑的人；日军有计划地逐屋搜索，抓走身着便衣的嫌

① ［美］A. T. 斯提尔：《日军屠杀成千上万》（“Japanese Troops Kill Thousands”），《芝加哥每日新闻报》（*The Chicago Daily News*）1937年12月15日第1版。

② 同上。

疑分子，把他们几十个人绑成一团，一个个拉出去枪毙，其他命运相同的伙伴则木然地坐在一边，等待轮到他们被枪毙的时刻……

我眼见日军拳打脚踢孤苦无助的老百姓，在医院见到许多被刺刀刺伤的平民。

我亲眼见到每条街上都横陈着尸体，其中包括一些不可能对他人造成伤害的老人，还见到成堆成堆遭处决而死的尸体。

在北门，我看见可怖、杂乱的一堆，那曾是二百人的躯体，现在是一摊焦烂的骨肉。[①]

斯提尔 12 月 18 日在同一份报纸上发表的另一篇报道中指出，南京的陷落是一片可怕的屠戮与混乱的景象：

日军在街上巡逻，挨家挨户搜捕被怀疑为穿便装的士兵。很少有人活着回来，极个别回来的人说他们的同伴在没有任何审判程序的情况下遭受屠杀。

我亲眼目睹这样的集体屠杀，也见过其他屠杀留下的残酷场面。更难以忍受的是不得不听妇女号啕大哭，恳求让她们再也见不到的儿子、丈夫回来。[②]

南京的惨景久久萦绕在斯提尔的脑际，他别无选择，只得继续写下去。1938 年 2 月，他撰写了关于这场大屠杀的第四篇新闻报道，并在 2 月 3 日和 4 日分两篇发表在《芝加哥每日新闻报》上。在描述了南京被占领的悲惨

---

① ［美］A. T. 斯提尔：《记者描绘战争屠杀场景》（“War’s Death Drama Pictured by Reporter”），《芝加哥每日新闻报》1937 年 12 月 17 日第 1、第 3 版。

② ［美］A. T. 斯提尔：《在南京的美国佬见义勇为》（“Tells Heroism of Yankees in Nanking”），《芝加哥每日新闻报》1937 年 12 月 18 日第 1、第 3 版。

事件后，斯提尔评论道：

> 日军却肆意屠杀。不把所有的官兵抓到斩尽杀绝，日军就不会如意。
>
> 投降者并没有受宽待，而是和其他人一道被押往屠场。没有军事法庭，更没有审判。恐怖笼罩之中，数以百计的平民百姓被捕，遭杀戮也在预料之中。①

在2月4日发表的文章中，斯提尔将日军在南京屠杀中国人比作在美国捕杀野兔。他透露了亲眼目睹的大规模处决的细节：

> 日军用一把细齿梳子仔细在城内搜索中国军人和“便衣人员”。数以百计的人从难民营中被搜出遭屠杀。临刑就戮的人们被两三百人一群地押往就近的屠场，用步枪、机枪扫射枪杀。有一次，坦克被调来处决了数百名俘虏。
>
> 我亲眼目睹了一场集体屠杀。一群几百个行将处死的人扛着一面大幅日本旗穿街而过，他们被三三两两的日本兵押着，赶入一块空地，被一小组、一小组地枪杀。一名日本兵站在越积越多的尸体堆上，用步枪补射仍在动弹的躯体。
>
> 对日军来说这可能是战争，然而，对我却像是谋杀。②

除了肆意屠杀之外，斯提尔还报道了其他的暴行。他告诉读者，日本人擅闯醒目张贴着大使馆通告、挂着旗帜的外国房产，包括美国大使纳尔逊·T.

---

① ［美］A. T. 斯提尔：《攻占南京之际中国军人惊慌失措揭示恐怖残暴的场面》（“Panic of Chinese in Capture of Nanking Scenes of Horror and Brutality are Revealed”），《芝加哥每日新闻报》1938年2月3日第2版。

② ［美］A. T. 斯提尔：《在南京屠杀惊恐的中国人被记者比作在美国围猎野兔》（“Reporter Likens Slaughter of Panicky Nanking Chinese to Jackrabbit Drive in U. S.”），《芝加哥每日新闻报》1938年2月4日第2版。

约翰逊的寓所。在鼓楼医院这座美国机构里，日本兵抢劫走护士的手表与现金。他们至少偷走两辆美国汽车，扯掉车上的美国国旗。他们甚至闯进难民营，抢走了许多贫困的难民所剩无几的钱财。[①] 斯提尔观察到“日军发起了一场掳掠狂潮，不仅抢劫商店，还到住家、医院以及难民营里洗劫”，还“看到日军强迫苦力、毛驴为他们搬运抢来的物品”。[②]

12 月 16 日，孟肯也成功地通过“瓦胡号”的无线电设施将报道发回美国。他的新闻报道第二天刊登在《芝加哥每日论坛报》上。孟肯告诉读者，“所有的中国男子只要被发现有在军队服役的痕迹，即被押到一起，遭处决”[③]。

然而，直到 12 月 17 日，杜丁抵达上海后才将新闻电讯稿发往美国。他的第一篇报道于 12 月 18 日刊载在《纽约时报》上。如果说斯提尔是第一个向世人报道南京大屠杀的记者，杜丁则以更多的细节和深入的分析来报道这一事件。起初，杜丁本以为城市被攻占能带来一种解脱感，因为至少战争结束了。但他很快便改变了想法：

> 日军占领了两天便改变了整个面貌。大规模地抢劫、强奸妇女、屠杀平民、将中国人赶出家园、集体屠杀战俘、强迫壮年男子做苦工等暴行使南京成为一座恐怖之城。
>
> **很多平民遭杀戮**
>
> 屠杀平民的现象极为普遍。星期三外国人在全城四处走了走，发现每条街上都有死难的平民。他们当中有的是上了年纪的老汉，有妇女，也有儿童。
>
> 警察和消防队员特别会遭到攻击。很多人被刺刀刺死，有些刺刀刺

---

① ［美］A. T. 斯提尔：《日军屠杀成千上万》，《芝加哥每日新闻报》1937 年 12 月 15 日第 1 版。

② ［美］A. T. 斯提尔：《记者描绘战争屠杀场景》，《芝加哥每日新闻报》1937 年 12 月 17 日第 1、第 3 版。

③ ［美］亚瑟・孟肯：《目击者描述中国军队溃退时南京的恐怖景象》（“Witness Tells Nanking Horror as Chinese Flee”），《芝加哥每日论坛报》（*The Chicago Daily Tribune*）1937 年 12 月 17 日第 4 版。

的伤口野蛮残忍到了极点。

任何人由于害怕或激动而奔跑都可能被当场击毙，天黑后在街巷里遇上巡逻的日军也会送命。外国人目睹了许许多多这样的屠杀。……

南京街头横陈着死者。有时，要把尸体移开才能开车通过。[①]

杜丁描述了他自己目睹的大规模处决：

集体屠杀战俘更强化了日军在南京造成的恐怖。屠杀完放下武器的中国军人，日军又在城里仔细搜索穿便衣但被怀疑当过兵的男子。

在难民区的一栋建筑里抓出四百个人。他们被五十个人捆在一起，持步枪和机枪的日本兵在两旁将他们押往屠场。……

成千上万的俘虏被日军屠杀。大多数留在安全区内的中国军人遭到集体屠杀。在全城有计划地逐屋仔细搜索，捕捉肩膀上有背包印痕或其他当兵痕迹的人。这些人被押到一起遭处决。

很多人被抓住后当场被杀，其中包括与军队没有牵连的无辜者、伤兵及老百姓。星期三，在数小时之内，我亲眼目睹三起集体屠杀。一次屠杀中，坦克机枪在交通部防弹掩体附近对准一百名俘虏扫射。

日军最喜欢用的屠杀方法是将十几个人赶到防空洞口，向他们射击，这些人的躯体倒入洞内，再将土铲入掩埋尸体。（第 10 页）

杜丁还描述了他和其他记者在前往上海之前所目睹的处决场景：

登船赴上海之前，我亲眼见到二百个人在江边被处决。屠杀的过程历时十分钟。那些人背靠城墙排开遭枪杀。接着一批持手枪的日军冷漠

① ［美］F. 提尔曼·杜丁，《攻占南京肆意屠戮俘虏均被杀害》（“Butchery Marked Capture of Nanking All Captives Slain”），《纽约时报》（*The New York Times*），1937 年 12 月 18 日第 1 和第 10 版。

地四处踢踢蜷缩的尸体，对尚在动弹的躯体补射子弹。（第 10 页）

杜丁明确表示，除杀人之外，日本兵还犯下了其他罪行。许多中国男子向外国人报告，他们的妻女被日军劫持，遭强奸。日本人几乎劫掠了整座城市，洗劫了房屋、商店、医院和难民营。他们甚至擅闯美国人办的金陵女子文理学院的教师住宅，抢夺食物和贵重物品。杜丁曾亲自阻止日本兵掳掠。在美国大使官邸，他和孟肯面对并赶走五名闯入外交官邸抢劫的日本兵。（第 1 页和第 10 页）

12 月 19 日，杜丁在《纽约时报》上发表了相关外国人在南京从事救济工作，以及国际委员会和安全区作用的一篇简短的报道。[①] 三天后，他在 12 月 22 日，用航空信向同一家报纸发送了一篇相关南京战役和大屠杀的长篇文章。但是该文直至 1938 年 1 月 9 日才刊登出版，文章对南京战役进行了详细的描述与深入分析。尽管文章侧重分析战略，但杜丁评述了日军在南京的所作所为：

攻占南京时，日军肆意屠杀，掳掠抢劫，野蛮残酷之极达到中日开战以来前所未有的程度。日军毫无节制的残暴只有欧洲中世纪黑暗时代或中世纪亚洲的征服者的肆意摧残才能相匹敌。

大部分已经缴械、准备投降的中国军人已是求助无门，他们被有组织地搜捕并处决。成千上万名在安全区委员会缴械并住进难民中心的军人被筛出来，手绑在背后，押往城外的屠场。

小股躲进防空洞的士兵被赶出来，在避弹掩体的入口被枪毙，或用刀捅死。尸体再扔回防空洞掩埋。坦克上的机枪时常用来射杀被捆绑的军人。更常见的处决方式是用手枪击毙。

在南京，每一个身强力壮的男子都会被日军怀疑为士兵。他们检查

① ［美］F. 提尔曼 · 杜丁：《外国人在南京的作用备受称赞》（“Foreigners’ Role in Nanking Praised”），《纽约时报》1937 年 12 月 19 日第 1 和第 38 版。

肩膀上的背包痕、枪托印，由此将士兵和平民分辨出来，当然，在很多情况下，和军队没有任何瓜葛的无辜平民也被赶进将遭处决的人群，其他情况下，当过兵的也会漏网。[①]

12月17日，史密斯抵达上海后，向伦敦发送了一份新闻电讯稿，该电讯登载在第二天的《泰晤士报》上。他报告道，日本侵略军进行了系统性的清剿行动，并已扩展至安全区：

发现有人没什么原因在户外活动，即当场击毙。星期二，日军有计划地搜捕和中国军队稍有牵连的人。他们从难民营抓出嫌疑者，并将许多中国军人困在街头彷徨。原本愿意投降的士兵被击杀，而成他人之殷鉴。……

有可能是军人的青年男子和许多警察被成群地押在一起，集体屠杀，后来见到成堆倒下的尸体便是明证。街道上横陈着尸体，其中包括不会伤害他人的老汉，但没有见到妇女的尸体。通往江边的挹江门，人与马的尸体可怖地堆成一大堆，足有四英尺厚汽车、卡车在尸体堆上行驶，出入城门。[②]

史密斯后来在汉口发表的一次演讲中详细描述了他和其他记者在等船时目睹的行刑场面：

当等待出发的时间超过预期时，我们花时间做了一点探索之旅。我们看到日本人在一片开阔的地方，将1000个中国人捆绑起来，排列成行，

① ［美］F. 提尔曼·杜丁，《南京陷落日军施暴中国将领临阵脱逃》（“Japanese Atrocities Marked Fall of Nanking After Chinese Command Fled”），《纽约时报》1938年1月9日第38版。

② 《恐怖的南京：劫掠、屠杀占领者残暴的行径》（“Terror in Nanking Looting and Murder The Conquerors' Brutality”），《泰晤士报》（*The Times*）1937年12月18日第12版。

然后将他们分批押走枪毙。强迫他们跪下，枪击后脑勺。当一名日本高级军官意识到我们在那儿并要求我们立即离开时，我们观察到大约 100 次这样的处决。至于如何对待其余的中国人，我就不好说了。①

史密斯还看到日军沿主要街道逐屋搜查，大规模掳掠财物，破店而入，抢劫钟表、餐具及一切能拿得走的东西，并胁迫苦力为他们挑运掠夺来的物品。还闯入外国人的住宅，德国人的商店亦遭抢劫。②

麦克丹尼尔是最后一位离开南京的记者。他在日记中写下了他的所见所闻：

12 月 14 日　目睹日军洗劫全城。看见一个日本兵在安全区用刺刀威逼老百姓，共勒索了三千块钱。沿着横陈着人、马尸体的街道走到北门，见到第一辆日军车子驶进城门，车轮在碾碎的尸体上打滑。最后到达江边，登上日本驱逐舰，并得知“巴纳号”被击沉。

12 月 15 日　中国人对攻城战役终于结束的感激之情已转化为绝望与幻灭。陪同使馆的一位仆役去看她的妈妈，在沟里发现她的尸体。使馆另一位男工作人员的兄弟也死了。今天下午，看见几位我协助解除武装的士兵被拉出屋去枪毙，再踢进沟里。夜里，看到一群 500 名左右老百姓和解除武装的军人手被捆绑着，由手持中国大刀的日本兵从安全区押出来。没有人活着回来。尽管他们的屋子、棚舍挂着日本旗，很多中国人还是被抓走。……

---

① ［英］（路透社）《史密斯先生关于南京 1937 年 12 月 9 日至 15 日战斗中发生情况所作演讲的摘录》（“Auszug aus den Vortrag von Mr. Smith（Reuters）Über die kriegerischen Ereignisse in Nanking in der Zeit von 9. Bis 15. Dezember 1937”），奥斯卡·陶德曼（Oskar Trautmann）《攻占南京，日军掳掠》（“Einnahme von Nanking. Plünderung durch japanische Truppen”）报告附件 1938 年 1 月 6 日，第 5 至 6 页，藏柏林德国外交部档案馆政治档案（Politisches Archiv Auswärtiges Amt Berlin），档案编号 2722/1105/38 BA-R9208/2208/，第 182 至 183 页。

② 《恐怖的南京：劫掠、屠杀占领者残暴的行径》，《泰晤士报》1937 年 12 月 18 日第 12 版。

日本兵企图闯入我住的美国使馆，但我不让他们进来，他们也只得离开。使馆里的中国工作人员已孤立无援，没有水，也不敢步出门外，于是，我花了一小时到街上的井里打了几桶水拎回使馆来。

12 月 16 日　启程去上海之前，日本领事馆拿来“不得入内”的告示，这些告示贴在使馆的房产上。去江边的路上，见到街上的尸体又多了许多。路途上遇到一长列中国人，手都被捆绑着。一个人跑出来，到我跟前双膝跪下，求我救他一命。我无能为力。我对南京最后的记忆是：死难的中国人，死难的中国人，还是死难的中国人。

12 月 17 日　乘日本驱逐舰“栂号”抵达上海。[①]

五位美英记者的新闻报道震惊了世界，首次引起世人对南京大屠杀的关注，尽管他们所见证与报道的仅仅是大屠杀的开始阶段。

其他英文媒体报道

五名记者离开后，南京经历了“更糟糕的地狱”。[②] 威尔逊是城内唯一的外科医生，他说：“真是太糟糕了，报社记者走了，如能晚走两三天，就能更详细地报道恐怖笼罩下的残暴。”[③]

外国记者离开后的数周内，由于日军严禁人员出入南京，因此媒体对南京的情况鲜有报道。1937 年 12 月 25 日，《字林西报》匿名刊登了一篇题为《首都被攻陷后的奸淫、掳掠》的显著报道，该报道由贝茨起草，并由斯提尔带

① ［美］C. 叶兹 · 麦克丹尼尔：《战地记者的日记描绘恐怖的南京》（“Nanking Horror Described in Diary of War Reporter”），《芝加哥每日论坛报》1937 年 12 月 18 日第 8 版。

② ［美］欧内斯特 · 福斯特：致妻子克莱瑞莎（Clarissa）的信，1937 年 12 月 19 日，藏耶鲁大学神学院图书馆特藏部，第 8 档案组第 263 档案盒第 5 档案夹。

③ ［美］罗伯特 · 威尔逊：致妻子玛娇莉（Marjorie）的信，1937 年 12 月 18 日，藏耶鲁大学神学院图书馆特藏部，第 11 档案组第 229 档案盒第 3875 档案夹。

出南京，交给美国驻上海总领事馆。[①] 虽然报告的内容已经被斯提尔、杜丁和史密斯在他们的文章中略微使用了一些，并被《纽约时报》驻上海记者哈立特·阿本德[②] 在 1937 年 12 月 24 日《纽约时报》刊载的报道《恐怖笼罩着南京》中大量引用，但这是该报告首次比较完整地发表。《字林西报》的编辑认为该报道“尽管写得非常克制，然而，从字里行间来看，那里发生的恐怖景象都生动地描写出来”。[③] 这是在中国发表的第一份关于南京大屠杀的目击报告，极大地震惊了公众，同时也激怒了上海的日本军事当局。

根据这份报告，日军已声名扫地，并失去了赢得南京居民尊重的机会。当战斗以及轰炸迫在眉睫的危险终止之际，本有一种解脱感在城内回荡。

> 然而，两天之内，频繁的杀戮、大规模无甚规律可循的掳掠，以及毫无节制地骚扰私人住宅，包括侵犯妇女的人身安全，而使得人们所有对前景的展望毁灭了。在城市各处走访的外国人报告说，街头横陈着很多平民的尸体。在南京市中心地区，他们昨天数了一下，大约每一个街区都有一具尸体。相当大比例的死难平民是在日军进城的 13 日下午与晚间遭枪击或被刺杀遇难的。任何因恐惧或受刺激而奔跑的人、黄昏后在街头或小巷中遇到游荡巡逻队的人极有可能被当场打死。这种严酷虐

---

① 克莱伦斯·爱德华·高斯（Clarence Edward Gauss）:《芜湖国旗事件及日军占领芜湖与南京后两地的状况》（Flag Incident at Wuhu and Conditions There and in Nanking after the Japanese Occupation），1938 年 1 月 5 日，第 3 至 4 页，美国国务院档案编号 811.015394/29，藏马里兰州学院公园市美国国家第二档案馆，第 59 档案组第 4785 档案盒。

② 哈立特·爱德华·阿本德(Hallett Edward Abend ,1884 - 1955)，1884 年 9 月 15 日出生在美国俄勒冈州的波特兰。自斯坦福大学毕业后，于 1926 年前往中国，并于次年担任《纽约时报》驻中国记者。他在这个岗位上工作了 14 年，直至 1941 年日本人将他逐出中国。在中国期间他四处游历，报道时事。长期驻华记者的生涯，使他对中国乃至远东事务有着发人深省的见解。1930 年至 1950 年间，阿本德出版了十本关于中国的书籍。日军攻占南京以及大屠杀期间，他身处上海，采访了从南京逃沪的难民，并从南京的美国传教士那里收集资料，及时报道日军的暴行。当时《纽约时报》关于南京事件的多篇报道均出自他笔下。阿本德 1955 年 11 月 28 日在加州索诺拉（Sonora）逝世。

③ 《南京的恐怖》（“Nanking Horror”),《字林西报》（*The North-China Daily News*）1937 年 12 月 25 日第 4 版。

> 杀的绝大多数甚至都没有任何可以揣度的借口。屠杀在安全区内持续着，也发生在其他地区，很多案件为外国人与有身份的体面中国人亲眼所见。有些刺刀造成的伤口野蛮残酷至极。
>
> **押解去枪杀**
>
> 日军将成群的男子作为当过中国兵的人加以搜捕，捆绑起来枪杀。这些军人丢弃了武器，有些人脱掉了军装。除了四处抓来临时为日军挑运掳掠品与装备的人，还有实际上或显然是成群押往刑场的人之外，迄今为止，我们没有发现日本人手上留有俘虏的痕迹。在日军的逼迫下，当地的警察从安全区内的一栋建筑里挑出400个人，50个人绑在一起，由持步枪与机枪的日本兵在两旁押送走。给旁观者所作的解释使人们对这些人的命运不会有任何疑问。[1]

报告称抢劫非常猖獗，日本兵有计划地毁坏商店。城内各处成千上万的私人住宅，无论是空置的还是有人占住的，是大的还是小的，中国人的房屋还是外国人的房产，均不加区别地掳掠。甚至难民营中的难民也被日军在大规模的搜查中抢劫走他们微薄的财产。杀戮和掳掠持续着，恐怖得难以形容。

报告了许多强奸、侮辱妇女的案件。这篇报道提供了强奸和绑架案例的细节：

> 昨天，在离我们外国友人很近的一所房子里，日本兵劫走4名姑娘。在位于几乎无人居住的一片城区，新近抵达的日军军官的居所内，外国人亲眼见到8名年轻妇女。（第5页）

报道在文末呼吁负责任的日本政治家，不管是武将还是文官，为了自己

---

① 《首都被攻陷后的奸淫、掳掠》（“Rape Looting Follow Taking of the Capital”），《字林西报》1937年12月25日第5版。标题为“南京的一些景象”（“Some Pictures from Nanking”）的原稿收藏在耶鲁大学神学院图书馆特藏部，第10档案组中M. S. 贝茨档案之第102档案盒第862档案夹中。

国家的利益，迅速而妥善地弥补日军给南京造成的伤害。（第 5 页）

然而，这篇写于 1937 年 12 月 15 日的报告只揭示了记者离开前城里的状况。要到 1938 年 1 月 6 日美国外交官返回南京城后，相关大屠杀的报告才从南京流传出来。尽管进一步的报道可以通过外交途径偷偷传到上海，但由于担心日本人的报复，对仍在南京的作者的身份非常谨慎地加以保护。

收悉新的暴行目击报告后，《字林西报》于 1938 年 1 月 21 日发表了一篇题为《巨大的变化》的社论。这篇社论指出，1937 年 12 月 25 日，当该报提到日军在南京造成的恐怖惨景时，希望秩序很快就会恢复，平民的痛苦很快就会结束。

> 令绝大多数人震惊的是，现在得悉这些暴行仍在持续着，自占领南京到最近几天，以一种本来可以对更值得称道的事业作出贡献的勤奋持续不断地劫持妇女、强奸和掳掠。中国人被刺刀刺杀，或被鲁莽轻率地枪杀。据估计，已有一万多人被杀害，其中有些人甚至从未参加过战争。有多少妇女被强奸，无从确知，但估计的数据从 8000 到高达 20000 不等。年齿稚嫩仅 11 岁的少女、53 岁的妇女，都被迫成为军人兽欲的受害者。掳掠走难民们微薄的钱财、衣服、被褥和食物，而这一切直到不到一个星期前还在持续发生着。在最初阶段，由于宪兵不足，无法控制这些无法无天的军人。已委派更多的宪兵，然而一周之前，士兵们仍日夜闯房入舍，肆无忌惮地强奸和劫持。[①]

该社论继续道，原本被认为可能是某些孤立的案件已成为一种行为模式。大量证据表明，南京 25 万不幸的中国百姓在日军手中遭受了数周恐怖的蹂躏。该社论呼吁，现在“已经到了对这些人的行为负有责任的当局下决心坚决制止这种令人发指行为”的时候了。（第 4 页）

① 《巨大的变化》(“A Great Change”),《字林西报》1938 年 1 月 21 日第 4 版。

社论的呼吁没有得到驻沪日本当局的积极回应。相反，一名日本官方发言人在新闻发布会上抨击了这篇社论，称其“严重夸大，‘恶意’，毫无根据”，“玷污日本军队的良好声誉”。[①]发言人还质疑文章中所列事实的准确性，尽管《曼彻斯特卫报》记者 H. J. 田伯烈反驳了发言人的言论，并确证这些事实是根据他本人的朋友的报告，目击者仍在南京。（第 5 页）

可能是为了避免与日本当局发生进一步的直接冲突。《字林西报》再次报道南京的情况时，主要侧重于救济工作与难民营。这篇由史迈斯起草并发表在 1938 年 1 月 27 日《字林西报》上的报告显示，城内 25 万中国平民中有 90% 在安全区避难。目前，国际委员会正在管理安全区内的公共和机构建筑中的 25 个难民营。这些难民营安置了约 6 万人。其中最大的难民营为金陵大学附属中学，接纳了 15000 人，旧交通部有 12000 人，金陵大学为 6000 人，金陵女子文理学院有 5500 人。老百姓不肯离开安全区，害怕在城里其他地区横行的日本兵会伤害他们。一些难民冒险回家，但遭受日军的暴行后又很快返回难民营。[②]

国际委员会下属的一个分委员会致力于开展赈济项目，帮助人们返回家园，开启一些经济活动，因为许多居民失去了谋生的手段：

> 城里四分之三的商店 12 月 19 日以来被日军有计划地加以焚毁，使得这一问题变得非常严重。有件事很说明问题：有一长年独立经营的古老织锦家庭，元旦夜里日本兵把他们的商店、住所付之一炬。他们的布料被大火吞没，钱被日军抢走。生活资料完全被毁。这八口之家怎么能重新开始生活？（第 5 页）

① 《发言人抨击〈字林西报〉的陈述》(“‘North-China’ Statement Hit by Spokesman”),《字林西报》1938 年 1 月 22 日第 5 版。

② 《南京安全区仍挤满难民》(“Nanking Safety Zone Still Filled with Refugees”),《字林西报》1938 年 1 月 27 日第 5 版。

另一个棘手的赈济问题涉及寡妇和孤儿。在金陵女子文理学院所作的赈济调查到那时为止：

> 发现 420 名妇女仰仗生计的男人被日军屠杀。城里许多男子因被怀疑是“便衣军人”而遭厄运。即使女人、孩子担保，有些男子仍在登记时被押走。（同上）

报告详细描述了南京艰苦的生活条件。大多数人靠自家储存的粮食生活，而这些储备即将消耗殆尽。同时，只有个别房屋里有电，而自来水有时只有地势较低处的水龙头有水。电话还没有通。居然听到一些日本人说南京没有好吃的、好玩儿的地方。日军占领下，首都南京的荣耀和欢乐已经灰飞烟灭。

直至 1938 年 1 月 28 日，相关大屠杀的目击报告才再次被报道。这次由《每日电讯早报》（*Daily Telegraph and Morning Post*）在伦敦发表，在这些文件从南京携带出来并经上海运到香港后，该报驻香港记者获取了这些文件，再次仔细隐匿了文件作者的身份。记者声称，通过这些“金陵大学教授和美国传教士送交给日本大使馆与教会总部的报告和信件”，他得以“首次披露日本兵在南京所犯暴行的全部情况”。①

该记者直接节选引用了一位传教士的信件中描述数起凶杀事件的内容：

> 今天早上，一名小男孩在医院死于腹部 7 处刺刀伤。昨天我在医院看到一名妇女，她被强奸了 20 次，之后日本兵企图用刺刀把她的头割下来，但却造成喉咙受重伤。
>
> 一位尼姑告诉我，日本兵们冲进庵里，杀死了住持和一名 8 岁的修行小尼，并刺杀了另一名 12 岁的小尼姑。

① 《日本在中国的恐怖统治，首次真实的描述》（“Japan’s Reign of Terror in China：First Authentic Description”），《每日电讯早报》（*Daily Telegraph and Morning Post*）1938 年 1 月 28 日第 15 版。

> 她本人臀部被击中并假装死去，用其他人的尸体覆盖自己，并在五天后逃脱。我知道一个12岁的女孩遭到性侵袭击，X院长告诉我一个13岁的少女被三个日本兵轮奸。（第15页）

其他传教士描述了类似的暴行，而规模则要大得多。一位传教士写道："中国人被成群结队地押出去枪杀"，"大约300人一起被押到一口池塘，站在冰冷的水中被枪杀"，而"另一大批人被驱赶进一座四周机关枪环绕的芦席棚"，接着"将棚子点着，里面所有的人都被烧死"。另一名传教士指出，"在一些案件中，丈夫在试图保护妻子时被刺杀或枪杀"。（第15页）

这些信件披露，有相当多的强奸案。一名传教士报告说，日本兵侵犯了两名过街取食的尼姑。金陵大学的一位教师表示，许多妇女在校园里被强奸；日本兵殴打守夜人，因为他没有为日本兵准备好女人。这位美国人估计，在大学的一栋楼里平均每天有十多起强奸案发生（第15–16页）。1937年12月27日，他写道：

> 尽管你们给予承诺，可耻的混乱仍在持续。昨晚日本兵闯入大学校园，强奸了3名女孩，其中一个11岁。7名女子，包括一名12岁的女孩，白天在金陵女子神学院被强奸，夜间有20名妇女遭遇了相同的命运。还从那儿抢走食物、衣服和钱。（第16页）

根据这位美国人的描述，日军士兵尽情地掳掠。由于日本兵抢走了他们所有的衣服、被褥和食物，许多难民因饥寒交迫病倒而感到绝望。人们含着泪水与忧伤诉说道，在每一条街道上，只要有日军在，没有一个人，也没有一栋房屋是安全的。他声称亲眼看到日本兵偷食物，还强迫中国人为他们搬运掳掠来的物品。（第16页）

一个多月后的1938年3月16日，香港出版的一份英文报纸《南华早报》报道说，省政府主席在广州举行的一个小型茶会上，一位刚从南京来的美国人讲述了日军占领南京的情况。当时唯一获准离开南京的美国人是菲齐。但为了其他仍在南京城的美国人的安全，没有透露他的身份。这篇演讲的摘要以“南京暴行”（Rape of Nanking）为题在报纸上匿名发表，“南京暴行”这个词由此产生，并延用至今，特指那场臭名昭著的事件。

演讲者首先描述了这座城市被日本人占领时的混乱场面。日军在江边用机枪将放下武器的中国军人和难民射杀。“在江边的和记洋行大楼下面发现了这些人的二万五千具尸体。”①

1937 年 12 月 14 日，进入安全区搜寻中国士兵的日军搜查队在总部附近的一个难民营发现了一堆中国军服。最终，离那堆军服最近的 1300 人被抓起来。

> 安全区总部提出抗议，并得到保证这些人只是去为日军干活。抗议书信到了日本大使馆，送抗议信的人夜幕降临时分回来时，发现这 1300 名囚犯被用绳子捆在一起。他们没有戴帽子，没带被褥，也没有带任何财物。针对他们的意图一目了然。他们被押解走，没有一个人出声，在江边被处决了。
>
> 日军占领后的第四天，又有 1000 人从中立区的难民营被抓去处决。其中有市政府先前分配给中立区的 450 名警察中的 50 名。再次提出强烈抗议，但显然日本大使馆对日本军方无能为力。任何留着短发、因拉船纤或人力车手上有老茧或有其他辛苦劳作痕迹的中国人，这些辨识印记便是他自己的死刑执行书。（第 17 页）

他提到，自 12 月 15 日占领的第三天以来，强奸案比比皆是，每天大约有一千起。一些妇女遭强奸后被野蛮杀害，受害者的年龄从 10 岁到 70 岁不等。于是，针对肆意横行的强奸向日本大使馆提出抗议成了安全区官员的日

① 《南京暴行：美国目击者讲述入侵者的放荡行为》（“Rape of Nanking：American Eyewitness Tells of Debauchery by Invaders”），《南华早报》（*The South China Morning Post*），1938 年 3 月 16 日第 17 版。

常工作。

演讲者观察到日本兵在军官指挥下有组织地抢劫、纵火。军用卡车被用来装载从商店里掳掠的财物，然后将清空的商店付之一炬。这种情况持续了大约一个月。他估计，80% 的商店与 50% 的住宅被洗劫、烧毁。对外国人财产的掳掠持续了大约三个星期，该报道总结道：

> 两个月来，暴行昼夜不停地持续着。开头的两个星期最为严重，首批在南京的 5 万无法无天的军队被 15000 名新近抵达的部队取代之后，情况才部分缓解。（第 17 页）

几乎就在菲齐演讲在香港发表的同时，《密勒氏评论报》三月增刊在上海发表了另一份详细的长篇暴行报告。这篇题为《南京——究竟发生了什么——还是日本人的天堂？》的文章在开头便评论道，每个国家的远征部队都无可避免地“会有堕落者、性虐待狂，以及许多因游历地狱而暂时失去平衡者”，但“通常这类分子受到严格的约束，如果他们摆脱约束”，他们的上司很快便会将他们制服。然而就南京而言，“中立观察员所报道的抢劫和强奸的情况远远超出了偶然或孤立行为的可能性”。[①]

文章继续写道：“日本人占领这座城市后，立即大规模集体处决每一个扛过枪的或有能力扛枪的人，处决的残暴程度难以形容。”然而，残酷无情地虐杀身强力壮的男子还不是全部的情况。

> 日本兵在中国往日的首都仔细搜索，搜寻钱财、物品和女人。很多中国人遭到日军粗暴野蛮的对待，因为日军到达时他们一无所有，什么也不能提供给日军。年龄介于 16 和 60 之间的妇女如果被日军发现可就

① 《南京——究竟发生了什么——还是日本人的天堂？》（“Nanking — what really happened — and the Japanese Paradise?”），《密勒氏评论报》（*The China Weekly Review*）增刊，1938 年 3 月 19 日，第 10 页。

遭殃了。在南京，一群中国人把他们家中的女人藏在一大堆木料的底下才救了她们的命。每隔几天，把整堆木料搬开，将食物和饮水送给妇女，再将木料仔细堆上，不留任何有女人待在这儿的痕迹。（第 10 页）

文章接下来按时间顺序引用了贝茨向日本大使馆官员提交的金陵大学校园暴行案件的节选，只是隐匿了贝茨的身份。

12 月 14 日：士兵们扯下我们大院门口的美国国旗和使馆的官方告示，抢劫了住在那里的几名教师和助理，等不及拿钥匙来就砸破了几扇门……

12 月 15 日：我们收容照顾 1500 名百姓。有四人在校内被强奸；两人被掳走，强奸后放回；三人被劫持走，尚未归来……

12 月 16 日：在我们的大院里，30 多个妇女昨晚被大批数次来此的日本兵强奸。我已彻底调查此案，并担保这一陈述确凿无误。整个地段人们的境遇的确非常可怜。……

12 月 18 日：由于日本兵的暴行和抢劫，痛苦和恐怖随处可见。17000 多可怜的人们，其中很多是妇女儿童，目前在我们的房舍中，希望能保平安。……

12 月 21 日：今天下午日本兵到我们大楼里抓走七个人，其中包括我们自己的工作人员。没有指控，也没有事实证明他们是中国军人，但他们全然不顾你们的公告，就这样把他们抓去强迫做苦工。接近你们大使馆的入口处，今天下午一名妇女遭到两个日本兵轮奸。……

12 月 25 日：又有几伙目无法纪，也没有军官约束的散兵游勇四处偷窃，强奸，劫持妇女。……

12 月 27 日：一个多星期以前，您向我们承诺，在几天内将通过部队换防、恢复军纪、增加宪兵等方式恢复秩序。然而，可耻的混乱仍在继续，我们没有看到认真的努力来加以阻止。……（第 10–11 页）

文章指出，随着日本华中派遣军总司令松井石根被畑俊六取代，我们有理由相信，整肃军纪是指挥官变更的动机。（第 11 页）

最后，文章转载了日方控制的中文报纸一篇报道的译文，该译文称“幸得皇军入城，枪剑入鞘，伸慈悲之手，为之诊察治疗，普施恩惠于善良难民”，而在安全区内，日本兵“散给军队干面包、饼类、香烟与避难民，男女老幼，大为喜悦称谢”。[①]

一个月后的 1938 年 4 月 18 日，《时代周刊》杂志刊发了发生于南京被称为“竹筐惨案”的骇人听闻的案件。1938 年 1 月 26 日，一名年轻妇女被装在竹筐里送到鼓楼医院。

> 她说丈夫是名警察，日军将她从安全区的一间棚屋劫持到城南的同一天，她的丈夫被日军行刑队抓走。在城南，她被关了 38 天，每天被日军强奸五到十次。经教会医院检查，她已感染上三种最常见的性病，最终由于阴道溃烂对日军失去使用价值。[②]

这篇文章还声称，宗教团体在中国的分支组织已经收集了南京沦陷一个多月来屠杀的目击证言和照片资料。文章末尾引用了一段文字，摘自一封写于南京最恐怖时期的书信：

> 一个 17 岁的（中国）男孩来医院，他说有一万名 15 到 30 岁的中国男子于（1 月）[③]14 日被押出城到轮渡旁的江岸上。日军在那里用野战炮、手榴弹和机关枪向他们开火。大多数尸体被推入长江，有的尸体被高高架起焚烧，只有三个人逃了出来。男孩估计，在这一万人中，大约有六千是

① 同上段，第 11 页。此处引文采用中文原文《日军温厚抚慰难民，南京城内和气蔼々》，载《新申报》1938 年 1 月 8 日第 3 版。

② 《竹筐惨案》（“Basket Case”），《时代周刊》（*Time*）第 31 卷，1938 年 4 月 18 日，第 22 页。

③ 应为“12 月”，1938 年 1 月没有大规模处决。

当过兵的，四千为平民。他的胸脯中了一弹，伤势不重。[①]

刊登在《视野》杂志 1938 年 6 月号上的《南京浩劫》，是截至那时所发表的关于南京大屠杀的报道中内容最为翔实的一篇。编辑声称，这是一位“为美国政府做‘中介人’在中国工作了 20 年，并且是为数不多留在南京的几位美国人之一”讲述给约翰·马洛尼的情况。[②] 这篇报道实际上是菲齐的大屠杀日记的改写版本。菲齐后来在自传中透露，“顺便提一下，马洛尼曾是我在上海时的工作人员，当时是海军部长约翰·诺克斯的助手”[③]。只是这篇文章发表时，菲齐并不知情。

报道开篇即对日军在这座城市犯下的恐怖罪行作了总体描述：

> 老汉、老太婆、怀抱中的婴儿、尚未面世的胎儿，无一幸免。我目睹两万男男女女、年龄不一的孩子，数以千计的平民与投降的士兵一道被屠杀。日军攻破古老厚重的城墙四周以来，南京城里新铺设的街道上一直布满着斑斑血迹。
>
> 在机枪喷射的火舌前，在刺刀的刀尖上，在枪托的重击下，在手榴弹的爆炸声中，成千上万的生灵倒下了。还有更为可怕的，用绳索绑作一团的活人被浸透汽油点燃起来，以满足五万日军邪恶的欲望。这些日

① 《竹筐惨案》,《时代周刊》第 31 卷，1938 年 4 月 18 日，第 22 页。

② 《南京浩劫》(The Sack of Nanking),《视野》(*Ken*) 第 1 卷，1938 年 6 月 2 日，第 12 页。

③ ［美］乔治·菲齐,《旅华岁月八十载》(*My Eighty Years in China*), 台北:美亚出版社, 1967 年，第 103 页。菲齐的叙述不是很准确。约翰·威廉·马洛尼（John W. Maloney，1908-1958），1908 年 7 月 4 日出生于美国田纳西州丹德里齐（Dandridge），毕业于田纳西大学，1930 年在《华盛顿邮报》做记者。1931 年泰国国王访问美国，国务院推荐他陪同国王并一路陪送回泰国。其时，九一八事变爆发，他随即前往沈阳报道。1931 至 1934 年，他一直在上海任美联社记者，并为世界各地的报纸、杂志写稿。第二次世界大战爆发后，作为红十字会公关官员前往欧洲 13 国报道，出版了《慈悲为怀：红十字会人员的艰难历程》(*Let there be mercy*：*The odyssey of a Red Cross man*)，此后加入海军任领航员，以后担任海军部长办公室公关官员。他 1958 年 7 月 20 日在华盛顿特区因中风去世。威廉·富兰克林·诺克斯（William Franklin Knox，1874-1944）1940 至 1944 年担任美国海军部长，而不是约翰·诺克斯。他早年曾做过报纸的记者、编辑，1930 至 1936 年担任《芝加哥每日新闻报》的出版商。

本兵充满难以控制，要摧毁眼前一切事物的冲动。[①]

接着，叙述者用几页纸的篇幅讲述了围攻城市期间的情况、安全区的设立，以及外国人在管理安全区中所起的作用，然后详细讲述日军的暴行。

根据作者的描述，日本人似乎立下坚定的决心，要把中国人的生命和财产都转化为绝对的废物。占领南京的第二天晚上，大批日本官兵强行进入难民营，开始搜捕看起来身体强健的男人和男孩，抓走许多平民和几个之前当过兵的人。在汽车车灯的照耀下，用绳索将这些人以四五十人为一组捆绑起来。日本人甚至都没有将他们押解到我们听闻不到的地方。“十分钟后，我们清楚地听到机关枪急速的射击声，夺走了与我们一道工作多年，我们保证他们会受安全区保护的那些青年学生的生命。”（第 14 页）另一天，安全区的 50 名警察被押走处决。一名美国人抗议这种肆意杀戮时，几个日本兵摁住他，一个军官打了他耳光。“尽管受到这样的侮辱，实际上我们谁也没有担心过自己的生命，但看到多年来与我们休戚与共的人们在我们眼前被屠杀，简直令人发狂！”（第 14 页）

日本兵到所有中国人家里追寻女人发泄兽欲：

> 强奸时稍有不从，便刺刀相向。60 岁的老妪，十一二岁的幼女均不能幸免。她们被摁倒在地，在 12 月的光天化日之下公然被强奸。许多妇女被可怕地残害损伤。从被插上门闩的屋里传来她们的哭叫声，令人难过痛苦。……安全区有一百多名妇女被抓住，推上军用卡车拉走，其中有七名是大学图书馆的管理员。其他妇女只要见到日本兵，便在小街巷里飞奔，急速冲进门洞逃逸。（第 13-14 页）

无论是外国人的房屋，还是中国人的居所，每天都被不同的士兵团伙闯

① 《南京浩劫》,《视野》第 1 卷，1938 年 6 月 2 日，第 12 页。

入十次之多。难民营中的难民被抢走了他们所拥有的一切，尽管这些财物极为微薄。

> 铺盖、燃料、衣物，最后的几个铜版，几把肮脏的米也被日本兵从难民手中抢走。抢劫之际稍有怨词回敬的一定是死路一条。日本兵开始没收我们在安全区内配给粥棚的米。这时，我们便把伙房关闭，把米藏起来。（第 14 页）

日本兵在全城各处放火。平安夜，南京最重要的商业街道太平路，整条街都在熊熊燃烧。两个美国人“驾车穿越飞溅的火花、余烬和烧焦的尸骸，见到日本兵手持火把，把商品装上军用卡车后，再将房屋付之一炬”。（第 14–15 页）

其中最讽刺的一幕是关于日本人如何准备过 1938 年元旦的描述：

> 新年除夕，难民营的中国负责人被召到日本大使馆，并被告知第二天将在城里举行“自发的”庆祝活动，要难民们制作日本国旗，并举着旗帜参加盛大欢乐的游行。大使馆官员严肃地解释道，日本人民是幸福的人民，在帝国各地放映的电影里见到日本兵如此受欢迎，他们会非常高兴。款待难民的最后一道甜点心则是日本音乐与新年致辞。（第 15 页）

几乎在《南京浩劫》发表的同时，菲齐的资料再次被使用。1938 年 6 月 10 日，《旧金山记事报》在其星期日增刊《这个世界》上刊登了一篇报道，标题与 3 月在香港发表的那篇相同——《南京暴行》。虽然标题未变，但内容却大不相同，这篇文章是对菲齐日记的简略改编，某些地方直接摘录原文。此次出版的意义在于，“乔治・A. 菲齐”首次以作者的身份出现。

菲齐首先谈到西方国民试图就南京的安全区、安全区和难民营的管理以及中国军队悲剧性的撤退等问题与日本和中国当局进行联系。然而，“日军主力 13 日上午通过在中山门打开缺口涌入南京城，接踵而至的是两个月的抢劫、掳掠、强奸和大规模屠杀”[①]。

据菲齐说，最艰难的莫过于，他和其他外国人“不得不全然无助地站在一旁，眼睁睁地看着那些我们生活其中、熟悉和热爱的人们先是被残酷地毒打，然后被嗜血的日本兵疯狂地摧毁”。（同上）

> 在整整十个星期里，我们见到最贫穷的人被抢走了他们最后的几个铜板与被褥。我们认识确实为平民的那些身强力壮的男子汉从我们的安全区的避难所被拖出来，在我们眼前数以千计地被押出去用机枪扫射和坦克炮、手榴弹杀害，甚至被当作练刺刀的靶子。
>
> 我听到成千上万妇女的哭声，她们跪在地上祈求帮助，而我们却无能为力。先是把丈夫和儿子从她们身边夺走残酷杀害。然后，一群群日本兵每个夜晚持续不断地闯入中立区，将数百名痛哭流涕的妇女劫持走，遭受难以言喻的侮辱。她们的命运比死亡还要可怕。（同上）

《视野》杂志发表《南京浩劫》之后，《读者文摘》杂志 1938 年 7 月号以同样的标题发表了这篇报道的缩略版。[②] 由于这本受欢迎的杂志有大量的读者，这个故事被广为流传。然而，与此同时，也招来读者的抗议和反对。一位读者抱怨道：“难以置信，会相信如此明显而糟糕的宣传，这使人联想到上一次战争向公众灌输的内容。”[③] 许多其他订户也表达了类似的担忧。作为回应，《读者文摘》收集了一些在大屠杀期间留在南京的美国人的信件。“这些信件有的是习惯于血腥场面，在文字描述科学准确方面训练有素的外科医生所写；有的是传教士和教师报告给教会董事会的；还有的是基督教青

---

① 《南京暴行》（“The Rape of Nanking”），《旧金山纪事报》（*San Francisco Chronicle*）星期日增刊《这个世界（This World）》，1938 年 6 月 11 日，第 16 页。

② 《南京浩劫》（“The Sack of Nanking”），《读者文摘》（*The Readers' Digest*），第 33 卷，1938 年 7 月，第 28 至 31 页。

③ 《我们在南京》（“We Were in Nanking”），《读者文摘》，第 33 卷，1938 年 10 月，第 41 页。

年会的工作人员写的。”编辑向读者保证，“这个可怕的报道千真万确”，“我们看到的材料可以填满整期杂志”（第 41 页）。然而，篇幅所限，编辑只能选择一些摘录，出于显而易见的原因，作者的姓名被隐去。1938 年 10 月，该杂志以“我们在南京”为题发表了这些书信摘录集，内容摘录自威尔逊、贝茨及菲齐的信件和日记。

威尔逊 1937 年 12 月 18 日至 1938 年 5 月 3 日的信件摘录构成本文的主要部分。与《南京浩劫》的文学风格不同，这些信件提供了科学而精确的信息。12 月 18 日的信讲述了日本兵如何刺杀一个小男孩。与此同时，医生花了半个上午的时间给另一个八岁男孩缝合伤口，他身上有五处刺刀伤。12 月 19 日的信中写道，有几处起火，但它们只是大肆焚烧的一部分（第 41 页），日复一日，暴行持续不断：

12 月 21 日

这是一年中最短的一天，但这一天仍然有 24 小时，人间炼狱般的 24 小时。昨天早上，一个 17 岁女孩带着她的新生婴儿来到医院。头天晚上七点半她被日本兵强奸了。（12 月 30 日，这个年轻姑娘患上了可怕的性病，她的婴儿暂时交给了另一个姑娘照顾，帮忙的姑娘之前被日本兵用刺刀刺入腹部而导致流产。）……

圣诞夜

今天刚刚进医院的人说，他是担架兵，是被押到长江岸边遭机枪扫射的 4000 人之一。S—[①] 说，为陷阻坦克而挖的大壕沟里堆满了死伤军人的尸体。没有足够的尸体来填满壕沟让坦克通过时，日本人就肆意射杀住在周围的人来填满壕沟。他借了一台相机回去拍照，来证明他所说的……

① 伯恩哈德·阿尔普·辛德伯格（Bernhard Arp Sindberg，1911-1983），见 P13 注②。

2月13日

六个日本兵闯入离这儿西南面几英里的一座小镇，从事他们惯常的强奸、劫掠的勾当。镇上的人组织反抗，杀死了三个士兵。另外三个逃走，但不久带着几百人回来将镇子包围，三百名居民全部被六个或八个人一组捆在一起，扔进冰冷的河里。随后日军将小镇夷为平地，没有留下一面还竖立着的墙壁。

2月27日

好像日本人宣布要出售一些面粉（掳掠来的物品），约有两百人聚集在那儿购买。日本鬼子约有一百袋面，很快就卖完了。然后他们要仍在那儿的人群走开，并用刺刀乱刺来强调这一命令。一个年轻妇女从背后被刺穿，刀尖从前面小腹穿出。送到医院后她只活了约五分钟。第第二个人昨天到医院来，她的臀部被刺伤，下腹部有一大块瘀青，是日本兵踢伤的。第三个人今天来医院，肠子被刺穿两个地方。

3月6日

两天前，一个人从秣陵关来医院。据他讲，镇上的牲口被抢光，大部分居民都逃到山上去了。一位老汉和家里几个人留下来。每天，日本兵都上门来要花姑娘、要牲口。2月初，几个日本兵由于他无法提供显然没有的东西而愤怒地把他捆绑起来，离地三英尺悬吊在两根柱子之间，并在他下面生起一堆火。火焰灼烧掉他的下腹部、大腿上部的皮肤以及胸部和双臂的大部分皮肤。一个日本兵可怜他年纪大，扑灭了火，但并没有放他下来。日本兵走后，他的家人把他放下来。他被绑吊了约一个小时。18天后，他设法来到医院。①

有些摘录内容出自贝茨写给日本大使馆官员的信，他在一封信中报告了金陵大学校园内发生的强奸案："昨天晚上，30多名妇女在我们的大楼里被

① 《我们在南京》,《读者文摘》, 第41至43页。

大批多次来此的日本兵强奸。”（第 43 页）他在给朋友的另一封信中说，“除了国际委员会开的米店和一座军用商店，城里没有任何店铺”，大多数商店，“遭大肆盗窃后，再被数伙日本兵往往在军官的观察指挥下用卡车有组织地洗劫，然后再蓄意烧毁”。（第 43 页）

这里再次使用了菲齐日记的简短摘录，这些摘录文字讲述了日本兵的行径，他们怀疑谁就抓捕谁，但凡手上有老茧的就被认定曾是中国军人。结果，木匠、苦力和其他体力劳动者经常被抓走。菲齐还写道，“前几天设法从东门溜出去的 K—[①] 告诉我，他所到达的约 20 英里以内的村庄都被烧毁了，看不到一个活着的中国人或耕畜”。[②]

文章最后引用了一段对日军南京暴行富有哲理的分析：

> 日本军队，如今已成为一支残暴的、具有毁灭性的力量，不仅对东方构成威胁，将来还会威胁西方。全世界应该清楚正在发生的情况。（第 44 页）

① 克里斯卿·杰考伯·克罗格（Christian Jakob Kröger，1903-1993），见 p4 注 ②。
② 《我们在南京》,《读者文摘》, 第 44 页。

第三章　国际委员会、南京安全区及相关文件

国际委员会和安全区

1937 年 8 月，淞沪战争在上海爆发后，法国神父饶家驹[①] 建立了一个安全区，为战乱地区的难民提供庇护。日军开始向南京进军之际，饶家驹神父的安全区给在南京的西方人士带来启发。在南京建立安全区的构想在 1937 年 11 月 16 日萌生，[②] 11 月 22 日由 15 名成员组成的南京安全区国际委员会正式成立。[③] 其首要任务是选择有利的地点建立安全区。“经过慎重调查和多次商讨，选择了大致位于中山路以西，汉中路与山西路之间，以及西康路和从该路南端到汉中路和上海路十字路口一线以东的城区。”[④]

---

① 饶家驹（Robert Emile Jacquinot de Besange，1878-1946），1878 年 3 月 15 日出生于法国西海岸的桑特（Saintes），并在英国的坎特伯雷（Canterbury）、圣赫利尔（Saint Helier）、索尔斯伯利（Salisbury）、海斯廷斯（Hastings）、利物浦（Liverpool）以及巴黎等地的教会机构中接受教育。1913 年，他被派往法国耶稣会在上海的中国代表处。从 1914 年到 1934 年，他在虹口区指导主要由葡萄牙人和中国人组成的圣心教堂教区。1937 年夏淞沪战事爆发后，饶家驹在南市建立安全区庇护战争中失去家园的难民达 30 多万直至 1940 年。1946 年 9 月 10 日他在柏林逝世。

② ［美］W. P. 米尔斯：给妻子尼娜（Nina）的信，1938 年 3 月 18 日，藏耶鲁大学神学院图书馆特藏部，第 8 档案组第 141 档案盒。

③ 南京国际救济委员会：《1937 年 11 月 22 日至 1938 年 4 月 15 日活动报告》，第 1 页，藏耶鲁大学神学院图书馆特藏部，第 8 档案组第 103 档案盒。

④ 同③。

在得到美国、英国和德国大使的认可与支持后，国际委员会竭力争取中日双方对安全区的承认，然而这并非易事。中国当局接受了在该市划出一块区域为难民提供庇护的建议，与此同时南京市长马超俊[①]"保证市政府将承担提供安全区所需的粮食、水、卫生服务、住所以及警力的实际工作与行政调度"。[②]国际委员会进一步采取行动，在与日本人联系之前于1937年11月21日致函马市长，提出委员会的五项要求和声明：

一、为避免不必要的误解，国际委员会请求南京当局书面保证在指定的安全区内没有包括通信联络在内的军事设施和机构；除了携带手枪的民警之外，没有武装人员；也没有任何官兵在该区通行。除非能明确作出并详细执行这样的承诺，否则整个计划就有可能功亏一篑，带来灾难性的后果，这将伤及难民，也有损国际委员会和各位大使的声誉，更重要的将损及中国政府的名声。此外，为了使委员会（以及将转达这一请求的诸位大使们）立场坚定地与日本当局联络，需要立即给予这一书面保证。

二、国际委员会重申其口头声明，其责任主要是与中国当局，之后与日本当局就安全区的指定，以及对安全区的尊重作出安排；其次是进行可能需要的观察和检查，以确保这一安排切实有效。国际委员会自然不能对指定区域承担财政或行政责任；不过，若有请求，出于友好相待，委员会愿意与文职官员就这些问题进行协商。

三、国际委员会请求南京当局提供，在与委员会友好协商后，负责安全区的治安事务；提供粮食、水、住所和卫生服务；还有在必

① 马超俊（1886-1977），1886年9月20日出生于广东台山，1900年进入香港的一家机械工厂学徒。1902年前往美国旧金山机械工业学校学习，在那儿结识孙中山，并成为他忠实的追随者。他1911年回到中国，在广州参加辛亥革命。马超俊曾三度出任南京市长（1932，1935-1937，1945-1946）。1949年，他随国民党政府迁往台湾，于1977年9月19日在台北去世。

② 国际委员会：致南京市市长的一封信，1937年11月21日，藏耶鲁大学神学院图书馆特藏部，第10档案组第102档案盒第861档案夹。

要时能与中国军事当局随时取得联系的官员名单。当然，具有确保成功管理难民区的级别与资质的官员才会以此目的加以任用。自然，至关重要的是上述官员须一直在现场履行职责，直到安全区的使命完成为止。

四、国际委员会有充分的理由相信作为安全区的区域应该是：

（1）地界清晰，电报可以准确地描述其位置，并且在任何比较好的地图上都可以很容易地描绘出它的界线；其位置对平民和军人都能够显而易见。

（2）与南京的城防显然没有任何关联，以免第三方或日方看起来是在协助中国的城防并阻碍日军的进攻。

（3）尽可能让难民满意，要特别考虑到：安全区要靠近广大南京民众的家室；能够提供粮食、水、卫生设施、住所和警力；临近中立国的房产和人员可以偶尔作为辅助性的保护措施。

五、对于在指定的区域内停止所有的军事活动，没有军人驻扎，以及搬走日方会认为可能具有军事用途的通信设施的确切时间，应达成明确的共识。显而易见，在国际委员会能够向日方保证安全区完全是民用性质的，并且在关键时期仍将如此之前，委员会不能指望日本人作出尊重安全区的有效承诺。国际委员会建议在得到双方的必要保证后，将宣布指定区域作为安全区的生效时间。（同上）

在中国官员撤离南京前，中国国民政府分配给国际委员会中国币10万元，这笔钱将从军政部长的拨款中支付。在这笔款项中，实际收到8万元。马市长拨给委员会三万担大米和两万担面粉用于销售和救济分发。[①] 还将一支450

① ［美］詹姆斯·爱斯比:《1938年1月南京的状况》(“The Conditions at Nanking January 1938”)，1938年1月25日，第27至28页，美国国务院档案编号793.94/12674，美国国家第二档案馆，第59档案组，微缩胶卷M976第51卷；以及［美］乔治·菲齐：日记摘录，第4页，藏耶鲁大学神学院图书馆特藏部，第11档案组第9档案盒第202档案夹。

人的警察队伍移交给委员会。除了粮食供应和警察队伍之外，马市长几乎将所有市政府职能移交给了委员会，以应对过渡时期的紧急情况，比如基本公用设施的督管、消防部门、住房监管和公共卫生系统等。①

根据国际委员会1938年4月起草的活动报告，由于运输困难，分配给委员会的两万袋大米中，最终只有9067袋在城市周围爆发战事前运入委员会的仓库（金陵大学教堂）；也没有得到调拨给委员会的面粉，不过，从大同面粉厂获得一千袋面粉。市政府还拨给委员会350袋盐。②

国际委员会和中国方面遇到的困难均与军方相关。中国军队在撤出该地区的过程中拖拖拉拉。几乎到了最后一刻，仍试图使委员会更改西南边界线，声称他们并不清楚文职官员所同意的内容。于是，12月9日下午，拉贝、贝茨、斯波林、史迈斯和米尔斯与中国军队的龙上校和赵先生一起勘察了安全区的西南边界。他们最终确定西南边界应该保持最初商定的结果。③ 这次勘察最终达成了一份备忘录：

1. 安全区的西南边界已经得到唐将军的同意。

2. 龙上校和赵先生将请唐将军派三位军人随同三名委员会成员一起去视察安全区。如果在安全区内遇到军人，军方司令部的三位军官必须命令这些军人离开安全区。唐将军派出的三位代表中每一位都拥有全权将军人逐出安全区。

作为此次视察的一部分，唐将军的一位代表将通知五台山上的军人，

① ［德］约翰·拉贝：给福井淳的信（A letter to Kiyoshi Fukui），1937年12月17日，第1页，藏耶鲁大学神学院图书馆特藏部，第10档案组第102档案盒第863档案夹。

② 南京国际救济委员会，《1937年11月22日至1938年4月15日活动报告》（“Report of Activities November 22 1937 - April 15 1938”），第1页，藏耶鲁大学神学院图书馆特藏部，第8档案组第103档案盒。

③ ［美］W. P. 米尔斯：给妻子尼娜的信，1938年1月24日，藏耶鲁大学神学院图书馆特藏部，第8档案组第141档案盒。

允许位于美国学校附近上海路的红十字会粥棚开办起来。[①]

与日本方面打交道的困难在于如何从他们那里获得承认安全区的答复。1937 年 11 月 22 日，国际委员会通过美国大使馆发的电报将安全区的提议送给在上海的日本当局。该电报的部分内容如下：

> 一个由丹麦、德国、英国和美国国民组成的国际委员会希望向中国和日本当局建议，在南京或附近地区不幸发生战事之际，建立一个庇护平民难民的安全区。国际委员会将承诺从中国当局那里获得具体的保证，即拟议的“安全区”将做到：没有，并保持不会有包括通信设施在内的军事设施和机构；除了佩带手枪的民警外，没有武装人员；也没有任何官兵在此通行。国际委员会将检查和观察安全区，以确保这些承诺得到令人满意的实施……
>
> 国际委员会真诚地希望，日本当局能够出于人道，尊重这个安全区的平民性质。委员会相信，为平民百姓展现出仁慈的远见将为双方负有职责的当局带来荣誉。为了在尽可能短的时间内完成与中国当局的必要谈判，也为了充分做好照顾难民的准备，委员会谨请日本当局尽快对此提议作出答复。[②]

几天过去了，日方根本没有答复。国际委员会的成员很着急，因为他们不想按计划让留在城里的居民搬入安全区后，又收到日本当局不承认安全区的消息。11 月 25 日，委员会会长拉贝起草了一份电报，通过德国驻上海总

---

① ［美］路易斯 · S. C. 史迈斯：备忘录（A Memorandum Note），1937 年 12 月 10 日，藏耶鲁大学神学院图书馆特藏部，第 10 档案组第 102 档案盒第 862 档案夹。

② ［德］约翰 · 拉贝，《南京好汉：拉贝日记》（*Good Man of Nanking*：*The Diaries of John Rabe*），纽约：克诺夫出版社（Alfred A. Knopf）1998 年，第 128 页。

领事馆转发给希特勒和克瑞贝尔。[①] 拉贝希望上海的纳粹党小组负责人拉曼[②]能帮他发这份电报，请德国领导人出面干预，给日本人施加一些压力，这样日方会考虑支持国际委员会成立安全区的提议。在电报中，拉贝恳求道：

谨请全国党组负责人拉曼转达以下电报。

首先致元首

署名者为南京地方党小组的副组长与本地国际委员会的会长，恳求元首说服日本政府同意为非战斗人员建立一个中立区，否则，即将来临的南京战事将危及20余万人的生命。

致以德意志的问候　　　　西门子洋行南京代理拉贝

其次致总领事克瑞贝尔

请诚挚地支持我今天向元首提出的恳求，请求日本政府为非战斗人员建立一个中立区，否则，在即将来临的南京战事中不可避免地会发生血腥的屠杀。……

南京西门子洋行代理与国际委员会的会长拉贝（第33页）

后来得知拉曼确实将电报转发给了希特勒和克瑞贝尔（第45-46页），但德国领导人是否采取了行动，则不得而知。然而约一周后的12月2日，

① 赫尔曼·卡尔·西奥多·克瑞贝尔(Hermann Karl Theodor Kriebel，1876-1941)，1876年1月20日出生于德国格默斯海姆（Germersheim），曾在巴伐利亚军队中服役，官至中校。他1929年到中国担任代理首席军事顾问至1930年，并担任军事顾问至1933年。他1934至1937年担任德国驻上海总领事。1941年2月16日在慕尼黑去世。

② 希格弗里德·拉曼（Siegfried Lahrmann，1885-？），1885年10月20日出生于德国巴塞尔（Basel），于20世纪20年代以商人身份来到中国。在其他中国城市数次不成功的商业尝试之后，他于1930年来到上海，并从1933年至1945年担任纳粹党在中国的负责人。众所周知，他一直在上海监视查找在那儿缺乏“希特勒精神”的德国人。

德国大使奥斯卡·保罗·陶德曼[①]前往南京从事中日间调停使命之际，拉贝得知大使并不赞成拉贝给元首和克瑞贝尔发电报，因为他认为没必要。（第47页）

日方那边还是没有任何消息。根据拉贝的日记，国际委员会于1937年11月27日通过美国大使馆向日本驻上海大使发送了另一份电报（第37-38页）。一份日期为1937年11月30日的国际委员会备忘录表明，该委员会于11月29日晚上向日本当局发送了一份电报。国际委员会在电报中指出：

> 如果要为照顾平民作出适当安排，委员会就有必要尽早对该区域进行实际管理的工作。委员会进一步表示，已获得中国军方和民事当局的保证，他们将以一切可能的方式合作，推进委员会的工作。据估计，安全区投入使用后，总共约有20万人需要照管。粮食、住房、警察等监管工作已作了初步的安排。委员会还获得了10万元的款项，用于安全区的开支。[②]

日方最终在1937年12月2日通过美国驻上海总领事馆发的一份电报作出回应，但这份电报是由饶家驹神父签署的：

> 日本当局已充分注意到建立安全区的请求，但很遗憾无法批准。如果中国军队对平民和/或财产有不当行为，日方不能承担责任，但只要

---

① 奥斯卡·保罗·陶德曼（Oskar Paul Trautmann，1877-1950），1877年5月7日出生于德国斯特拉多（Stradow），1904年进入德国外交部，1905年出任德国驻圣彼得堡副领事。1907年担任德国赴海牙和平会议代表团的秘书。1911年调到柏林外交部人事部门任职。1913年出任德国驻苏黎世总领事。第一次世界大战后，他前往远东任职，1921年出任德国驻神户总领事，次年调任驻东京大使馆参赞。1931至1935年，出任德国驻北京公使；1935至1938年，担任驻南京的大使，期间曾于1937年中日战争爆发之初积极调停。他于1950年12月10日在勃兰登堡州科特布斯（Cottbus Brandenburg）附近的斯利克豪（Schlichow）逝世。

② 国际委员会：备忘录（A Memorandum Note），1937年11月30日，藏耶鲁大学神学院图书馆特藏部，第10档案组第102档案盒第861档案夹。

和军事需要不冲突，日方会尽力尊重该地区。

签名：饶家驹[1]

尽管日方的答复开篇便拒绝承认安全区，而且电文的其他部分也令人存疑，但国际委员会尽力侧重其积极的因素。拉贝立即通过饶家驹神父给日方回电：

衷心感谢您的协助。委员会感谢日方保证在符合军事需要的情况下努力尊重该地区。对此委员会深表感谢。中国军方完全赞同我们的提议，将全面遵守最初拟定的协议。因此，委员会正在安全区进行组织和管理工作，并通知您难民已经开始进入安全区。经过充分检查后，委员会将在合适的时间正式通知中国和日本当局，安全区已投入使用。委员会恳请您再次与日本当局协商，并指出他们给我们作出直接的保证，将进一步减轻陷入困境的民众的焦虑，恳请他们就此尽早通知我们。[2]

焦虑尚未消除之际，来自东京的另一封电报使委员会成员更加困惑。12月3日，德国大使馆的乔治·罗森[3]将一份日期为1937年11月30日的日方

① ［美］克莱伦斯·E. 高斯（Clarence E. Gause）：无编号电报，1937年12月1日，藏耶鲁大学神学院图书馆特藏部，第10档案组第102档案盒第862档案夹。

② ［德］约翰·拉贝：致饶家驹神父的电报（A telegram to Father Jacquinot），1937年12月2日，藏耶鲁大学神学院图书馆特藏部，第10档案组第102档案盒第862档案夹。

③ 乔治·弗里德里希·穆拉德·罗森（Georg Friedrich Murad Rosen，1895-1961），1895年9月14日出生于波斯（今伊朗）德黑兰，其父弗瑞德里克·罗森曾任德国外交部长。他1913年作为罗兹学者（Rhodes Scholar）前往英国牛津大学留学，1917年第一次世界大战中参战，1921年进入外交界。1933至1938年在德国驻北京和南京大使馆任职。他率领德国领事小组成员保罗·莎芬伯格（Paul Scharffenberg）和阿尔佛雷德·霍特（Alfred Hürter）于1938年1月9日上午乘英国军舰“蟋蟀号”抵达南京，重开德国大使馆。由于他的犹太裔身世，1938年离开南京回到德国后，被迫离开外交界，迁居伦敦，1940年移民美国，并于1942至1949年在美国纽约州的两所大学教授德文。他1949年6月返回联邦德国，1950年5月重返外交界，曾在德国驻伦敦大使馆任职，1956至1960年任德国驻乌拉圭大使。罗森1960年退休，1961年7月22日在联邦德国哥金根（Göggingen）逝世。

电报秘密地交给拉贝：

> 日方希望尽最大可能，不伤害这座城市、国民政府、人们的生命财产、外籍人士，还有爱好和平的中国民众。日本希望中国政府按照列强的建议采取行动，使其首都免遭战争恐怖之难。出于军事原因，不能批准南京或其防御区设立的特别安全区。日方将就此作出正式的解释。[①]

国际委员会在积极努力推动安全区投入使用的同时，也意识到由于日方反对，委员会承诺给民众及其家园的安全保障并不完全，也不充分。委员会试图出于人道因素，建议中国当局不要防守南京城，并向日方建议，不对南京城发起任何形式的军事攻击。委员会 12 月 4 日联系蒋介石的政治顾问威廉·端纳，[②] 提出这项建议，并提醒他由于“这些事有可能办成的话事关重大，和上海、汉口、东京的联系困难重重，如果有事要办，需要立刻行动”。[③] 但没有证据表明他们当时取得了任何进展。

而日本当局经过慎重考虑，最终对国际委员会的提议作出了正式回应。1937 年 12 月 4 日，日本大使让其驻上海总领事通过美国驻上海总领事向美国大使转达了日本官方的答复：

> 1. 鉴于所建议的地区位于南京坚固的城墙内，而且范围相当大，

---

① ［德］约翰·拉贝，《南京好汉：拉贝日记》，第 48 页。

② 威廉·亨利·端纳（William Henry Donald，1875-1946），1875 年 6 月 22 日出生于澳大利亚南威尔士立斯哥（Lithgow），在库尔沃尔（Cooerwull）学院毕业后，在悉尼和墨尔本任报社记者。1903 年受聘于香港的《中国邮报》，从此开始了他长达数十年在中国的生涯。他以后历任《纽约先驱报》《远东评论》《泰晤士报》和《曼彻斯特导报》等报驻中国记者。1928 至 1935 年任少帅张学良的顾问，1935 至 1940 年担任蒋介石的顾问。1940 年 5 月，由于极端不满蒋介石的对德国政策，他离开重庆，在太平洋周围游历。1942 年 1 月，他在马尼拉被日军逮捕，并一直关押至 1945 年 2 月。他曾短期在美国居住，然而，由于健康状况恶化，他回到上海，并于 1946 年 11 月 9 日在那里逝世。

③ 南京安全区国际委员会：给威廉·端纳的信，1937 年 12 月 4 日，藏耶鲁大学神学院图书馆特藏部，第 10 档案组第 102 档案盒第 862 档案夹。

其周边没有天然的有利地形或人工建筑，在必要时可以有效地切断交通，因此认为有必要将足够的物资或其他方面的权力赋予安全计划区的支持者，以便战事在附近发生，中国武装部队可能图谋在该地区避难或将其用于军事目的之际，有效地阻止这些部队进入。

2. 还必须指出，在上述地区及其周围有中国的军事设施，而且在上述地区及其周围有一些地方在将来发生战斗时很难说中国军队不会加以利用。

3. 考虑到上述情况，日本当局担心，即使中国当局接受了审议中的建议，在南京市发生战斗的情况下，也很难获得足够的保证，完全阻止中国军队进入该地区或将其用于军事目的。

4. 在这种情况下，日本当局虽然完全理解相关提议发起者的崇高动机，但却无法保证上述地区不会被炸或轰炸。

5. 然而，可以认为，日本军队无意攻击并未被中国军队用作军事目的的地方，或中国军队尚未建立军事工事与设施以及中国军队并未驻扎的地区。①

该电报于 12 月 5 日在南京收到。尽管有前四点，但看到第五点，委员会成员还是松了一口气。这可以认为是对安全区的“一种默认”。② 但国际委员会未能向中日双方正式宣布安全区已投入使用，因为当中国军队全部撤出，可以对外坦诚地宣布时，拥有通信设施的外国炮舰已全部离开，驶往长江上游。委员会无法对外发送信息。（同上）

在等待日本方面的答复之际，委员会开始行动起来，为安全区投入使用做好安排。除了住房安排和建立难民营，委员会面临的最紧迫的任务是将

① ［美］克莱伦斯·E. 高斯：No. 1087 号电报，1937 年 12 月 4 日下午 6 时，藏耶鲁大学神学院图书馆特藏部，第 10 档案组第 102 档案盒第 862 档案夹。

② ［美］W. P. 米尔斯：给妻子尼娜的信，1938 年 1 月 24 日，藏耶鲁大学神学院图书馆特藏部，第 8 档案组第 141 档案盒。

大米从城墙外的仓库用卡车运到安全区。同时，委员会起草了《难民区管理条例》来管理安全区。该条例包括三部分内容：安全区的住房、食物和开放时间。他们要求人们携带必需的日常用品，包括至少一周的食物，但不允许携带家具；鼓励私人在安全区内做生意；通知人们，粥棚设置在几个不同地点，并且在发布书面公告后，安全区将向公众开放。①

收到日本官方答复三天后，国际委员会于1937年12月8日向南京居民发出了一封公开信。首先，信中提到当年早些时候中日战争爆发时在上海设置平民安全区的一些安排，以及南京国际委员会也作出了类似的安排。在提供了安全区边界和标志边界的旗帜等细节后，公开信表示：

> 为着要使上述的区域为平民成为一个安全地点，卫戍司令长官曾允诺在本区域以内所有的兵士和军事设备一概从速搬出，并且允诺以后军人一律不进本区。日本一方面说："对于规定之区域颇难担负不轰炸之责。"在另一方面又说："凡无军事设备，无工事建筑，不驻兵，及不为军事利用之地点，日本军队决无意轰炸，此乃自然之理。"
>
> 看到以上中日两方面的允诺，我们希望在所指定的区域内为平民谋真正的安全。然而在战争的时候，对于任何人的安全自然不能担保的。无论何人也不应当思想以为进了这个区域，就可以完全保险平安。我们相信，倘然中日双方都能遵守他们的允诺，这个区域以内的人民，当然比他处的人民平安得多，因此，市民可以请进来吧！②

公开信发出后，人们开始搬入安全区。战事进逼至城门口时，通往安全区的所有街道都挤满了携带行李和包裹进入该区域寻求安全保护的居民。

---

① 南京安全区国际委员会：《难民区规章制度》（中文），藏耶鲁大学神学院图书馆特藏部，第8档案组第149档案盒第9档案夹。

② 南京安全区国际委员会：《告南京市民书》（中文），1937年12月8日，藏耶鲁大学神学院图书馆特藏部，第8档案组第263档案盒第2档案夹。

国际委员会忙于为刚搬进来的难民提供住处和食物之际，委员会成员几天前与端纳协商的停战计划又重新开启了。这一次，南京卫戍司令唐生智将军的一位秘书充当中间人将停战建议送交给唐将军。令他们惊讶的是，唐将军表示，只要委员会成员能征得蒋介石的许可，他就同意这一停战建议。

为此，12 月 9 日晚间，拉贝在史迈斯、米尔斯和一名中国人的陪同下，登上美舰“巴纳号”，拍发了两封电报——其中一封电报通过美国驻汉口大使转给蒋介石，另一封由美国驻上海总领馆转给日本当局。[①] 在致蒋介石的电报中，拉贝写道：

> 国际委员会希望得到日本军事当局不攻打南京城的保证，委员会已在南京城内设立了安全区。而且委员会还要求，如果日本当局做出这样的保证，委员会请求中国当局，出于人道因素，也不在城内采取军事行动。委员会提议南京周边地区的所有部队停战三天，日军留守现有阵地，中国人则撤出南京城。（同上）

委员会第二天就收到蒋介石的答复，称其不接受停战建议。然而，唐将军的司令部对这个结果并不满意，并敦促国际委员会再次与汉口方面进行联络。次日晚，即 12 月 10 日，史迈斯和米尔斯，以及唐将军的秘书再次前往美舰“巴纳号”发电报。12 月 11 日，“巴纳号”往上游驶去，所有通信因此中断。[②] 然而，停战建议一事并未就此结束。

12 月 12 日上午 11 时左右，唐将军的龙、周两位秘书询问委员会是否收到来自汉口或东京的任何答复。由于没有通信设施，委员会成员商讨了使用中方军用无线电设施的可能性。[③] 结果，又起草了一份电报：

---

① ［德］约翰·拉贝：《南京好汉：拉贝日记》，第 56 页。

② ［美］W. P. 米尔斯：给妻子尼娜的信，1938 年 1 月 24 日，藏耶鲁大学神学院图书馆特藏部，第 8 档案组第 141 档案盒。

③ ［美］W. P. 米尔斯：给妻子尼娜的信，1938 年 1 月 31 日，藏耶鲁大学神学院图书馆特藏部，第 8 档案组第 141 档案盒。

> 为了20万孤苦无援的平民，南京安全区国际委员会谨向中日当局提议，自12月12日下午三时或其后尽可能早的时间，停战三天。唐生智将军同意在此期间撤离南京城，并保证只要在撤退的过程中日本当局不攻击他的部队也保证保护城市，他的部队也不再对南京城造成破坏。国际委员会将观察停战协议执行的情况并与双方联络。签名：委员会会长拉贝。（同上）

这封电报本来是要发给美国大使的，但唐将军必须对委员会发信予以批准后，电报才能发出。与此同时，唐将军的秘书想了解委员会是否能派人举着旗帜出城，到中日双方阵地之间的地带，提议停战。斯波林自告奋勇充当这个中间人。米尔斯找来一张白纸，在上面写了几个日文字。委员们整个下午都在等龙、赵二位回来。但龙直到下午6点才出现，宣称已经太晚了，日军已经攻到城门了。①

日军刚进城，拉贝、史迈斯和米尔斯便于12月13日一起出门，希望能和一名日军高级军官取得联系，向他通报有关难民区、红十字会伤兵医院，以及已经被他们解除武装的军人的情况，并请求宽恕这些军人。他们能够和一些沿汉中路与部队一道休息的日本军官交谈，但他们只是低级别的军官，官阶可能不会高于大尉。② 最终于12月14日，在日本大使馆参赞福田笃泰③的协助下，拉贝、史迈斯和福斯特在中央饭店见到一位高级军官，他“上

① ［美］W. P. 米尔斯：给妻子尼娜的信，1938年1月31日，藏耶鲁大学神学院图书馆特藏部，第8档案组第141档案盒，以及约翰·拉贝，《南京好汉：拉贝日记》，第62至63页。

② ［美］W. P. 米尔斯：给妻子尼娜的信，1938年2月3日，藏耶鲁大学神学院图书馆特藏部，第8档案组第141档案盒。

③ 福田笃泰（Tokuyasu Fukuda，1906-1993），1906年10月13日出生于日本东京，1930年毕业于东京帝国大学经济系，1935年通过外交官资格考试，进入外交界直至战争结束。1937-1938年南京大屠杀期间，担任日本驻南京大使馆参赞。战后从政，1949年1月他当选众议院议员，并连续当选10次至1979年9月。他曾数次入内阁任总理府总务长官（1959-1960）、防卫厅长官（1963-1964）、行政管理厅长官（1965-1966）、邮政大臣（1976）。1979年落选议员而退出政界。1993年8月7日他在东京去世。

半身没穿衣服，胡子拉碴，脸色铁青”。当他们询问可以向谁递交他们给日本指挥官的信件时，这位军官只回答说指挥官还没来。[①] 他们和五名日本军官进行了交谈，但五名军官都不愿接收这封信。最终，这封信交给了日本大使馆的福田，[②] 信件的部分内容如下：

> 我们感谢贵军没有炮击安全区，并来和您取得联系，制订将来照管安全区内中国难民的计划。
>
> 国际委员会已担负职责让老百姓住进这一地区的房屋里，储存了米面，暂时为老百姓提供粮食，并管理该地区的警察。
>
> 我们崇敬地请求委员会可以：
>
> 1. 请日军在安全区的入口处站岗。
>
> 2. 允许我们只携带手枪的便衣警察在安全区内维护治安。
>
> 3. 允许在安全区内出售大米，开办粥厂。
>
> a. 我们在其他城区储存了大米，希望能让卡车自由通行运送大米。
>
> 4. 允许目前的住房安排持续到老百姓能住回他们自己的住家（即使到那时仍然有数以千计无家可归的贫困难民需要照顾）。
>
> 5. 有机会与贵方合作，尽快恢复电话、电、水的供应设施。
>
> 昨天下午，一个未能预见的情况发生了：一批中国军人困在城北。有些人来到委员会总部，恳求以人道的名义救他们的命。委员会的代表试图找到贵军司令部，但只在汉中路上遇到一位大尉。于是，我们给这些中国军人解除武装，安置在安全区内的房屋里。我们恳求贵方慈悲为怀，允许这些人重新过上现在他们渴望的安静的平民生活。[③]

① ［美］路易斯·S. C. 史迈斯：给妻子玛格丽特（玛蒂）、孩子及伙计们的信，1937 年 12 月 14 日藏耶鲁大学神学院图书馆特藏部，第 8 档案组第 103 档案盒。

② ［德］约翰·拉贝：给福井淳的信，1937 年 12 月 17 日，第 2 页，藏耶鲁大学神学院图书馆特藏部，第 10 档案组第 102 档案盒第 863 档案夹。

③ ［德］约翰·拉贝：给南京日军指挥官的信（“A letter to Japanese Commander of Nanking”），1937 年 12 月 14 日，藏耶鲁大学神学院图书馆特藏部，第 10 档案组第 102 档案盒第 862 档案夹。

南京安全区本应为平民百姓提供一个避难所，保护他们在攻城战斗以及有可能发生的巷战之际，免遭日军炮击和轰炸，犹如国际委员会的报告所指出的那样：

> 当初组建安全区时，国际委员会希望它的任务很快就会结束，而且一旦城市周围的战斗结束，人们就能立即重返家园。然而，这些希望注定要落空了。日本军队进城后的掳掠、焚烧、强奸与杀戮，使安全区成为城内唯一似乎还有秩序提供庇护的区域。[1]

城内恐怖状况促使更多的难民拥入安全区，最终城市 90% 以上的人口都挤在安全区中。在高峰期，25 个难民营为大约七万名难民提供了庇护。居住在安全区内并不绝对安全，但在国际委员会成员的努力下，区内的情况要比区外的城区好得多。

因此，除了为众多中国难民提供住所和食物外，委员会成员的首要任务是保护他们免遭屠杀、强奸、抢劫或受到任何形式的骚扰。由于有数千名解除武装的中国军人被抓捕遭屠杀，12 月 15 日，委员会向福田发了一封请愿书：

> 南京安全区国际委员会对已放下武器的中国军人的问题感到非常困惑。开始，委员会努力使安全区内完全不收留中国军人，到 12 月 13 日，星期一下午都是相当有成效的。那时有数百名中国军人从北面进入安全区，恳请我们帮助。委员会明白地告诉这些军人安全区不能保护他们。但是对他们说如果放下武器，停止抵抗日军，我们认为日军会善待他们。
>
> 那天晚上，在混乱与匆忙之中，委员会无法将解除武装的军人和平民百姓区分开来，这特别因为有些军人已脱掉军装。

① 南京国际救济委员会：《1937 年 11 月 22 日至 1938 年 4 月 15 日活动报告》，第 2 页，藏耶鲁大学神学院图书馆特藏部，第 8 档案组第 103 档案盒。

> 委员会承认，甄别出的军人是合法的战俘。但是在处理解除武装士兵的过程中，委员会希望日军尽一切可能慎重行事，不要涉及平民百姓。委员会还希望日军依照公认的涉及战俘的战争法律，并以人道的原因，对这些士兵宽大为怀。这些人可以作为有益的劳工，可能的话，会愉快地重新过上平民的生活。[①]

但请愿无济于事，暴行仍在继续，有增无减。每天都有大量的案件报告给国际委员会，数量多到工作人员来不及用打字机打出来。自 1937 年 12 月 16 日起，国际委员会持续向日本大使馆送交暴行案件清单，直至 1938 年 1 月 6 日美国大使馆工作人员返回南京。此后，国际委员会开始向美国大使馆提交暴行案件，一直持续到 1938 年 3 月中旬。国际委员会总共提交了 470 起案件，均由其工作人员报告并核实。

从另一方面来说，中立国的西方公民在南京就令日方极为不快，更不用说国际委员会了，它不仅对日军的行为有一定的制约作用，而且还帮助和保护中国难民免遭日军的蹂躏。日军进城不久，日本驻上海总领事冈崎胜男[②]在 1937 年 12 月 16 日访问南京期间称，国际委员会没有合法地位。日本扶植的傀儡政权自治委员会 1938 年 1 月 1 日成立后，日本人试图通过将粮食的分发工作移交给自治委员会来排挤国际委员会。日本人威胁要

① ［德］约翰·拉贝，给日本大使馆福田笃泰的信（A letter to Tokuyasu Fukuda of the Japanese Embassy），1937 年 12 月 15 日，藏耶鲁大学神学院图书馆特藏部，第 10 档案组第 102 档案盒第 862 档案夹。

② 冈崎胜男（Katsuo Okazaki，1897-1965），1897 年 7 月 10 日出生于日本神奈川县横滨。1922 年获东京帝国大学经济学学位后于 1923 年进入外交界，从 1923 年至 1937 年先后在日本驻英国、中国上海、美国的使领馆任职。1937 年调往驻上海总领事馆任总领事。此后任驻广州总领事（1938-1939）、驻香港总领事（1939-1940）、驻加尔各答总领事（1941）。珍珠港事变后担任上海工部局（Shanghai Municipal Council）最后一任局长至 1943 年解散。日本战败之际任终战联络中央事务局长官，是出席密苏里舰投降签字仪式的日方代表之一。曾任外务省次官（1947-1948）。1949 至 1955 年任众议院议员、内阁官房长官（1950-1951）、外务大臣（1952-1954），并于 1954 年代表日本与时任美国驻日大使的爱利生一起签署美日共同防卫协定。他曾任日本驻联合国大使（1961-1963），于 1965 年 10 月 10 日在东京去世。

强行关闭委员会的米店，并收缴国际委员会的资金。[1] 在平民百姓面临粮食和绿色蔬菜短缺之际，国际委员会积极申请从下关运进大米和小麦，以及将购买的600吨青豆从上海运来。但日本当局断然拒绝了他们的请求。[2] 经过反复请求与谈判，有100吨青豆终于在2月25日获准被运上岸，此时离委员会开始从事这项工作已近两月。[3] 正是在日方施加巨大压力的情况下，国际委员会决定将侧重点更多地放在救济工作上，而不是半行政性的职能。1938年2月18日，南京安全区国际委员会正式更名为南京国际救济委员会。[4]

日军当局也以敌视态度对待难民营。在他们看来，难民营中相当多的中国人仍然处于他们认为是敌对的外国影响之下。因此，日本当局发布正式指令，必要时将在2月4日用武力解散难民营。有些家室尚未被烧毁的难民冒险返家时，男子被抢劫、殴打，甚至被杀害，因为日本兵向他们索要钱财或女人，[5] 而妇女则遭到强奸。仅金陵女子文理学院的难民营就报告了自1月28日民众开始回迁以来发生的案件达40多起。在一次难民营管理人员的会议上，几乎每个难民营都报告了类似的事件。[6] 贝茨在2月13日的报告中称，大批难民在极其困难情况下的回家之旅充满了恐惧和痛苦。有200名妇女遭

① ［美］路易斯 · S. C. 史迈斯：给约翰 · 爱利生的信，1938年1月10日，《1938年1月南京的状况》附件8-10，793.94/12674，美国国家第二档案馆第59档案组，微缩胶卷M976第51卷。

② ［德］约翰 · 拉贝：给美国大使馆爱利生、英国大使馆普利焘-布伦和德国大使馆罗森的信，1938年1月19日，《1938年1月南京的状况》附件8-11，793.94/12674，美国国家第二档案馆第59档案组，微缩胶卷M976第51卷。

③ ［美］M. S. 贝茨：给儿子鲍比（Bobby）的信，1938年2月26日，藏耶鲁大学神学院图书馆特藏部，第10档案组第1档案盒第8档案夹。

④ 南京安全区国际委员会：《南京救济状况》（“Relief Situation in Nanking”），1938年2月14日，第13页，藏耶鲁大学神学院图书馆特藏部，第10档案组第102档案盒第866档案夹。

⑤ ［美］欧内斯特 · H. 福斯特：给家人的信，1938年1月28日，藏耶鲁大学神学院图书馆特藏部，第8档案组第263档案盒第6档案夹。

⑥ ［美］欧内斯特 · H. 福斯特：给妻子克莱瑞莎（Clarissa）的信，1938年2月1日，藏耶鲁大学神学院图书馆特藏部，第8档案组第263档案盒第5档案夹。

到强奸后回到难民营，还有许多人回来时脸色阴郁、一言不发。① 出于对日军暴行的恐惧，大多数难民，特别是年轻妇女，都乞求留在难民营。她们说宁愿死在难民营也不愿回家。因此，国际委员会通过美国、英国和德国大使馆进行交涉，使日方收回成命。②

除了提供住所和食物，国际委员会还向有孩子的家庭分发鱼肝油。2 月 21 日理查德 · F. 布莱迪回到南京后，帮助难民营的孩子们接种疫苗。国际委员会还在难民营开展调查，收集有关难民家庭状况的数据，尤其是那些挣钱养家的丈夫被日军杀害的妇女的情况。向极度贫困者发放现金救济金，让她们有启动资金来做点生意。一些难民营还组织《圣经》学习班和其他的宗教聚会和活动等，以帮助难民度过这段困难的时期。

随着时间的推移，城内的状况有所改善，与沿海和附近城镇的联络也逐渐放开，难民可以离开南京与家人团聚或向其他地方的亲属寻求援助。难民营的规模和数量逐渐缩减。在 1937 年 12 月至 1938 年 2 月开办的 25 个难民营中，有 6 个在 2 月或 3 月初关闭，在 3 月和 4 月又有 13 个关闭。5 月份只有 6 个难民营坚持开办。到 1938 年 5 月底，国际委员会开设的所有难民营都关闭了。③

虽然国际委员会经办的所有难民营都关闭了，但救济工作一直持续到 1939 年。以下名单列出 1937 年 11 月以来任职的国际委员会的官员，以及 1938 年 6 月起在任的成员：

---

① ［美］M. S. 贝茨：给妻子莉丽娅丝（Lilliath）的信，1938 年 2 月 13 日，藏耶鲁大学神学院图书馆特藏部，第 10 档案组第 1 档案盒第 8 档案夹。

② 《南京国际救济委员会报告》（“Report of the Nanking International Relief Committee”），1937 年 11 月至 1938 年 4 月 30 日，第 10 页，藏耶鲁大学神学院图书馆特藏部，第 10 档案组第 102 档案盒第 868 档案夹。

③ 同②，第 10 至 11 页。

国际委员会的官员①

会长：	
约翰·H. D. 拉贝	1937 年 11 月至 1938 年 2 月
W. P. 米尔斯②	1938 年 2 月至 1939 年 5 月
M. S. 贝茨	1939 年 5 月 –
秘书：	
路易斯·S. C. 史迈斯	1937 年 11 月至 1938 年 7 月
欧内斯特·H. 福斯特	1938 年 7 月至 1939 年 4 月
詹姆斯·F. 卡尼	1939 年 5 月 –
司库：	
克里斯卿·克罗格③	1937 年 12 月至 1938 年 2 月
路易斯·S. C. 史迈斯	1937 年 11 月至 1938 年 7 月
詹姆士·H. 麦考伦	1938 年 7 月至 1939 年 4 月
阿尔伯特·N. 斯图尔特④	1939 年 5 月 –
行政主任：	
乔治·A. 菲齐⑤	1937 年 12 月至 1938 年 2 月
胡勃特·L. 索尼	1938 年 2 月 –

① 《南京国际救济委员会报告》(“Report of the Nanking International Relief Committee”),1937 年 11 月至 1938 年 4 月 30 日，第 54 页，藏耶鲁大学神学院图书馆特藏部，第 10 档案组第 102 档案盒第 868 档案夹。

② 1938 年 2 月拉贝撤离前不久，米尔斯当选为副会长，并在此后一段时间被公认为代理会长，而将会长的职衔仍留给拉贝。但实际上米尔斯承担了会长的职责，而且很快被正式确认为会长。1939 年 5 月至 7 月，D. J. 林恩任委员会副会长。

③ 克里斯卿·克罗格不是国际委员会的成员，但应主席拉贝之邀曾担任多种职务。

④ 阿尔伯特·牛顿·斯图尔特(Albert Newton Steward, 1897-1959)，中文名史德蔚，1897 年 7 月 23 日出生于美国加州的福乐顿 (Fullerton)，1921 年毕业于俄勒冈农学院，并于同年作为从事教育工作的传教士到金陵大学教书至 1926 年。1926 至 1930 年，他在哈佛大学植物系学习，于 1927 年获得硕士学位，1930 年获得博士学位。1930 年回到中国，担任金陵大学植物系主任至 1950 年。日军攻打南京之前，他于 1937 年 8 月撤离。1938 年 9 月回到南京，并服务于国际救济委员会。珍珠港事件之后，他被日军关进上海闸北集中营直至 1945 年。斯图尔特 1959 年 6 月 19 日在俄勒冈州考弗利斯 (Corvallis) 逝世。

⑤ 乔治·A. 菲齐不是国际委员会的成员。在最初的工作机制下，安全区主任可以将政策问题提交给委员会，委员会对于其中较难解决的问题给予指示。但在 1937 年至 1938 年局势最糟糕的几个月里，国际委员会整体上成为一个办事机构，一些成员将大量的时间精力用在了处理具体工作上。

1938 年 6 月起在国际委员会任职的成员[①]

W. P. 米尔斯	美国人	北方长老会
M. S. 贝茨	美国人	金陵大学
查尔斯・H. 里格斯[②]	美国人	金陵大学
爱德华・斯波林	德国人	上海保险行
D. J. 林恩[③]	英国人	亚细亚火油公司
P. R. 希尔兹	英国人	和记洋行
C. S. 特里默	美国人	鼓楼医院
J. V. 皮克林	美国人	美孚火油公司
约翰・G. 麦琪[④]	美国人	圣公会
胡勃特・L. 索尼	美国人	金陵神学院
欧内斯特・H. 福斯特[⑤]	美国人	圣公会
詹姆士・H. 麦考伦[⑥]	美国人	统一基督教会
F. C. 盖尔[⑦]	美国人	卫理公会
詹姆斯・F. 卡尼	美国人	耶稣会

① 《南京国际救济委员会报告》,1937 年 11 月至 1938 年 4 月 30 日,第 53 至 54 页,藏耶鲁大学神学院图书馆特藏部，第 10 档案组第 102 档案盒第 868 档案夹。

② 查尔斯・H. 里格斯于 1939 年 2 月因休假和工作调动离开南京。

③ D. J. 林恩 1939 年 7 月离开南京去休假。

④ 约翰・G. 麦琪 1939 年 5 月休假结束后返回南京。

⑤ 欧内斯特・H. 福斯特 1939 年 6 月离开南京回国休假。

⑥ 詹姆斯・H. 麦考伦 1939 年 7 月离开南京回国休假。

⑦ 弗朗西斯・克莱尔・盖尔（Francis Clair Gale,1880-1970），1880 年 9 月 14 日出生于美国加州的弗瑞斯顿（Freestine），1905 年毕业于加州大学，1908 年作为卫理公会的传教士前往中国。他的妻子爱莉・梅・斯本瑟・盖尔（Ailie May Spencer Gale，1878-1958），是一位训练有素的医生，因此，盖尔夫妇在中国从事的工作常常和医院相关。他们先后在江西南昌（1908-1922）、安徽屯溪（1923-1927）、上海（1928-1933）工作。盖尔夫妇 1933 至 1937 年在南京工作。1937 年他的妻子回南昌总医院工作，他本人则前往芜湖总医院工作。珍珠港事件之后，弗朗西斯・盖尔被日军羁押在上海的浦东集中营至 1943 年 2 月遣返，而他妻子则前往四川资中县医院工作。战后，盖尔夫妇得以在南昌团聚。他们 1950 年 8 月离开中国。盖尔 1970 年 5 月 12 日在加州贝克菲尔德（Bakersfield）逝世。

续表

许传音[①]	中国人	鼓楼医院
安村三郎[②]	日本人	日本浸信会
阿尔伯特·N. 斯图尔特[③]	美国人	金陵大学

哈罗德·约翰·田伯烈编撰的《战争意味着什么：日军在华暴行》[④]

国际委员会仔细记录了从事的各项活动，包括其向日本和美国大使馆提交的抗议书和暴行案件。随着日军在南京犯下的暴行持续不断，记录在案的暴行案件清单也在不断增长。1938 年 1 月美、英、德三国的外交官回到南京重开各自的使馆之后，可以通过外交渠道向上海的相关外交代表和宗教组织传送文件、信件与其他目击证词。

身处南京的美国人竭尽全力将日军的暴行记录悄悄传送出去，在上海的西方记者则想方设法获得这些目击证言材料并在媒体上发表，但他们不断受到日本审查人员的阻扰。

1938 年 1 月 16 日晚上八点左右，《曼彻斯特卫报》驻上海记者哈罗德·约

---

① 许传音于 1938 年 12 月当选。许传音（Xu Chuanyin，1884-1971），字澄之，1884 年 7 月 6 日出生于安徽贵池，1905 年在南京金陵大学的前身汇文书院毕业后教书多年，然后前往美国留学，于 1915 年在伊利诺伊大学获经济学硕士学位，1917 年获经济学博士学位。1919 年回国后曾任教于燕京大学等学校，后任北洋政府铁道部营业司司长。北洋政府倒台后回到南京，供职铁道部。南京大屠杀期间，许传音留在南京，任红十字会副会长，并任安全区住房专员，为难民提供住房等项工作。抗日战争胜利后，曾被委任为鼓楼医院副院长至 1949 年。1946 年他在东京远东国际军事法庭上作证，揭露日军暴行。1949 年以后，由于历史上任过旧职等原因，他没有再工作过，靠出租房屋度日。许传音于 1971 年 9 月 24 日在南京逝世。

② 安村三郎（Sabur ō Yasumura，1891-1970）在 1938 年 12 月当选，但于 1939 年 2 月离开南京。

③ 阿尔伯特·N. 斯图尔特于 1939 年 4 月当选。

④《战争意味着什么：日军在华暴行》（*What War Means: Japanese Terror in China*），1938 年 7 月在伦敦由维克多·格兰茨出版社（Victor Gollancz Ltd.）出版。该书的美国版由现代图书公司（Modern Age Books Inc.）在纽约出版，书名为 *Japanese Terror in China*。最初的中文译本由杨明翻译，1938 年 7 月在汉口由国民出版社出版，书名为《外人目睹中之日军暴行》。

翰·田伯烈向丹麦大北电报公司上海电报大楼递交了新闻电讯稿，拍发回在伦敦的报社。田伯烈的报告涉及日军在上海至南京一带的所作所为。该新闻报告指出，日军占领这一地区后，已有约 30 万中国平民百姓被屠杀。[①] 次日上午 10 时 45 分左右，驻在该电报公司大楼内的日本新闻检查办公室通知田伯烈，不能拍发他的电讯稿，因日方审查人员认为电讯稿可能伤害日本军队。与此同时，令田伯烈惊讶的是，他受邀造访日军司令部。然而田伯烈拒绝就范。[②] 他将此事报告给英国驻上海总领事赫伯特·菲利普斯，[③] 后者就“邀请”一事与日本总领事进行交涉。[④]

几天后，新闻审查的问题再度浮现。1 月 21 日，田伯烈试图向《曼彻斯特卫报》拍发一篇电讯稿，该电讯稿主要是当天刊登在《字林西报》的一篇社论的概要。那篇社论涉及日军在南京的暴行。田伯烈的电讯稿再次被扣压，[⑤] 理由是日本当局认为该社论“似有玷污日军良好名声之嫌”。[⑥]

这些审查事件激发了田伯烈出版一部日军暴行目击者证言的书籍，以证明试图掩盖这些报告是徒劳的。此后，田伯烈曾提起，“如果电报没有被扣压，

---

① 至于被日军屠杀 30 万中国平民的数字，田伯烈在给 M.S. 贝茨的信中确认，这个数字是饶家驹神父提供的，“他非常肯定，他的 30 万中国平民伤亡的数字是准确的”。见田伯烈 1938 年 3 月 28 日给贝茨的信，藏耶鲁大学神学院图书馆特藏部，第 10 档案组第 4 档案盒第 65 档案夹。

② 《日本新闻审查官扣压所有暴行报道》（“Japanese Censor Holds up All Reports of Atrocities”），《密勒斯评论报》（*The China Weekly Review*），第 83 卷，1938 年 1 月 22 日，第 199-200 页。

③ 赫伯特·菲利浦斯爵士（Sir Herbert Phillips，1878-1957），中文名费理伯爵士，1878 年 7 月 8 日出生，1898 年 3 月进入外交界，到中国任见习翻译。他的整个外交生涯都是在中国度过的，先后在英国驻北京、天津、重庆、上海、福州、哈尔滨使领馆任职，直至 1930 年被正式任命为驻广州总领事。1937 年 9 月 24 日出任驻上海总领事至 1940 年 1 月 17 日退休。他 1957 年 3 月 27 日在英国泰晤士河畔亨利（Henley-on-Thames）去世。

④ 《上海的新闻审查》（“Censorship at Shanghai”），《曼彻斯特卫报》（*The Manchester Guardian*），1938 年 1 月 18 日第 9 版。

⑤ 《南京暴行》（“Outrages in Nanking”），《曼彻斯特卫报》，1938 年 1 月 22 日，第 11 版。

⑥ 《发言人抨击〈字林西报〉的陈述》（“‘North-China’ Statement Hit by Spokesman”），《字林西报（*North-China Daily News*）》，1938 年 1 月 22 日，第 5 页。

我绝不会产生这个念头”。[①]田伯烈与贝茨相识已久，当时他显然已经在上海接触到南京安全区的档案。1938 年 1 月 29 日，田伯烈写信给贝茨谈道：

> 我正考虑将日军对平民百姓所犯暴行的目击证言结集成书，这些证词有的已经发表，有的还没有，目的是要讲述这场战争是如何进行的未经审查的真相。我将基于真实性和公正性，仔细挑选每一篇证词，并在很大程度上依赖传教士的资料与文件，例如您与南京日本当局的往来信函。……在很大程度上将由这些文件自己来叙述，而我自己作为编辑的作用，将仅限于（与贝茨夫人[②]、博因顿[③]和其他人协商后）选择材料，并将它们编辑成书。将删除粗暴的语言，留下事实真相，来讲述一个不加修饰的平实故事。
>
> ……在我看来，仅仅让我们的政府官员了解这些事实是远远不够的。如果要恰当地激起街上一个人的道德愤慨，也必须给他一个了解事实的机会。
>
> 我想征求你们的意见，看看从一般的角度和从你们这些仍在南京的人的角度来看，出版这样一本书是否可行。当然，这些材料将被仔细编辑，以尽量降低能够明确指认个人身份的可能性，但我想你们这群人有可能

① ［英］田伯烈：给贝茨的信，1938 年 2 月 4 日，藏耶鲁大学神学院图书馆特藏部，第 10 档案组第 4 档案盒第 65 档案夹。

② 克莱瑞莎·莉丽娅丝·葛露德·罗宾逊·贝茨（Clarissa Lilliath Gertrude Robbins Bates，1893-1982），1893 年 9 月 12 日出生于加拿大新斯科舍（Nova Scotia）省的罗斯维（Rossway），1917 年毕业于波士顿大学，1920 至 1923 年在金陵女子文理学院教授英文。1923 年 6 月嫁给马内·舍尔·贝茨。南京大屠杀期间，她带着孩子在上海。1982 年 2 月在美国印第安纳州印第安纳布利斯（Indianapolis）逝世。

③ 查尔斯·路德·博因顿（Charles Luther Boynton，1881-1967），1881 年 6 月 8 日出生于美国佛蒙特州汤森德（Townshend），1901 年毕业于加州的波蒙纳（Pomona）学院，并继续在纽约的协和神学院（Union Theological Seminary）学习。他于 1906 年被浸会教委任神职后于 1907 年前往中国，在上海任基督教青年会国际部总干事（1907-1912），此后服务于中华继进委员会，以及该委员会的后续组织中华全国基督教协进会直至 1946 年。珍珠港事件后，他被日军关押在上海闸北集中营直至 1945 年 8 月。他 1946 年回到美国，居住在加州克莱蒙（Claremont），并在那儿于 1967 年 10 月 28 日逝世。

> 会因为提供了素材而受到指责。[①]

贝茨立即给予回复，鼓励他的出书计划。博因顿是中华全国基督教协进会在上海的办公地点的负责人，田伯烈到他的办公室查阅了南京和其他地区日军的暴行报告。田伯烈发现有很多有关南京的材料，他很想将这本书的主题仅限于南京，书名为《南京的磨难》(*The Ordeal of Nanking*) 。他希望将所有与南京安全区有关的文件作为菲齐、贝茨等人信件的附录出版，并就是否可以按此计划进行下去，或者是否有些文件贝茨不愿收进去，征询贝茨的建议。田伯烈还要求贝茨提供更多的目击证词。[②]

和史迈斯与米尔斯仔细商讨后，贝茨在 1938 年 3 月 3 日的信中告知田伯烈，他们赞成他早先提出的提议，而不是仅仅局限于南京暴行的证言。理由为:

> 为了让远方的公众对发动的这场战争的残酷性留下深刻的印象，比一座城市更广泛的区域作为这本书的基点似乎更为有效。很容易让处身遥远的人感觉南京毕竟是个例外——围绕这座城市的名称所产生的政治仇恨，或是时间与人员的偶然意外，等等。但是，如果类似的情况在几个月内从上海、松江、苏州、无锡、湖州、杭州等城市传出来，那么就会产生更加巨大的总体效果，也更加令人信服。[③]

在信中，贝茨还谈到传教士和国际委员会所处的环境。他谈到日本军官甚至外交官对待委员会都怀有极大的恶意。“国际委员会没有一天不被一些

---

① ［英］田伯烈:给贝茨的信，1938 年 1 月 29 日，藏耶鲁大学神学院图书馆特藏部，第 10 档案组第 4 档案盒第 65 档案夹。

② ［英］田伯烈:给贝茨的信，1938 年 1 月 17 日，藏耶鲁大学神学院图书馆特藏部，第 10 档案组第 4 档案盒第 65 档案夹。

③ ［美］贝茨:给田伯烈的信，1938 年 3 月 3 日，藏耶鲁大学神学院图书馆特藏部，第 10 档案组第 4 档案盒第 65 档案夹。

日本人挖苦打击。”因此，他们都不认为“这些文件可以在不久的将来完全公之于众，同时还不会危及该地区必要的救济工作”。（同上）

但在仔细研究了田伯烈的材料后，贝茨、米尔斯和史迈斯在 1938 年 3 月 14 日又一次会面，商讨出书计划。同时致信田伯烈。米尔斯和史迈斯均态度坚决地认为，这个项目不应仓促进行，南京小组应该有人到上海去和田伯烈一起审阅这些资料。提议此行的任务由贝茨承担，也表达了他们的担忧，即田伯烈应避免不必要地透露个人的身份，尽管他们也不想过于胆怯。他们还想了解菲齐的日记和贝茨的信件是否足够充分，因为他们认为“它们应该被用作信息资料，而这些材料本身不应用来叙述或记录”。与此同时，贝茨承诺会收集更多的目击材料。①

在田伯烈还没收到这封信时，当天他也给贝茨写了一封信，并随信寄出了当时所能打印出的尽可能多的书稿。他告诉贝茨，他打算在 3 月 17 日之前把所有材料打成一份临定手稿，通过轮船运到香港，然后再航空邮寄到英国和美国。田伯烈希望尽快出版这本书。他甚至考虑了向英国议会的每一位议员和美国国会的每一位议员免费赠送该书的可行性。在这封信中，田伯烈附上了书稿的目录。显然，他接受了贝茨 3 月 3 日信中的建议，因为第六章和第七章专门描述了华北和长江三角洲沿线其他城市的情况。②

3 月 20 日贝茨收到了他的信件和手稿。在 1938 年 3 月 21 日给田伯烈的信中，贝茨称史迈斯、米尔斯和他自己决定将他的计划进行下去，希望在可能的善与可能或极有可能会出现的邪恶之间取得平衡，能起到些许惩恶扬善的效果。他们希望“这部仓促完成的作品，可能会在这场斗争的后期阶段获得更大的控制权。当然，这很可能会提高西方对这个特殊局势乃至整个军事游戏的野蛮残酷的关注”。但他们也担心这本书的出版可能迫使菲齐、贝茨、

① ［美］贝茨：给田伯烈的信，1938 年 3 月 14 日，藏耶鲁大学神学院图书馆特藏部，第 10 档案组第 4 档案盒第 65 档案夹。

② ［英］田伯烈：给贝茨的信，1938 年 3 月 14 日，藏耶鲁大学神学院图书馆特藏部，第 10 档案组第 4 档案盒第 65 档案夹。

史迈斯和其他许多人全身心投入的毕生事业走到尽头，这也可能意味着该地区的教会工作会受遭到严厉的排斥或限制。①

田伯烈通过“马雷夏尔·霞飞”号②轮船寄出书稿一小时后，收到了贝茨3月14日的信。“马雷夏尔·霞飞”号是能赶上航空邮件的最后一艘船，将于1938年3月22日驶离香港。针对贝茨希望“避免不必要地透露个人的身份”，田伯烈在3月21日的信中写道：

> 很自然您会有这样的感觉。但如果这本书要令人信服，必须要有像您和菲齐这样的亲眼目睹者的叙述，才能使街上的人相信暴行的的确确发生了。以其他任何方式都难以说服。③

至于对沦陷地区教会和救济工作可能造成的不利影响，田伯烈写道：“除非采取坚定的立场，否则在日本控制下的任何中国领土上，都不会有机会开展人道工作或传教活动。”他希望南京的传教士“决心为了利害攸关的原则而牺牲看似权宜的东西”，（同上）尽管他也表示，他们的建议很有用，他基本上已全部采纳。收到贝茨3月21日的来信后，田伯烈意识到还需要作很多修改。他最终决定在4月乘飞机前往伦敦。④

1938年7月《战争意味着什么：日军在华暴行》在伦敦出版。其美国版本则由纽约现代图书公司出版，书名为《日军在华暴行》。全书共八章，其中四章涉及日军在南京的暴行。书中的材料包括：1937年12月25日《字

① ［美］贝茨：给田伯烈的信，1938年3月21日，藏耶鲁大学神学院图书馆特藏部，第10档案组第4档案盒第65档案夹。

② “马雷夏尔·霞飞（Marechal Joffre）”号轮船为1931年5月下水的法国货轮，14242吨，太平洋战争爆发后为维希法国政府所有，1942年4月在菲律宾海域被美军缴获，更名为“罗尚博号”（“USS Rochambeau”）运输舰。1960年被拆解。

③ ［英］田伯烈：给贝茨的信，1938年3月21日，藏耶鲁大学神学院图书馆特藏部，第10档案组第4档案盒第65档案夹。

④ ［英］田伯烈：给贝茨的信，1938年3月28日，藏耶鲁大学神学院图书馆特藏部，第10档案组第4档案盒第65档案夹。

林西报》刊载的《首都被攻陷后的奸淫、掳掠》、菲齐 1937 年 12 月 10 日至 1938 年 1 月 1 日期间的日记、贝茨的《金陵大学难民登记后续情况备忘录》、贝茨 1938 年 1 月 10 日致友人的信件，以及索尼 1938 年 1 月 16 日致 P. F. 普瑞斯[①]的信件。书中引用上述文件时均注重尽量保密作者的身份。唯一一份未收录进其他出版物或文件中的材料为索尼致普瑞斯的信函。在信中，索尼以亲历者的视角描述了日军攻占南京后的状况、日军在金陵神学院校园的暴行、粮食短缺等难民问题。

书中的附录是极为重要的部分。在附录 A、B、C 中列出了田伯烈从 444 例暴行案件中挑选出的 127 例。不过在书中，这些案件是按时间而非案件编号顺序排列的。附录 D 收录了 34 份文件，多为国际委员会在 1937 年 12 月 14 日至 1938 年 2 月 19 日期间提交给日本当局和西方国家驻南京大使馆的信函和文件。与正文各章的取材不同，附录 D 中的所有信件和文件均附有签名。这些文章后来全数收录于徐淑希[②]编辑的《南京安全区档案》。附录 E 为参与攻占长江三角洲城市的部分日军部队的列表。附录 F 收录了 1937 年 12 月 7 日和 14 日刊登在一家美国人在东京出版的英文报纸《日本广告报（The Japan Advertiser）》上的两篇南京“杀人竞赛”的报道。附录 G 为 1938 年 1 月 8 日在上海由日本控制的中文报纸《新申报》发表的题为“日军温厚抚慰难民，南京城内和气蔼々”报道的英译本。该英译本此前曾在 1938 年 3 月的《密勒氏评论报》上作为《南京——究竟发生了什么——还是日本人的天堂？》

---

① 菲利浦·弗朗西斯·普瑞斯（Philip Francis Price，1864-1954），1864 年 7 月 2 日出生于美国弗吉尼亚州里斯满（Richmond），1882 年就读于汉普登 - 悉尼（Hampden-Sydney）学院，1884 年入读隶属于汉普登 - 悉尼学院的协和神学院，于 1889 年毕业。1908 年位于北卡州的大卫逊（Davidson）学院授予他名誉博士学位。1890 年他决定前往中国到苏州传教。1892 年结识 1888 年就在中国传教的爱瑟·爱喀德·威尔逊（Esther Eckard Wilson）小姐并与之结婚。1892 至 1912 年在浙江嘉兴传教，1912 年起任教于南京金陵神学院直至 1941 年退休回美国，1954 年 5 月 10 日在南卡罗来纳州佛罗伦萨（Florence）逝世。

② 徐淑希（Shuhsi Hsü，1892-1982），1892 年 4 月 3 日出生于广东饶平，毕业于香港大学，1925 年获美国哥伦比亚大学政治学博士学位后前往燕京大学任教，曾任政治系主任、法学院院长，1942 年 6 月代理外交部亚西司司长，1949 年赴台后曾任“台湾当局”驻秘鲁兼玻利维亚“大使”（1956-1963）、驻加拿大“大使”（1963-1967）。后定居美国，1982 年 1 月 14 日在新泽西韦斯特菲尔德（Westfield）逝世。

一文的一部分发表。（田伯烈书中与南京有关的信函和文件清单见附录三。）

作为第一部有关南京大屠杀的长篇出版物，田伯烈的书即刻获得成功。该书在1938年7月出版后，于同年8月重印，此后被翻译成多种语言。同时，它的广受欢迎也进一步激怒了日本当局。1938年7月12日，日本驻伦敦大使馆参赞冈本[①]拜访英国外交部，询问“外交部是否可以采取行动来禁止该书的销售，理由是该书会对英日关系产生不良影响”。[②]外交部对此作答：

> 根据7月11日《曼彻斯特卫报》刊载的书评，该书“几乎均由留在南京和其他城镇的外国人的私人信函构成”；书评还引用了财政部的佩德勒先生[③]送交给我们的日记的部分内容。综上，该书内容似乎与英国驻华大使馆发送给我们的报告相吻合，因此可以视为基本属实。重提日本人在南京和其他地方的臭名昭著的行为，对任何人均无益处，对那些被书中引用了材料至今仍驻留南京的许多记者而言更是如此。但书里谈到的是热门话题，而且我个人认为关系到公众的利益，所以没有什么正当的理由来阻止其销售。（同上）

① 冈本季正（Suemasa Okamoto，1892-1967），1892年8月18日出生于日本京都，1917年毕业于东京大学法学部，并于1918年进入外交部。在英美两国任职多年后于1931年担任欧美局第二课课长，1936年5月升任美国局局长。1937年4月至1938年3月担任驻上海总领事。此后调任驻英国大使馆参事官。1941月10月出任驻新加坡总领事，于12月5日到任。4天后，因珍珠港事件爆发而被英国海峡殖民地当局扣押，先后关押在新加坡樟宜、锡兰科伦坡、印度的孟买和喜马拉雅山中部的穆苏直至1942年8月和被日本关押的人员交换。他1942年10月出任日本驻瑞典与丹麦大使，1952年任驻荷兰大使，1956年退休。1967年11月23日在东京去世。

② “日本探询《战争意味着什么：日军在华暴行》禁售的可能性”（Japanese Enquiry Regarding Possibility of Prohibition of Sale of *What War Means*），伦敦英国国家档案馆，外交部档案FO371/22147，第7573号档案。

③ 弗雷德里克·约翰逊·佩德勒爵士（Sir Frederick Johnson Pedler，1908-1991），1908年7月10日出生，毕业于剑桥大学贡维尔与凯斯（Gonville and Caius）学院，1938年担任掌玺大臣（Lord Privy Seal）的秘书，同时也在首相府的财政部门（Treasury Chambers）工作，长期在负责殖民地事务部门工作，1947年开始从商，1991年4月6日去世。1938年4月，当时在成都华西协和中学校（Union Middle School）任教的英国传教士道格拉斯·诺尔·萨金特（Douglas Noel Sargent，1907-1979）获得一份菲齐的南京日记，并将之邮寄给在伦敦的佩德勒爵士，后者将日记转交给从上海调回伦敦外交部的罗勃特·乔治·豪尔（Robert George Howe，1893-1981）。

安全区档案

安全区档案，实际上是指国际委员会记录南京大屠杀期间及之后一段时期在南京及其周边地区发生的各种形式的日军暴行的文件，以及有关安全区救济工作的文件。报告给国际委员会的所有日军暴行案件，均由工作人员核实和记录。委员会与日本当局之间的往来函件、抗议书和其他重要报告及备忘录，均编号归档。美国外交代表返回南京后，史迈斯立即于 1938 年 1 月 7 日向爱利生提交了一套安全区档案。在所附说明信函中，史迈斯这样写道：

> 谨在此向你提交三个系列文件的副本，其中大部分是南京被日军攻占后我们提交给日本当局的文件。我们将这些文件提交给您供参考，便于您了解国际委员会和美国人员对涉及的各种问题所采取的立场，也是因为在 12 月 11 日美国大使馆工作人员搭乘“巴纳号”驶往上游之前，我们一直将在安全区方面采取的行动都通报给美国大使馆。
>
> 我们开始呼吁日本大使馆协助缓解南京的状况，因为当我们 12 月 14 日第一次见到福田先生时，他告诉我们，军方决意要使南京的情况变得糟糕，但使馆人员将努力使之缓解。然而，直到 18 日下午，向他们展示了仍持续发生的暴行案件，我们才使他们相信情况是如此糟糕。然后他们向军方施加压力，要求我们给他们提供案例，以便他们能够告诉军方情况是否有所改善。
>
> 这些文件被归为三个系列：（1）安全区系列，（2）金陵大学区系列和（3）美国人员系列。我还按时间顺序给文件编了号，将这三个系列归集在一起，以显示对日本大使馆施加的影响逐日增加。美国人员系列的文件仅关注美国人的生命、财产和尊严；金陵大学系列则是根据较大学本身更为广泛的诉求，亦即恢复全城秩序的文件；除了那些涉及西方人士，并显示在我们开展工作的过程中遇到暴行或困难影响的案件，

我们试图将安全区系列仅限于与安全区有关事项的文件。所附清单将予以明确说明。[①]

所附的三份清单（完整清单见附录四）显示，这些文件都标有“Z”系列编号、“A”编号或“U”编号。每份文件还按时间顺序配置一个总编号。“Z”系列列出了1937年12月14日至1938年1月4日的27份文件，包括案件1至案件179。“A”系列含有1937年12月16日至1938年1月5日的17份文件。“U”系列为1937年12月16日至31日的12份文件。这三个系列的文件，加上随着时间推移添加进来的其他材料，便是爱斯比在1938年1月和2月起草给国务卿的篇幅极大的两份报告的原始资料。

田伯烈在为他的书收集暴行记录之际，政治学教授徐淑希也一直关注着这些文件，并努力加以收集。到1938年春，徐教授获得了相当多的安全区文件，包括国际委员会向日本当局提交的信件和暴行案件，以及传教士的私人信件、日记和其他资料。他编撰了《日人战争行为》[②]一书，于1938年春夏之交在上海出版。该书总共七章中，有三章专门讲述南京的暴行。第四章收录了《字林西报》的文章《首都被攻陷后的奸淫、掳掠》、贝茨1938年1月10日致友人的信、1938年1月22日《字林西报》登载的《发言人抨击〈字林西报〉的陈述》一文，以及国际委员会最初成员的名单。第五章含有拉贝、史迈斯等人于1937年12月14日至21日写给日本当局的八封信、暴行案件样例、史迈斯的“司法部事件备忘录”和贝茨的“金陵大学难民登记后续情况备忘录”。第六章专门登载了菲齐1937年12月10日到1938年1月1日的日记。以上材料均匿名发表，但“金陵大学难民登记后续情况备

① ［美］路易斯·S. C. 史迈斯：给约翰·爱利生的信，1938年1月7日，美国国家第二档案馆，第84档案组，驻中国外交机构，第2171卷（南京1938年第7卷）。

② 徐淑希：《日人战争行为》（*The War Conduct of the Japanese*），上海：别发洋行（Kelly & Walsh），1938年。

忘录”注明了作者为“M.S.B.”。（完整清单见附录五）。这本书同田伯烈的《战争意味着什么：日军在华暴行》出版的时间相差无几，但影响远不及后者。

一年后，徐淑希教授又编纂了《南京安全区档案》一书，在国际事务理事会的主持下在上海出版。《南京安全区文件》由两部分组成，是南京安全区文件最完整的出版物，许多人通过它了解了这些文件。第一部分收录了日期从 1937 年 12 月 14 日至 1938 年 1 月 7 日的 34 份文件，包括国际委员会成员向日本当局提交的信件、备忘录、暴行案件和其他文件。第二部分为 1938 年 1 月 10 日至 2 月 19 日的 35 份文件。与第一部分不同的是，除少数情况外，这些信件是写给美国、英国和德国大使馆的，暴行案件是向西方外交官而不是日本外交官提交的（文件清单见附录六）。

徐淑希的这本书收录了截至 1938 年 2 月提交的 444 起暴行案件中的 398 件。大部分案件涉及强奸妇女，其余则为凶杀及抢劫案件，尽管相当多的凶杀案件与强奸或抢劫有关。贝茨提交的第 195 号案件报告了金陵大学附中难民营的一名妇女 1 月 17 日与家里一名男性成员一同回家。来了个日本兵，企图强奸她。她反抗时，日本兵将其刺杀。[1] 第 223 号案件的案情与此案相似。得知日本人将关闭难民营的消息后，一名妇女带着两个女儿回到家。1 月 31 日晚，日本兵闯入她们的住处要强奸她的女儿。两个姑娘抵抗时，被刺刀捅死（第 122–123 页）。受害者并不总是年轻姑娘。第 303 号案件讲述了一个悲惨的故事，一位年过六旬的老妇人“先遭强奸，之后被刺刀刺入阴道，而遇害”（第 133 页）。

史迈斯提交的第 215 号案件是在公共浴室发生的一起明目张胆的抢劫谋杀案。1 月 28 日晚 9 点左右，日本兵闯入中山东路天民浴室，搜查那里的工人索取钱财，并向其中三人开枪，三人中两人被打伤，第三人被杀害。具有讽刺意味的是，该浴室是自治委员会应日本当局的要求开张的，本应受到日

---

① 徐淑希：《南京安全区文件》（*Documents of the Nanking Safety Zone*），上海：英国别发洋行，1939 年，第 94 页。

本人的特殊保护（第 120 页）。

徐淑希在书的序言中指出，这些文件“并不是南京安全区所拥有的全部文件，而只是国际事务理事会有幸获得的全部文件”（第Ⅶ页）。迄今为止，仍有一些安全区的文件未公之于世。第 1 至 444 号案件中徐淑希的书所缺的部分，包括第 114 至 136 号案件及所附信件、第 137 至 143 号案件、第 155 至 164 号与第 204 至 209 号案件及粮食情况报告，笔者已在位于马里兰学院公园市的国家第二档案馆中发现并检索出来，现转录如下：

1937 年 12 月 22 日[①]

南　京

日本帝国大使馆

亲爱的先生们：

这里呈交的是 114 至 136 号案件，其中许多案件是昨天以来发生的。

冒昧地指出，我们发现在许多案件中同一帮日本兵一而再再而三地回到同一个地点掳掠或强奸。如果两名宪兵一同巡逻，见到日本兵在房屋中的所作所为，即刻加以逮捕，也许他们能很快肃清目前的状况。

谨致敬意

会长约翰·H. D. 拉贝

① 《1938 年 1 月南京的状况》附件 1-e，793.94/12674，美国国家第二档案馆，第 59 档案组，微缩胶卷 M976 第 51 卷。

日本兵在安全区内所犯暴行案件

114. 12月19日，日本使馆的布告大约在下午2时张贴在里格斯先生位于汉口路23号的住宅上，但是天黑之前，这屋子被日本兵闯入，洗劫达6次之多。（到第二天，12月20日晚上，这屋子被掳掠了15次。）（里格斯）

115. 12月19日下午，在希尔克里斯特美国学校[①]，日本兵企图强奸一位怀孕6个半月的19岁姑娘，她进行反抗，日本兵用刀（或刺刀）刺她。她胸部被刺19刀，腿上数刀，腹部有一处很深的刀伤，已听不到胎儿的心音，她现在鼓楼医院。（威尔逊）

116. 12月19日，昨天下午3时日本兵破门闯入普陀路7号和9号楼上楼下无人居住的房间，日本兵撕去委员会的封条，砸破门，打碎窗户，抢走房主的东西。今天上午10时4个日本兵又来把普陀路7号和9号楼上楼下房间中的东西翻了个够，并把中意的东西拿走。（住在上述房屋里的18名难民签名）

117. 12月19日，金陵大学蚕桑大楼难民营报告，从昨晚8时到今天凌晨1时，共有8名妇女遭到强奸，其中一个妇女被刺伤。试图保护这些妇女的4个男子都被刀捅伤。被劫持走的妇女均陆续放了回来。（第六区吴国京）

118. 12月19日晚6时，7个日本兵在颐和路6号强奸了6名妇女。晚上8时，她们又遭强奸。两名妇女被刺伤。此后，日本兵在门房用煤油灯点着毯子和铺盖。（杨冠频）

119. 12月20日上午9时，4个日本兵在宁海路25号二楼的红十字

---

① 在南京的美国传教士家庭从1911年起自发地组织起家庭学校教授自己的孩子，其规模逐渐扩大，直至1914年在五台山上修建了一栋红色的校舍，正式成立南京美国学校，美国人更喜欢称之为希尔克里斯特（Hillcrest School，山顶上的学校）。自此，美国孩子大多在这里接受小学教育，毕业后就读位于上海的美国学校。1933年，中国政府接办该校，更名为五台山小学，此后几经更名，现名为南京市鼓楼区第一中心小学。

会强奸了3名妇女。她们中一个是寡妇，另外两个是年轻姑娘。（杨冠频）

120. 12月20日，我有个32岁的姐姐住在阴阳营47号。她腹部肿胀了3个月，走路有困难。日本兵每天来，企图强奸她。她好言相求，使她免于被强奸。鉴于我姐姐的病情加剧，也害怕被日本兵强奸，我请求您，菲齐先生，用您的车把她送到鼓楼医院。（菲齐先生照办了。）（朱寿义）

121. 12月20日晚上8时到10时之间，在金陵女子神学院[①]难民营，日本兵来了3次，每次劫持走3名姑娘。（里格斯）

122. 12月21日上午8时，7个日本兵来要45名苦力，还要搜寻姑娘。下午2时，4个日本兵来挑选姑娘。下午3时30分，6个日本兵、一个军官企图强迫我们交给他们10名姑娘，他们最终劫持走4名姑娘。（里格斯）

123. 12月22日，今天上午曾在奇望街邮局[②]工作的一名雇员向我们报告，留在邮局的许多包邮件被日本兵洗劫。（史迈斯）

124. 12月21日晚上8时，7个日本兵在金陵女子神学院难民营强奸了7名妇女。（王明德[③]）

125. 12月21日下午5时，日本兵来到金陵女子神学院难民营，搬

---

① 金陵女子神学院（Bible Teachers Training School（BTTS）for Women）始建于1912年9月，资助该校的教会组织有美南长老会（American Presbyterian Church South）、美北长老会（American Presbyterian Church North）、基督会（Disciples of Christ）、监理会（Methodist Episcopal Church South）、美以美会（Methodist Episcopal Church）。校址设在铜银巷，毗邻位于汉中路的金陵神学院。1931至1937年，院长为贾玉铭（1880-1964）。1951年，金陵女子神学院和华东地区另外十所神学院一起并入金陵神学院。新金陵神学院占用了金陵女子神学院的原址，而前者在汉中路的校址转让给南京医学院。

② 奇望街原为南京城南一条小街道。20世纪30年代初，南京进行了一系列拓宽道路的城市建设工程。在城南，很多小的街道，包括奇望街，被拓宽连接形成一条大路——健康路。这里所谓奇望街邮局是指坐落在原奇望街那一段的健康路上的南京邮政总局。

③ 王明德为美以美会牧师，曾任南京基督教协进会干事，当时任安全区住房委员会委员。1950年任镇江市基督教协会主任委员。

出几只外国人的箱子，掳掠其中的物品。（王明德）

126.（也由红卍字会报告）本月21日晚11时，携带手枪、刺刀的3个日本兵，翻越后墙进入宁海路2号的红卍字会，殴打日语翻译郭原森（Gwoh Yuen-seng），把他的妻子拖到佣人的房间里强奸了3次。红卍字会医务所所长孔金宪（Kong Chin-hsien）的腿被打伤。红卍字会的佣人和11名孤儿被逼迫关进偏房里，不准出声。后来，另外3个日本兵推开前门进来，询问屋里有没有日本兵。佣人说屋里有3个日本兵在强奸女人。这3个日本兵立即寻找强奸女人的日本兵，但这几个强奸的日本兵已翻后墙走了。由于没有找到什么，这3个搜查的日本兵又从前门离去。但是，不一会儿，又有3个日本兵翻后墙进来，到郭先生的房间，和他谈了几分钟，捐给红卍字会3元钱，以帮助他们的工作。然后，郭先生告诉他们刚刚在屋里发生强奸一事。听到此，这些日本兵要求看看他妻子的房间。领这些日本兵到强奸发生的地方后，他们也要和漂亮的姑娘睡觉。郭先生答道，没有姑娘。但是日本兵亮出刺刀在房屋内到处搜查。这样，他们找到郭先生的媳妇，拖到一个房间强奸了她。强奸之后，他们高声叫喊着走了。（红卍字会报告）

127. 12月22日中午12时30分，菲齐先生、贝茨先生和史迈斯先生在门上张贴了日本使馆布告的金陵大学校舍，汉口路7号的阁楼上发现3个日本兵。他们企图抢走东西但被我们制止了。

128. 12月22日中午12时45分，菲齐先生、贝茨先生和史迈斯先生在门上张贴了日本使馆布告的金陵大学校舍，汉口路5号发现两个日本兵。

129. 12月22日中午1时，菲齐先生、贝茨先生和史迈斯先生在汉口路小学发现8到10个日本兵，虽然校门上有日本使馆不准日本兵入内的布告。

130. 本月14日以来，日本兵每天到北秀村1、4、6、8号搜查。一开始，他们只要钱，但后来他们任意抢走所有的衣服、箱子。他们每天几乎要

来3到9次。20日，6个姑娘在6号被强奸。21日，一名妇女在8号遭到强奸。（12月22日，第七区办公室）

131. 12月21日下午，两个日本兵闯入莫干路6号，大肆掳掠了那个地方。（第九区区长）

132. 12月21日晚上6时，4个日本兵掳掠了宁海路40号。（第九区区长）

133. 12月21日，4个日本兵轮奸了一名19岁的姑娘达两小时之久，之后，将她劫持走。（第九区区长）

134. 12月22日上午9时到下午1时，普陀路7号被洗劫了3次。每次有3到4个日本兵。国际委员会贴在7个地方的封条被撕去。

135. 12月22日下午1时，8个日本兵翻墙进入宁海路25号，抢走几块手表、40多块钱和两辆自行车。（杨冠频）

136. 12月22日下午4时30分，4个日本兵闯入宁海路4号，企图抓住一名16岁的姑娘。日本兵叫她过来，企图将她弄进一个房间，她跑了。日本兵企图用刺刀戳她，她又跑了。待在外面的日本兵喊起来他们都逃走了，因为他们看到菲齐先生和克罗格先生。（菲齐、克罗格）

（签名）路易斯·S.C. 史迈斯，1937年12月21日呈交。

日本兵在安全区内所犯更多的暴行案件①

137. 12月22日下午约2时，威尔逊医生发现他位于汉口路5号的住所在1小时之内竟然没有日本兵出现（这是在菲齐、史迈斯和贝茨将他们赶走之后）。由于这几个人救了两名妇女免遭强奸，威尔逊医生送那两个妇女去了金陵大学。回来时，在楼上发现3个日本兵。威尔逊见到一名宪兵和两个日本兵走来。他叫宪兵，但宪兵自己不愿意进去，而

① 《1938年1月南京的状况》附件1-f，793.94/12674，美国国家第二档案馆，第59档案组，微缩胶卷M976第51卷。

是派两个日本兵进去，在威尔逊医生极力催促下，最终将那3个日本兵赶出去。（威尔逊）

138. 12月22日。今天日本兵强奸了两名妇女，又一次掳掠了里格斯先生的住所。晚上日本兵来，在屋子里强奸了一名53岁的妇女。（里格斯）

139. 12月13日，一个大约11岁的小姑娘和父母一起站在防空洞口，观看日军队列经过。一日本兵用刺刀把她父亲刺倒，枪杀了她母亲，又用刺刀砍了姑娘的胳膊，造成她的胳膊肘严重的复合骨折。一个星期之后，她才能来到医院。她没有兄弟姐妹。（威尔逊）

140. 12月23日。今天斯波林先生不得不将骚扰妇女的日本兵从莫干路7号赶走3次。（然而，他说山西路上安置了两个日本哨兵，这改善了这片城区的情况。）（斯波林）

141. 12月21日白天，一名13岁的小姑娘被强奸，另一个怀孕的妇女也遭强奸。夜里，两名妇女被劫持。整天都在抢劫，什么都抢，甚至抢铺盖。装满古代和现代字画及结婚礼品的筐子被抢走。然而，自从宪兵的布告张贴以来，秩序有所改善。（五台山小学难民营）

142. 12月22日下午从2时到4时，许多日本兵来抢去11床被子和很多钱（共计100元）。（金陵女子神学院）

143. 12月22日，4个端着刺刀的日本兵来要香烟。难民立即凑钱为他们买了7条香烟。难民把这几个日本兵前一天给他们的5块钱还给日本兵。他们这么做是因为日本兵威胁要烧房子。后来，3个持步枪的日本兵要酒，难民为他们买了两大罐酒，4个难民去替他们把酒抬回去。3个日本兵抢去3辆自行车，3个难民为他们将车子推回去。一个难民回来了。4个日本兵还抢走人力车。还有其他日本兵光顾难民营，但没有进行骚扰。（汉口路小学难民营）

1937 年 12 月 30 日[①]

南　京

日本帝国大使馆

致福井先生[②]或田中[③]先生

亲爱的先生们：

我在此向你们提交 155 至 164 号案件。第一页上大部分案件 155 至 160 号，以前至少简要地向你们报告过。但是第二页上的 4 起案件，161 至 164 号，今天中午报告给我们。两起发生在今天上午。涉及一名 12 岁的姑娘被从中英文化大楼劫持走的 164 号案件，立即进行调查，也许你们能给予极大的帮助。

161 至 163 号案件并没有发生在安全区内，但有两起发生在安全区的边界线上。无论如何，在靠近安全区的地方有这种行为，使人们重返家园变得非常困难和危险。

感谢你们礼貌耐心地接受这些案件，感谢你们及时关注这些案件，特别感谢你们立即调查 160 号案件。

谨致敬意

（签名）

秘书长路易斯 · S. C. 史迈斯

① 《1938 年 1 月南京的状况》附件 1-g，793.94/12674，美国国家第二档案馆，第 59 档案组，微缩胶卷 M976 第 51 卷。

② 福井淳（Kiyoshi Fukui，1898-1955），1898 年 2 月 1 日出生于日本神奈川县，1923 年毕业于东京工商大学，同年进入外交界。曾任日本驻南京大使馆二等秘书。1936 年在上海总领事馆任领事，1937 年底至 1938 年 2 月担任日本驻南京代理总领事。此后调任驻孟买领事，1940 年出任日本驻缅甸仰光总领事。1944 年任日本海军司政长官，同年任外务省调查官。他于 1955 年 5 月 3 日去世。

③ 田中正一（Masakazu Tanaka，1888-1957），1888 年出生于日本东京，1911 年从日本士官学校肄业，1913 年被外务省选派到北京留学，1916 年在外务省任职。从 1919 至 1936 年，他先后在日本驻美国旧金山、波特兰（Portland），中国牛庄、汉口、上海、延边、长春、宜昌的领事馆任职。1937 年 12 月日军攻占南京后，随部队进城，担任驻南京大使馆的副领事。其间，在南京的美国传教士曾多次就日军暴行向其致信，提抗议。1938 年末，日军占领汉口后，他被调往驻汉口总领事馆工作。1941 年出任驻太原总领事。他于 1957 年去世。

日本兵在安全区内所犯暴行案件

155. 12 月 26 日下午 1 时 30 分，一个日本军官来到鼓楼医院，要求带走在那儿干活的一个苦力。鲍尔小姐说不行，但是军官愤怒异常，苦力怕军官会伤害鲍尔小姐，便跟他去了。3 小时之后，苦力回来。但医院的人手已不够，鲍尔小姐还得跟着救护车出去，以防止日本兵抢走救护车。强行带走正在当班的工人是非常严重的事件。（威尔逊）

156. 12 月 26 日，日本兵在金陵大学农业专修科[①]扯下美国国旗。（贝茨、米尔斯）

157. 12 月 27 日，日本兵来到金陵大学农业专修科，企图搬运走一座有铁皮屋顶的房子。（贝茨）

158. 12 月 26 日晚上 11 时到 12 时之间，3 个日本军人乘汽车来到金陵大学大门口，声称司令部派他们来检查。他们强行阻止看守人员报警，迫使这人在他们搜寻、强奸 3 个姑娘时和他们待在一起。被强奸的姑娘中有一个只有 11 岁。他们还劫持走其中一个姑娘。（贝茨）

159. 12 月 26 日，3 至 4 名日本兵在白天先后来了 7 次，从前几天已遭类似抢劫但还有些东西的人们那儿抢走衣物、食品、现金。他们强奸了 7 名妇女，其中包括一名 12 岁的小姑娘。夜里，12 至 14 个日本兵来了 4 次，强奸了 20 名妇女。（米尔斯）

160. 12 月 27 日上午 11 时，人们把米尔斯先生从金陵大学召到汉口路 7 号（也是金陵大学的房产），他发现一个日本兵端着打开保险的手枪。米尔斯先生要佣人到金陵大学叫一名协助登记的宪兵军官来。日本兵不准他去，并要米尔斯离开。米尔斯回过头看到日本兵和几个佩戴日军支队袖章的中国人一道带走一名小姑娘。在金陵大学，米尔斯找到一名宪兵军官，直接来到那栋房子，并在汉口路拐角处遇到一卡车宪兵。

① 此处英文原文为“Rural Leaders Training School”。1914 年，金陵大学创办农科，次年添设林科，1916 年合称农林科。1922 年在农林科增设农业专修科，学制三年。农业专修科位于鼓楼二条巷。1930 年农林科扩建为农学院。

中国人记下了和日本兵一起来的中国人袖章上的字，于是，他们来到南洋饭店，宪兵军官找到了日本兵所属的部门。给他们的解释是，长官需要一个小丫头，日本兵弄来那个姑娘时，他们已找到个更合适的。这个姑娘太大了（她二十来岁）！长官说已把姑娘送回去了。米尔斯反驳道，这样找使唤丫头的方法太差劲了。他们回到那座房屋时姑娘还没有回来。米尔斯又去了日本人的办公室，他们说有事忙着呢。于是米尔斯回来，发现姑娘已回来了。（米尔斯）

12 月 28 日上午 9 时，就这次事件而论，非常愉快地报告，宪兵队和相关的师团司令部均努力解决这事。他们向涉及的中国人和米尔斯先生表达了军事当局对此事的遗憾。因此，该事件可视为令人满意而迅速地解决了。

161. 在和平门江南公司隔壁的德国人那儿帮工的一名中国人，昨天，即 12 月 29 日，被到他家来索要年轻女人的日本兵刺死。那儿只有年纪大的妇女，日本兵说带上她们。这个人不同意，结果被杀。（里格斯）

162. 昨天，日本兵指控在首都饭店[①]前面路过的 3 个人中有一个是中国军人，并用枪打，用刀刺他。

163. 12 月 30 日上午，日本兵向路经估衣廊的 4 个人开枪。一个人当场死亡，第二个伤势很重，医生已不指望他能活，他目前在鼓楼医院。（威尔逊）

164. 12 月 30 日中午 12 时 15 分，两个日本兵乘黄色轿车来到北平路 69 号的中英文化大楼，劫持走一名 12 岁的小姑娘。她家人的名字为米朝瓒（Mi Chao-tsan）。（史迈斯）

1937 年 12 月 30 日报告。

① 隶属于中国旅行社的首都饭店（Metropolitan Hotel）位于西流湾，地址为中山北路 178 号，是 1932 年由华启顾工程师设计、1933 年竣工的豪华饭店，招待国民党军政要人及外国宾客。1937 年，该旅店的经理为刘怀德（Walter Lowe）。其旧址现为华江饭店。

南京目前状况记录

1938 年 1 月 28 日上午[①]

204. 1 月 25 日，收容 1300 名难民的维庆里[②]难民营报告：谨此附上被强奸女孩的名单和日本兵遗留的一条皮带：

妇女年龄	时间	说明
16	1 月 13 日下午 2 点	两个日本兵轮奸了这个女孩。
37	1 月 13 日下午 2 点	一个日本兵强奸了这个妇女。
27	1 月 13 日晚上 9 点	一个日本兵劫持走这个妇女，第二天放她回来。
37	1 月 19 日晚上 8 点	一个日本兵强奸了这个妇女。
13	1 月 20 日下午	一个日本兵强奸了这个女孩。
48	同一天	同一个日本兵强奸了这个妇女。
36	同一天夜晚	同一个日本兵强奸了这个妇女。从下午到第二天早上，这个日本兵强奸了三名妇女。他第二天早上五点离开难民营，遗留下一条皮带。

难民营主任李瑞亭签名盖章（注：此难民营就在鼓楼西面不远处）

205. 1938 年 1 月 25 日下午 4 点左右，与母亲和弟弟一起住在难民区的一个难民营的一个姓罗（Loh）的中国 14 岁女孩被日本兵击穿头部并杀害。事件发生在难民区边界上著名的古林寺附近的一块田地上。女孩在她弟弟的陪伴下，正在田里采摘蔬菜，这时一名日本兵出现。他要抓这个女孩，女孩吓得跑开了。这时，士兵向她开枪，并击中她的头部，子弹从后脑勺进入，从前额出来。欧内斯特·H. 福斯特签名。

206. 1 月 25 日晚上 9 点，突然有一个日本兵携枪闯入我位于阴阳营 49 号的家，强奸了我 18 岁的女儿。当时我想出来向您报告，但日本兵不准我出来。我家有 6 口人，但我儿子和女婿都去了汉口。留在家里的都是女的，一共 4 人。我的女儿被强奸，我可以看得不是很重，但如果

① 美国国家第二档案馆，第 84 档案组，驻中国外交机构，第 2171 卷（南京 1938 年第 7 卷）。

② 位于鼓楼二条巷，以后并入鼓楼二条巷 8 号。该地名今已不存。这个难民营的负责人为李瑞亭。

这种恶行继续下去，对这个地区的所有妇女来说都是相当危险的。鉴于贵委员会是慈善机构，我请求您向日本大使馆就此事提出抗议。签字：贾乔明（Chia Chiaoming）

207. 昨天，1月27日，下午，刚吃过午饭，鼓楼医院的总务主任麦考伦先生被叫去将两个日本兵从后面的宿舍驱送出去。他们到外面在后面的路上时，他指了指美国国旗，对此日本兵极为生气，并要他跟他们走。他觉得可以一起去他们的司令部看看。沿路向南走了大约100码，一个日本兵要他回去。他说，不回去，要跟他们一起去。这个士兵拔出刺刀向麦考伦先生的腹部刺去，但由于他站稳脚跟，士兵将刺刀尖对着他下巴下方，稍微刺了一下。麦考伦猛地把头往后仰，所以他的喉咙只受了轻微的皮肤划伤。之后另一个士兵把这个人弄走。有些人聚在大门口喊他，他环顾四周，见到一名领事警察坐着马车过来。于是上了他的马车，在拐角处赶到那两个日本兵前面。领事警察跟他们谈话，记下他们的姓名。特里默医生走了过来。领事警察说要去日本大使馆报告，特里默医生则去美国大使馆报告。（麦考伦先生后来写了书面证词给美国大使馆。）下午晚些时候，领事警察来到医院向麦考伦先生道歉。昨天晚上，他和两名宪兵来到平仓巷3号调查并询问麦考伦先生。（摘录自麦考伦先生给史迈斯的口头报告。）

208. 1月24日下午两点，福斯特、波德希伏洛夫和麦琪先生被召去保护一名妇女，一个日本兵用刺刀威胁要强奸她。当我们到达现场时，日本兵已经离开，但把刺刀遗留在那儿。当他看到我们在跟踪他时，他跑开了。我们将把刺刀交给委员会，让他们酌情处理。这件事发生在离我们位于安全区内英台村（Ying Tai Ch' uen）1号的房屋很近的地方。欧内斯特·福斯特、约翰·麦琪和波德希伏洛夫敬上（签名）。房屋地址：大方巷英台村1号。（注：我将刺刀交给美国大使馆的爱利生先生，他将之转交给福井先生，并说明其由来。宪兵后来调查了这起案件。史迈斯）

209. 1月24日晚上11点，两个日本兵闯入胡家菜园11号的农具店。

他们佩戴浅色袖章，用枪威胁店主并对他进行搜身。然后他们劫持走一名妇女，强奸了她，并在两小时后将她释放。（注：本案涉及强行擅闯、使用兵器恐吓、绑架及强奸等罪行。）门上的日文布告也被撕掉。当天晚些时候，里格斯和贝茨先生带这名妇女坐车去查看她是否能指认那栋房屋。她指了指去小粉桥32号的路，认定就是那个地方。这是这个地区宪兵队的办公室。因为这事发生在金陵大学的房产上，贝茨先生将抗议书提交给美国大使馆。1月26日下午，两名宪兵、一名日本翻译和高玉（Taketama）先生陪同里格斯和爱利生先生一起前往农具店和上述宪兵队办公室进行调查。随后，他们将该妇女带到日本大使馆询问。被拘留了28小时后，她于1月27日晚8点半被送回，调查结果报告说，由于她弄错了从一楼到二楼的台阶数、床罩的颜色、所描述的是电灯而不是油灯，并且不知道她被带走的时间（店里的其他人说了时间，因为他们都被吵醒了），因此，强奸并不是在这所房屋中发生，所以不是宪兵，而是普通士兵所为，涉案士兵已受到惩罚。由于这并不是宪兵队办公室，所以声称这是宪兵队。只是美国大使馆的反日宣传。（这份报告由高玉和他的翻译在平仓乡3号交给贝茨博士和里格斯先生。）（里格斯、贝茨）

粮食状况

在1月16日至22日这一周以及本周的头几天，自治委员会又收到了1000袋大米（之前报告的2200袋大米的一部分），供其在城南地区的商店销售。

在本周二和周三，即1月25日和26日，自治委员会又收到了1000袋大米。这样12月13日以来，共有3200袋大米可供日常销售。他们还开始接收先前报告的1000袋面粉。但昨天，即1月27日，没有运米来，有待进一步谈判。

国际委员会仍在与红卍字会和红卍字会的粥棚以及其他一些难民营的粥棚合作，每天为5万人免费提供食物，并在难民营中免费发放大米。

随着人们的私人存粮耗尽，这个人数有增加的趋势。

在目前很少发放的情况下，可供免费分发的大米也只能维持三个星期。

根据以往抗洪救灾的经验，发现粮食最紧缺的时期是三四月份。因此，老百姓的口粮必须维持到春季粮食作物收获之时。虽然街上的小店有不少食品在出售，但除了常见的豆腐外，大部分都是店主设法迅速抛售的。此外，上海路和宁海路两旁的小店铺与人们在一座25万人口的城市中通常所期望的相比，简直是微不足道的。

因此国际委员会关心的问题是，可供商业分配的粮食必须尽快增加到每天至少1600袋大米（包括免费大米），并且这个数额中免费发放的大米要提供给5万至10万人。粮食供应必须能让人们支撑过4月份，或者至少能维持到4月1日。

因此，国际委员会必须设法与自治委员会合作，确保在我们目前的存粮用完后的10周内，还能向5万到10万名难民免费分发大米和副食品。这意味着在2月15日至4月1日期间，需有7000到14000袋大米供免费发放。在同一时期，我们还应该准备2000到4000袋副食品。这还只是维持最低生活的口粮配额，不是正常口粮。

1938年2月以后提交的案件也未列入《南京安全区档案》。第445-470号案件以及两份情况报告和一份经济状况报告由美国外交官妥善保存，藏于美国国家第二档案馆，现转录如下：

目前状况记录[①]

1938年3月3日，南京

所附贝茨博士的“关于南京经济的推测及一些事实”是我们对当前

① 美国国家第二档案馆，第84档案组，驻中国外交机构，第2172卷（南京1938年第8卷）。

经济状况的最为言简意赅的总结。然而，贝茨博士指出，这份报告推测读者完全理解此文并未提及的周围环境的破坏。

粮食问题：上述陈述并未涉及经自治委员会发送的食品。2 月 19 日以来，即 12 天来，日本人一直没有向他们发放大米或面粉。12 月 13 日至那时，已为 25 万到 30 万人口提供了一万袋大米和一万袋面粉。这个人口的正常消费量是每天 1600 袋大米。周围的农民也运进来少量的大米。自治委员会的粮食专员王先生将大米价格从每担 8 元提高到 10 元。他告诉我们，从西贡运来的大米得以每担 14 元的价格出售，这就意味着对这里的人们来说，大米的价格几乎翻了一番。是否有必要运进这样的大米取决于本地现有的库存，但这几乎是无法确定的。在 2 月 13 日至 19 日的一周内，南京国际救济委员会通过与其他团体合作购买并运进 1461 袋大米，极大地帮助我们从事赈济大米的供应。但仍有超过 25000 人靠免费大米过活。我们手上有 1570 袋大米，够用 24 天。

健康问题：自抵达南京以来，布莱迪医生已经为难民营中的 5907 人接种了疫苗，但他现在不得不将大部分时间用于医院的工作。他认为我们的健康问题非常危险，特别是由于存在于难民之中的肮脏环境。我们知道这一点，但一直未能找到合适的人员进行清理工作。燃料太紧缺了，甚至无法设立为民众洗澡的设施。布莱迪医生指出，我们连除虱设备都没有，如果斑疹伤寒爆发，我们的情况会很糟糕。现在迫切需要更多的医务人员，特别是懂公共卫生并富有经验的人。随着天气转暖，遍布的人畜尸体，没有粪便处理系统，没有足够的燃料供应热水，使得爆发痢疾和其他疾病的风险很高。此外，我们希望能够获得至少在城南开设一家免费诊所的人员和资金。

治安秩序问题：我们“3 月 1 日的记录”中已有编号为 459 的案件，这个数字还会持续增长。昨天，在同一次面粉店事件中受伤的另一名男子来到医院。为该男子做手术的布莱迪医生说，他的下腹部被刺刀刺穿，小肠有两处被刺破。秩序在过去两周里虽然有了较大改善，然而，即使在日本兵卖面粉的地方，仍然缺乏安全保障！乡村中中国人持械抢劫与匪患现在愈演愈烈，前景堪忧，而且随着逐渐恶化为饥荒的状况、缺乏良好的政府治理，以及正常发展的经济的保障不足，这种情况可能有增无减。经验丰富的赈济人员预计最糟糕的情况将出现在五六月份，即下一次庄稼收获（如果还有庄稼可收获的话！）之前，如果作物歉收或无法运到需要粮食的地方，最糟糕的情况则会出现得更晚些。

关于南京经济的推测及一些事实

1938 年 3 月 1 日

除了供市场销售的蔬菜种植和生产少量的家庭用品外，南京没有任何生产活动。如果我们把成群结队相互竞争的小贩不算在内，我怀疑在 30 万人口中是否有一万名平民从事有报酬的工作。除了路边摊贩或当地规模极小的店家之外，没有一家私人经营的中国商店。有二三十家日本商店，其中指定 13 家向中国人售货。没有银行。据我观察，也没有正规的货币兑换店。自治委员会经营着一家规模挺大的食品店，批发、零售主食和一些新鲜食品。

据信大米供应仅够几个星期的需求，但军方之外的人对此知之甚少。需求的情况是不可靠的，因为无法计算陆军和海军的需求。自治委员会拼命从上海购入大量大米，显示了前景会如何。目前人口的购买力还是能买得起蔬菜的。家禽和蛋类的价格较低，尽管在很少有人敢去考虑这些奢侈品的情况下，从某种程度上，价格已经失去了部分意义。有少量的豆类、油类和花生从江北运来，但运输仍然非常有限。贸易风险太高，使得基本价格和零售价存在不合理的差距。

邻近地区庄稼的前景黯淡。据各村村长估计，在龙潭、汤山、南京的三角地带，正常情况下有 3000 头水牛，现在只剩下 300 头。在有利的条件下，人力劳作只能达到通常通过使用牲畜所获三分之一的稻米收成。在主要道路沿线和附近，几乎所有房屋和农具都被烧毁或洗劫。金陵大学太平门外的五个农场里，除了几头水牛外，每年这个时候还需要

50个劳力，现在养活7个劳工都很困难。日本兵每天都在村里游荡，抢走任何可以吃的或对他们有用的东西。因此，即使可以养动物，储存粮食，大家都认为不可能会去冒这个风险。在那些规模相当大的农场及其库存中，只留存下一些小房子与一批豆子，后者被运进城里保管。某些农民拒绝回答有关种子的问题，宣称明天的食物才是真正的问题。请金陵大学农场附近的邻居们来帮助拔掉去年的棉花秆，他们答道如果能给少许吃的东西，将非常乐意干这活，但不要钱，因为钱对他们没有什么用处。

在过去的一周里，500辆人力车获得执照，开始做些小生意。我相信正常情况下这个数字应该是一万。有计划恢复公共汽车的主要线路服务，不过有人说只有25辆汽车有希望修复。自治政府还希望开通定期往返上海的商业包裹货运服务，这表明铁路服务还有待改进。事实上，上周除了有两趟火车将上海的居民送回去外，其他的都是军用列车。委员会还希望不久能开通往返扬州的小汽轮。据我们所知，偶尔有一艘日清轮船公司[①]的轮船但只为日本商行运送货物。

日本商品销量最多的是香烟、火柴、糖和蜡烛。

M. S. 贝茨

目前状况记录

1938年3月1日

445. 郭袁氏2月3日回家走到罗家巷。在一口井边，她遇到了两个日本兵。她身边有一个失明的老妇人，怀里还抱着小女儿。这些士兵把她们三个人带到一个房间，强奸了她。她们回到了难民营。2月6日，她再次回家，在井边遇到两名日本兵，他们试图强奸她，但因为她恳求他们不要这样做而放过了她。她又回到了难民营。

---

① 日清轮船公司（Nisshin Kisen Kaisha，简称NKK，日文原文“日清汽船會社”）是1907年在联合几个小公司的基础上创立于上海的日本轮船公司，经营长江航运及其他业务，并迅速发展成为中国乃至亚洲的主要航运公司。

446. 2月13日，秦(Ching)先生返回他在青石埂的家中。他刚到家，就来了3个日本兵问他要花姑娘。秦先生还没来得及开口答话，他们就冲他开枪打伤了他的左腿。

447. 2月12日，马仲松（Ma Chung-sung）去了青石埂，在回来的路上遇到3个骑兵，他赶紧让路。这3个日本兵毫无缘由地对他开枪，把他当场打死。难民营对此进行了调查，情况属实。

448. 2月13日，36岁的王马氏正在踹布坊的家中，这时两个日本兵闯进她家，四处搜查，并试图强奸她。看到这个情况，她跑出房屋，上述两个日本兵便在后面追她。跑到巷子的尽头，他们抓住了她，但是遇到一个宪兵把她救下来。这些日本兵跑走了。

449. 2月12日，3个日本兵闯入东瓜市一户人家的卧室里要姑娘。他们见到一个妇女盖着被子躺在床上，就要强奸她。家里的几个男人告诉他们她有病，同时叫人到屋子外面大声呼救，然后这些日本兵才离开。

450. 2月21日午夜，5个日本兵来到金陵女子文理学院的校门口用力敲门。里面无人应答，他们便来到汉口路尽头翻墙跳进某个徐姓人家，敲门。由于无人应门，他们绕到窗前，用刺刀胡乱捅刺，妇女们高声叫喊着。这种情况持续了一个小时，最后这些日本兵才离开。

451. 2月14日下午3点，一个叫邵楚冲（Shao Chu-ch'ong）的人在途经伏沉桥的时候被5个人（3个全副武装的士兵和两个便衣）抓去搬运东西。到了兴山(Sing San)医院的拐角处，他们假装要看他的安居证，抢走他的91块钱。

452. 2月13日凌晨1点左右，八九个日本兵来到金陵女子文理学院后门附近的褚（Tsu）姓人家。他们使劲敲打大门，门不开，他们就来到了后面的小房子，那儿住着一户难民。他们用刺刀强行打开房门，要“花姑娘”。告诉他们没有姑娘，他们说，“不行”，“有”，“有”。这家人坚持他们的家里没有年轻姑娘，最后，听到这家人说要“报告”，他们终于离开了。

453. 2月15日，两个日本兵闯入70岁的于施氏（Yu Sze Shih）家，强迫这家人为他们找年轻姑娘。由于无法满足他们的愿望，他们强奸了40岁的儿媳。强奸后，他们还搜了她的身，并从她身上抢走5块钱。这家人搬回了难民营。

454. 2月19日，两个男人和一个妇女来到了安全区总部。前一天晚上，4个日本兵来到他们二条巷的家里，一个在门口放哨，另外3个士兵带着一个女人进了屋。他们闯进屋，索要钱财。这家人下跪求情，但日本兵还是向儿子和他的叔叔开了枪。我们把两个受伤的人送到鼓楼医院。

455. 2月18日，两个日本兵强迫一名52岁的店主为他们搬运东西。他搬不动，日本兵朝他开了一枪，子弹穿过他下巴下面的颈部，导致一侧颌骨骨折，情况很严重。（威尔逊）

456. 2月18日，一位住在金陵大学房产上的18岁的单身姑娘来到医院，她在日军进城后不久就被一个日本兵强奸了。她侥幸没有感染性病，但是却发现自己怀孕了，她想知道该怎么做才好。（威尔逊）

457. 2月24日，这个年轻人是昨天在莫愁路附近的黄鹂巷的商店购买面粉的一大群人中的一员。站岗的日本兵让人群散开。当他们没有迅速散去时，向人群开了枪，打死了一名40岁的妇女，打伤了另一名妇女的腿，并把这个男孩的脚打成重伤。（威尔逊）

458. 太平门外的金陵大学农场没有足够的食物养活在那里工作的7名工人。他们需要人手，但来帮忙的人说可以来干活，但不要钱，只要给他们点吃的就好。（贝茨）2月24日。

459. 2月28日上午，一位住在军官学校的姓方的女士和她的家人在珠江路上。一个日本兵让这个女孩让开，用刺刀刺穿了她的背部，刺刀直接刺穿，从前面出来。她在进入医院大约5分钟后死在诊所里。（威尔逊）

3月1日。日本人在铁道旁的珠江路开了一家卖面粉的店。他们开始卖面粉，但只有十来袋。约有2000人聚集在那儿买面粉，面粉很快就卖光了。日本人命令人群里其余的人散开。在执行这一命令的过程中，他们击中一个女孩的头部，直接打死一个，刺刀从一个女孩的背后戳进去，从前面穿出来，所以她在到达医院后不久就死了，还致使第四个女孩受重伤。最后一个女孩臀部被刺刀刺的伤口，深约8英寸，下腹部被踢了一脚，造成腹壁严重挫伤，小肠破裂，必须（由布莱迪医生）动手术，妇女的情况非常严重，我们希望她能康复。（威尔逊）

目前状况记录①

1938年3月21日，南京

1. 治安秩序再次成为问题。至少在离我们观察范围较近的案件中，抢劫和强奸仍不断发生。这包括19日下午在我们位于美国房产上的一个难民营里一名年轻姑娘被强奸。一个美国人在事发现场发现了一个日本兵，他虽然受到刺刀的威胁，但还是劝说这个家伙离开。但他却要求美国人给他一个女人！真正的伤害已经造成。

2. 粮食。由于用于销售的大米可以更加自由地运进城，自治委员会已经收到了用船从芜湖运来的3000袋大米，所以粮食的问题有所缓解。但是多少大米可供使用，以及自由运进城可持续多久，没有人说得清。米的价格定在一担9元，或者一袋11.25元。由于芜湖的大米售价为一担4.50至6元，因此希望这里的价格会有所下降。但自治政府委员会（经特务机关的批准）对每担米征收0.60元的税，在一定程度上将阻止价格下跌。国际委员会希望能在开放市场上购买大米用于救济工作。

3. 经济状况。未来面临的最严重问题是城内的一万名菜农中只有

① 《W. 雷金纳德·惠勒（W. Reginald Wheeler）致S. K. 霍恩巴克（S. K. Hornback）的信》附件，1938年5月28日，国务院档案编号793.94/13177，美国国家第二档案馆，第59档案组，微缩胶卷M976第54卷。

少数人敢于返回家园，开始春耕。我们正在努力组织他们返回，给他们更多的安全保障。他们中的大多数人不仅失去了他们的家当，还失去了他们的农具和种子。同一个问题的另一个方面则是，人们从乡下到城里来，希望能找到更为安全的栖身之所。一个下午就有300多人来请求难民营收留他们。从江北返回的观察员说，由于战争导致播种延迟以及百分之八十的农民没有储备粮食，某些地区的冬小麦产量会比往常少百分之三十。在句容县，冬季作物收成好一些，大概是往常产量的百分之七十，但是百分之九十的农民没有储备粮食，只有不到百分之十的农民开始春耕。江北地区的乡村民众也到城镇来寻求保护。如果农村依靠城市才能得以生存，那么城市能靠什么呢？农耕是这个地区唯一能进行的基本生产活动，继续从事农业生产是极为重要的。

4. 救济情况。由于乡下人进城，以及我们的“半永久性”难民营挤满了15000名难民，我们不得不延缓关闭其他难民营。但是，除了一个为其他城镇的难民保留的难民营外，政府大楼里的8个难民营都已关闭。一般来说，我们尽力让所有男子搬出去住，只允许13岁到40岁的妇女留下来，但允许孩子和他们的母亲在一起。在对城南地区的一次巡视中，我们发现许多一个月前还空荡荡的街道上现在已有人居住。城市的东南部地区也是同样的状况，但很少有年轻妇女回家。2月份第一个星期的可怕经历让人们明白应该把年轻女性留在难民营或安全区的房屋中。莫愁路上甚至还有一家米店在营业！

每天达1000元左右的现金救济继续帮助推动当地的生意恢复。据我们所知，这只能部分取代社区的净资金支出。3月15日，重新开始接受申请之际就收到37000份资助申请！截至3月20日，有8740个家庭获得了总计31496元的资助，平均每个家庭3.6元。（这从2月7日开始。）希望更多地采用工作救济，但到目前为止，只开启了一个金额为1600元的项目。以下是对居住在私人房屋中申请救济的3536个家庭进行调查的报告：

项目	总计	每户均值或百分比
调查的家庭数量	3536	—
受帮助家庭数量	2309	每户 4.2 人
烧毁的房屋数量	1008	28.5% 的家庭（即：2/7）
烧毁房屋的价值	210008 元	每所烧毁的房子 208.34 元
损失（被抢）的金额	45428 元	每户 12.85 元
损失（被抢）的被褥	3847	每户 1.09 件
损失（被抢）的衣物	22495	每户 6.36 件
被抓走的男子	443	占 16–50 岁男性 24.3%
被强奸的女性	152	占 16–50 岁女性 5%
（受救助家庭中的）寡妇	384	占 16 岁以上女性 7.4%

所有这些数字似乎都在情理之中，因为我们得记住这些是受救济的家庭，并考虑到在这里观察到的总体状况。应该记住，这可能只是这座城市中二十分之一的家庭。

综合热心掩埋死者的团体提供的信息以及其他观察结果，南京城内有一万人被杀害，城外约有三万人被屠杀；后面这个数字则取决于不要沿着江岸走得太远！这些人估计，在这个总数中，大约百分之三十是平民。

5. 暴行案件。

460. 2 月 27 日下午 4 点左右蔡志兰（Ts’ai Djih-lan）和他的父亲站在一栋房子旁，这房子位于水西门外离南京大约 8 到 10 里远的一个叫作沙洲圩高桥的地方。房子里面有几名妇女，看到日本兵来了，这些妇女逃走了。日本兵来到房子前问这些妇女的去向，并要蔡志兰和他的父亲带他们去找妇女。他们拒绝了，于是一个日本兵开枪打伤了蔡志兰的腿，伤势很严重，他现在正在鼓楼医院接受治疗。（贝茨）

461. 3 月 4 日，秣陵关一个 54 岁的农民在 2 月 13 日被日本兵要求提供一些奶牛、驴子和女孩，邻居们都跑了。士兵们把这个农民四肢伸展绑在离地面 3 英尺的地方。然后他们在他身体下面生火，将他的下腹部、生殖器和胸部严重烧伤，并将他的脸部和头部的毛发烧焦。一名士兵因其年长表示反对，并将火扑灭，撕掉了农民燃烧的衣服。士兵们走了，一个小时后，他的家人回来了，把他放下来。（威尔逊）

462. 3月9日晚上8点，日本兵来到黄先生位于珠江路的家，要他带他们去找女人，他不同意。于是，一个日本兵用刺刀刺进他的左腹股沟，刺进去二分之一英寸深。黄先生往后一跳，同时用右手把刺刀推到一边，因此也割伤了自己的手。他转身就跑，日本兵跟在后面追，但他成功逃脱。刺刀差点刺中大动脉。（因为担心日本兵还会来，与他有亲属关系的两个家庭一行12人搬进了金陵大学附属中学。）（贝茨）

463. 3月10日晚上8点左右，5个身穿蓝黄相间制服的日本兵来到门西[①]的蔡家。两个士兵在外面放哨，另外三个士兵则进屋要钱。全家人都跪下来求饶。3个士兵在房门前放了一个木梯子，他们用绳子把丈夫的两只手绑在梯子上，把他吊在那里。他们开始搜查这家，拿走了一张5元纸币，一枚一角的日本硬币，三张中国的两角硬币，一张纸币和铜板；在翻开衣柜和行李箱后，他们拿走了一件毛皮长袍，一件女人的冬衣，一张照片。离开时，他们在蔡的大腿上刺了6刀，两肩膀上各刺了两刀，最后他们开枪打穿了他的头，当场死亡。他们还对跪在地上的蔡李氏的头刺了几刀，对王氏的大腿刺了两刀。此后，他们扬长而去。（米尔斯）

464. 3月10日，一名妇女在隔壁小棚屋里被两个日本兵强奸。（贝茨、索尼）

465. 3月15日，一个住在汉西门的47岁钟姓男子早上7点在左所巷附近散步时被流弹击中头部。他被送到医院医治，但到医院不久就死了。（米尔斯）

466. 3月17日晚上10点，6个日本兵进入住在后宰门的40岁农民高某的家中。他们强迫他为他们找几个女人。他回答说，他没有女人，

① 南京城南，中华门内一带，以中华路为界，以西的区域称为门西，以东的地区称为门东。

也找不到女人。于是他们用刺刀在他的身上和脖子上刺了好几刀，还捅刺他的头。他跑了，但跑到房屋门口时倒下，血流如注。他再也没能站起来，就死去了。士兵们看到他死了，于是他们迅速离开。（索尼）

467. 3月19日下午3：30至4：00，一个日本兵在金陵大学语言学校[①]难民营强奸了一名19岁的姑娘。贝茨博士4点5分左右赶到现场，当他走近日本兵时，日本兵挥舞着刺刀粗野无礼地说："要花姑娘。"但是贝茨博士劝他离开了。这个日本兵并没有喝醉。（贝茨）

468. 3月19日晚，一男一女在翻越金陵大学附中难民营的围墙时被抓获。告知他们不能进去时，他们说这个女子当晚被强奸了两次，他们不能回家去。（索尼）

469. 3月20日晚上9点半，我们家附近的5户贫困家庭被日本兵抢走238.3元。（史迈斯）

470. 3月19日，我们一名工作人员的叔叔因为穿了卡其裤被日本兵押走，斯波林把他救了下来。（索尼）

① 金陵大学从1912至1926年开办传教士训练部（Department of Missionary Training），为刚抵达中国的传教士提供通常为一年的汉语强化训练。这个训练部的正式中文名称为金陵大学华言科，但是人们通常称呼它为南京语言学校（Nanking Language School）。

第四章　留在南京城的美国公民的记载

在大屠杀期间，城里的美国人在组建经管安全区，或照顾难民、医治受伤人员等方面发挥了积极的作用。许多美国人敢作敢为，积极保护难民免遭日军暴行的伤害。在生活条件极端艰苦的情况下，他们在巨大的压力下工作，同时自身的人身安全也时常得不到保障。他们之中有些人甚至遭到日本兵的袭击，被打耳光，遭受威胁或虐待。由于禁止他们离开南京，邮政服务也不复存在，他们宣泄情感、焦虑与沮丧的唯一途径便是将他们的经历写在日记里，记在他们逐日书写却无法邮寄出去的信件中。正是通过这些书面记录，他们揭示了身临其境的状况，以及他们如何应对的细节。

日军攻占南京之前，这些美国人想当然地认为占领城市只不过是日军从中国军队手中接管城市而已。战争状态造成的紧张，轰炸的危险，以及生命遭受屠戮，将告一段落。金陵神学院教授胡勃特·L. 索尼说道：

> 随着日军的到来，我们以为很快就会恢复秩序，和平将至，人们就可以回到自己的家中，回归正常的生活。然而，现实却使我们所有人无比惊愕。从进城伊始便毫无节制地干着可以想象得出的所有恶行——抢劫、掳掠、酷刑、凶杀、强奸、焚烧。现代社会无出其右者。南京几乎沦为人间地狱。[①]

---

① ［美］胡勃特·L. 索尼：给 P. F. 普瑞斯（P. F. Price）的信，1938 年 1 月 16 日，特拉华州威尔明顿：学术资源公司，传教士档案：1912-1949 年卫理公会档案，金陵神学院，微缩胶卷第 85 卷。

威尔逊当时留在南京医治病人和伤员，他在给家人的信中写道：

> 如果有人在12月12日对我们说，日军进城将标志着难以言喻的恐怖笼罩，我们会嘲笑他们的恐惧。我们曾敦促我们的中国医护人员留下，因为我们坚信，被过分吹嘘的日本皇军一旦控制了局面，生命就会得到保障。虽然处理事务时可能会受到一些干扰，但只是些小麻烦，我们无需过于担心。
>
> 日军进城后不久，即开始大规模屠杀、强奸、抢劫和纵火。我们起初不敢相信自己的眼睛，但很快我们确信这是千真万确的。[①]

1938年1月5日，麦琪在给妻子菲丝[②]的一封信中表达了类似的看法。之前，麦琪从那些极为恐惧、在日军到来之前就逃离南京的中国人那里听说了一些情况，但他认为只是谣言。“除非我们亲眼所见，否则不可能相信日本人会做出这样的事。”结果，“现实比传闻更糟糕”。[③]

这些美国人中有几位曾去过日本，与日本人的关系不错。在他们心目中，日本是一个美丽的国家，民众可爱。而日本人在南京的所作所为使他们极为震惊。麦琪恰如其分地表达了这种感情：“如非亲眼目睹了我所见到的情况，我不可能相信这一切会发生”，如何“将我见到的日本和我在此所见的野蛮行径相契合是我尚未解决的难题”。[④]

---

① ［美］罗伯特·O. 威尔逊：给妻子玛娇莉（Marjorie）的信，1938年3月7日，收录于蒂莫西·布鲁克编《南京大屠杀文件》（*Documents on the Rape of Nanking*）。安娜堡：密歇根大学出版社，1999年，第253页。

② 菲丝·爱密琳·贝克哈斯·麦琪（Faith Emmeline Backhouse Magee，1891-1975），1891年10月1日出生于英国苏弗克（Suffolk）的海明翰（Helmingham），是隶属于英国中国内地会（China Inland Mission）的传教士，在南京和约翰·麦琪邂逅，并于1921年7月在江西牯岭与之结为夫妇。1937年夏，菲丝带着孩子回到麦琪的家乡匹兹堡。菲丝1975年4月在匹兹堡逝世。

③ ［美］约翰·G. 麦琪：给妻子菲丝（Faith）的信，1938年1月5日，藏耶鲁大学神学院图书馆特藏部，第8档案组第263档案盒第2档案夹。

④ ［美］约翰·G. 麦琪：给约翰·科尔·麦金（John Cole McKim）牧师的信，1938年4月2日，藏耶鲁大学神学院图书馆特藏部，第10档案组第4档案盒第62档案夹。

对米尔斯来说，之前“几周的空袭和城市周围的战斗，对身心的压力，与日军占领的开头两周相比，简直不值一提”。[①]贝茨对米尔斯的评论表示认同。他在给妻子的一封信中写道：“猛烈的轰炸和炮击持续了三天，但远不及日军进城后恐怖。”[②]根据福斯特的记载，这些美国人“在经历着罗马在4世纪遭受野蛮人入侵时的遭遇”。[③]“不可能将所有发生的情况都写下来，但我做梦也没想到人世间存在着我们不得不面对的这种野兽”。[④]他们从未经历过这样的恐怖场面。麦琪写道，他“做梦也没想到日本兵是如此的野蛮”。这是“屠杀、强奸的一周。我想已有很长时间没有发生过如此的残暴了，只有当年土耳其人对亚美尼亚人的大屠杀可与之相提并论”。[⑤]威尔逊将南京的惨状比作“以屠杀和强奸的大字体书写的现代版但丁地狱”。[⑥]对菲齐来说，这似乎是一场可怕的噩梦，他一直半信半疑地希望自己能醒来发现这只是一场梦。这似乎“太难以置信了，这样的情况竟然会在今天发生——而且就在我们可爱的南京”。“日本军队毫无军纪的状况”使菲齐惊讶不已，他觉得自己别无选择，只能讲述“一帮具有令人难以置信兽性的堕落罪犯劫掠的故事，他们一贯，而且目前正在对和平、善良、遵纪守法的民众毫无节制地强加他们的意志”。[⑦]

他们最初的震惊似乎是相似的，但由于每个人在不同的地区工作，在城

---

① ［美］W. P. 米尔斯：给妻子尼娜（Nina）的信，1938年2月9日，藏耶鲁大学神学院图书馆特藏部，第8档案组第141档案盒。

② ［美］M. S. 贝茨：给妻子莉丽娅丝（Lilliath）的信，1938年1月9日，藏耶鲁大学神学院图书馆特藏部，第10档案组第1档案盒第8档案夹。

③ ［美］欧内斯特·H. 福斯特：给家人的信，1938年1月28日，藏耶鲁大学神学院图书馆特藏部，第8档案组第263档案盒第6档案夹。

④ ［美］欧内斯特·H. 福斯特：给妻子克莱瑞莎（Clarissa）的信，1937年12月19日，藏耶鲁大学神学院图书馆特藏部，第8档案组第263档案盒第5档案夹。

⑤ ［美］约翰·G. 麦琪：给妻子菲丝的信，1937年12月19日，藏耶鲁大学神学院图书馆特藏部，第8档案组第263档案盒第2档案夹。

⑥ ［美］罗伯特·O. 威尔逊：给妻子玛娇莉的信，1937年12月18日，藏耶鲁大学神学院图书馆特藏部，第11档案组第229档案盒第3875档案夹。

⑦ ［美］乔治·A. 菲齐：日记（1日），藏耶鲁大学神学院图书馆特藏部，第11档案组第9档案盒第202档案夹。

里承担着不同的职责，他们的经历和反应也不一样。贝茨、菲齐、福斯特、麦琪、麦考伦、米尔斯、里格斯、史迈斯、索尼、特里默、魏特琳和威尔逊等人留下了大量南京大屠杀期间的记述。他们每个人都从自己独特的视角，记录了他们周围发生的情况，以及所见所闻。

马内·舍尔·贝茨

马内·舍尔·贝茨（Miner Searle Bates，1897-1978）1897 年 5 月 28 日出生于美国俄亥俄州纽瓦克，1916 年毕业于俄亥俄州休伦学院，其父马内·李·贝茨（Miner Lee Bates，1869-1930）时任学院的院长。毕业之际，他被命名为罗兹学者，[①] 前往牛津大学圣约翰学院学习历史。第一次世界大战期间，贝茨中断了在牛津的学业，在印度和美索不达米亚的英国军队中担任基督教青年会干事（1917-1918 ）。1918 年夏天，考虑到战争仍将延续，贝茨返回美国，到肯塔基州路易斯维尔的炮兵军官学校深造。“一战”停战后不久，贝茨回到牛津继续其学业，1920 年分别获得学士和硕士学位。以后利用回美国休假期间继续深造，于 1935 年在耶鲁大学获得历史学博士学位。1920 年贝茨作为传教士来华，在美国人开办的金陵大学教书，并一直在此任教至 1950 年。正是在南京，他结识了金陵女子文理学院的教师莉丽娅丝·罗宾逊小姐[②]，并于 1923 年与之喜结连理。

卢沟桥事变爆发时，贝茨与家人正在日本避暑。他费尽周折在 10 月 4 日大学开学前回到南京，而学校只勉强开了六个星期的课。1937 年 11 月，日军向南京推进之际，金陵大学的主体迁往华西的成都。贝茨被任命为金陵大学紧急委员会主席，留守南京，主要负责维护大学的工作，维护学校的财产，

① 根据英国矿业大亨塞西尔·约翰·罗兹(Cecil John Rhodes，1853 –1902)的遗愿于 1902 年设立了罗兹奖学金（Rhodes Scholarship)，主要在英美及英联邦国家遴选优秀的本科毕业生，资助他们前往牛津大学攻读研究生，获选者称为罗兹学者（Rhodes Scholar)。

② 克莱瑞莎·莉丽娅丝·葛露德·罗宾逊·贝茨（Clarissa Lilliath Gertrude Robbins Bates，1893-1982)，详见 P66 注②。

包括医院、附中和农业设施等。与此同时，他积极参与组建安全区，为中国难民提供避难场所，而金陵大学就坐落在安全区内。他对朋友说，自己“正和一小群出色的国际人士一道夜以继日地工作，争取建立好安全区，在预期的军事行动到来时，庇护难民及平民百姓”。[①]

南京陷落后，贝茨与城内的其他西方人士一起，不屈不挠地工作，为拥挤在大学校园建筑中的数千名可怜的难民提供食物、住所和保护。为了他所庇护的难民的福祉，他几乎每天都勇敢地和日本当局针锋相对进行抗争。很多次，贝茨和他的同事们在日军的枪口或刺刀下挺身而出。尽管“军事当局对外国人待在城里极度敌意”，[②]他们“除了所有的日常工作，包括提供食物、住所、谈判、保护和抗议等事项以外，还阻止了多起抢劫，规劝或威吓轰走许多群强奸或图谋强奸的日本兵”。[③]

由于他积极开展救济工作，并经常抗议日军暴行，在大屠杀期间，他写了许多信件、报告等文件，包括1937年12月25日在《字林西报》（*North-China Daily News*）上发表的报道，从而为这场浩劫留下了极为宝贵的第一手记录。在给朋友的一封信中，贝茨写道：

> 一万多名手无寸铁的人被残酷杀害。我信任的大多数朋友认为这个数字要高得多。有受困后扔下武器或投降的中国军人；还有包括不少妇女和儿童的平民，通常甚至都没有借口说他们是军人，被肆无忌惮地枪杀和用刺刀刺杀。能干的德国同事认为强奸案有2万起。我得说不少于8000起，而且可能高于这个数字。仅仅在大学的房产上，包括我们的一些工作人员的家庭和现在由美国人居住的美国人的房屋上，就有超过

---

① ［美］M. S. 贝茨：给朋友的信，1937年11月24日，藏耶鲁大学神学院图书馆特藏部，第11档案组第204档案盒第3485档案夹。

② ［美］M. S. 贝茨：给朋友的信，1938年3月3日，藏耶鲁大学神学院图书馆特藏部，第10档案组第4档案盒第63档案夹。

③ ［美］M. S. 贝茨：给朋友的信，1938年1月10日，藏耶鲁大学神学院图书馆特藏部，第8档案组第103档案盒。

100个具有详情的强奸案，还有大约300个肯定发生的强奸案。你几乎无法想象那种痛苦和恐惧。仅在大学校园内，就有11岁的女孩和53岁的妇女被强奸。在神学院院内，17名士兵在光天化日之下轮奸一名妇女。事实上，大约有三分之一的案件发生在白天。①

贝茨在1938年2月起草的一份报告中指出，许多“家庭失去亲人，往往都是安静地待在家中被毫无缘由地杀害”。有成千上万的妇女“被强奸，所有人都害怕遭受那种痛苦”，有成千上万的“家庭得知他们的房屋被烧毁；由于持续的劫掠，甚至在难民营中也抢劫，几乎所有的人都丧失了家产和个人财产”②。

贝茨告诉妻子莉丽娅丝，南京的商店没有一家未遭到破坏，所有商店都被成群的日本兵用卡车洗劫一空，几乎所有的商店都被烧毁，甚至小街巷里的商店也未能幸免。几乎没有人敢在安全区外居住。在一条平时热闹的小街上，他只看到三个活着的人。房屋被烧毁；从英国和美国大使馆偷走了几乎所有的汽车（总共20辆）；擅自闯入美国和德国大使的官邸，烧毁了苏联大使馆。这一切都是日本兵所为。③

他们自己的房屋也被掳掠遭洗劫。他们损失了维克多牌留声机和唱片、一些中国画、床上用品、桌布、衣服和许多小物品。他们的家庭用品都被扔了出去，日本人来回翻查搜索了数次。④

贝茨记录的最重要的案件是在金陵大学校园进行的登记。日本人搜遍安全区，在南京城内，包括安全区，挨家挨户地“清剿”中国军人之后，日军

---

① ［美］M. S. 贝茨：给朋友的信，1938年1月10日，藏耶鲁大学神学院图书馆特藏部，第8档案组第103档案盒。

② ［美］M. S. 贝茨、W. P. 米尔斯：《南京基督教工作初步报告——1937年冬》（“Preliminary Report of Christian Work in Nanking - Winter 1937”），藏耶鲁大学神学院图书馆特藏部，第8档案组第103档案盒。

③ ［美］M. S. 贝茨：给妻子莉丽娅丝的信，1938年1月9日，藏耶鲁大学神学院图书馆特藏部，第10档案组第1档案盒第8档案夹。

④ 同③。

企图通过人口登记，将残留的中国军人从民众中清理出来。日本人采用欺骗的手段，将很多人哄骗出来加以屠杀。贝茨详细记录了发生在 1937 年圣诞节后的一次登记事件：

> 登记在主要由妇女居住的中心院落开始。那里男人的数量相对较少，军事当局增加了从新图书馆弄来的 2000 多人。在科学馆①下面的网球场上，聚集着大约 3000 名男人，其中有 200 到 300 人站出来回应讲了半小时的长篇大论，讲话的大意为："所有当过兵或做过夫役的人都到后面去。如果你们自愿出来，会保全你们的生命，会有工作。如果你们不这样做，而在检查时被发现，将被枪毙。"在日本军官的指令下，中国人多次重复简短的讲话。他们是中国人，希望尽可能多地拯救他们的人民，使其免遭其他人作为退役士兵或被错误地指控为退役士兵的命运。H. L. 索尼先生、查尔斯·H. 里格斯先生和我，以及大学的许多中国工作人员都清楚而完完全全地听到了这些讲话。一些中国人认为，一些人由于害怕或误解了夫役一词而站出来，可以肯定他们当中有些人从未当过兵。
>
> 到下午五点，两三百人被宪兵分两批押走。第二天早上，一个人来到了鼓楼医院，他身上五处刺刀伤口。他两次清楚地说他是图书馆大楼里的难民，但没有去过网球场。日军在街上抓住他，让他加入一群确实是从网球场来的人。那天晚上，大约在古林寺西面或附近，约有 130 名日本兵用刺刀屠杀了 500 名俘虏中的绝大多数。受害者苏醒后，发现日本人已经离开，设法在夜里爬了回来。②

---

① 金陵大学科学馆，亦称东楼，英文名 Swasey Hall，因为由美国著名工程师与慈善家安布罗斯·史瓦斯（Ambrose Swasey，1846-1937）捐资修建而得名，该楼由美国芝加哥帕金斯（Perkins）事务所设计，金陵大学建筑师齐兆昌（1890-1956）监造，南京陈明记营造厂 1915 年建成。但原楼 20 世纪 50 年代毁于火灾，1958 年，南京工学院建筑系参照原楼设计重建，现为南京大学地理海洋学院行政楼。

② ［美］M. S. 贝茨：《1937 年 12 月 26 日金陵大学难民登记后续情况备忘录》（"Note on Aftermath of Registration at the University 26 December 1937"），1937 年 12 月 31 日，藏耶鲁大学神学院图书馆特藏部，第 11 档案组第 204 档案盒第 3485 档案夹。

在写给儿子莫顿①和鲍比②的一封信中，贝茨给他的儿子们讲述了一个由玩具枪引起的事件。一天，里格斯的仆人情绪激动地来到贝茨家，因为仆人在里格斯家里发现了一把枪，估计是日本兵留下的。屋子里的人非常害怕其他日本兵会来发现这把枪，然后指责他们拿走了武器。大家都非常认真严肃地对待此事，因为持有任何中日军队的武器无疑是死罪。米尔斯请了一名日本警察到里格斯家查清情况，既然他们报告了这把枪的来路，希望能撇清责任。然而，米尔斯和里格斯与警察一起来到屋里后，才发现这是贝茨儿子的玩具枪。一个日本兵把玩具枪从贝茨家带到了里格斯家，而其他人吓坏了，不敢靠近仔细看一看。③

虽然这不是直接描述杀人或其他残暴行径，但绝对生动地传达了日军恐怖笼罩下的紧张气氛。人人自危，提心吊胆，意识到任何事情都可能有潜在的危险，使人立刻丧命。

贝茨多次向日本大使馆提出抗议。日军占领南京两天后，日本外交官员于 1937 年 12 月 15 日抵达，试图在日军与外国利益之间起到缓冲的作用。包括贝茨在内的西方公民不失时机地向日本大使馆官员提交暴行报告，日本外交官起初绝不相信外国人对他们讲述的情况。但是，在“众多事实的敲打之后，并最终真的撞见了强奸和暴行，他们幡然醒悟”。④ 1937 年 12 月 16

① 贝茨夫妇的长子为莫顿·盖劳德·贝茨（Morton Gaylord Bates，1926-1999），1926 年 3 月 4 日出生于美国康涅狄格州纽黑文（New Haven），在南京长大，就读南京、上海的美国学校，毕业于俄亥俄的休伦（Hiram）学院，1948 年在密歇根大学获硕士学位，曾在美国空军服役，在密歇根教书，1999 年 6 月 22 日在密歇根州皇家橡树（Royal Oak）逝世。

② 罗勃特（鲍比）·舍尔·贝茨（Robert（Bobby）Searle Bates，1928-2020）是舍尔和莉丽娅丝·贝茨的次子，出生时取名维克多·舍尔·贝茨（Victor Searle Bates），后改名罗勃特。他 1928 年 9 月 22 日出生于上海，在南京长大，就读南京、上海的美国学校，1950 年毕业于休伦学院，1974 年在芝加哥大学获得博士学位，为基督会（Disciples of Christ）教派的牧师，60 年代在印度与斯里兰卡传教，2020 年 12 月 8 日在印第安纳布利斯逝世。

③ ［美］M. S. 贝茨：给儿子莫顿和鲍比（Morton and Bobby）的信，1938 年 1 月 30 日，藏耶鲁大学神学院图书馆特藏部，第 10 档案组第 1 档案盒第 8 档案夹。

④ ［美］M. S. 贝茨：《1937 年 12 月 16-27 日金陵大学与日本大使馆通信副本备注》（“Notes with a copy of correspondence between the University of Nanking and the Japanese Embassy 16 - 27 December 1937”），藏耶鲁大学神学院图书馆特藏部，第 8 档案组第 103 档案盒。

日至31日，贝茨就发生在金陵大学校园内的日军暴行案件，递交了10封抗议信。12月17日，贝茨写信给日本大使馆说，“从你们的楼宇可以一目了然地见到笼罩的恐怖与残暴仍在你们的邻居中持续着”，日本“士兵一次又一次来到拥挤着大批难民的图书馆，用刺刀逼着要钱、要手表、要女人”，如果“通常因为前两天已被掳掠数次，人们拿不出钱或手表时，日本兵砸碎他们旁边的窗户，粗鲁地将他们推来搡去”。[①]

由于日本兵被放纵肆意妄为，暴行报告潮水般涌入贝茨的办公室。第二天，他再次写信给日本大使馆：

> 由于日本兵强奸、施暴和抢劫的行径，苦难与恐怖仍在四处持续着。17000多可怜的人们，其中许多是妇女儿童，目前在我们学校的校舍里希望能够安全。人们还在涌进学校，因为别的地方的情况比这儿更加糟糕。然而，我必须向你们提供过去24小时内这个相对稍好地区的记录。[②]

在这封信中，他提交了更多的杀人和强奸案件。

美国领事小组回到南京后，美国居民开始通过美国大使馆官员提交控告日军暴行的报告。尽管总体情况有所改善，杀人案件有所减少，但强奸和抢劫等其他野蛮暴力行径仍有增无减。贝茨向当时任美国驻南京职位最高的外交官约翰·爱利生报告说，1月12日晚上，一个日本兵翻墙进入金陵大学附中，用枪威逼，阻止人们向警卫人员报警。他在一个挤满受惊吓的难民的教室里开了两枪，然后掳走一个女孩并翻墙出去。[③]第二天晚上，四个日本兵来到这所中学，又劫持走一个女孩。对于这些情况，贝茨怒火中烧：

---

① ［美］M. S. 贝茨：给日本大使馆官员的信，1937年12月17日，藏耶鲁大学神学院图书馆特藏部，第10档案组第4档案盒第59档案夹。

② ［美］M. S. 贝茨：给日本大使馆官员的信，1937年12月18日，藏耶鲁大学神学院图书馆特藏部，第10档案组第4档案盒第59档案夹。

③ ［美］M. S. 贝茨：给约翰·爱利生的信，1938年1月13日，藏耶鲁大学神学院图书馆特藏部，第10档案组第4档案盒第67档案夹。

这些情况极其严重，极不光彩，需要根本的解决方法。如果日军无视法度，不顾抗议，日复一日闯入美国产业，从事犯罪活动，那么，我们之间体面的关系业已中止。这是完全不能容忍的，只是我们已经历了这么长时间！①

1938 年 2 月，贝茨仍在忙于处理不断报告来的暴行案件。2 月 3 日，他在给莉丽娅丝写的信中道：

军人犯罪数量激增，尤其是在安全区外。每天都有 20 多起强奸案发生，还有许多伤人和杀人案件，我们对此都有详细记录，而实际上总数肯定达数倍之多。附中里一个 72 岁的妇女昨晚遭强奸。我刚刚接待了一个英俊的男子，在太平路上，因为没有按照日本兵的命令，在出示良民证前及时在雪地上跪下，胸口被刺刀刺伤。两名女孩从金陵大学回到家的第一个晚上，因为拒绝日本兵的要求而被杀害。一个接着一个，每天都有一长串！虐待狂的案例不在少数，但大多数纯粹是兽欲和暴力。②

日本当局威胁要关闭难民营，强迫难民搬回位于安全区外面的家舍之时，贝茨和其他美国人尽力保护难民。1938 年 2 月 4 日，贝茨告诉妻子，所有难民营关闭的那一天，他们将“到所有 25 个难民营，作为站岗放哨的观察员去执勤”，他们将“设法要特别照顾年轻妇女，同时尽可能遵守命令”。③

2 月 14 日，贝茨向爱利生报告，前一天晚上 8 点左右，两个日本兵扯开大学图书馆大院的篱笆。一个日本兵持冲锋枪守在门口，另一个四处搜寻女孩。结果，他抢了三个人一百多块钱，诡称抢劫这些人是对他们未能按要求

① ［美］M. S. 贝茨：给爱利生的信，1938 年 1 月 14 日，藏耶鲁大学神学院图书馆特藏部，第 10 档案组第 4 档案盒第 67 档案夹。

② ［美］M. S. 贝茨：给妻子莉丽娅丝的信，1938 年 2 月 3 日，藏耶鲁大学神学院图书馆特藏部，第 10 档案组第 1 档案盒第 8 档案夹。

③ 同②。

提供女孩的惩罚。[①]

1938 年 3 月，普遍认为城里的情况有所改善。然而，贝茨仍没有从处理控告暴行工作中解脱出来。3 月 20 日，他向爱利生报告道：

> 昨天下午 3 点至 4 点之间，在小粉桥 3 号的小桃园大院里，一个日本兵强奸了一个难民，一名 19 岁的姑娘。那个日本兵来去都骑着一辆有黄色标志的自行车。
>
> 我大约 4 点 5 分到那儿。我走近那个日本兵时，他挥舞着刺刀，傲慢无礼地说："要花姑娘。"这种情况持续了几分钟，但最后日本兵决定离开。没有迹象表明他喝醉了。[②]

贝茨在同一份报告中说，每天有三四起日军杀人、伤人或强奸的案件报告给他们。他指出"必定还有更多的案件不为我们所知，因为经常会有一些案件引起我们的注意"。[③]

贝茨持续向美国大使馆报告日军的暴行直至春天。4 月 29 日，贝茨在写给爱利生的信中说，前一天有几个日本兵闯进金陵大学一座院子，"到处搜查，包括住着女难民的宿舍"。20 多个日本兵闯进金陵大学附中，"门卫说这是美国人的房产而遭到殴打"。[④] 5 月 2 日，贝茨报告道："很不幸，必须向您报告，我们继续受到四处游荡的日本兵的干扰。昨晚 9 点，日本兵来到农业专修科，四处敲门，显然在找女人。"[⑤]

---

① ［美］M. S. 贝茨：给爱利生的信，1938 年 2 月 14 日，藏耶鲁大学神学院图书馆特藏部，第 10 档案组第 4 档案盒第 67 档案夹。

② ［美］M. S. 贝茨：给爱利生的信，1938 年 3 月 20 日，藏耶鲁大学神学院图书馆特藏部，第 10 档案组第 4 档案盒第 67 档案夹。

③ 同②。

④ ［美］M. S. 贝茨：给爱利生的信，1938 年 4 月 29 日，美国国家第二档案馆，第 84 档案组，中国外交邮件，第 2167 卷（南京 1938 年第 8 卷）。

⑤ ［美］M. S. 贝茨：给爱利生的信，1938 年 5 月 2 日，美国国家第二档案馆，第 84 档案组，中国外交邮件，第 2167 卷（南京 1938 年第 8 卷）。

在那段艰难困苦的日子里，贝茨和国际委员会的其他成员，不仅向日本和美国大使馆提交暴行案件，而且还想尽一切办法将日军暴行的报告和安全区文件送至上海和其他地方，正是通过这一渠道，英文媒体获得了原始素材，并于 1938 年在全球范围报道南京大屠杀。

1938 年 2 月，向美国大使馆提交了一份相关掳掠的报告后，贝茨显然也设法给妻子寄了一个副本，并告诉她：

> 大使馆要“劫掠”总结报告作为一般掳掠案件的主要证据。报告需要复制足够的副本供下列使用：克雷西①、博因顿②、田伯烈、韦勒③、统一基督教会④、瓦姆舒伊斯⑤、佩顿⑥、菲齐、弗兰克·普瑞

---

① 乔治·巴布科克·克雷西(George Babcock Cressey, 1896-1963)，1896年12月15日出生于美国俄亥俄州蒂芬（Tiffin），1919 年毕业于丹尼逊（Denison）大学，1923 年在芝加哥大学获地理博士学位后即前往中国。在北京学习中文，1925 至 1929 年在上海沪江大学任教，用英文写出第一部系统详细的中国地理书，但书稿在一·二八淞沪战役中商务印书馆被日军炸毁时遗失。回美国后重新再写，于 1934 年出版《中国的地理基础》(*China's Geographic Foundations*)。他是美国地理学界著名的学者，1963 年 10 月 21 日在纽约州雪城（Syracuse）逝世。

② 查尔斯·路德·博因顿（Charles Luther Boynton，1881-1967），见 P66 注③。

③ 威廉·雷金纳德·韦勒(William Reginald Wheeler,1889-1963)，1889 年 7 月 10 日出生于美国宾夕法尼亚州蒂迪奥特（Tidioute），1911 年毕业于耶鲁大学，1914 年毕业于奥本（Auburn）神学院，1915 年获哈佛大学硕士学位，作为长老会传教士从 1915 至 1921 年、1932 至 1937 年在中国从事教育工作，曾在 1919 至 1921 年任北京大学秘书，1937 年任金陵大学董事会副主任，并曾多年担任长老会海外传教董事会的工作，著有《中国与世界大战（China and World War）》(1919）一书。1963 年 8 月 19 日在纽约逝世。

④ 统一基督教会（United Christian Mission Society），亦称基督会（Disciples of Christ）。

⑤ 阿贝·利文斯顿·瓦姆舒伊斯（Abbe Livingston Warnshuis, 1877-1958），中文名范礼文，1877 年 11 月 22 日出生于美国纽约州克莱默（Clymer），1897 年毕业于密歇根州的希望（Hope）学院，1916 年在新泽西州新不伦瑞克（New Brunswick）神学院获神学博士学位，1900 至 1920 年在福建厦门传教，1925 至 1943 年担任国际传教理事会（International Missionary Council）的秘书长，1958 年 3 月 17 日在纽约州布朗克斯维尔（Bronxville）逝世。

⑥ 约翰·佩顿·戴维斯(John Paton Daves Jr.,1908-1999)，1908 年 4 月 6 日出生于嘉定的美国传教士家庭，就读上海的美国学校，曾就读威斯康星大学（1927-1929）、燕京大学（1929-1930），1931 年获哥伦比亚大学学士学位，同年开始外交生涯，回中国在昆明、北平、沈阳、汉口等地任职，曾担任史迪威将军的助手，20 世纪 40 年代成为著名的中国问题专家，预言中共会取得胜利，主张与中共保持关系，并因此在 20 世纪 50 年代初遭麦卡锡主义迫害、清洗。1999 年 12 月 23 日在北卡爱希维尔（Asheville）逝世。

斯[①]、卡尼[②]（感谢他的来信和叮嘱）、日本、马科斯-特纳（Marx-Turner）、重庆、成都、汉口（如果莫菲特[③]或其他朋友还在那儿），盖伊洛德[④]供家里用，还有凯尼恩-布朗（Kenyon-Brown）和科萨博姆（Cossaboom）。最好标上“小心谨慎”。[⑤]

在策划和出版《战争意味着什么：日军在华暴行》一书时，贝茨与田伯烈密切合作，尽管他知道可能会有针对他的报复行动。他之所以这样做，是因为他相信，“以积极有益的方式将可怕的事实公之于众有一定的道德必要性”，此外，“中国其他地区、东方和世界其他地区的人民都有权利了解我们这个时代所经历的这一重要篇章”。[⑥]

① 弗兰克·威尔逊·普瑞斯（Frank Wilson Price，1895-1974），1895 年 2 月 25 日出生于浙江嘉兴一个美国传教士的家庭，自幼在中国生长，长大后去美国读大学，1915 年毕业于北卡罗来纳州大卫逊（Davidson）学院，1923 年在哥伦比亚大学获硕士学位，并在耶鲁大学于 1922 年获神学学位，于 1938 年获博士学位。1923 年，他回到中国，在金陵神学院任教，成为也在金陵神学院教书的他的父亲——菲利浦·弗朗西斯·普瑞斯（Philip Francis Price，1864-1954）的同事。1937 年，日军向南京进军之际，他在美国休假，在耶鲁攻读博士学位，同时主管在美国的中国新闻中心（China Information Center）的工作，宣传、支持中国的抗日战争。1945 年，作为中国政府代表团的成员，参加旧金山联合国成立大会。他 1974 年 1 月 10 日在弗吉尼亚州莱克星顿（Lexington）逝世。

② 詹姆斯·弗朗西斯·卡尼神父（James Francis Kearney，1896-1967），详见 P9 注②。

③ 安娜·伊丽莎白·莫菲特（Anna Elizabeth Moffet，1892-1990），1892 年 3 月 13 日出生于美国北达科他州的俾斯麦（Bismarck），1913 年毕业于芝加哥大学。作为美国卫理公会（Methodist Episcopal Church）的传教士，她 1920 年到中国，在南京传教、教书，以及进行学校行政管理，她的主要基地在南京明德女中，直至日军轰炸南京，于 1937 年 8 月 16 日撤往牯岭，同年 11 月去汉口红卍字会工作。以后曾在成都和福州从事教育及教育管理工作。1944 年和布鲁斯·维勃·佳维斯（Bruce Wilber Jarvis，1885-1970）结婚后改名为安娜·伊丽莎白·莫菲特·佳维斯。她 1949 年离开中国，1990 年 10 月 17 日在明尼苏达州圣保罗（St. Paul）逝世。

④ 盖伊洛德·斯巴豪克·贝茨（Gaylord Sparhawk Bates，1903-1990），舍尔·贝茨的弟弟，1903 年 6 月 14 日出生于美国俄亥俄州沃伦（Warren），1924 年毕业于俄亥俄州的休伦学院，1928 年在哈佛大学医学院获医学博士学位，此后一直在密歇根行医。他 1990 年 7 月 17 日在密歇根州迪尔奔（Dearborn）逝世。

⑤ ［美］M. S. 贝茨：给妻子莉丽娅丝的信，1938 年 2 月 23 日，藏耶鲁大学神学院图书馆特藏部，第 10 档案组第 1 档案盒第 8 档案夹。

⑥ ［美］M. S. 贝茨：给朋友的信，1938 年 4 月 12 日，藏耶鲁大学神学院图书馆特藏部，第 11 档案组第 204 档案盒第 3486 档案夹。

日军暴行并非贝茨报告的唯一内容，他还忠实地记录了南京的经济状况：

> 日军仍在肆意没收物资和建筑。两个国家的平民也都插手其中，只是一边覆盖着声称将前政府及其官员的财产化为公用这样丝绸罩子般的虚饰。有很多来源于完全缺乏公众信任的消息来源，声称日军控制不牢靠的无稽之谈。……
>
> 中国人的经济地位主要由无助的难民、小贩、菜农和搬运工来体现。除非将自治委员会的机构设置考虑在列，否则城市里没有规模大些的中国人商店。可以毫无顾忌地说，如果百分之八十的商品不是日本货，没有一家中国商店可以在芜湖开业。在这里，中国人能够在一些特定的职业被日本人雇用：苦力、家庭佣人、涂脂抹粉的女郎、修表匠、刻图章的、理发师。①

日军占领四个月后，到仲春时节情况才正常，大多数难民可以回家居住，尽管直至 5 月底才有可能将所有的难民营关闭。②

1938 年夏秋之际，贝茨对紧邻南京的几个县的农业状况进行了调查。这份调查报告《南京地区作物调查及各项经济数据》③与史迈斯的《1937 年 12 月至 1938 年 3 月南京地区的战争损失：城乡调查》④，显示了战乱地区的状况、人员和物资损失以及经济复苏的前景。

在日军袭击珍珠港之前，贝茨回到美国休假。因战争状况他无法返回中

---

① ［美］M. S. 贝茨：《南京假性经济笔记》（“Pseudo-Economic Notes from Nanking”），1938 年 3 月 31 日，美国国家第二档案馆，第 84 档案组，驻中国外交机构，第 2172 卷（南京 1938 年第 8 卷）。

② 《南京国际救济委员会报告，1937 年 11 月 - 1938 年 4 月 30 日》，第 3 页，藏耶鲁大学神学院图书馆特藏部，第 10 档案组第 102 档案盒第 868 档案夹。

③ ［美］M. S. 贝茨：《南京地区作物调查及各项经济数据》（“Crop Investigation in the Nanking Area and Sundry Economic Data”），南京：南京国际救济委员会，1938 年。

④ ［美］路易斯 · S. C. 史迈斯：《1937 年 12 月至 1938 年 3 月南京地区的战争损失：城乡调查》（“War Damage in the Nanking Area December，1937 to March 1938：Urban and Rural Surveys”），南京：南京国际救济委员会，1938 年 6 月。

国。因此，1942 年到 1945 年，贝茨继续以访问学者的身份在耶鲁大学进修。1945 年春，贝茨终于回到了迁往华西的金陵大学，同年 10 月抵达南京。

日本投降、战争结束后，盟军于 1946 年在东京成立远东国际军事法庭，审判日本战犯。华中派遣军司令官松井石根因战争罪，包括他指挥的部队在南京犯下的暴行，而被起诉。检察官与 14 名美国人中的部分人员取得联系，希望他们在审判松井石根的法庭上出庭作证。

这些美国人中有几位同意出庭作证或提交书面证词。1946 年 7 月 29 日，贝茨前往东京并出庭作证。南京军事法庭审判日军第六师团师团长谷寿夫[①]之际，贝茨于 1947 年 2 月再次提交关于南京大屠杀的书面证词。贝茨的口述证言和书面证词与他在 1937 年至 1938 年冬天所写的个人记录的内容一致（贝茨的书面证词及法庭作证记录详见附录十）。

由于中美关系日益紧张，贝茨于 1950 年被迫离开中国。从 1950 年到 1965 年，贝茨担任纽约协和神学院宣教学教授。退休后，他继续在亚洲基督教高等教育联合董事会任职。1978 年 10 月 28 日，贝茨与朋友在新泽西州徒步旅行时，因心脏病发作去世。

乔治·爱希默·菲齐

乔治·爱希默·菲齐（George Ashrnore Fitch，1883-1979）1883 年 1 月 23 日出生在中国苏州的一个美国传教士家庭。他在中国度过了他的童年和青少年时期，后来去美国读大学。1906 年毕业于俄亥俄州伍斯特学

① 谷寿夫（Hisao Tani，1882-1947），1882 年 12 月 23 日出生于日本冈山县（Okayama），1903 年毕业于日本陆军士官学校，1911 年陆军大学第 24 期毕业，1925 年 3 月晋升陆军大佐，1928 年 8 月作为第三师团参谋长参加了侵略中国山东的作战。1930 年 8 月晋升为陆军少将，任驻国联的日军陆空军代表。1933 年 8 月任近卫师团第二旅团长。1934 年 8 月晋升陆军中将，1935 年 6 月任第九师团留守师团长，同年 12 月任第六师团长。1937 年，中日战争爆发时，率第六师团参加进攻华北的战斗，同年 11 月初参加金山卫登陆，攻打上海，继而奔袭南京。攻占南京后，怂恿部队大开杀戒。1937 年 12 月 22 日，第六师团奉调芜湖及皖南。1946 年 2 月作为战犯被盟军总司令部逮捕并引渡到中国，定为乙级战犯，被南京军事法庭判处死刑，1947 年 4 月 26 日在南京雨花台被枪毙。

院，1909 年在纽约协和神学院获神学学士学位。在纽约神学院学习期间，他还同时就读于哥伦比亚大学。从 1906 年到 1907 年，他在纽约波启普希（Poughkeepsie）的河景（Riverview）军校担任牧师。菲齐 1909 年返回中国，在上海基督教青年会工作至 1936 年。

日军向南京进军时，菲齐在南京担任基督教青年会的干事，忙于将故宫博物院的珍品溯江而上运往华西的重庆。但不久他就积极参与安全区的组织和管理工作，并被任命为国际委员会行政主任，这让他在接下来的几个月里异常繁忙。和其他美国人一样，菲齐也给家人和朋友写信、记日记，并提交控诉日军暴行的报告。在 1938 年 1 月 6 日的一封信中，菲齐表达了他对日军暴行的惊愕与沮丧：

> 南京已是一处人间地狱，如果地球上确有地狱。我做梦都没想到，在现代社会还会发生如此地狱般浩劫。我当然很高兴自己留下来了，因为除了避开了“巴纳号”的轰炸，我们这群人能够为这座城市及其民众提供服务，没有我们的服务，情况会更加糟糕。尽管我们有时会纳闷还可能会有更糟糕的情况。所有的一切都还没有结束……前几天我开始写关于南京暴行的经历，但因为太忙，写得不多，但是，我也许可以在这封信里附上几页，或者明天到办公室时另寄一信。这不会是令人愉悦的读物！如果你认为这些东西不该传到海外，即使只是给几个朋友，我希望你能告诉我。我并没有夸大其词——仅仅只是讲述了在这里发生，我亲眼观察到的一些情况。①

在这封信中，首次使用“南京暴行”（*Rape of Nanking*）一词。信中所提的文字材料后来被整理成日记摘要的形式。菲齐的日记是流传最为广泛、影响最大的报告南京暴行的文字材料。日记被悄悄带出南京后，美舰“瓦胡号”

① ［美］乔治·A. 菲齐：给霍利斯·威尔伯（Hollis Wilbur）的信，1938 年 1 月 6 日，哈佛燕京图书馆，第 5 档案盒，菲齐家庭档案。

船长约翰·希汉在 1938 年 2 月 14 日的每周情报报告中摘录了部分内容，作为日本占领南京后城内状况的证据。① 1938 年 2 月末，日记的副本被送到美国国务院。② 1938 年 7 月徐淑希和田伯烈分别在《日人战争行为》和《战争意味着什么：日军在华暴行》中首次匿名完整地出版了日记内容，而为世人所知。日记经改编分别于 1938 年 6 月和 7 月发表在《视野》杂志和《读者文摘》上。

英国外交部也从世界各地收到来源各异的多份日记副本。1938 年 4 月，身在中国成都的英国传教士道格拉斯·诺尔·萨金特③收到一份日记的副本，并将其邮寄给伦敦财政部的弗雷德里克·J. 佩德勒④，请他转交给外交部。⑤两个月后，英国海军情报局局长将另一份副本送到外交部。⑥ 1939 年 2 月，一位可信赖、经人引荐的绅士在缅甸仰光将一份未署名的日记交给了当时从澳大利亚返回伦敦途中的斯特拉博尔吉勋爵⑦。斯特拉博尔吉勋爵立即将日

① 希汉，美舰“瓦胡号”截至 1938 年 2 月 13 日的每周情报概要。华盛顿特区：美国国家档案馆，第 38 档案组，1929-1942 年海军情报一般信函，海军作战部长办公档案，第 195 档案盒 A8-2/FS#3 档案夹。

② 《弗兰克·普瑞斯给马克斯韦尔·M. 汉密尔顿（Maxwell M. Hamilton）的信》附件，1938 年 2 月 17 日，档案编号 793.94/12548，美国国家第二档案馆，第 59 档案组，微缩胶卷 M976 第 51 卷。

③ 道格拉斯·诺尔·萨金特(Douglas Noel Sargent，1907-1979)，1907 年出生在英国伦敦附近，毕业于剑桥大学国王学院，主修数学，1930 年在伦敦神学院获神学学位，1934 年前往中国先后在成都华西协和中学校（Union Middle School）与华西协和大学任教。1938 年 4 月，他获得一份非齐的南京日记，并将之邮寄给在伦敦的佩德勒爵士，后者将日记转交给外交部的罗勃特·乔治·豪尔（Robert George Howe，1893-1981）。1942 年 5 月与福州出生的美国传教士的女儿伊莫金·格瑞丝·沃德（Imogene Grace Ward）结婚。他最终于 1951 年离开中国，1979 年在纽约逝世。

④ 弗雷德里克·约翰逊·佩德勒爵士（Sir Frederick Johnson Pedler，1908-1991），见 P71 注③。

⑤ 道格拉斯·萨金特（中国内地会，China Inland Mission），给弗雷德里克·佩德勒的信，1938 年 4 月 18 日，伦敦：英国国家档案馆，外交部档案编号 FO371/32154 卷宗，第 2320 号文件。

⑥ 《南京暴行报告》（“Report on Nanking Outrages”），1938 年 6 月 18 日，伦敦：英国国家档案馆，外交部档案编号 FO371/22147 卷宗，第 6655 号文件。

⑦ 约瑟夫·蒙塔古·肯沃西，第十代斯特拉博尔吉男爵（Joseph Montague Kenworthy 10th Baron Strabolgi，1886-1953），1886 年 3 月 7 日出生于英国利明顿（Leamington），就读伊士曼（Eastman）皇家海军学校，1902 年加入皇家海军，参加第一次世界大战，1920 年退役并当选议会议员，1934 年继承斯特拉博尔吉男爵爵位，1938 至 1942 年担任上院反对党首领，1953 年 10 月 8 日逝世。

记连同他自己的说明一起发给时任英国外交大臣的哈利法克斯勋爵[①]。

1967 年，菲齐在中国台湾出版了自传《旅华岁月八十载》[②]，在自传中他首次署名发表了南京日记。

在日记中，菲齐记录了从 1937 年 12 月 10 日至 1938 年 1 月 11 日在南京每天发生的情况。他生动地描述了所发生的事件，他观察到的情景，以及他自己和他的美国朋友对这些情况的感受。在 12 月 15 日的日记中，菲齐写道:

> 当晚，召开工作人员会议时，有消息传来，日军从安全区总部附近的一个难民营抓走并枪杀了所有 1300 名男子。我们知道其中有一些当过兵的，但是，那天下午一名军官向拉贝保证宽恕他们的性命。他们要做什么，现在再清楚不过了。手持上了刺刀步枪的日本兵使这些人排成行，约一百个人绑在一起，戴着的帽子都被强行摘下，摔到地上。借着汽车灯光，我们看见他们被押往刑场。整个人群中没有人呜咽啜泣。我们的心铅一般的沉重。[③]

12 月 16 日上午，传来强奸妇女的消息。菲齐说，据我们所知，有一百多名妇女被日军掳走，其中有七名是从金陵大学图书馆抓走的，“但在家中被强奸的妇女肯定比这个数字大很多倍”，还有数百名妇女“在街头寻找安全的场所”（第 11 页）。下午四点左右召开工作人员会议时，国际委员会成员可以听到附近日本行刑队的枪声。菲齐说，“对于可怜的难民，这一天的

---

① 《南京日军暴行》（*Japanese Atrocities at Nanking*），1939 年 2 月 13 日，伦敦：英国国家档案局，外交部档案编号 FO371/23514 卷宗，第 1712 号文件。爱德华·弗雷德里克·林德利·伍德，第一代哈利法克斯伯爵（Edward Frederick Lindley Wood，1st Earl of Halifax，1881-1959），1881 年 4 月 16 日出生于英国波德翰堡（Powderham Castle），就读伊顿公学，毕业于牛津大学基督教堂学院，1925 年被授予欧文勋爵（Lord Irwin），1934 至 1944 年他的爵位为哈利法克斯子爵（Viscount Halifax），1925 至 1931 年任英国驻印度总督，1938 至 1940 年任英国外交大臣时与首相张伯伦对纳粹德国采取绥靖政策，1941 至 1946 年出任驻美国大使。1934 至 1959 年任议会上院保守党议员。他 1959 年 12 月 23 日在约克附近的加罗比宫（Garrowby Hall）逝世。

② ［美］乔治·A. 菲齐:《旅华岁月八十载》（*My Eighty Years in China*），台北:美亚出版社，1967 年。

③ ［美］乔治·A. 菲齐:日记，第 10 页，藏耶鲁大学神学院图书馆特藏部，第 11 档案组第 9 档案盒第 202 档案夹。

恐怖难以言说，对我们也极为恐惧”。（第 11–12 页）

日复一日，暴行案件持续不断报告到国际委员会总部，菲齐在他 12 月 17 日的日记中描述了发生的情况：

> 抢劫、杀人、奸淫有增无减。粗略地估计，昨天晚上和白天至少有上千名妇女被强奸。一个可怜的妇女被强奸达 37 次。日本兽兵在强奸另一名妇女时，为了阻止她五个月的婴儿啼哭，将其窒息致死。抵抗意味着刺刀相向。医院已迅速住满了日军残酷野蛮行径的牺牲品。鲍伯·威尔逊，我们唯一的外科医生，忙得不得不工作到深夜。人力车、牲口、猪、驴子这些常常是人们唯一的谋生工具也被抢走。（第 12 页）

12 月 18 日早餐时，里格斯报告说，有两名妇女，其中一名是基督教青年会秘书的表妹，在里格斯家被强奸，当时他正在和其他美国人吃饭。威尔逊告诉他们，一个五岁的男孩被送到医院，身上有五处刺刀伤，其中一处刺穿了腹部；一个男的被捅了 18 刀；一个妇女脸上有 17 处刀伤，腿上还有几处刀伤。下午，为了躲避日军的强奸，四五百名妇女拥入国际委员会总部大院，她们在露天过夜。（第 13 页）

菲齐在 12 月 19 日的日记中写道，“有些房屋，日本兵一天之内闯进去五到十次，可怜的老百姓遭抢劫，妇女被强奸”，有些人“在毫无缘由的情况下被残酷杀害”。他还去了美国大使馆三等秘书道格拉斯·简金斯[①]的住所，

---

① 小詹姆斯·道格拉斯·简金斯（James Douglas Jenkins Jr.，1910-1980），1910 年 1 月 17 日出生于加拿大的圣彼尔与米科隆群岛（St. Pierre et Miquelon），其父为美国著名外交官，曾任驻玻利维亚大使。他幼年随父母在中国上学，毕业于北京的美国学校后回美国就读南卡罗来纳大学，再转学至弗吉尼亚大学，并于 1930 年毕业。他 1931 年进入外交界，1932 年 4 月在美国驻昆明领事馆任副领事，1935 年 3 月调入南京大使馆，同年 9 月升任三等秘书，日军攻占南京之前已撤往上海。1938 年 8 月以后分别在华沙、斯德哥尔摩使馆工作，1941 年在斯德哥尔摩升任二等秘书。此后在马那瓜、堪培拉和日本的横滨、神户使领馆任职。1950 年调往驻伦敦大使馆并任一等秘书，1955 年 7 月升任总领事，同年 8 月调任驻特立尼达的西班牙港总领事。他 1961 年从外交界退休后，居住在南卡罗来纳州查尔斯顿（Charleston），并在那儿于 1980 年 1 月 26 日去世。

看到“车库里躺着男仆的尸体，另一名仆役的尸体在床下面，两人都被残酷杀害”。街上横陈着很多尸体。据他所知，他们都是平民。红卍字会要掩埋尸体，“但他们的卡车被偷走，棺材被用来烧篝火，数名戴着他们徽章的工作人员也被押走”。（第13–14页）

12月20日，情况没有任何好转的迹象。菲齐表示，在破坏和暴力肆无忌惮地持续之际，整个城市的各个区域都被有组织地烧毁。菲齐和史迈斯晚上开车去转了转。他们看到整个太平路，这座城市最重要的商业街道，都陷入了火海。他们目睹一些日本兵在商店内放火，还有一些士兵将掳掠品装上军车。甚至他自己的机构，基督教青年会，也在熊熊燃烧。那天晚上，他在窗口数了数，有14处大火。（第14–15页）

12月22日凌晨五点左右，菲齐被日军行刑队的枪声惊醒，他数了数，有一百多枪。上午晚些时候，他与德国商人爱德华·斯波林一起前往国际委员会总部以东约四分之一英里处，见到几个池塘中有50具尸体。所有遇难者“显然都是平民，双手被反绑，有一个人的头顶完全被砍掉了”，他问自己，“他们是不是被用来练军刀砍的？”晚饭后，菲齐和里格斯一起步行回家，发现在他们到达之前，一名54岁的妇女在里格斯家里被强奸了。（第15–16页）

菲齐在12月23日的日记中记录道，有70个人从农业专修科的难民营中被抓走枪杀了。在他看来，日本士兵好像可以抓走他们怀疑的任何人。

> 手上的老茧便是当兵的凭据，处死的依据。人力车夫、木匠及其他劳动者经常被抓。有个男子中午被送到安全区总部，头烧得焦黑，耳朵和眼睛烧掉了，鼻子还剩一半，看上去可怕极了。我用车送他去医院，数小时之后他在医院死去。他的经历是这样的：他们上百个人被绑在一起，浇上汽油，点火焚烧。他正巧在人群的边缘，只有头上浇到汽油。稍后，又有一个情况类似的人被送到医院，烧伤的面积大多了，他也死了。他们似乎先被机枪扫射，但并没有都被打死。第一个人没有枪伤，但第二个人有。后来，我看到第三个人有类似的头部和膀臂烧伤。他躺在鼓

楼对面通往我住所的街角上。显然死之前他挣扎着爬了那么远。难以想象的暴戾残酷！（第 17 页）

每天都有新的暴行案件。12 月 23 日晚，住在使馆内的美国大使馆的中国工作人员及其亲属遭日军抢劫。平安夜，日本兵在金陵女子神学院强奸妇女。两名只有 12 岁和 13 岁的女孩在菲齐的住所隔壁遭强奸。12 月 26 日，菲齐和史迈斯拜访了英国大使馆，得知所有的小轿车（11 辆），还有几辆卡车，都被日本兵偷走了。菲齐 12 月 28 日去了基督教青年会学校，他发现学校被翻了个底朝天，所有的实验室仪器都被砸碎。12 月 30 日报告道，金陵大学校园内的蚕桑系大楼被封锁，日本兵正在搜捕。正如菲齐指出的那样，肯定还有许多其他没有报告的暴行案件，“记载不法残暴案件的清单不断增长，我们没有听说过的一定比报告的或观察到的案件要多很多倍”。（第 17-22 页）

与此同时，仍在放火焚烧城市。12 月 27 日，基督传教会学校的两座大楼以及德国商家起士林点心铺的建筑也被烧毁。甚至在新年除夕，菲齐开车经过四处刚刚点燃的大火，并目睹一个日本兵正在一家商店里点燃第五处火。1938 年元旦，菲齐写道，自 12 月 19 日以来，没有一天日本兵不在放火焚烧。（第 19-23 页）

美国外交官回到南京后，可以通过安全的途径向外寄信，而不会受到日本人的审查。通过这个渠道，菲齐给家人和朋友寄了很多信，详细描述了南京的情况。在 1 月 6 日的一封信中，菲齐告诉他的朋友霍利斯 · 威尔伯[①]，南京被有组织地洗劫焚烧，直至成为往昔城市的骨架：“大多数外国房产还站立着，尽管它们几乎无一例外地遭受洗劫，大多数政府建筑也是如此，但大多数商店和许多中国人的家室都被烧毁了——在胜利者从中抢劫走他们所

① 霍利斯 · 阿德尔伯特 · 威尔伯(Hollis Adelbert Wilbur，1874-1964)，1874 年 4 月 19 日出生于美国纽约州霍尼耶（Honeoye），1896 年毕业于俄亥俄卫斯理（Wesleyan）大学，在俄亥俄的基督教青年会工作，1910 年到日本的基督教青年会任职，1914 年在上海担任中华城市基督教青年会的秘书，长期在上海工作，以后曾在朝鲜工作。1940 年从青年会退休后在加州帕萨迪纳（Pasadena）社会机构理事会工作。他 1964 年 8 月 18 日在纽约州白原（White Plains）逝世。

想要的一切之后。”①

1月21日，菲齐给家人写了一封长信，表明直至那一天，暴行仍然猖獗：

然而，更为糟糕透顶的是，强奸、抢劫穷人、偶尔用刺刀捅人等行为仍在持续。日军一来就从我们手中接管了红十字会医院并从此禁止我们入内——那儿大约有500名中国伤兵——红十字会医院的一名护士报告说，前不久，一名患者抱怨说他每天三碗稀饭吃不饱，为此，他被狠狠地打了耳光。他抗议道，他只是抱怨肚子饿，不应该如此对待他，于是他被押出去用刺刀捅死。就在上周三，也就是三天前，一户人家响应日军提出的人们应该回家的要求，回到城南的家中，一个日本兵来要强奸女人，她反抗时被捅死。昨天（今天是22号），我们一座难民营的主任告诉我，日本兵前一天到他那儿去强奸了一名13岁的女孩和一名40岁的孕妇，再前一天还绑架了他们的两名妇女——就在安全区内。而圆滑的领事馆警察长高玉前天来到金陵大学附中，要8个洗衣女工——她们必须年轻漂亮。这是常见的要求，而且人们通常不敢拒绝。爱利生20日向华盛顿发电报说，自15日以来，已发生15起非法闯入美国房产的事件。有一个惯用的伎俩，如果一个人拿着袋子或篮子，就问他去哪儿。如果他说去买米或面粉，就强迫他交出钱来——这个可怜的家伙就会空手而归，他的家人就会挨饿。还是前天，我们的苦力被日本兵抢走他的雨伞和1.8元钱，这是他在这个世界上的全部财产。然而，这些案例再多也没有用。这可以使你对日军占领6周后这里的状况有所了解——而且与他们对海外宣讲的内容形成对比。②

① ［美］乔治·A. 菲齐：给霍利斯·威尔伯（Hollis Wilbur）的信，1938年1月6日，哈佛大学燕京图书馆，第52档案盒，菲齐家庭档案。

② ［美］乔治·A. 菲齐：给家人的信，1938年1月21日，哈佛大学燕京图书馆，第52档案盒，菲齐家庭档案。

在同一封信中，菲齐还谈到日军对一些美国教堂建筑造成的破坏：

上个星期二，18 日，麦考伦午餐时到我们这里来，讲述了将两个日本兵赶出中华女子学校的情况，跟随着日本兵的还有被强迫搬运掳掠物的两个中国苦力。而这所学校就在我们保泰街上的房屋西面的街区。他坚持跟他们一起去他们的司令部，在那儿日本兵只受了些训斥（在任何别的国家，他们都会被送上军事法庭并被枪毙），礼貌地向他道个歉。我们还没吃完午饭，就有人跑来说日本兵又到了学校里。麦考伦和米尔斯开车直接过去，我和史迈斯则开另一辆车去接大使馆的爱利生和爱斯比，但我们还是去晚了。大约有20个日本兵乘两辆卡车来，劫走了两架钢琴和其他东西，由于过不了大门，他们推倒一段七英尺的墙，这样将钢琴抬了出去。那天下午，我和领事馆警察长高玉一起到我们家，在所有的门上张贴新的日语公告（此前一两天日本兵刚刚来过，他们劫走了一个枕头还有其他看门人没有看到的东西），然后去了位于下一个街区的我们基督教青年会的学校，同样张贴了公告，还重新升起了几天前被日本兵扯下的美国国旗。两天后，也就是前天，我又去了那里，发现那扇 7 英尺高的大铁门已经被撞倒了，铰链插入其中的混凝土板随之倒下，连带着两边的部分墙壁也倒塌了。很明显，有辆轿车或卡车曾开进大院又开了出去，因为雪地上的车辙印还很新，不过，如果有东西被掳掠，他们掠走什么我无从得知。但这里有新的公告，上面盖着大使馆的公章，就贴在他们撞倒的大门上。①

他向中国同事报告了基督教青年会遭受的破坏和损失。1937 年 12 月 20 日被日军烧毁的基督教青年会，几乎损失殆尽。尽管后面的餐厅，以及浴室不知怎么得以幸免。保险箱被撬开，钱不见了，所有的记录被毁。②

① ［美］乔治·A. 菲齐：给家人的信，1938 年 1 月 21 日，哈佛大学燕京图书馆，第 52 档案盒，菲齐家庭档案。

② ［美］乔治·A. 菲齐：给施煜方（Peter Shih）的信，1938 年 2 月 14 日，藏耶鲁大学神学院图书馆特藏部，第 8 档案组第 103 档案盒。

甚至菲齐自己家也未能幸免，他详细描述了在他的住所发生的情况：

> 留下的两三个旧箱子和几个盒子被强行撬开，里面的东西散落在地板上，深及脚踝。不过，难以确定到底抢走了什么。几床被子，也许还有一两条毯子和一张垫子、两张床垫、我的一些旧衣服、我母亲的衣服、留声机和一些唱片、几幅画、我在蒙古和印度等国的摄影集、一点剩饭、柚木屏风上的刺绣条屏，还有一些零碎东西。然后他们砸坏了厚重的橡木餐具柜的两块雕花板，但自鸣钟那儿的那块镶板没遭到破坏。他们撬开了威尼斯风格的镶嵌书桌，桌面被破坏得很厉害，并把前面浴室的一个壁橱的后面砸烂了，母亲在那里存放了很多文件和物品。我当时完全做好了水晶柜前面的弧形玻璃会碎的心理准备，但所幸它逃过一劫。他们破坏、偷窃总共肯定造成了价值超过 1000 元的损失。①

南京的生活条件非常糟糕。由于大米储存有限，蔬菜供应匮乏，粮食供应情况引起了人们严重的关切。不久城中就出现了脚气病病例。为了防止疾病扩散，当务之急便是将包括绿色蔬菜在内的食品运进城。经过几轮漫长的谈判，菲齐最终于 1 月 29 日获准乘坐英舰“蜜蜂号”前往上海。作为南京陷落后第一个离城的美国人，他在上海进行了多次演讲并接受了采访。同时，菲齐安排购买了一船食品，包括 100 吨青豆，从上海运往南京。然而，当他 2 月 10 日乘坐美舰“瓦胡号”返回南京时，获悉日军当局食言，不允许货物上岸，这一消息让他倍感沮丧。② 在南京又经过了多次谈判和安排，这些青豆直至 2 月 25 日才获准登岸。③

① ［美］乔治 · A. 菲齐：给家人的信，1938 年 1 月 15 日，哈佛大学燕京图书馆，第 52 档案盒，菲齐家庭档案。

② ［美］乔治 · A. 菲齐：《旅华岁月八十载》，台北：美亚出版社，1967 年，第 103 至 104 页；以及乔治 · A. 菲齐：给施煜方（Peter Shih）的信，1938 年 2 月 14 日，藏耶鲁大学神学院图书馆特藏部，第 8 档案组第 103 档案盒。

③ ［美］M. S. 贝茨：给儿子鲍比的信，1938 年 2 月 26 日，藏耶鲁大学神学院图书馆特藏部，第 10 档案组第 1 档案盒第 8 档案夹。

回到南京后，菲齐立即制订了另一个离开的计划。他的朋友霍利斯·威尔伯给他拍发了内容为“23日前到上海来”的电报。有了这封电报，他得以获准再次离开。菲齐离开前，在9个区的主管和25位难民营主任出席的联席会议上通过了一项决议，表彰菲齐为安全区所作的贡献：

本次会议很遗憾地听到菲齐先生即将启程前往美国的消息。自安全区成立以来，菲齐先生作为安全区主任非常有效地为大家服务，成千上万在安全区避难的人们都应感谢他。与难民福祉相关的所有事务中，菲齐先生一直在不遗余力地努力保持高效率。我们向他保证，他的奉献和牺牲不会被遗忘。我们很高兴地得知，菲齐先生的离开只是短暂的，我们极为高兴地期待他早日归来。

会议还决定将上述决议的副本转交给美国大使、南京基督教青年会董事会主席、上海基督教青年会全国委员会总干事长和纽约基督教青年会国际委员会总干事长。[①]

2月20日上午6点40分左右，菲齐乘坐拥挤的日本军用列车前往上海，并负有一项秘密使命：他要偷运出8卷16毫米的暴行案件影片的胶片，大部分影片是由麦琪在鼓楼医院拍摄的。深知他的行李会被仔细搜查，于是他将胶片缝在驼毛大衣的衬里中，成功地完成了这一使命。一到上海，他就到柯达公司冲洗了胶片，并制作了四份拷贝。[②]

在上海短暂停留后，菲齐2月25日登上德国轮船前往中国香港，到达香港后立即乘火车去广州。在广州，他的另一位朋友广东省政府主席吴铁城[③]

① 汤忠谟（T. M. Tong）：给乔治·A. 菲齐的信，1938年2月19日，美国国家第二档案馆，第84档案组，驻中国外交机构，第2171卷（南京1938年第7卷）。

② ［美］乔治·A. 菲齐：《旅华岁月八十载》，台北：美亚出版社，1967年，第105页。

③ 吴铁城（1888-1953），1888年3月9日生于江西九江，就读于九江同文书院。1932年1月担任上海市市长，在1932年淞沪抗战期间与日方进行谈判。1937年3月调任广东省政府主席至广州被日军攻占的1938年10月。1949年共产党在中国大陆建立新政权时，他去了台湾。1953年11月19日在台北去世。

在市政厅为他举行招待会。菲齐应邀在招待会上就南京攻城战役以及接踵而至的大屠杀发表演讲。[①] 1938 年 3 月 16 日菲齐的讲话摘要在《南华早报》上匿名发表，标题为“南京暴行”。这些描述在很大程度上与他在日记和个人信件中的记述一致，讲述了“在南京目睹的恐怖事件，包括屠杀平民和手无寸铁的军人、烧杀抢掠、强奸妇女”。[②]

3 月 8 日，菲齐登上了经马尼拉、关岛、中途岛和檀香山前往旧金山的横跨太平洋航班“菲律宾快班”[③] 飞机。踏上北美大陆后，菲齐就开始四处游历，发表演讲并播放他从南京带出来的珍贵影片，足迹遍布旧金山、洛杉矶、华盛顿、纽约、俄亥俄州哥伦布、芝加哥等许多地方。[④] 他怀着强烈的感情，讲述了自日军占领南京后两个月来发生的大规模屠杀、强奸、掳掠和焚烧。他表示，甚至回忆那些可怕时日都令人倍感折磨，“每当我想到在我有生之年亲眼看到我为之奉献了一生中最美好年华的美丽城市与教育机构被蓄意纵火烧毁，使我感到极为恐怖”。[⑤]

1938 年 11 月 10 日，菲齐踏上了返回中国的旅途，但直到 1939 年初他才抵达中国的战时首都重庆，继续基督教青年会的工作。

战后，菲齐同意在远东国际军事法庭出庭作证。当时，他受命到河南省赈济饥荒难民。菲齐乘坐美国军用飞机前往东京，由于等待审判开庭的时间过长，加之在河南有很多工作等着他，菲齐在返回中国之前于 1946 年 6 月

---

① ［美］乔治·A. 菲齐:《旅华岁月八十载》，台北：美亚出版社，1967 年，第 107 页。

② 《南京暴行:美国目击者讲述入侵者的放荡行为》（“Rape of Nanking：American Eyewitness Tells of Debauchery by Invaders”），《南华早报》（*The South China Morning Post*），1938 年 3 月 16 日，第 17 页。

③ 美国泛美航空公司（Pan American Airways）于 1935 年 10 月开启横跨太平洋航线，先开展航空邮政服务，继而载客，最初使用三架马丁 -130 水上飞机（Martin-130 flying boat），即“中国快班（China Clipper）”“菲律宾快班（Philippine Clipper）”与“夏威夷快班（Hawaiian Clipper）”，分别于 1935 年 10 月、1935 年 11 月和 1936 年 3 月首航，从旧金山，经檀香山、中途岛、威克岛、关岛至马尼拉，以后航线也延伸至中国香港。1943 年 1 月 21 日，已改为军用的“菲律宾快班”飞机在加州尤奇亚（Ukiah）坠毁。

④ ［美］乔治·A. 菲齐:《旅华岁月八十载》，台北：美亚出版社，1967 年，第 107 至 109 页。

⑤ 《南京暴行》（“The Rape of Nanking”），《旧金山纪事报》（*San Francisco Chronicle*）星期日增刊《这个世界》（*This World*），1938 年 6 月 11 日，第 16 页。

18 日出具了一份书面宣誓证词。法庭将之列为控方第 1947 号文件，编号为 307 号的法庭证据（菲齐书面证词详见附录十一）。

菲齐在河南开封的黄河水灾地区担任联合国善后救济总署副署长至 1947 年，此后在朝鲜和中国台湾的基督教青年会任职。20 世纪 60 年代初，他退休到加州波莫纳（Pomona）居住，1979 年 1 月 21 日在那儿与世长辞。

欧内斯特·赫曼·福斯特

欧内斯特·赫曼·福斯特（Ernest Herman Forster，1896-1971）1896 年 11 月 1 日出生于美国费城，1917 年从普林斯顿大学毕业后，在巴尔的摩的圣保罗学校工作了两年。1920 年福斯特作为圣公会传教士前往中国，来到位于长江北岸南京下游约 50 英里的扬州。除了在扬州美汉中校[①]教书外，福斯特还做了大量传教和救济工作。南京沦陷前约一个月，他从扬州调到南京。到了南京福斯特和妻子克莱瑞莎[②]住在下关的教堂大院。抵达几天后，他们夫妇就和麦琪、特威楠夫人等一起去火车站积极参与照顾中国伤兵，到了那儿他们发现所有的地方，包括“站台、候车室、售票处的地上，到处都是被扔在那儿的伤兵，其中大多数人没有稻草或铺盖，缺吃少穿”。[③]

战事逐渐逼近南京，不懂中文的克莱瑞莎 1937 年 11 月 21 日登上了德

① 美国圣公会 1907 年在扬州创办美汉中学（Mahan School），校址在便益门街，1951 年 4 月停办，并入其他学校。

② 克莱瑞莎·露可瑞霞·汤森德·福斯特（Clarissa Lucretia Townsend Forster，1900-1973），1900 年 9 月 21 日出生于美国华盛顿特区，1923 年毕业于顾切（Goucher）学院，1926 年在约翰·霍普金斯大学获硕士学位，1936 年和欧内斯特·福斯特结婚后，前往中国扬州。1937 年 11 月 12 日，克莱瑞莎随刚刚调动工作的丈夫由扬州抵达南京，并在下关火车站帮助照料伤兵。11 月 20 日左右，美国大使馆敦促美国妇女撤离南京，克莱瑞莎随即独自登上开往上游的船，并于感恩节那天抵达汉口。两个星期后，接到圣公会上海教区主教威廉·潘恩·罗伯兹（William Payne Roberts，1888-1971）发来的电报，要她经香港去上海。她在 12 月 10 日离开汉口，圣诞节夜晚登上海轮，于 12 月 28 日抵达上海，1938 年 6 月回到南京和丈夫团聚。克莱瑞莎 1973 年 1 月在康涅狄格州纽黑文（New Haven）逝世。

③ 克莱瑞莎 T. 福斯特南京来信（Nanking letters），1937 年 12 月 2 至 15 日，藏耶鲁大学神学院图书馆特藏部，第 8 档案组第 263 档案盒第 5 档案夹。

国大使馆包租英国怡和洋行的“吉和轮”[①]，离开南京前往汉口；福斯特则决定留在南京，在安全区帮忙，照顾那里的教友民众。日军猛烈轰炸和炮击并逼近南京城之际，继续留在位于城墙外临江的下关已很不安全。12 月初，他们教会的教友团体，连同一起避难的众人搬到了安全区的两处地点。一处为德士古火油公司经理 J. M. 翰森[②]的宅第、附近的斯坦尼斯先生[③]的住所，以及与翰森家毗邻的一座房屋。另一处是在德国朋友舒尔茨 - 潘丁[④]的住房以及附近的两所房子。和他们住在一起的还有两个俄国人，尼古拉・波德希伏洛夫和 A. 扎尔，收留了许多难民在他们的房屋中予以保护。其中有“来自无锡教会孤儿院的三个大人、十个儿童和年轻姑娘，还有我们来自上海地区的一些教徒，他们都是在 11 月份中国军队撤退之前逃到这里的”；还有“在下关火车站看护中国伤兵的几位护士，以及 11 月从青浦及上海附近地区逃难来的

① 吉和轮（SS Kutwo）为英国怡和轮船公司（Jardine Matheon & Co.）在上海至汉口航线运行的客轮，1895 年建造，1924 吨。吉和轮曾于 1927 年 3 月 1 日在芜湖附近撞沉利济公司的小客轮“逍遥津号”而被中国当局扣押。1937 年 11 月 22 日，德国驻南京大使馆租用该船将大使馆工作人员及办公用品运往汉口。1941 年珍珠港事件后被日军缴获，更名为莲山丸（Renzan Maru）。1943 年 1 月 1 日美军潜水艇“海豚号（USS Porpoise）”在西太平洋雅浦岛（Yap Island）附近将其击沉。

② 约翰斯・莫契・翰森（Johannes Morch Hansen, 1898-1980）详见 P2 注 ④。翰森的寓所在珞珈路 25 号。

③ 瓦尔特・弗朗兹・玛利亚・斯坦尼斯（Walther Franz Maria Stennes，1895-1989），退役上尉，1934 至 1949 年在中国担任德国军事顾问。1937 年，他和妻子希尔德（Hilde）的寓所在琅玡路 17 号。他 1895 年 4 月 15 日出生于德国弗斯坦伯格（Fürstenberg），1914 年毕业于柏林的军事学院后被授予中尉，参加第一次世界大战。1918 年底以陆军上尉军衔退役。1927 年加入国家社会党（纳粹党），并成为纳粹冲锋队（Sturmabteilung，简称 SA）柏林地区的领袖。1930 至 1931 年领导纳粹冲锋队与纳粹发生冲突与反叛，史称“斯坦尼斯叛乱（Stennes Revolt）”。1933 年纳粹当政后将其驱逐出境。流亡经荷兰、英国之后，他于 1934 年到达中国加入德国军事顾问团，在蒋介石统帅部负责安全工作。1937 年淞沪战役期间，他身临上海前线任顾问。1938 年德国军事顾问团被召回，他仍以军事顾问身份留在中国，直到 1949 年才返回联邦德国。他 1989 年 5 月 18 日在吕登沙伊德（Lüdenscheid）近郊去世。

④ J. 舒尔茨 - 潘丁（J. Schultze-Pantin）是新民洋行的德国雇员，也是南京安全区国际委员会的成员，但他在日军抵达南京之前已撤离。大屠杀期间，约翰・麦琪、福斯特和他们圣公会的教徒将他在鼓楼四条巷 10 号的住所用作庇护所。

14 名男孩和两名女孩”。[①] 两个地方同时挤满了数百人。“所有可用的空间都塞满了人，楼上楼下的大厅、餐厅，甚至厕所到晚上都睡满了妇女。”[②]

日军攻占南京，纵情肆意屠杀、强奸、抢劫之后，福斯特、麦琪和两个俄国人一直守卫着这两处他们教会的成员和其他难民，特别是妇女避难的住宅。福斯特和麦琪“在最危险时期睡在翰森和斯坦尼斯的房屋里，白天他们两人中总有一个人站岗，经常站在街上，可以监视通往这三座房屋的路”。局势稍微平息一点后，福斯特和麦琪“轮流睡在翰森家这个中心据点，这样持续了约两个月”。[③] 他们还在白天尽其所能地保护住在舒尔茨 - 潘丁家的难民，两名俄国人则随时准备在需要时提供援助。

在那些恐怖持续的日子里，福斯特一直在给妻子和朋友写信，讲述他的所见所闻和经历。他向朋友们描述了毫无节制的屠杀所造成的难以言状的恐怖：

> 成千上万的人被日军怀疑为中国军人而抓走，往往以最野蛮的方式处决。然而，法官和陪审团是同一批人，而他们的军衔不过是下士或中士，你可以想象，无数无辜者被处死……任何一个小兵似乎都有绝对权力来决定他想处置的任何个人的生死。[④]

① ［美］约翰 · G. 麦琪、欧内斯特 · H. 福斯特：《南京》（“Nanking”），1938 年 4 月，第 1 页，藏耶鲁大学神学院图书馆特藏部，第 8 档案组第 263 档案盒第 6 档案夹。

② 同①，第 3 页。

③ 同①，第 2 页。

④ ［美］欧内斯特 · H. 福斯特：给家人的信，1938 年 1 月 14 日，藏耶鲁大学神学院图书馆特藏部，第 8 档案组第 263 档案盒第 4 档案夹。

圣公会信徒在安全区内避难处所①

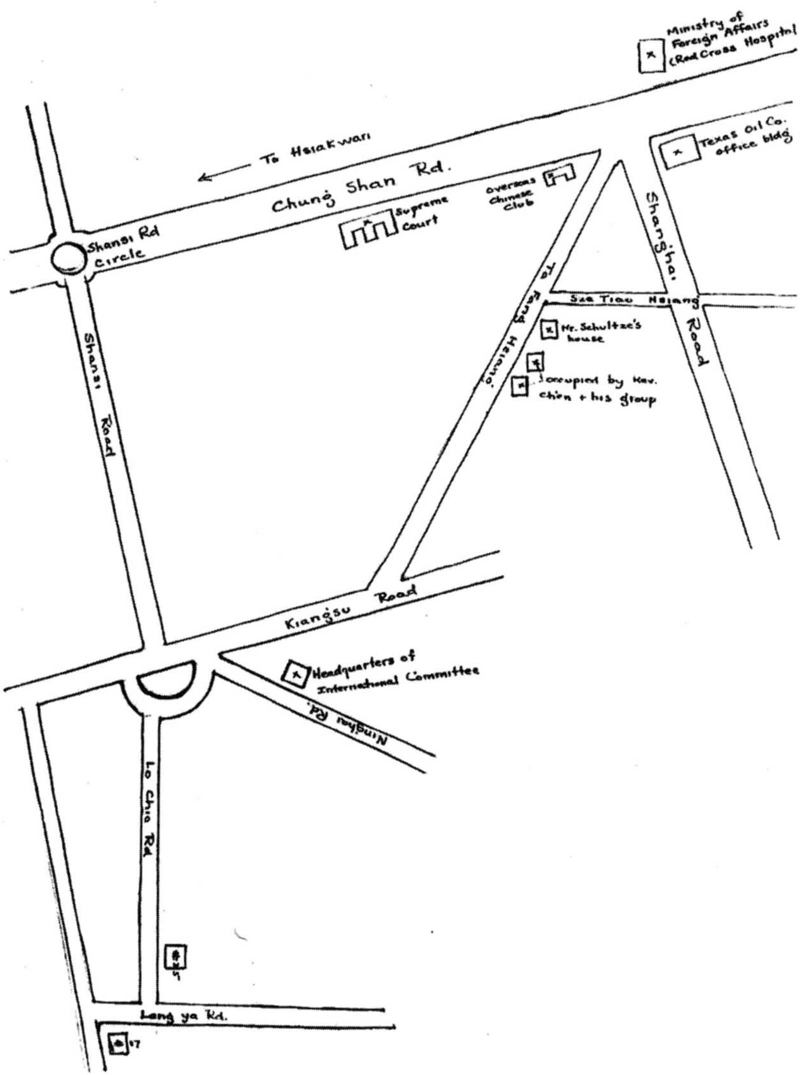

① 原件藏耶鲁大学神学院图书馆特藏部，第 8 档案组第 263 档案盒第 4 档案夹。

1937 年 12 月 19 日，他给妻子克莱瑞莎写信说，12 月 15 日和 16 日，日军搜寻中国军人，不管有没有扛过枪，都把人们成群结队地抓走。

> 这些人大部分被残酷杀害。我们听说他们把一群两三百人押到池塘边，将他们逐一枪杀，倒落水里。另一大群人被强迫押进一个芦席棚，四面架起机枪，活活将他们烧死。几天前，从陈先生模范新村的教区抓走 14 个人，至今未归。其中有陈先生 16 岁的大儿子，他也没有回来。接着，日本兵随心所欲地抢劫、奸淫。约翰和我通常白天将妇女和受伤的平民送往医院，并看守两栋住房。我们教会的大多数教徒，还有其他一些人，尤其是姑娘，在这里避难。我们在场可以赶走日本兵。①

他写道，许多“平民被杀害”，“街上散乱横陈着数百具尸体”。② 他甚至拍摄了在“17 号③ 对面寺庙周围被杀害的人”的照片。④ 福斯特曾亲自参与调查他的住所附近一名 14 岁女孩被杀一案。1 月 25 日下午，那个女孩带着弟弟去附近田地里拔萝卜，这时出现了一个日本兵，日本兵“试图抓住这名女孩，但她受到惊吓而逃跑，于是这名士兵开枪击穿她的头部，几乎立即打死了她”。⑤ 福斯特还描述了另一个在附近池塘里打捞出尸体的可怕场景：

> 我们住的这条街的尽头有一个池塘，前天从池塘里捞出一百多具尸体，12 月 16 日被日本兵指控为中国军人枪杀并扔进水里后就一直泡在

① ［美］欧内斯特 · H. 福斯特：给妻子克莱瑞莎的信，1937 年 12 月 19 日，藏耶鲁大学神学院图书馆特藏部，第 8 档案组第 263 档案盒第 5 档案夹。

② 同上。

③ 琅玡路 17 号，德国驻中国军事顾问斯坦尼斯的寓所。

④ ［美］欧内斯特 · H. 福斯特：给妻子克莱瑞莎的信，1938 年 2 月 12 日，藏耶鲁大学神学院图书馆特藏部，第 8 档案组第 263 档案盒第 5 档案夹。

⑤ ［美］欧内斯特 · H. 福斯特：给妻子克莱瑞莎的信，1938 年 1 月 26 日，藏耶鲁大学神学院图书馆特藏部，第 8 档案组第 263 档案盒第 5 档案夹。

水中。其中很多人是从我们周围的房屋里抓走的，我们知道他们根本不是军人。但是嗜血和复仇的渴望如此之强烈，致使他们成了牺牲品。在许多情况下，他们是家庭的养家糊口者，这些家庭现在一贫如洗。[①]

福斯特报告说，对妇女和女孩的侵犯也很猖獗。他在给家人的信中写道："强奸案每天都在发生，一些被士兵劫持的妇女所受的遭遇可怕得难以言说。"[②] 他听说了两起非常悲惨的强奸案。一个日本兵将一个空啤酒瓶塞进被他刚刚强奸的年轻女子体内，然后枪杀了她。另一个案例是英国外交官亲眼看到的，他们发现一名死去的妇女的下体被硬塞进去一根高尔夫球棒。福斯特评论道，"似乎不可能有这样的人间恶魔存在！"但"可以一而再再而三地列举出这样的例子"。[③] 与福斯特的教会组织住在一起的难民也有人被日本兵强奸。1937 年 12 月 18 日下午，日本兵"强奸了模范新村的一名妇女"，同一天晚上，"几个尼姑从我们的住所横穿马路去吃晚饭，也被日本兵强奸了，然后因为街上有日本兵不敢回来"。[④] 另一起强奸案就发生在这个教会组织居住的房子里：

两个日本兵闯进来自浦镇的中国牧师蒋的房间，偷走毛线衣和一双手套。他们见到蒋的夫人，决定再来找她。然而，她设法从厕所的门逃出去。接着另一个日本兵到三楼强奸一名未婚的姑娘。她反抗，并将日本兵绊倒而逃走。之后，日本兵到二楼袭击两个已婚的年轻妇女。我们把她们带到医院去治疗。一个日本兵用刺刀打了其中一名妇女及其试图

---

① ［美］欧内斯特·H. 福斯特：给家人的信，1938 年 1 月 28 日，藏耶鲁大学神学院图书馆特藏部，第 8 档案组第 263 档案盒第 6 档案夹。

② 同上。

③ ［美］欧内斯特·H. 福斯特：给妻子克莱瑞莎的信，1938 年 1 月 24 日，藏耶鲁大学神学院图书馆特藏部，第 8 档案组第 263 档案盒第 5 档案夹。

④ ［美］欧内斯特·H. 福斯特：给妻子克莱瑞莎的信，1937 年 12 月 19 日，藏耶鲁大学神学院图书馆特藏部，第 8 档案组第 263 档案盒第 5 档案夹。

保护她的周夫人。①

福斯特还讲了一件事，他和其他几个外国人真的把一个企图强奸的日本兵赶跑了。1938 年 1 月 24 日，刚吃完午饭，邻居跑进来说一个日本兵用刺刀威胁，劫持走一名妇女。福斯特、麦琪和科拉冲出去救那个女人。那个日本兵知道他们来了，以最快的速度撒腿就跑，并遗留下他的刺刀。他们把刺刀上交给了美国大使馆作为证据。②

还有一次，福斯特和麦琪“被叫到邻近的一所房屋，两个醉醺醺的日本兵将一个女孩锁在房间里强奸”，他们“砸开门把他们赶了出去，把其中一人送交给在附近十字路口站岗的日军那里”。③

福斯特给妻子讲了一个案例，说明了强奸后果的严重性。1 月 26 日上午，一名妇女来到鼓楼医院，她一个多月前被日军抓到城南。她的丈夫也同时被日军抓走，可能再也回不来了。

> 日本兵每天都要强奸她七到九次，最后不能再用她了，才放了她。由于她的经历，她得了三种最为严重的性病。但当然，日军从来不承认做过这样的事，是我们外国人编造这些谎言来策动中国人！④

福斯特观察了日本兵放火焚烧。1937 年 12 月 28 日，“日军仍在城市

---

① ［美］欧内斯特 · H. 福斯特：给妻子克莱瑞莎的信，1938 年 1 月 3 日，藏耶鲁大学神学院图书馆特藏部，第 8 档案组第 263 档案盒第 5 档案夹。

② ［美］欧内斯特 · H. 福斯特：给妻子克莱瑞莎的信，1938 年 1 月 24 日，藏耶鲁大学神学院图书馆特藏部，第 8 档案组第 263 档案盒第 5 档案夹。

③ ［美］欧内斯特 · H. 福斯特：给妻子克莱瑞莎的信，1938 年 2 月 1 日，藏耶鲁大学神学院图书馆特藏部，第 8 档案组第 263 档案盒第 5 档案夹。

④ ［美］欧内斯特 · H. 福斯特：给妻子克莱瑞莎的信，1938 年 1 月 26 日，藏耶鲁大学神学院图书馆特藏部，第 8 档案组第 263 档案盒第 5 档案夹。

的一些地段放火，所以城南大部分地区都成了废墟”。[①] 然而，他主要关注的是他教会的财产。位于城南的圣保罗教堂大院在日军围攻城市期间遭到炮击。1938 年 1 月 27 日，福斯特陪同教堂建筑的设计师检查受损情况，他们发现圣保罗教堂的中式住宅大楼的幸存部分几乎都被烧毁：

> 地上的一些木头还有余烬在闪烁，砖头和瓦片还很烫。这是周三上午发生的，因为我们的一个仆人周二白天和晚上都在我们位于罗伯兹[②]大院内日间学校的房屋里，周三早上 7 点左右，公馆在熊熊燃烧。爱利生周二曾查看了大院，建筑都还完好无损。我们把所有房屋仔细检查了一遍，自从我上次查看以来，里面的东西看来没有怎么被碰过。日本兵在教堂的圣器收藏室里放火，因为有被烧毁的红色的节日卷轴，以及存放卷轴的橱柜门及其他部分都已烧焦作为见证。[③]

迟至 1938 年 3 月 16 日，福斯特仍将南京的状况描述为“一座萧条的城市，一个街区接着一个街区连绵的建筑被烧毁，尸体仍未掩埋，随着春天来临，疾病流行，人们对暴行仍心有余悸”。[④]

大屠杀期间，美国的财产遭受了巨大的损失。福斯特通过美国大使馆向日本当局提交了财产损失索赔清单。1938 年 3 月 14 日，福斯特在美国副领事詹姆斯・爱斯比的见证下提供了一份宣誓证词。这份证词列举了 1937 年

---

① ［美］欧内斯特・H. 福斯特：给妻子克莱瑞莎的信，1937 年 12 月 28 日，藏耶鲁大学神学院图书馆特藏部，第 8 档案组第 263 档案盒第 5 档案夹。

② 威廉・潘恩・罗伯兹（William Payne Roberts，1888-1971），1888 年 2 月 21 日出生于美国弗吉尼亚州的萨姆汀（Summerdeen），1909 年毕业于耶鲁大学，1916 年 6 月在隶属于哈佛大学的圣公会神学院（Episcopal Theological School）获神学学士后于同年 9 月前往中国传教。1937 年他被任命为圣公会江苏教区（辖上海）主教。1946 至 1951 年在上海担任中国传教会（China Mission）负责财务的司库。他 1951 年离开中国，1971 年 5 月在宾夕法尼亚州的德温（Devon）去世。

③ ［美］欧内斯特・H. 福斯特：给妻子克莱瑞莎的信，1938 年 1 月 28 日，藏耶鲁大学神学院图书馆特藏部，第 8 档案组第 263 档案盒第 5 档案夹。

④ ［美］欧内斯特・H. 福斯特：给朋友的信，1938 年 3 月 16 日，藏耶鲁大学神学院图书馆特藏部，第 8 档案组第 263 档案盒第 6 档案夹。

12月14日至1938年2月3日期间，日本兵造成他的教堂建筑财产损坏的十几起案件，其中有些建筑被大火夷为平地。①

福斯特在1938年5月27日写给爱利生的信中报告道，5月22日、24日、25日和26日，日本兵多次强行闯入一家美国开办的中央神学院，掳掠被褥、大镜子和其他物品；日本兵殴打试图阻止他们闯入校舍或掳掠财物的中国工作人员，并打伤一名工作人员。②

1938年6月初，福斯特的妻子克莱瑞莎从日军当局获得返回南京的通行证。福斯特夫妇和那些留在南京度过了整个冬天或刚刚返城的美国人一起，继续履行他们的传教职责，以及进行救济工作。福斯特一直在金陵女子文理学院忙于他的福音传播工作，给《圣经》学习班讲课，举办讲习班，尽管圣保罗教堂的修复工作也占据了他的很多时间和注意力。他像往常一样积极开展国际救济委员会的工作，1938年6月起担任该委员会秘书。麦琪1938年6月离开南京回美国后，他接替麦琪担任南京国际红十字会委员会会长。福斯特夫妇1939年6月回美国休假。

日军偷袭珍珠港时福斯特已回到南京，他和麦考伦以及亚历山大·保罗③一起被日本人羁押软禁。最终，福斯特在1943年离开了中国。1943年至1945年，他在马萨诸塞州米尔福德担任三一教堂的牧师。战争一结束，他便重返南京，继续在下关教堂履行教职，直至1948年，他接受了上海圣约翰大学神学院教授的职位。1951年中美关系紧张，他无法继续留在中国，

---

① ［美］欧内斯特·H. 福斯特：宣誓证词（Affidavit Statement），1938年3月14日，美国国家第二档案馆，第84档案组，驻中国外交机构，第2164卷（南京1938年第5卷）。

② ［美］欧内斯特·H. 福斯特：给约翰·爱利生的信，1938年5月27日，美国国家第二档案馆，第84档案组，驻中国外交机构，第2164卷（南京1938年第5卷）。

③ 亚历山大·保罗（Alexander Paul，1874-1956），1874年9月7日出生于爱尔兰贝斯布鲁克（Bessbrook），1892年移民美国在纽约洗衣店做工，在芝加哥的穆迪（Moody）神学院受训后于1895年作为英国教会组织中国内地会（China Inland Mission）的传教士前往中国，在宁波、合肥等地传教，义和团运动爆发后回美国，在俄亥俄州的休伦学院毕业后于1905年回合肥传教，1908年调往芜湖传教至1919年回美国，1922年担任统一基督教会负责东方事务的干事，1939年曾出访日本、中国。1940年夏，他再一次到中国，在南京工作至珍珠港事件爆发，被日军羁押至1942年8月搭乘格里普斯霍姆轮（MS Gripsholm）遣返美国。他1956年8月20日在得克萨斯州达拉斯（Dallas）逝世。

他在上海的教学生涯不得不告一段落。回到美国后，福斯特在弗吉尼亚州林奇堡的弗吉尼亚圣公会学校担任牧师和宗教讲师（1951-1954），此后他去了弗吉尼亚州萨里郡的史密斯菲尔德基督教堂和圣保罗教堂担任教区牧师（1954-1960）。1960年底，福斯特在康涅狄格州纽黑文的绿地三一堂（Trinity on the Green Church）任职，直至1971年12月18日逝世。

约翰·吉利斯比·麦琪

约翰·吉利斯比·麦琪（John Gillespie Magee，1884–1953）1884年10月10日出生于匹兹堡，在康涅狄格州上高中，1906年从耶鲁大学毕业，获得文学学士学位。1911年，他在马萨诸塞州剑桥附属于哈佛大学的圣公会神学院获得神学学士学位。1912年，麦琪来到中国，在南京担任圣公会牧师，并担任这一职务至1940年。正是在南京，他邂逅了中国内地会的英国传教士菲丝·贝克哈斯[①]，并于1921年与她结为伉俪。

日军围攻南京时，麦琪忙着组建安全区。在担任南京安全区国际委员会成员期间，麦琪发起成立了南京国际红十字委员会，并成为该委员会的首任会长。作为国际红十字会会长，他最突出的贡献是建立了红十字会医院，在保护中国伤兵免遭日军杀害方面发挥了重要作用。他积极筹措资金，在南京地区设立了几家诊所，为贫困的难民提供救助。

大屠杀期间，麦琪与福斯特及两名俄国人一起辛勤工作，除了守卫几所庇护他们教会团体的基督徒及其他难民的房屋外，他还履行红十字会的职责，经常到医院和难民中心看望。他在城里很多地方走动，还到郊区的栖霞山去了一趟，使他有机会目睹，了解了许多暴行案件与大屠杀现场。像其他许多美国人一样，麦琪给他的妻子菲丝逐日写信，也给朋友写信。正如他在一封信中提到的，“复述这些恐怖事件令人非常难受，但我想应该保留这样一份

① 菲丝·爱密琳·贝克哈斯·麦琪（Faith Emmeline Backhouse Magee，1891-1975），见P99注②。

记录，这样未加任何粉饰的真相应该让世人知晓”。[①] 他的文字材料有助于保存大量他亲眼目睹或耳闻的恐怖事件的珍贵记录，尽管他表示，“我并未把我所见所闻的所有恐怖事件都写下来，只是记录了那些我直接听说的或我确信真实的事情”。[②]

麦琪在 1938 年 1 月 11 日给圣公会主教[③] 的信中描述南京的情况：

> 被日军杀害的除了他们抓捕到的解除武装的军人，还有成千上万的男人、妇女和儿童。据我所知，这个城市的每条大街小巷里都有死尸，我去了包括下关在内的相当多的地方，不过现在要去下关是不可能了。[④]

麦琪 1937 年 12 月 19 日写信给他的妻子说道：“上个星期的恐怖是我们从未经历过的”，日军“不仅屠杀能抓到的俘虏，而且还杀害大批年龄各异的普通百姓”。“在街上很多人犹如被狩猎的兔子那样遭击杀。”[⑤] 在同一封信中，麦琪告诉妻子，他亲眼看见两大批人被押往刑场：

> 大约在周二晚上（12 月 14 日），我遇见两群人，被强行押解着沿街而行，每四个人绑成一组，有个人没穿裤子。他们人数庞大（我遇到第一批人是在将近黄昏时分，还能将他们的身影分辨出来）——人数肯定在五六千之间。几天来，当这些人（不仅是这 6000 人）在城市的不

① ［美］约翰·G. 麦琪：给妻子菲丝的信，1938 年 1 月 4 日，藏耶鲁大学神学院图书馆特藏部，第 8 档案组第 263 档案盒第 2 档案夹。

② ［美］约翰·G. 麦琪：给妻子菲丝的信，1938 年 1 月 11 日，藏耶鲁大学神学院图书馆特藏部，第 8 档案组第 263 档案盒第 2 档案夹。

③ 这封信发给比利（Billy），即圣公会上海教区主教威廉·潘恩·罗伯兹（William Payne Roberts，1888-1971），Bill 或 Billy 是 William 的简称或昵称。详见 P131 注②。

④ ［美］约翰·G. 麦琪：给比利的信，1938 年 1 月 11 日，藏耶鲁大学神学院图书馆特藏部，第 8 档案组第 263 档案盒第 4 档案夹。

⑤ ［美］约翰·G. 麦琪：给妻子菲丝的信，1937 年 12 月 19 日，藏耶鲁大学神学院图书馆特藏部，第 8 档案组第 263 档案盒第 2 档案夹。

同地点被杀害时，我们可以听到机枪在扫射。我们无从得知有多少人被屠杀，但我猜测，包括在街上被杀的人，有 2 万人。人数可能多一些，也可能少一些。[①]

后来，麦琪和日本大使馆的田中[②]一起到下关，在江边看到三大堆被部分焚烧的尸体。[③]

麦琪经常用救护车把遭强奸的受害者送到鼓楼医院接受治疗，这辆救护车是无锡圣安德鲁医院的两名医生留给他们使用的。这些医院之行使他有机会了解那里的各种暴行案例。在 12 月 22 日的信中，他写下了在医院看到的许多凶杀案。其中一个是年轻妇女，和记洋行的雇员。当时她在下关的家里，日本兵进来无缘无故地把房屋里的其他人都杀害了，一个日本兵用刺刀在她的脖子上狠狠地捅了一下，日本人以为这会置她于死地。然而，她还活着，并被送到医院。威尔逊医生说她的一条腿和一只胳膊的功能丧失。麦琪后来得知这个妇女在医院里死去。另一个是农民，他和其他很多人一起被日军押走，像成千上万的平民百姓那样，遭到机枪扫射。他没有被打死，但医生认为他挺不过来。[④]

在 1937 年 12 月 31 日的信中，麦琪提到，他在医院里看到一个十三四岁的男孩被抬进来，浑身是血。三个星期之前，日本人从位于南京以东约 100 英里的城市常州，将他抓来为他们干活。一天，男孩抱怨说他两天没吃东西了，想回家。为此，一个日本兵用铁棍打他，再用刺刀刺穿了他的耳朵。麦琪在那里还看到一位 60 多岁的老妇人，她的肩膀中了一枪，子弹从后背射出来。幸运的是她即将痊愈。看到这么多案例，麦琪觉得自己的头脑已经

① ［美］约翰·G. 麦琪：给妻子菲丝的信，1937 年 12 月 19 日，藏耶鲁大学神学院图书馆特藏部，第 8 档案组第 263 档案盒第 2 档案夹。

② 日本驻南京副领事田中正一（Masakazu Tanaka，1888-1957），见 P81 注②。

③ 同①。

④ ［美］约翰·G. 麦琪：给妻子菲丝的信，1937 年 12 月 22 日，藏耶鲁大学神学院图书馆特藏部，第 8 档案组第 263 档案盒第 2 档案夹。

麻木，几乎不再感到震惊。①

麦琪听到许多残酷的故事。其中有一个人，他的房屋被日本兵烧毁，迫不得已把十口之家安置在一个防空洞里：

> 他自己待在外面，因为他想看看日本人何时会来，以便告诫孩子们不要哭，也不要说话。日本兵真的就来了，他们杀了这个人，然后往洞里面看。看到只有妇女和儿童，他们用稻草塞住洞口，然后点火烧。一个妇女非常聪明，她用被子把自己和孩子裹起来，穿过火焰冲出来，两个人都得救了。②

麦琪在他的信中记录了强奸案。据他说，“现在最为可怕的莫过于日军以我所知最无耻的方式强奸妇女”。③ 麦琪和福斯特在街上偶遇一个哭泣的女人，并解救了她。这名女子后来透露了她的经历：“大约下午 6 点，四个日本兵把她从 28 岁的丈夫和三个月大的婴儿身边抓走，塞进一辆汽车”，然后他们“把她带到三英里以外的地方，三个人轮奸了她”。④ 麦琪和福斯特带着这个女人，将她安顿在他们教会团体的住所，和其他妇女住在一起。

麦琪觉得“日军官兵的态度似乎是：中国人是敌人，怎么对待他们都行”。而“日军当局对强奸熟视无睹，似乎只是因为对外国舆论造成的印象或者来自上方的压力，强奸才被视为错误之举”。⑤ 他一车接一车地把被强奸的妇女送到医院医治，最年轻的受害者是一个 10 岁或 11 岁的女孩。一天，他送

① ［美］约翰 · G. 麦琪：给妻子菲丝的信，1937 年 12 月 31 日，藏耶鲁大学神学院图书馆特藏部，第 8 档案组第 263 档案盒第 2 档案夹。

② ［美］约翰 · G. 麦琪：给妻子菲丝的信，1938 年 1 月 4 日，藏耶鲁大学神学院图书馆特藏部，第 8 档案组第 263 档案盒第 2 档案夹。

③ ［美］约翰 · G. 麦琪：给妻子菲丝的信，1937 年 12 月 19 日，藏耶鲁大学神学院图书馆特藏部，第 8 档案组第 263 档案盒第 2 档案夹。

④ 同上。

⑤ ［美］约翰 · G. 麦琪：暴行影像解说词，藏耶鲁大学神学院图书馆特藏部，第 8 档案组第 263 档案盒第 7 档案夹。

另一个 15 岁的女孩去医院，女孩给他讲了她的经历：

> 她的哥哥、嫂子、姐姐、父亲和母亲都在她眼前被刺刀捅死，然后她被劫持到军营，那里有大约 200 到 300 名军人。她被关在一个房间里，她的衣服被拿走，在那里大约一个半月的时间中每天被强奸若干次，此时她病了，他们不敢再用她。她告诉我，还有一些女孩和她一样被关在那里。我和一位 76 岁的老太太谈过，她被强奸了两次。她的女儿是寡妇，被强奸了 18 到 19 次，她不确定是哪一个数字。这是我本人了解的年纪最老的案例，但是一位女基督徒告诉我，有一位 81 岁的妇女与她同住，日本兵要她宽衣解带。她说自己太老了，那个人把她一枪打死。①

为了应对猖獗的强奸行为，麦琪和其他美国人基本上采取了两种策略：一个是把试图强奸妇女的日本兵赶走，另一个是守卫女难民避难的房屋。他记录了许多竭力赶走日本兵的事件。12 月 18 日下午，麦琪和德国人斯波林去了一些日本兵有可能强奸妇女的房屋。他们进入一所房屋，一个妇女坐在地上哭泣。告知他们她被强奸了，还告诉他们楼上一个房间里还有一个日本兵。他们上了三楼，拼命地敲门，用英语和德语大喊："开门！"那个日本士兵最后出来逃跑了。②

12 月 20 日，麦琪迎来了忙碌的一天。早上，他把几个日本兵从他们的基督徒居住的两所房屋里赶走。然而其中一名女教友在他赶到那儿之前已被强奸了。麦琪随后带她去医院医治。还是在早晨，"四所村的张文明跑来说有一个人在追逐他的小姨子"。于是麦琪以最快的速度跑向那座房屋，发现

① ［美］约翰·G. 麦琪：给约翰·科尔·麦金（John Cole McKim）牧师的信，1938 年 4 月 2 日，藏耶鲁大学神学院图书馆特藏部，第 10 档案组第 4 档案盒第 62 档案夹。

② ［美］约翰·G. 麦琪：给妻子菲丝的信，1937 年 12 月 19 日，藏耶鲁大学神学院图书馆特藏部，第 8 档案组第 263 档案盒第 2 档案夹。

一个日本兵和几个女孩在屋子里。麦琪把他赶了出去。下午，“从紧邻的房屋中来了几个人，求我过去，因为一个12岁的女孩被日本兵强奸了，中国人说12岁，按我们的算法也就10到11岁吧”。麦琪及时赶到了那里，阻止三个日本兵进去，随后把女孩送到医院去。①

街上到处都是在搜寻妇女的日本兵，麦琪和福斯特两人中的一个，不得不留下来守卫教会成员和难民居住的房屋，不敢同时离开。然而，元旦那天，其他美国人邀请他俩赴晚餐。由于担心房屋里人们的安全，在此之前他们已决定不接受邀请，但后来菲齐说服他们去了。晚餐并未持续多久，他们还没吃完，就有两名工作人员过来告诉他们，日本兵在他们教会的住所里追逐姑娘。他们急忙坐上菲齐的车回去救她们，但为时已晚。麦琪把强奸受害者送到了鼓楼医院。麦琪写道：

> 我不知道我已经送了多少遭遇这种经历的女孩去医院接受治疗。大多数人根本就不会到医院来。我们今天收留了另一名年轻妇女，她逃到这里，跪在大门外的街上，求我救她。这个姑娘昨晚8点被强奸。我们所有外国人都不断地听说这些强奸案。想一想，在安全区里的20万或更多的民众中，还有多少我们不知道的案件吧。②

1938年2月16日和17日，麦琪到南京以东约15英里的栖霞山去，在那里，由德国人卡尔·根特和丹麦人伯恩哈德·阿尔普·辛德伯格在水泥厂厂区经管的难民营中，有一万名难民避难。此行使他获得了郊区情况的第一手资料。在这次旅行的报告中，麦琪写道：一个难民营的代表告诉他，在方圆约25平方英里的区域内，估计有700到800平民被杀，而遭强奸的30到

① ［美］约翰·G. 麦琪：给妻子菲丝的信，1937年12月20日，藏耶鲁大学神学院图书馆特藏部，第8档案组第263档案盒第2档案夹。

② ［美］约翰·G. 麦琪：给妻子菲丝的信，1938年1月5日，藏耶鲁大学神学院图书馆特藏部，第8档案组第263档案盒第2档案夹。

40 岁之间的妇女人数太多而无法估计，而且已知有年约 10 岁的女孩遭强奸的数起案例。就焚烧的情况而言，所作的估计是，“沿着从太平门到龙潭的主要公路这段 10 至 12 英里的距离，大约百分之八十的房屋被烧毁，他们认为，在远离主要公路的小道上，约百分之四十至百分之五十的房屋被毁”。麦琪认为这些估计数字与他自己在这一地区旅行时所观察到的情况一致。①

将南京大屠杀载入史册这方面，麦琪所作的最为重要而独一无二的贡献，是用 16 毫米电影摄影机在鼓楼医院拍摄了暴行受害者。然而，正如他所说，这些影片“仅仅显示了 1937 年 12 月 13 日日军占领南京之后所发生的那些难以言说事件的零星片段”。② 麦琪在暴行影片的介绍中提到，如果他有更多的胶卷、更多的时间，他本可以拍摄更多的场景。但麦琪和许多其他外国人一样，从早到晚一直忙于设法以各种方式保护和帮助城里的民众，只是偶尔有时间拍摄。

> 此外，必须谨慎行事，避开他人的视线，以免摄影机被砸碎或没收。正是出于这一原因，他无法拍摄到杀人的场景或城里许多地方横陈的大量死者。如果他能够待在教会医院的门诊部，并将送往那里医治的所有被暴行伤害的伤员拍摄下来，那么这部影片的篇幅会长得多。……人们还必须记住，在成千上万人受伤的情况下，只有极少数人被送到医院或为人所知。农村和小城镇中成千上万的人在没有外国人目击的情况下遭到暴行的伤害，被杀害，然而，偶尔也收到这些情况真实可信的报告。③

尽管受到诸多限制，麦琪还是拍摄了将近 60 起暴行案件，其中许多人是大规模处决的受害者。没有这部影片，有些案件无疑会湮没无闻。麦琪拍

① ［美］约翰 · G. 麦琪：《栖霞山之行报告》（“Report of a Trip to Hsih Hsia Shan”），1938 年 2 月 16 至 17 日，第 2 页，藏耶鲁大学神学院图书馆特藏部，第 10 档案组第 102 档案盒。

② ［美］约翰 · G. 麦琪：暴行影像解说词（“Introduction to the Atrocity Films”），藏耶鲁大学神学院图书馆特藏部，第 8 档案组第 263 档案盒第 7 档案夹。

③ 同②。

的影片的价值在于，作为这一重大事件唯一的纪录片，提供了南京大屠杀的影像文献资料。

影片附有解说词，能帮助观众更好地理解画面。麦琪起草的解说词系统而详细地说明并展示了每一起案件。在1937年12月20日写给妻子的信中，麦琪简略讲述了一个年轻人的遭遇，他是日军从麦琪的教会团体抓走的14人之一，但奇迹般地从大规模处决中逃脱。这些影像与解说词，提供了这个案件的细节：

> 这名男子，下关模范村四所村的中国圣公会信徒刘光维（Liu Kwang-wei），在日本攻占城市之前与其他教友一道进入了难民区。12月16日，他和这个基督教团体中的另外13人被日本兵抓走，并与另一群人（根据他的估计1000人）一起被押到下关江边，整齐排列在日本码头附近，用机关枪扫射。这是黄昏时分，但没有机会逃脱，因为身后是长江，他们三面被机枪包围。这个人在后排，紧挨着江水。当人们开始倒下时，他虽然没有受伤但却和他们一起倒了下去，落入浅水中，用身边的尸体遮盖住自己。他在那里待了三个小时，非常寒冷，当他爬出来时几乎无法行走。但他走到一个被遗弃的棚屋，在那里找到一些床单。他脱掉湿衣服，用床单裹住，在那里待的三天中没有东西可吃。最终饥饿迫使他离开棚屋去寻找吃的东西。他穿上仍然潮湿的衣服，走到祥泰木行[①]，这是他曾经受雇的英国人的公司，但在那里找不到任何人。就在这时，他遇到了三个日本兵，他们对他拳打脚踢，并把他带到下关宝善街[②]，在那里为他们做饭。几天后，他被释放，并获得一张盖有两个

① 祥泰木行（China Import & Export Lumber Company Ltd.），又称中国木材进出口有限公司，1884年为德商控股，由法国商人创立，1914年英商在欧战爆发之际接管了祥泰木行。该公司设在上海，并在汉口、南京、天津、福州等地设分公司。鼎盛时期，在木材市场曾称雄半个世纪。1941年太平洋战争爆发，日军进驻上海租界，祥泰木行决定停业解散。

② 此处原文为Paohsing Street。下关只有宝善街。

日本兵印章的便条。这使他能够通过城门，回到难民区的家人那儿。[①]

然而，麦琪讲述的情况中最残酷、最悲惨的莫过于一座民居中13口人中有11人被入侵的日军野蛮屠杀的惨案。他在1938年1月30日的一封信中向妻子简要地描述了这一可怕的事件。他拍摄的影片及其解说词，对这场浩劫作了更为完整的诠释：

12月13日，大约30个日本兵来到南京城南部的新路口5号中国人的住宅，敲门。房东是回教姓哈，他打开门。他们立刻用左轮手枪把他打死，也杀死了跪在他们面前，乞求他们不要杀其他人的夏先生。哈太太问他们为什么杀了她丈夫，他们一枪杀了她。夏太太被从客厅的一张桌子下面拖拽出来，她曾试图和她一岁大的婴儿躲在那儿。被一名或多名日本兵剥光衣服强奸后，用刺刀捅她的胸部，然后将一个瓶子插入她的阴道，婴儿也被刺死。有些日本兵随后到隔壁的房间去，夏太太的父母，年龄分别为76岁和74岁，以及她年龄分别为16岁和14岁的两个女儿在那儿。当他们即将强奸这些女孩时，祖母试图保护她们，日本兵用左轮手枪打死了她。祖父紧紧抱住他妻子的尸体，也被杀了。然后两个女孩被剥去衣服，年龄大的被2到3个人轮奸，年龄小的被3个人轮奸。年龄大的女孩之后被刺杀，把一根棍子插入她的阴道。年龄小的女孩也被刺杀，但幸免于她姐姐和母亲可怕的遭遇。然后日本兵用刺刀捅刺也在这屋子里的7到8岁之间的另一个妹妹。杀死哈的两个分别为4岁和2岁的孩子是这栋住宅里最后两起谋杀。年龄大的被枪杀，年龄小的被军刀将脑袋劈开。受伤后，这个8岁的女孩爬到横陈着她母亲尸体的隔壁房间。在这里，她和没有受到伤害的4岁的妹妹一起待了14天。这两个孩子靠炒米和烧饭时形成的锅巴存活。摄影师能够从年龄大些的

① ［美］约翰·G. 麦琪：影片第二部分第3案例解说词，藏耶鲁大学神学院图书馆特藏部，第8档案组第263档案盒第7档案夹。

孩子那里获得故事的一部分，证实并纠正了邻居和亲戚告诉他的某些细节。孩子说日本兵每天都来，从房屋里拿走东西；但这两个孩子没有被发现，因为她们躲藏在旧床单下面。

这些可怕的事情开始发生之际，附近所有的人都逃往难民区。14天后，图像中显示的老太太回到附近，找到了两个孩子。是她带领摄影师来到尸体后来被抬到的一片空地那儿。通过询问她和夏太太的兄弟和小女孩，可以清楚地了解到可怕的悲剧。图像显示16岁和14岁女孩的尸体，各自都躺在同时被杀的一群人之中。最后显示的是夏太太和她的婴儿。①

麦琪在中国服务了26年后，于1938年6月首次回到美国。他在休假期间四处旅行，就南京大屠杀发表公开演讲，并放映他拍摄的影片。1939年5月，他回到南京接替福斯特。麦琪在那里继续传教和救济工作，直到1940年才离开南京。

回到美国后，麦琪在华盛顿特区的圣约翰圣公会教堂任牧师，他是富兰克林·D. 罗斯福总统葬礼的主祭牧师之一。

麦琪是在远东国际军事法庭作为控方证人出庭作证的三名美国人之一。1946年，麦琪回到康涅狄格州的纽黑文市，在耶鲁大学担任圣公会学生的牧师。他非常愿意提供证言。1946年8月15至16日，麦琪在东京出庭，提供了暴行案件的大量细节，他对这些案件非常熟悉并拍摄了影片。（他在法庭作证的庭审记录详见附录十二）

麦琪在耶鲁一直工作到1952年6月，然后回到家乡匹兹堡，在那里的加略山新教圣公会教堂（Calvary Protestant Episcopal Church）任职，直至1953年9月9日去世。

① ［美］约翰·G. 麦琪：影片第四部分第9案例解说词，藏耶鲁大学神学院图书馆特藏部，第8档案组第263档案盒第7档案夹。

詹姆斯·亨利·麦考伦

詹姆斯·亨利·麦考伦（James Henry McCallum，1893-1984）1893年11月19日出生于美国华盛顿州奥林匹亚，其父母为詹姆斯·麦考伦和伊丽莎白·麦考伦，他在俄勒冈州尤金长大，1917年毕业于俄勒冈大学。他还在尤金圣经学院（1918）、印第安纳波利斯圣经学院（1920）和耶鲁神学院（1921）接受教育。获得耶鲁大学神学学士学位后，麦考伦回到圣经学院，与前一年夏天追求并赢得芳心的伊娃·安德森[①]结婚。1921年秋天前往中国之行便是他们的蜜月旅行。在中文培训学校学习一年后，夫妇俩开始在位于南京中华门的基督会南门教堂工作。1927年，麦考伦第一次回国在芝加哥休假时，于芝加哥神学院获得硕士学位。因中国政局动荡，麦考伦夫妇无法返回中国，麦考伦留在加利福尼亚州莫德斯托（Modesto）的基督会教堂担任牧师。1931年秋天，麦考伦一家得以回到中国。除去在莫德斯托的三年，麦考伦夫妇一直在南京南门教堂工作，直至中日战争爆发。日军向南京进逼之际，麦考伦正准备回美国休假。然而此时，由于鼓楼医院的大部分医生、护士和工作人员已经撤离到中国西部，急需一名总务主任经管医院。尽管这意味着在接下来的六个月内无法见到妻儿，麦考伦还是挺身而出，勇敢地接受了这项工作。起初，麦考伦的家人在江西牯岭避暑，后经汉口、香港辗转前往上海。

麦考伦协助组建了国际委员会和安全区。城市被日军攻占后，医院里挤满了患者，麦考伦竭力为他们筹集食物、蔬菜、肉类、燃料等物资，而这在饱受战争蹂躏的南京并非易事。人们总是看到麦考伦开着医院的救护车东奔西走。麦考伦甚至还给出院的病人当保镖，以确保他们回家的旅程安全。每

① 詹姆斯·亨利·麦考伦的妻子伊娃·安德森·麦考伦（Eva Anderson McCallum，1895-1963），1895年6月17日出生于美国宾夕法尼亚州费城，1918年毕业于位于洛杉矶的惠迪埃（Whittier）学院音乐系，1921年在印第安纳州印第安纳波利斯的教会神学院（College of Missions）获得神学学位。1921年6月与麦考伦结婚后不久于当年秋天前往中国南京的南门教堂传教，1937年夏天，日军开始空袭南京之际，她带着孩子撤往庐山，后辗转经汉口、香港，于1937年圣诞节左右抵达上海，1938年7月回到南京。1951年最后随夫离开中国回美国，1963年11月14日在洛杉矶逝世。

当听说有暴行受害者被困在城市的某个角落，麦考伦都会开着救护车把伤者接到医院。由于他与医院的关系，并与贝茨、菲齐、米尔斯、里格斯、史迈斯、索尼和威尔逊同住一处，因而他目睹或了解了不少暴行案件，其中很多在他逐日写给妻子的信件以及给朋友的信中都有记述。

麦考伦的日记信件的一份副本现藏于美国国会图书馆，这份材料本身就有一段不寻常的经历。南京大屠杀发生时，美国人赫维·沃德·克里斯卿[①]居住在北平，并于 1938 年 12 月前往上海。在上海逗留期间，克里斯卿受人之托将麦考伦的日记副本送交给美国驻北平大使馆。1939 年 1 月初，他乘英国轮船抵达天津。下船后，他立即赶赴英国租界，一直在那儿等候直至坐上前往北平的火车。抵达北平后，他急忙赶往美国大使馆，将日记和信转交给使馆一等秘书劳伦斯·索尔兹伯里[②]。与此同时，赫维·克里斯卿也复制了一份副本。克里斯卿 1940 年回到美国作短暂停留之际，将这份副本托付给他的弟弟约翰·勒罗伊·克里斯卿[③]。赫维·克里斯卿 1941 年回到美国后又复制了三份副本，约翰·克里斯卿题写了简介说明，并于 1942 年 4 月将每份均附上说明材料的副本呈送给国会图书馆、哈佛大学图书馆和加利福尼亚

① 赫维·沃德·克里斯卿（Hervey Ward Christian，1899-1959），1899 年 4 月 19 日出生于美国明尼苏达州泰勒（Tyler），1931 年作为基督复临安息日会（Seventh-day Adventist）传教士前往中国北平传教，1941 年珍珠港事件之前日美关系紧张之际离开中国回美国，1959 年 10 月 28 日在爱达荷州考德威尔（Caldwell）逝世。

② 劳伦斯·尤迪斯·索尔兹伯里（Laurence Eutis Salisbury，1894-1976），1894 年 5 月 13 日出生于美国芝加哥，1916 年毕业于芝加哥大学后，前往日本教英语，1917 年进入外交界，被培养成为精通日语的外交官。从 1917 至 1932 年主要在驻日本的使领馆任职，1926 年晋升三等秘书；1932 年 5 月调往驻北平公使馆，并升任二等秘书，1938 年 3 月在北平晋升一等秘书，主持驻北平大使馆的日常工作。1939 至 1941 年在菲律宾任职，1941 年出任国务院远东事务助理主任，1944 年退休。1976 年 6 月 23 日在康涅狄格州麦迪逊（Madison）逝世。

③ 约翰·勒罗伊·克里斯卿（John LeRoy Christian，1900-1945），1900 年 10 月 28 日出生于美国明尼苏达州休斯敦（Huston），1924 年毕业于华盛顿州瓦拉瓦拉（Walla Walla）学院，1936 年在斯坦福大学获硕士学位，1927 至 1935 年在缅甸传教，曾在华盛顿大学任教，1942 年 2 月应征入美国陆军，官至中校，1943 年 10 月前往印度配合英军对日之战，1945 年 5 月 3 日，所乘登陆艇在缅甸仰光河中触水雷被炸身亡。重要著作有《现代缅甸（Modern Burmar）》（1942）。

大学图书馆。[①]

麦考伦的日记、书信忠实地记录了他在大屠杀艰难的期间所经历的一切，并真实地再现了南京居民挣扎求生的恐怖和紧张气氛。在一封日记信中，麦考伦告诉妻子：

> 说起来这段经历真让人毛骨悚然，我不知从哪儿说起，也不知在哪儿结束。从未听说过如此残暴的行径，……被怀疑当过兵的人以及许多老百姓都被押往城外，成千上万地集体屠杀。每天，不管是早晨，是下午，还是晚上，妇女都可能遭劫持。日军似乎可以任意进出，四处横行，为所欲为。在金陵女子学院、金陵大学和希尔克里斯特学校，美国国旗已数次被扯下撕毁。在神学院、金陵女子神学院[②]、金陵大学、金陵女子学院、金大附中、蚕桑大楼、图书馆和其他许多地方，每晚都有强奸、抢劫、枪击和刺刀杀人的事件发生。[③]

麦考伦在 1938 年 1 月 7 日写给朋友的一封信中写道：

> 生命的损失令人震惊。各个年龄段的男人、女人、儿童，在最轻微或没有明显原因的情况下被枪杀或用刺刀刺死。我们看到他们被成百上千地押走，随后传来的机枪声以及其他证据向我们宣告了他们的命运。当然，许多人是换了便装的中国军人，但很大一部分人不是军人，他们的职业和亲属可加以证明。但对军方的做法，不可能有应对的办法，当个别士兵既是指控人，也是法官和行刑者时，便无可奈何了。我们只是

① [美]约翰·勒罗伊·克里斯卿：《1937-1938 年冬日军南京暴行记录》按语。藏于美国国会图书馆。

② 金陵女子神学院（Bible Teacher's Training School），见 P77 注①。

③ [美]詹姆斯·H. 麦考伦：给妻子伊娃的信，1937 年 12 月 19 日，《1937-1938 年冬日军南京暴行记录》（"Account of the Japanese Atrocities at Nanking during the Winter of 1937-1938"），藏于美国国会图书馆。

事后听说，从幸存者那里得知情况。[①]

在1938年1月15日的另一封麦考伦写给朋友的信中说，恢复和平与秩序的进展甚微：

> 所有的外国人和刚抵达的外交官都在尽一切努力制止持续不断的恐怖行径。12月12日以来发生在南京的情况再怎么夸大也不为过。强奸和抢劫日夜不断。在场的日本兵人数较少时，暴行案件就会减少，但是没有设法约束入侵的部队。入城初期，大规模枪杀很常见，仍经常用刺刀杀人。我开着救护车到城市各处，为医院寻找食物和物资，或将不幸遭遇暴行的受害者接回医院。在所有情况下，我都发现有一小股日本兵在四处游荡，肆意妄为。每天都见到大火，最繁华的商业街道如太平路、中华路以及其他街道被焚毁，所剩无几。[②]

多年后，麦考伦在1970年11月为赴中国传教士口述历史节目接受采访时，对南京的情景仍然记忆犹新。他回忆说：

> 我看见约2000至2500多人被押出城处决。在每一起那样的事件中，都有幸存者来到医院。在日军占领期间，我是医院的总务主任。我常和救护车一起出车，所以我非常熟悉发生的情况，我们还有目击者——人们告诉我们在那段时间里发生的情况。在那个时期，有很多人——男子多于妇女——因各种原因被杀害。[③]

---

① ［美］詹姆斯·H. 麦考伦：给朋友的信，1938年1月7日，田纳西州纳什维尔，基督会历史学会图书馆詹姆斯·亨利和伊娃·安德森·麦考伦的书信。

② ［美］詹姆斯·H. 麦考伦：给亚历山大·保罗和埃德温·马科斯（Edwin Marx）的信，1938年1月15日，第3页，田纳西州纳什维尔，基督会历史学会图书馆詹姆斯·亨利和伊娃·安德森·麦考伦的书信。

③ ［美］詹姆斯·H. 麦考伦：《中国传教士口述历史》（*China Missionaries Oral History Project*），加州克莱尔蒙（Clarement）：克莱尔蒙研究生院，口述历史项目，1970年，第24页。

麦考伦本人在医院的防空洞里掩埋了超过 38 具尸体，并在街上收殓了一些尸体。他报告说在他的教堂大院里发现一具尸体，在南门教堂女子宿舍楼一楼发现了另一具尸体，并在另一位美国人住所的院子里见到第三具。[①] 麦考伦在一封信中告诉妻子：

> 他们使用救护车去掩埋尸体。约有 1500 具尸体埋在汉西门外，我们曾试图营救这批人，但没有成功。另外还有两批人遇害，有一万人在下关和记洋行外面遭杀害，另一批两万人是在江边往下游稍远处遇难，肯定都是试图撤离南京时受困的军人。[②]

医院里住满了暴行受害者，正如麦考伦在给朋友的一封信中所说，“医院住满的都是伤势危重的患者，但百分之九十都是手无寸铁的中国人遭到日本兵枪击、刺刀捅刺后来做手术缝合的”。[③] 在一份关于鼓楼医院情况的报告中，麦考伦作了如下叙述：

> 但是有谁比我们更了解每天都在发生的强奸、枪击和刺刀捅刺的情况。一位又一位病患来向我们讲述的经历令人恐怖，其中一些人是在临终之际讲的。我们亲自耳闻目睹这些当今时代几乎令人难以置信的暴行，而我所见所闻的外界报告都无法与我们可能讲述的相提并论。[④]

---

① ［美］詹姆斯 · H. 麦考伦，给朋友的信，1938 年 1 月 7 日，田纳西州纳什维尔，基督会历史学会图书馆詹姆斯 · 亨利和伊娃 · 安德森 · 麦考伦的书信。

② ［美］詹姆斯 · H. 麦考伦，给妻子伊娃的信，1938 年 1 月 16 日，田纳西州纳什维尔，基督会历史学会图书馆詹姆斯 · 亨利和伊娃 · 安德森 · 麦考伦的书信。

③ ［美］詹姆斯 · H. 麦考伦，给亚历山大 · 保罗和埃德温 · 马科斯的信，1938 年 1 月 15 日，第 3 页，田纳西州纳什维尔，基督历史学会图书馆詹姆斯 · 亨利和伊娃 · 安德森 · 麦考伦的书信。

④ ［美］詹姆斯 · H. 麦考伦，《鼓楼医院报告》（“Report of the Nanking University Hospital ‘Drum Tower’”），1938 年 1 月 22 日，第 3 页，田纳西州纳什维尔，基督会历史学会图书馆詹姆斯 · 亨利和伊娃 · 安德森 · 麦考伦的书信。

12 月 30 日，一名男子被送进医院，他的肠子被打穿，约有四英尺长的肠子露在外面。威尔逊花了大半个上午为他缝合，但他只有千分之一康复的希望。① 一天，麦考伦走进药房，一个 15 岁的男孩躺在桌子上，部分胃和肠子都露在外面。他住在城外，日本兵抓他去搬运蔬菜，干完活后，几个日本兵搜遍了他的衣服，抢走了六角钱。然后，几个日本兵用刺刀捅了他好几下。②

许多无辜百姓被日军从各个难民营抓走。他们之中一些人甚至有朋友在场证明他们是平民，“但由于手上有老茧，日军不顾抗议，不做进一步调查便认定他们是当兵的”，因此，很多“人力车夫、船民和其他劳动者仅仅因为手上长着辛勤劳作的老茧而被枪杀”。③

有几个大规模处决中的幸存者在临死前来到医院：

> 有个人说他们被当作练刺刀的靶子，从他身上的伤口来看，的确如此。还有一批人被押到古林寺旁，其中有个人回来，奄奄一息地讲述了那群人的命运。他们被兜头浇了汽油，再点火焚烧。他身上除了烧伤没有别的伤。头部、颈脖部已被烧得不成人形。同一天，另一个人被送到医院，他的身体大部分被烧伤，还被枪弹击中。这批人很可能被机枪扫射，尸体被架起来焚烧。我们无法得知详情，显然，这个人设法爬出来，到医院求救。这两个人都死了。我可以讲出许多这样让你倒几天胃口的恐怖故事。难以置信的是数以千计的人就这样被残酷屠杀了。到底有多

① ［美］詹姆斯 · H. 麦考伦：给妻子伊娃的信，1937 年 12 月 30 日，《1937-1938 年冬日军南京暴行记录》，藏美国国会图书馆。

② ［美］詹姆斯 · H. 麦考伦：给妻子伊娃的信，1938 年 1 月 15 日，《1937-1938 年冬日军南京暴行记录》，藏美国国会图书馆。

③ 同①。

少人被杀，很难说出准数，有人认为已经上万了。[①]

1938 年 1 月 1 日，一名受重伤的尼姑被送到医院。正是从这位受伤的尼姑口中，麦考伦得知城东南部一座尼姑庵中一群尼姑的命运。12 月 14 日，5 名尼姑躲在有两个出口的防空洞中避难，但日本兵发现了她们，从两端进入防空洞，杀死了三个，打伤另外两人。两个受伤的尼姑和一个只有 10 岁的学徒躲在伙伴尸体下面才得以活命。附近的一名男子将这名受重伤的尼姑送到了医院，在此之前她们已经 18 天没有得到医疗，5 天没有进食了。尼姑然后告诉他们，一个小女孩后背被刺伤。麦考伦立即开救护车去接她。[②]

麦考伦曾执行过一次任务，将母亲和新生婴儿送回难民营中的“家”。对一些家庭来说，尽管身处恶劣的环境，但对新生命的到来感到非常高兴。然而，并不是所有人都有这种快乐的感觉，因为并不是每个人都有家可归。有一位妇女带着刚出生的婴儿，无处可去，身无分文，没有朋友，更别说给婴儿吃的了，但她仍坚持要出院。几天前，她的丈夫被日本兵抓走了，恐怕再也回不来了。她想出去寻找丈夫，但是她太虚弱了，根本做不到。麦考伦想帮她，向数个难民营打听她的朋友和邻居，但都无济于事。麦考伦感慨道：“天哪，见证了怎样的苦难啊。”[③]

麦考伦在 12 月 19 日估计每晚至少有 1000 起强奸案，白天也有很多。抵抗或稍显不从都会被刺刀捅或者遭枪击。[④]日本兵在安全区难民营的建筑中四处游荡，寻找看中的女人，晚上再来把她们抓走。如果这些女人被藏了

① ［美］詹姆斯 · H. 麦考伦：给妻子伊娃的信，1937 年 12 月 29 日，《1937-1938 年冬日军南京暴行记录》，藏美国国会图书馆。

② ［美］詹姆斯 · H. 麦考伦：给妻子伊娃的信，1938 年 1 月 1 日，《1937-1938 年冬日军南京暴行记录》，藏美国国会图书馆。

③ ［美］詹姆斯 · H. 麦考伦：给妻子伊娃的信，1937 年 12 月 31 日，《1937-1938 年冬日军南京暴行记录》，藏美国国会图书馆。

④ ［美］詹姆斯 · H. 麦考伦：给妻子伊娃的信，1937 年 12 月 19 日，《1937-1938 年冬日军南京暴行记录》，藏美国国会图书馆。

起来，帮忙藏匿的男人就会被当场刺死。十一二岁的女孩，50岁的妇女均遭强奸。受害最严重的会来医院救治。一个怀孕6个月的妇女被送到医院来，她因反抗，脸上、身上有16处刀伤，其中一处刺穿腹部。她会活下来，但失去了孩子。[①] 甚至到了1938年2月，麦考伦还给妻子伊娃写了以下的内容：

> 情况可能有所好转，但在1月的最后三天，我们收到了80起返回安全区外家室的妇女遭强奸的报告。今天，一位82岁的老妇人回到了难民营——她被强奸了！想一想，在没有外国人观察的中国其他地区，肯定会发生什么样的情况！我们有一位住在栖霞山的德国朋友辛德伯格[②]今天来访，向我们讲述了同样悲惨的情况。他的难民营有6000人，附近的宝华山有两万人。所有身强力壮的男子要么被日军强征做劳工，要么被杀，女人任由日本兵摆布。我想知道这些可怕的事情何时才能停止？难道我们只能一直这样下去，没有任何缓解的希望？[③]

日军的掳掠焚烧行径骇人听闻。据麦考伦说，日军进入南京时，城市并未遭受重大破坏。然而：

> 自那以后商店的货物遭洗劫一空，店面大都付之一炬。太平路、中华路，以及城里几乎所有的主要商业街道尽成废墟。在城南，主要街道后面的房屋也大多被焚毁。每天都能见到火光四起，不知这样破坏性的兽行何时能止。[④]

---

① ［美］詹姆斯·H. 麦考伦：给妻子伊娃的信，1937年12月29日，《1937-1938年冬日军南京暴行记录》，藏美国国会图书馆。

② 伯恩哈德·阿尔普·辛德伯格（Bernhard Arp Sindburg，1911-1983），但辛德伯格是丹麦人，不是德国人。

③ ［美］詹姆斯·H. 麦考伦：给妻子伊娃的信，1938年2月3日，詹姆斯·亨利和伊娃·安德森·麦考伦的书信田纳西州纳什维尔：基督会历史学会图书馆。

④ 同①。

麦考伦观察了城市中建筑被焚烧毁坏的程度。他根据自己的观察，估计“从医院到中正路和白下路一带，百分之三十受损；白下路上半数被毁；从中华路到健康路八成遭摧毁。再往南去，城区的最南端损失轻一些，没有大面积焚毁”，而“从鼓楼到城东的城墙，有百分之二三十被毁，但破坏集中在某几个区域”。[①]

麦考伦已数次向美国大使馆报告他的教会财产遭到侵犯和损害的情况。1938 年 1 月 18 日，他就两起案件写信给爱利生。他在查看中国基督教会的房产时，遇到了两名日本兵在那儿掳掠。他命令日本兵放下抢到的东西，并将他们赶走。下午，十几名日本兵来到同一座教堂的大院，抢走了一架钢琴。[②]大约一周后的 1 月 24 日，他再次写信给爱利生告知，又发现日本兵在掳掠他的教会财产。麦考伦派遣红卍字会的工人去收殓 12 月中旬左右在那儿死去的两个中国人的尸体，这些工人报告了掳掠房产的情况。[③]在报告这些劫掠案件的过程中，麦考伦评论道：

> 作为该教会一名负责任的成员，我觉得不可能在位于城北和城南的所有教会产业上履行一个小警官的职责。没有一处房产没有被那些显然是不负责任的日本兵频繁地光顾。然而，他们开着卡车，人数如此之多，如果日军认真采取措施，应该能查出他们的身份。[④]

尽管他多次返回他的房屋，麦考伦仍未能防止他自己的财产遭到洗劫。

① ［美］詹姆斯·H. 麦考伦：给妻子伊娃的信，1938 年 1 月 1 日，《1937-1938 年冬日军南京暴行记录》，藏美国国会图书馆。

② ［美］詹姆斯·H. 麦考伦：给爱利生的信，1938 年 1 月 18 日，《1938 年 1 月南京的状况》，附件 5，1938 年 1 月 25 日，档案编号 793.94/12674，美国国家第二档案馆，第 59 档案组，微缩胶卷 M976 第 51 卷。

③ ［美］詹姆斯·H. 麦考伦：给爱利生的信，1938 年 1 月 24 日，《美国在南京的财产权益损失》附件 4-B，1938 年 2 月 28 日，档案编号 393.115/233，美国国家第二档案馆，第 59 档案组，第 1821 档案盒。

④ 同②。

在给朋友的信中，他描述了自己的损失：

> 幸运的是，我列出了一份我们家物品的清单，此后我在医院忙得不可开交，没空打出一份副本。你可以从我们的财产来判断其他人的情况。我们所有的自行车都是最先被劫走的。我们的瓷餐具大约有三分之二不是被打碎就是不知所踪。所有好衣服，包括燕尾服和连衣裙都被偷走。所有的唱片要么被掳走，要么被砸破。所有的罐头和食物都在他们第一趟来时掳掠而去。相当数量的厨房用具被偷走。被褥被抢个精光，毛巾也只剩下几条。很多幅画和画框被砸破，一些镶在镜框里的中国刺绣等物被掳走。一套书桌上钢笔和许多小的贵重物品被抢走。留声机和钢琴被严重损坏。我希望钢琴还可以修复。工具之类的东西被抢得精光。我必须再说一遍，剩下的东西被弄得乱七八糟，如果不费事查看，几乎无法分辨出下面还有什么。①

在整个大屠杀期间，麦考伦一直在医院的岗位上工作。同时，1938 年 6 月至 1939 年 7 月，他还担任国际救济委员会委员，从事其他救济工作，保护和帮助中国难民。由于医院人手严重不足，而总务主任一职对医院的运作至关重要，麦考伦继续在医院十分出色地工作直至 1939 年 7 月，此后，他终于可以回到美国去休那个拖延已久的假期。取道欧洲回国后，麦考伦一家在纽约住了一年，麦考伦在纽约协和神学院深造。

1940 年秋天，麦考伦一家返回中国，但麦考伦的大儿子留在美国读大学。1941 年 2 月，美日关系恶化迫使他的妻子和孩子在 1941 年 2 月撤离，而他则留下来，静观两国间不断加剧的紧张关系，直至 1941 年 12 月 7 日。从那

① ［美］詹姆斯・H. 麦考伦：给亚历山大・保罗和埃德温・马科斯的信，1938 年 1 月 15 日，詹姆斯・亨利和伊娃・安德森・麦考伦的书信第 2 页，田纳西州纳什维尔：基督会历史学会图书馆。

一天起，他与另外两名传教士，亚历山大·保罗和欧内斯特·福斯特，被日军羁押在南京一个传教士的家中。由于美日之间的外交谈判，麦考伦成为1942年8月乘坐“格里普斯霍姆轮”[①] 首批返回美国的遣返人员之一。

麦考伦是战后第一批返回中国的传教士之一，他努力工作，联系协调各教会组织，协助学校和医院恢复运转，分派救济物资。

1946年，麦考伦在东京远东国际军事法庭提交了他从1937年12月19日至1938年1月15日的日记，作为南京大屠杀控方的书面证据。麦考伦还提交了宣誓证词，证实“日记笔记为本人于1937年12月至1938年1月在中国南京所写笔记真实而准确的副本，其中叙述的事实是真实的”。[②]（宣誓证词见附录十三。）1946年8月29日，助理检察官大卫·纳尔逊·萨顿[③] 在法庭上宣读了一大段麦考伦的日记。

麦考伦继续在南京工作直至1951年，当时朝鲜战争爆发，局势日趋紧张。回到美国后，麦考伦一家在随后的几十年里一直居住在加利福尼亚州的皮科里维拉（Pico Rivera）。1984年4月20日，麦考伦在皮科里维拉辞世。

---

① “格里普斯霍姆轮（MS Gripsholm）”为瑞典-美国航线公司（Swedish American Line）的远洋客轮，17993吨，1924年在英国建造，1927年开始在瑞典哥德堡至纽约的横跨大西洋航线运营。1942至1946年，美国国务院包租该轮与德国和日本交换各自羁押的外交官与公民，包括加拿大公民以及与美国、加拿大公民结婚的英国人。与日本交换的地点在莫桑比克的洛伦索-马克斯（Lourenço Marques，今马普托，Maputo）与印度的葡萄牙殖民地果阿（Goa）；与德国交换的地点在斯德哥尔摩与里斯本。该船1954年出售给德国北德劳埃德（Norddeutscher Lloyd）航运公司，更名为“柏林号”，1966年被拆解。

② ［美］詹姆斯·H. 麦考伦：宣誓证词，1946年6月27日，马里兰州学院公园市：美国国家第二档案馆第238档案组，远东国际军事法庭的法庭文件、日志、物证与判决，缩微胶卷T918第12卷，第309号物证，文件编号2466。

③ 大卫·纳尔逊·萨顿（David Nelson Sutton，1895-1974），1895年7月14日出生于美国弗吉尼亚州史蒂文森斯维尔（Stevensville），1915年毕业于里士满学院（今里士满大学，University of Richmond），1920年在弗吉尼亚大学法学院获得法律博士学位，曾参加第一次世界大战。1928至1946年在弗吉尼亚州的西点（West Point）任律师，1946至1948年受邀参加东京远东国际军事法庭审判，担任南京大屠杀等案的控方副律师，曾两次前往中国调查取证。1948年回到弗吉尼亚担任律师，并曾任弗吉尼亚州律师协会会长。他1974年11月21日在弗吉尼亚州西点逝世。

威尔逊·波鲁默·米尔斯

威尔逊·波鲁默·米尔斯（Wilson Plumer Mills，1883-1959）1883年12月1日出生于美国南卡罗来纳州的温斯伯勒（Winnsboro），在该州的另一个小镇卡姆登（Camden）长大。他的父亲是北方长老会牧师。米尔斯1903年毕业于北卡罗来纳州的大卫逊（Davidson）学院。在卡姆登任教三年后，入南卡罗来纳大学读研究生，并于1907年获硕士学位，随即作为罗兹学者赴牛津大学基督堂学院就读，并于1910年获文学学士学位。1910年开始，米尔斯在哥伦比亚神学院就读，同时在南卡罗来纳大学担任基督教青年会秘书。他1912年毕业并获神学学士学位。1912年6月，米尔斯与海瑞亚特·科妮莉尔·赛尔[①]结为伉俪。婚后夫妇俩即乘船前往中国。1912至1932年，米尔斯先后在南京、北京、汉口、上海等地担任基督教青年会国际委员会秘书，其中包括一年在东京为中国留学生服务（1919-1920）。他于1932年开始在南京的北方长老会任职。

日军对南京的进攻迫在眉睫之际，米尔斯和贝茨试图通过"巴纳号"炮舰上的无线电设施安排中日军队停战的事宜，但这一努力并未成功。米尔斯在创建组织南京安全区的工作中发挥了重要作用，并被推举为安全区国际委员会副会长。1938年2月23日，委员会会长约翰·拉贝奉公司之命撤离南京，前往德国。他的工作由米尔斯接替，但会长的头衔仍保留给拉贝。

米尔斯不辞辛劳，尽力守护教会房产与其他美国财产，以及在这些房产上避难的难民。发现日军侵犯美国大使馆大院并偷走汽车后，他立即向日本外交官提出抗议。米尔斯还多次就日军在其教会的房产上强奸妇女、抢劫向

---

① 海瑞亚特·科妮莉尔·赛尔·米尔斯（Harriet Cornelia Seyle Mills，1889-1998），昵称尼娜（Nina），1889年12月16日出生于美国南卡罗来纳州皮肯斯（Pickens），1910年毕业于南卡罗来纳州契考拉（Chicora）学院，1911年在南卡罗来纳大学获得硕士学位，1912年与米尔斯结婚后于当年前往中国，主要在南京传教。日军攻占南京之前，她已撤往上海，1938年6月回到南京。1949年最后随夫离开中国回美国。1998年11月16日在密歇根州雷德福德（Redford）逝世，享年108岁。

日方发出抗议信。除了这些抗议信，米尔斯还给妻子科妮莉尔（尼娜）写信，向她通报南京的局势和动向，包括大屠杀期间日军的暴行。

米尔斯在 1938 年 1 月 9 日给妻子的信中写道："日军进城后，这里成了地狱"；他认为所有外国人都觉得"这是唯一能够描绘日军攻占城市最初的十天或两周内所发生情况的字眼"。他接着写道："他们残忍杀害攻陷城市后被俘的军人和许多被指称为军人的无辜百姓，甚至连这个借口都没有便枪杀了很多人；大规模强奸妇女，大肆抢劫民众，再加上蓄意毁坏大片的城区，除了我所使用的这个，没有其他字眼能够形容这一切。"①

米尔斯说："在安全区外没有一个中国人是真正安全的，在安全区内，也没有绝对的安全。"② 他讲述了 1937 年 12 月 13 日晚在南京街头发生的一幕：

> 13 日晚天黑后，任何中国人上街都不安全，尽管可以预料到在成千上万的人中，总会有些人出于这样或那样的原因不得不上街。金陵大学的齐先生③和顾先生在那个晚上侥幸逃过一劫。他们只是从金陵大学走到他们居住的伊利克④家——你知道那是多么短的一段距离——一个哨兵上前向他们问话。哨兵好像对他们非常怀疑，如果不是查尔斯·里格斯正好经过金陵大学回平仓巷突然在那儿出现，他们当时很可能当场就

---

① ［美］W. P. 米尔斯：给妻子尼娜的信，1938 年 1 月 9 日，藏耶鲁大学神学院图书馆特藏部，第 8 档案组第 141 档案盒。

② ［美］W. P. 米尔斯：给妻子尼娜的信，1938 年 1 月 10 日，第 1 页，藏耶鲁大学神学院图书馆特藏部，第 8 档案组第 141 档案盒。

③ 齐兆昌（Charles G. T. Gee，1890-1956），浙江杭州人，早年就读之江大学，毕业后赴美继续深造，毕业于北俄亥俄大学土木工程专业，获学士学位。曾长期担任金陵大学建筑师。南京大屠杀期间，他留在城内，任金陵大学难民营的负责人。1952 年后任南京大学工务科（即以后的校产科）科长，于 1956 年 1 月 21 日在南京鼓楼医院逝世。

④ 约翰·舍伦·伊利克（John Theron Illick，1888-1966），中文名伊礼克，1888 年 12 月 3 日出生于美国宾夕法尼亚州道芬（Dauphin），毕业于泰勒（Taylor）大学，在纽约州瑟勒克斯（Syracuse）大学获硕士学位，并在普林斯顿大学获博士学位。他 1918 年前往中国，在金陵大学教授动物学直至 1950 年。他于 1966 年 9 月 27 日在加州斯坦尼斯勒斯（Stanislaus）去世。

被杀害了。即便如此，当查尔斯试图向哨兵解释他们的身份时，他还不准备放他们走。我想部分原因是他并没有完全听懂查尔斯的话。但最后，里格斯放弃解释他们是金陵大学的工作人员，并在回答哨兵的询问时说这些人是他的“佣人”，他们才被放行。①

日军攻占城市最初几天的一个下午，米尔斯和拉贝一起去日本当局，请求宽恕一个难民营中被捆绑的三四十个人的生命。两个小时后他们回来，却发现整个难民营的几百人都被抓走。米尔斯说：“人们将永远记住这件事”，因为他们“无法避免悲剧的发生”，而新的“命令已经收到，这些人被押出去处死”。②

还有一天，米尔斯回团体住处吃午饭，发现所有的人肃穆冷静，里格斯双眼噙着泪水，告诉大家那天上午有数百名中国人被从一座难民营中押走。然后，米尔斯表达了他的悲伤和痛苦：

这场战争最糟糕的不是被烧毁的建筑和被毁坏的房屋，尽管这已经很糟糕，而是那些再也不会回来的男人和那些至死身心都会承受着无节制的情欲造成的痛苦和伤害的妇女。我几乎不知道哪一个更为可悲，是男人被押走赴死，还是女人逃离恐怖的痛苦。③

米尔斯在1938年2月22日报告了肆意杀人的案件。他告诉妻子，前一天晚上，日本兵在离他住处很近的地方行凶杀人，还写道：“我之前写信给你说过，大约三周前，亲眼看到一个白发老人、一个妇女和另外两个男人的尸体躺在被枪杀的地方。”大约两三天前，他又看到“一个男人和一个小男

① ［美］W. P. 米尔斯：给妻子尼娜的信，1938年2月9日，第4页，藏耶鲁大学神学院图书馆特藏部，第8档案组第141档案盒。

② 同①。

③ 同①。

孩被士兵枪击。幸运的是，这两人伤势都不严重，但这一事件表明，在日军占领下，城里的生活是多么的不安全”。①

米尔斯没有详细描述强奸案，但他在给妻子的一封信中曾提道：“确实发生了数以千计的强奸案。”②在同一封信中他告诉尼娜“如果你看到成群结队的妇女清晨从一个地方逃到另一个地方，认为她们会比前一天晚上经历的恐怖稍微安全些，你也会像我们一样心如刀绞”。③

然而，米尔斯详细观察了焚烧毁坏的情况：

> 中华路（原府东街）④基本上已被烧毁。太平路也是如此。讲堂街⑤也严重损毁。这些都是主要的商业街道。这些街道上的教会产业遭受损失也在意料之中。讲堂街的卫理公会教堂已荡然无存，南门附近基督教会男校的两座建筑也被烧毁；就在我们府东街教堂北面的陈阿明（Chen Ah Ming）先生的店铺已经被毁，结果，我们的建筑（租给救世军的那座）北边的窗户全被烧毁。在陈先生的大店铺和我们这地方之间有一个小商店，还有一小块空地，仅此就使我们的建筑免遭进一步的破坏；基督教青年会已被烧毁。这些是教会财产因燃烧而遭受的主要损失。商业建筑方面，一个接一个街区的商业建筑被毁。我认为自从日军进城以来，没有一天不在某个地方纵火焚烧，而且通常不止一处。在占领初期的一个晚上，我曾一次数到 11 起火灾。菲齐在同一天晚上或在另一个场合数到

① ［美］W. P. 米尔斯：给妻子尼娜的信，1938 年 2 月 9 日，第 2 页，藏耶鲁大学神学院图书馆特藏部，第 8 档案组第 141 档案盒。

② ［美］W. P. 米尔斯：给妻子尼娜的信，1938 年 1 月 10 日，第 2 页，藏耶鲁大学神学院图书馆特藏部，第 8 档案组第 141 档案盒。

③ 同②。

④ 20 世纪 30 年代初，国民政府在南京城进行大规模市政改造工程。1932 年将城南中华门内主轴线上的四条街道，即南门大街、花市大街、三山街与府东街，拓宽连成一条大道，以中华门命名为中华路。府东街位于最北面，从今升州路口至内桥。

⑤ 1930 年，将原来狭小的街道拓宽连接成宽大的长街。当时由西向东将水西门大街、油市大街、讲堂街、行口街、坊口街与黑廊大街拓宽连接成一条通衢大路——升州路。1937 年，人们对原来的街名仍记忆犹新。讲堂街的位置大致在现在的升州路从评事街至鼎新路那一段。

14起。[①]

掳掠非常猖獗。根据米尔斯的说法，中国人的商铺或房屋不管是什么样的，只要里面有日本兵想要的任何东西，几乎没有不被闯入遭到抢劫的。[②]几乎每栋房屋都被多次闯入洗劫。大多数情况下，日本兵把他们中意的小东西顺手掠走。有时，他们偷窃的东西不止这些小东西，他们还劫走椅子、地毯、床或任何能让他们在南京逗留期间感到舒适的东西。[③]米尔斯还表达了他的许多美国同胞的沮丧，“几乎不敢将汽车或卡车在没有外国人看管的情况下停放哪怕几分钟，以防被日本兵偷走”，一位外国人“必须伴随运输的每一车粮食或燃料，甚至不得不陪伴我们雇用的苦力往返他们的住所，以防他们遭日本兵袭扰”。在大屠杀期间，“救济工作必须与警察的职责相结合”。[④]

外国公民的住宅也被闯入掳掠。米尔斯向他的妻子报告了外国人的住宅，包括他们自己的，遭受的猖狂洗劫：

在南京，不管什么样的房屋或建筑物，几乎没有不被日本兵闯入抢劫的。有几座外国人的房屋幸免于难，但数量极少。出于某种原因，我们自己的房子比埃缅楼[⑤]的情况好些。正如我在另一封信的附言里给你写的那样，我们在那里的主要损失是你的衣柜被砸，你床上的床垫和安娅[⑥]的自

① ［美］W. P. 米尔斯：给妻子尼娜的信，1938年1月9日，藏耶鲁大学神学院图书馆特藏部，第8档案组第141档案盒。

② 同①。

③ ［美］W. P. 米尔斯：给妻子尼娜的信，1938年1月10日，藏耶鲁大学神学院图书馆特藏部，第8档案组第141档案盒。

④ ［美］W. P. 米尔斯：给妻子尼娜的信，1938年3月3日，第2页，藏耶鲁大学神学院图书馆特藏部，第8档案组第141档案盒。

⑤ 埃缅楼（Elmian）是明德女中校园里的一栋三层宿舍楼。

⑥ 玛丽·爱格妮丝·米尔斯（Mary Agnes Mills，1924- ），为威尔逊·波鲁默与康妮莉尔·米尔斯的小女儿，昵称安娅（Angie），她1924年12月9日出生于汉口，在南京长大，就读于南京的美国学校，1942年毕业于上海的美国学校。

行车被日本士兵用卡车劫走。当然，幸好我把很多东西给你寄到牯岭去了，有所助益。王师傅已尽全力保护这个地方，但现在中国人对付日本人真是无能为力，当然我也不能一直待在这个地方。有三张整床和床垫从埃缅楼被偷走，其中至少有一张床是翻越后墙偷走的。正如舍尔·贝茨所说，“对于矮小的人来说，日本人是他所知最好的翻墙者”。你的床垫也是被人翻墙偷走的。不要以为这些偷窃是由于房产无人看管，是佣人或“老百姓”所为。我自己就曾在明德女中[①]埃缅楼的阁楼上，不止一次在老庄姆德[②]和埃尔米安的院子里、费恩[③]的阁楼上、丹尼尔斯[④]的楼上，还有好多现在想不起来的地方，抓住日本兵。其中有几次，就在我抓获这些日本兵时，有一名日本领事馆警察陪同我。事实上，他们甚至在悬挂美国国旗、张贴美国大使馆公告，以及日军来了后，张贴了日本大使馆的公告的外国房屋里偷窃，是如此地堂而皇之以至于日本人

① 1884年10月美国基督教北美长老会在南京创办明德书院，地点在城西四根杆子（今莫愁路419号）。辛亥革命后更名为私立明德女子中学，1952年改为公办，同时更名为南京市第五女子中学。1969年男女合校，改名为南京市群星中学，不久又改为南京市第三十六中学。1986年该学校改建为南京女子中等专业学校。1937年，明德女中校长为李美筠小姐。

② 威廉·詹姆斯·庄姆德（William James Drummond，1864-1938），1864年出生于加拿大安大略，1885年毕业于加拿大安大略的皇后学院，1890年作为长老会传教士到中国南京传教，前后47年。1937年日军攻占南京前，他撤往上海，之后到美国加州桑塔·巴布拉（Santa Barbara）的女儿处，并于1938年11月26日在那儿逝世。此时仍在南京工作的爱伦·莱茵·庄姆德（Ellen Lane Drummond，1897-1981）小姐是他的另一个女儿。

③ 威廉·勃维恩斯·费恩（William Purviance Fenn，1902-1993），中文名芳卫廉，1902年8月31日出生于美国纽约州新罗切尔（New Rochelle），自幼跟随传教士父母到中国，在北京生活、受教育，长大后于1917年回美国读大学，1923年毕业于汉密尔顿（Hamilton）学院，1928年在纽约大学获硕士学位，1934年在衣阿华大学获博士学位。1923年回中国，在通县的美国学校教书。1932年到金陵大学外文系任教。日军进攻南京之前，他随学校西迁成都执教至1942年。此后担任亚洲基督教学院联合董事会在中国的秘书长，1947年离开中国。1993年4月22日在宾夕法尼亚州道尔斯顿（Doylestown）逝世。

④ 约翰·豪顿·丹尼尔斯（John Horton Daniels，1891-1974），中文名谈和敦，1891年9月22日出生于美国明尼阿波利斯（Minneapolis），1918年从哥伦比亚大学医学院毕业后，前往南京鼓楼医院任内科医生。1931年底出任鼓楼医院院长。日军攻占南京之前，他已撤离，1938年6月回到南京。1941年12月初，他乘船回美国途经马尼拉时，珍珠港事件爆发，而被日军扣押，在集中营中做医务工作至1943年被遣返美国。战后，他携家眷回到南京鼓楼医院工作至1950年。他1974年7月31日在洛杉矶逝世。

> 并不试图否认所发生的盗窃，他们只是为此道歉而已。从唱片到汽车，从食品柜中剩下的食物到床和被褥，他们洗劫一空。他们也不尊重人，不管是富人还是穷人，他们都照偷不误。他们也不尊重国籍，虽然德国和日本都是“反共产国际协定”[①]的签署国，但日本兵偷德国人的东西和偷美国人的财物没什么两样。偷英国人的东西也是一样。高恩特先生[②]的房屋看上去和乔治·菲齐的差不多，而这两座屋子和很多德国人的房屋一个样。[③]

米尔斯曾多次就日军在美国房产上所犯暴行与不法行为向日本大使馆提出抗议。在美国外交官返回南京之前，他们“差不多每个小时都要应付日本兵，每天，几乎一天几次，和日本大使馆打交道”。[④]米尔斯告诉妻子，他们不得不处理那些平时本应由领事馆或大使馆处理的问题。他们不得不就日本兵侵犯美国大使馆给日本大使馆写信抗议。他们不得已而为之，仅因为没有其他办法。[⑤]

1937 年 12 月 17 日，米尔斯向日本大使馆提出下列抗议：

> 请允许我提请你们注意位于莫愁路 54 号和 65 号，还有天妃巷与韩家巷的基督教长老会的房产被日本兵闯入。财产受到一些损坏，有些物品遭盗窃。请注意在天妃巷的房屋里，昨天两个年轻的中国姑娘遭到强

---

① 《反共产国际公约》（*Anti-Comintern Pact*）是纳粹德国与日本于 1936 年 11 月 25 日在柏林签署的反对共产国际的一项协议。共产国际，亦称第三国际，是一个促进全球共产主义运动的国际组织。

② 托马斯·高恩特（Thomas Gaunt）是一位英国海外传道会（Church Mission Society）的传教士，毕业于剑桥大学马格达林（Magdalene）学院，1900 年前往中国，在浙江台州、宁波传教。1930 年到南京，在圣公会办的中央神学院任教。

③ ［美］W. P. 米尔斯：给妻子尼娜的信，1938 年 1 月 10 日，第 1 页，藏耶鲁大学神学院图书馆特藏部，第 8 档案组第 141 档案盒。

④ ［美］W. P. 米尔斯：给妻子尼娜的信，1938 年 2 月 22 日，第 1 页，藏耶鲁大学神学院图书馆特藏部，第 8 档案组第 141 档案盒。

⑤ 同④。

奸。上述地点有美国国旗和美国使馆的布告清楚地标示着，理应得到日军的保护。请你们提请日军当局注意这些事件，以免这些不幸事件再度发生。①

美国外交官回城后，米尔斯向美国大使馆提交了暴行案件。他向爱利生报告了在 1938 年 1 月 15 日至 16 日的 26 个小时之内，日本兵是如何侵犯他的教堂大院、强奸难民的：

1 月 15 日下午 2：00 两个日本兵来劫持走一名妇女。

1 月 15 日晚上 6：00 一个穿军装、一个着便服的两个日本兵来劫持、强奸两个姑娘。

1 月 15 日晚上 7：30 两个日本兵来，劫持了姓许和姓丁的两名姑娘，并强奸她们。

1 月 15 日晚上 8：25 两个全副武装的日本兵来，在里面待了半个小时之后，劫持走两个姑娘。（有人告诉我这些士兵把老百姓吓死了。）

1 月 16 日上午 9：30 两个日本兵来。

1 月 16 日上午 11：30 一个日本兵来，在这里待了一小时之后离开。

1 月 16 日下午 2：00 一个日本兵来劫持走一个名字为刘王氏的已婚妇女。

1 月 16 日下午 3：30 三个日本兵来劫持走两个妇女。②

随着时间推移，南京的情况虽逐渐好转，但米尔斯仍继续报告和抗议暴

---

① ［美］W. P. 米尔斯：给日本大使馆的信，1937 年 12 月 17 日，《美国在南京的财产权益损失》附件 3-A，1938 年 2 月 28 日，档案编号 393.115/233，美国国家第二档案馆，第 59 档案组第 1821 档案盒。

② ［美］W. P. 米尔斯：给美国大使馆约翰 · 爱利生的信，1938 年 1 月 17 日，《美国在南京的财产权益损失》附件 3-H，1938 年 2 月 28 日，档案编号 393.115/233，美国国家第二档案馆，第 59 档案组第 1821 档案盒。

行案件。在 1938 年 6 月 12 日的信中，他告诉妻子：他将直接向日本领事馆抗议日本兵仍在基督教青年会偷窃，他们“来偷走了几张桌子、椅子、凳子，还有一条长椅”。[①] 迟至 1938 年 12 月 23 日，米尔斯在给女儿玛丽[②] 的信中说，两周前，他们的六名救济工作人员突然被捕。[③]

与此同时，米尔斯将更多时间用于福音布道工作，同时仍担任国际救济委员会的会长。直至 1942 年 9 月，也就是珍珠港袭击事件 9 个月后，他才离开南京。1943 年 2 月，米尔斯被日本人关押进上海浦东集中营。经过外交谈判，他得以获释，并于 1943 年 12 月乘坐“格里普斯霍姆号”轮船被遣返回国。[④]

1944 年米尔斯回到中国，先后在重庆和上海工作。他最终于 1949 年离开中国，1951 年正式退职后到纽约市，但继续在协和神学院的传教研究图书馆担任研究学者，直至 1955 年因健康每况愈下而不得不退休。1959 年 2 月 26 日，米尔斯在纽约的圣巴纳巴斯（St. Barnabas）医院与世长辞。

查尔斯·亨利·里格斯

查尔斯·亨利·里格斯（Charles Henry Riggs，1892-1953 ）出生于一个著名的美国传教士家庭，里格斯家族一度有 15 名成员从事传教工作。他于 1892 年 2 月 6 日出生在土耳其的安塔布（Aintab），父母均是美国传道会（公理会）的传教士。他出生两年后，全家搬回俄亥俄州。里格斯的父亲查尔斯·威尔逊·里格斯（Charles Wilson Riggs）在欧柏林（Oberlin）

---

① ［美］W. P. 米尔斯：给妻子尼娜的信，1938 年 6 月 12 日，第 1 页，藏耶鲁大学神学院图书馆特藏部，第 8 档案组第 141 档案盒。

② 即玛丽·爱格妮丝·米尔斯（Mary Agnes Mills，1924- ），米尔斯昵称其为安姬。

③ ［美］W. P. 米尔斯：给女儿玛丽的信，1938 年 12 月 23 日，藏耶鲁大学神学院图书馆特藏部，第 8 档案组第 141 档案盒。

④ ［美］W. P. 米尔斯：给詹姆斯·爱德华·米尔斯（James Edward Mills）的信，1943 年 11 月 14 日，以及小詹姆斯·休·基利（James Hugh Keeley Jr.）给詹姆斯·爱德华·米尔斯的信，1943 年 8 月 22 日，南卡罗来纳州哥伦比亚市：南卡罗来纳大学南卡罗来纳图书馆。

担任公理教会牧师，因此他在欧柏林长大。1909 年从欧柏林高中毕业后，里格斯进入俄亥俄州立大学学习农业，并于 1914 年获理学学士学位。里格斯被派往阿尔巴尼亚做公理会传教士，但第一次世界大战爆发，他的阿尔巴尼亚之行被迫取消。他在西印度群岛的一个芒果种植园短暂工作后前往纽约，在圣经师资培训学校就读。他在学校结识了同学格蕾丝·埃德娜·弗瑞德里克[①]，并于 1915 年与其订婚，1916 年 8 月 31 日结婚，之后前往中国的旅途便是他们的蜜月。以后利用回国休假深造，里格斯获纽约协和神学院的神学学士学位（1931）和康奈尔大学的农业机械硕士学位（1932）。

里格斯夫妇 1916 至 1917 年在金陵大学学习一年中文之后，继续他们的旅程，前往福建荒芜的邵武山区，负责一座新建立的农业试验站的工作。里格斯在那里生活了十几年，帮助中国农民实行作物轮流耕种、植桑养蚕缫丝与植树造林，并引进新品种的种子。1932 年，里格斯加入金陵大学的教师队伍，担任农业机械教授。

1937 年秋天，日军向南京进逼之际，格蕾丝带着孩子回家乡纽约斯科舍（Scotia），而里格斯则留在南京，为成千上万的中国难民组建安全区。作为南京国际委员会的住房专员，里格斯这样记录道：

> 忙碌了一周，开放各类房屋建筑，搬运家具，并将大批难民安置进去。私人住宅中安置的难民数量从 40 到 100 人不等，而大型公共建筑内能挤着睡下多少人就睡多少人。在那段时间里，我指挥安置了超过 10 万人，

① 格蕾丝·埃德娜·弗瑞德里克·里格斯（Grace Edna Frederick Riggs，1893-1984），1893 年 6 月 22 日出生于美国纽约州奥塔蒙特（Altamont），在纽约协和神学院学习时与查尔斯·亨利·里格斯结识，并于 1916 年与之结婚后一起前往中国，在福建邵武传教，1932 年随丈夫到南京，曾在南京希尔克斯特美国学校、基督教青年会的学校和金陵大学任教。1937 年夏，中日战事爆发之后，她带孩子回美国，投奔在纽约州斯科迪亚（Scotia）的父母处。其丈夫一直坚守在南京。1939 年 2 月查尔斯·里格斯回到美国休假，之后携妻子于 1939 年 6 月到西迁成都的金陵大学，她担任英文秘书，兼授英文课。里格斯夫妇 1946 年回到南京至 1951 年离开中国。她 1984 年 5 月 14 日在科罗拉多州丹佛逝世。

犹如这个地区所有的建筑和房产都是我的私人财产那样拥有权力。①

日军占领南京并对居民实施暴行后，里格斯以非凡的勇气和力量在民众遭到日军侵犯骚扰时保护他们：

在一小群试图帮助中国人的外国人当中，可能没有谁比查尔斯·里格斯更为勇敢面对、无私奉献。他似乎毫无畏惧。里格斯身上有一种坚定、朴实的品质，这是他在危急关头爆发出的巨大力量。他四处奔走，解救妇女，并试图说服日军宽恕被押往刑场的人。中国人赞扬他拯救了许多平民百姓。他也引起日军当局的不满。②

这也是里格斯多次遭到日本兵的殴打、打耳光与攻击的原因。

直至美国大使馆官员回城后，里格斯才记录下沦陷的城市中恐怖的境况。1938年1月15日，他在给妻子格蕾丝的信中写道：

从12月的第一个星期开始，我们与外界的联系被完全切断；邮局都不营业，邮件只能经由大使馆收发。他们说这封信有希望在没有审查的情况下寄出去，所以我可以告诉你上个月发生的一些事情。但即使在这里有自由，没有100页纸，或比我认识的更多的词语，都不可能把一切都告诉你，让你对我们这段时间所经历的恐怖和野蛮的恶行有更多的了解。③

---

① ［美］查尔斯·H. 里格斯：给妻子格蕾丝的信，1938年1月15日，第1页，美国海外传道委员会档案（American Board of Commission for Foreign Missions（ABCFM）Archives），第50档案盒，ABC 77.1，查尔斯·亨利·里格斯个人生平档案，第17档案夹。经哈佛大学霍顿（Hougton）图书馆及广义教会牧师组织（Wider Church Ministries）许可使用。

② ［美］奥利弗·J. 卡德威尔（Oliver J. Caldwell）：《农业探索》（“Adventures in Agriculture”），《进展》（*Advance*）（波士顿），第131卷，1939年3月1日，第116页。

③ ［美］查尔斯·H. 里格斯：给妻子格蕾丝的信，1938年1月15日，第1页，美国海外传道委员会档案，第50档案盒，ABC 77.1，查尔斯·亨利·里格斯个人生平档案，第17档案夹。

里格斯描述了日军进入南京后的所作所为:

然后在 13 日，日寇的军队进来了，地狱被放纵开来。首先，他们杀害了所有抓住的俘虏，把他们五六个人捆绑起来，用手枪枪杀或用刺刀捅死。然后，把所有他们认为是军人的人围捕起来，其中当然有很多普通百姓，将成千上万的人枪杀。接着他们开始掳掠、强奸，甚至从一无所有的最贫困者那儿偷走几毛钱或一丁点食物。而且他们持续不断，不仅仅是古老中国历史中记载的屠城三日，他们在一些地方仍在施暴。与南京民众遭受的苦难相比，你在书上读到的对西班牙海盗及其洗劫城市的描述，就显得平淡无奇。每晚都有数以千计的妇女被强奸，很多人在强奸的过程中或之后被杀害；由于父母遭抢劫、被杀害或强奸等情况孩童哭喊，也被刺刀捅死。他们在搜寻可以携走的更值钱的小物件时，砸门和乱扔东西所造成的损失，远远超过了他们抢走的东西的价值。四处的房屋看起来犹如遭受龙卷风横扫之后。①

据里格斯所说:“城市大部分已沦为废墟，所有的居民都成了打劫者、卑微的拾破烂的”，而“在某些地方，毫无制约的放纵行为仍在持续着”。②他还告诉妻子，安全区以外的地区发生的掳掠与焚烧:

安全区以外，城市的其余部分几乎完全成了废墟。日军先将想要的东西洗劫一空，将商店里的货物装满卡车一车车运走。然后，他们有计划地放火焚烧，大多数商店都化为灰烬。安全区外的南京所有的地区，除日本兵之外，已成为一座死寂之城，成了堆着垃圾、破门和焚烧残余

① ［美］查尔斯 · H. 里格斯：给妻子格蕾丝的信，1938 年 1 月 15 日，第 1 页，美国海外传道委员会档案，第 50 档案盒，ABC 77.1，查尔斯 · 亨利 · 里格斯个人生平档案，第 17 档案夹。

② ［美］查尔斯 · H. 里格斯：给妻子格蕾丝的信，1938 年 3 月 12 日，第 2 页，美国海外传道委员会档案，第 50 档案盒，ABC 77.1，查尔斯 · 亨利 · 里格斯个人生平档案，第 17 档案夹。

物的地方。[①]

里格斯，以及其他外国人尽其所能地保护中国难民。他表示：

最初10天，我主要在金陵大学的校舍和我负责的比较大的房屋建筑中巡逻，充当警察，驱赶掳掠者，解救被抓去的妇女，我唯一的武器是美国人大张旗鼓地虚张声势恐吓，十次有九次能成功。我们22个人都或多或少这么做了，贝茨、斯波林和我本人大部分时间都在这么做。医院的人当然很忙，鲍勃·威尔逊和其他人一样每天工作20个小时，用行动证明了自己。史迈斯做记录，米尔斯和其他人不断向日本当局抗议，最终促使他们派来宪兵阻止日本兵进入安全区。[②]

巡逻治安工作不再那么紧迫时，里格斯开始开卡车去寻找煤炭，以维持各难民营的粥棚继续开张。他描述了他在城里搜寻运输燃料的努力与困境：

很长一段时间里，我只能开一辆卡车干活，因为如果在街上看到卡车或汽车没有外国人坐在里面是不安全的。后来，日本人派给我们一名警察，我才能让两辆卡车开出去。在那之前，我每天都要开10个小时的卡车，仅能勉强满足日常需求。但现在情况好转了，我有专门的警卫，有五辆卡车运输，运的煤开始有些超过每天的需求。[③]

随着时间的推移，情况逐渐好转，里格斯花时间担任新的“自治政府”的技术顾问，管理交通运输。或者，换句话说，他在经营一个修理卡车的车

---

① ［美］查尔斯·H. 里格斯：给妻子格蕾丝的信，1938年1月15日，第2页，美国海外传道委员会档案，第50档案盒，ABC 77.1，查尔斯·亨利·里格斯个人生平档案，第17档案夹。

② 同①。

③ 同①。

行，尽管这是一项艰巨的任务，因为“在车主、司机、苦力、新政府人员（他们什么都不懂，什么都不敢做）之中，资金很少，还有各种各样的日本兵，对侵略者的反抗与仇恨；除了从废弃车场回收来的破损卡车，一无所有；天气恶劣，没有好的工作场所，没零件，没工具，没有汽车修理工，更没有能负起责任的人，等等，极为难办”。①

然而，里格斯设法建立起“一个组织起来的半合作社，有8名车主、一些助手、15名司机、50个苦力、15个汽车修理工、两名职员和两名交通主管”。②他预计，将25辆卡车重建组装和维修好后，他将能够“从困境摆脱出来，让他们自己经营”。③

里格斯最终在1939年2月可以去休假，与家人团聚了。但他在美国只逗留了三个月。来自中国西部的急电，请求他协助与制造军用毯和其他材料的纺织机械有关的事务。于是，他和格蕾丝动身前往金陵大学主体已搬迁至的华西，把他们的五个孩子留在美国，读大学，上中小学，或者和格蕾丝的父亲杰克布·亨利·弗雷德里克（Jacob Henry Frederick，1869-1961）住在纽约斯科舍。

经过漫长而崎岖的旅程，穿越印度支那和昆明，夫妇俩抵达四川成都。虽然研究计划看起来并不复杂，但缺乏材料和训练有素的机械工人，战争造成的精神创伤，以及频繁的轰炸，对这个项目均无裨益。但里格斯圆满完成了这一任务。1944年7月至1945年3月，里格斯在四川重庆和贵州贵阳工作，任全国农业机械公司顾问。

1945年春，里格斯回到美国享受他的例行休假。但只休息了几个月，他便被召到首都华盛顿，协助联合国善后救济总署开展在中国的救济项目，在那里服务了六个月，奉献了他的专业知识，然后于1946年回到南京，继续

① ［美］查尔斯·H. 里格斯：给妻子格蕾丝的信，1938年3月12日，第1页，美国海外传道委员会档案，第50档案盒，ABC 77.1，查尔斯·亨利·里格斯个人生平档案，第17档案夹。

② 同①。

③ 同①。

在金陵大学任教授。

里格斯于1951年离开中国。由于他的健康状况每况愈下，不可能再从事传教工作。因此，他和格蕾丝去了主管纽约公理会基督教服务委员会国际服务中心（International Service Center of the Congregational Christian Service Committee）的招待所。1953年3月13日，里格斯在两日内第二次心脏病发作后，在招待所内他们的公寓逝世。

路易斯·斯特朗·凯瑟·史迈斯

路易斯·斯特朗·凯瑟·史迈斯（Lewis Strong Casey Smythe，1901-1978）1901年1月31日出生于美国华盛顿特区，父亲为纽约德莱德（De Ryder）的路易斯·斯特朗·史迈斯（Lewis Strong Smythe，1857-1932），母亲是加拿大新不伦瑞克省的安妮·阿米莉亚·凯瑟（Annie Amelia Casey，1870-1935）。史迈斯早年大部分时间在蒙大拿州的大瀑布城度过，他在那里读高中然后在畜牧场工作。后来，他到艾奥瓦州得梅因的德雷克（Drake）大学学习时，认识了在中国南京出生的美国姑娘玛格丽特·莉丽安·盖瑞特①，1924年与之结为夫妇。史迈斯1928年在芝加哥大学取得社会学博士学位后，受印第安纳州的印第安纳波利斯基督教联合传教协会的派遣，前往中国在金陵大学担任社会学教授，他在这一岗位上任职直至1951年。

1937年11月南京安全区国际委员会组建时，史迈斯被推举为委员会秘

① 玛格丽特·莉丽安·盖瑞特·史迈斯（Margaret Lillian Garrett Smythe，1901-1986），1901年3月7日出生于南京的一个美国传教士家庭，在南京生长，就读南京与上海的美国学校，1924年毕业于美国艾奥瓦州的德雷克（Drake）大学之后与史迈斯结婚，1926年毕业于芝加哥的洛希（Rush）大学医学院，待丈夫于1928年在芝加哥大学获博士学位后，夫妻俩立即回到她的故乡南京，其时，她的父母在江苏南通传教。他们的两个女儿，玛格丽特（Margaret Anne Smythe，1931-2016）和埃瑟（Ethel Joan Smythe，1934-1963）分别出生于牯岭和南京。她曾在金陵女子文理学院与中华女子中学任校医。1937年夏携女儿去牯岭，后经汉口、香港前往上海。1938年夏，全家经菲律宾前往成都，1946年才回到南京。她1986年7月18日在加州罗斯米德（Rosemead）逝世。

书长，与委员会会长拉贝在宁海路 5 号委员会总部的同一间办公室办公。日军攻入南京后，肆意杀戮、强奸、抢劫和纵火的行为十分猖獗。委员会不得不就日军对中国平民和解除武装的军人施以暴行的情况向日本使节提出抗议。史迈斯起草了抗议书。拉贝提议，由于他们俩国籍不同，可以轮流签署抗议书。在日军占领的最初六个星期，他们差不多每天都提交两份抗议书。史迈斯尽力核实案件的准确性，然后再写出案情报告提交给日本大使馆。只要可能，他都会与负责调查相应案件的委员会代表面谈。史迈斯作证说："我只将那些我认为准确报告来的案件写出来转交给日本大使馆。"[①] 截至 1938 年 1 月 4 日，他们共向日本大使馆提交了 179 起日军暴行案件。

在 1937 年 12 月 19 日提交第 16 至 70 号案件时，史迈斯附上了一封抗议信，该信部分内容如下：

> 非常遗憾，不得不在此向你们提交"日本兵在安全区内不法行为案件"的续篇，编号为 16 至 70 案件的清单。正如注解所表明的，这只是报告给我们的众多案件中的一部分。斯波林先生（我们的总稽查）、克罗格先生、哈兹先生和里格斯先生费了好多时间把闯入房舍的日本兵赶出去。他们甚至没有工夫把大部分案件的案情记下。
>
> 我也非常遗憾地报告，今天的局势仍然很糟糕。一名日军军官来到我们靠近宁海路的这一地段，训斥了一大群胡作非为的日本兵。但此举并不能制止日本兵胡作非为的行径！[②]

---

① ［美］路易斯·S. C. 史迈斯：书面证词（Written Testimony），1946 年 6 月 7 日，马里兰州学院公园市：美国国家第二档案馆，第 238 档案组，远东国际军事法庭的法庭文件、日志、物证与判决，缩微胶卷 T918 第 12 卷，第 306 号物证，文件编号 1921。

② ［美］路易斯·S. C. 史迈斯：给日本大使馆的信，12 月 19 日下午 5 时，《1938 年 1 月南京的状况》，附件 1-b，1938 年 1 月 25 日，档案编号 793.94/12674，美国国家第二档案馆，第 59 档案组，微缩胶卷 M976，第 51 卷。

史迈斯在一份报告中描述了解除武装的中国军人：

> 被押出去遭机枪扫射——或者在有些情况下更糟糕，因为有些回来的人被烧得面目全非。在最初的十天，以及从12月24日开始的人口登记期间，很多中国平民因手或脚上有老茧作为证据而被押走枪杀——哪个中国苦力没有这样的老茧？红卍字会花了春季大部分时间掩埋遇难者的尸体，他们报告已掩埋了三万多具尸体，其中三分之一是平民。而这个数字的前提是人们没有在尸体更多的江边一带往上游或下游走太远的距离。①

史迈斯几乎每天都给妻子玛格丽特写形同于日记的信件。他告诉她，在最初的三天里，放下武器的军人是他们感到最为严重棘手的问题，但很快这个问题就不存在了，因为日本人把他们都枪杀了：

> 最后，他们把所有的人都押送出去，将他们了断。星期三下午，我们都进行了一场卓绝的战斗——只在言语上——挽救那1300人的性命。日本军官允诺让他们活到第二天，如果我们届时将他们区分开。于是我们就放心地去开工作人员会议。哪知刚过半小时，有人来叫我们，说日军又回来抓他们了。果然，他们和200名日本兵在那儿，正在把他们绑起来。拉贝和我飞快地去找福田，或任何人，并找到了他。他彬彬有礼地向我们保证，日军不会枪杀他们。但他语气不够坚定，难以使我们相信。里格斯和克罗格留下来监视，但被日本兵赶走了。我们赶回去时，正好看到最后一批人走向刑场。②

---

① ［美］路易斯·S. C. 史迈斯：《南京发生的情况或中国沦陷区的状况》（“What Happened in Nanking or the Situation in the Occupied Territory in China”），1938年8月，第3页，田纳西州纳什维尔：基督会历史学会图书馆，路易斯和玛格丽特·盖瑞特·史迈斯书信。

② ［美］路易斯·S. C. 史迈斯：给妻子玛格丽特（玛蒂）、孩子及伙计们的信，1937年12月13日，藏耶鲁大学神学院图书馆特藏部，第8档案组第103档案盒。

里格斯在 1937 年 12 月 16 日报告了日本人从司法部难民营押解走数百名男子并枪杀。之后，史迈斯起草了“司法部事件备忘录”，记述 12 月 14 至 16 日日军将数百名男性难民从那个难民营押至刑场的事件。麦考伦和里格斯亲眼观察了 12 月 16 日事件发生的过程。①

史迈斯在 12 月 23 日报告，日本兵从金陵大学校园的农业专修科抓走了 200 人。那儿的人说其中一半是平民。史迈斯评论道：“我们希望日军的怒火得以发泄，我们将不再听到枪声。”② 但就在三天后，又有报告传来：约有 20 人被当作中国军人从金陵大学附中抓走。押解的军官说要枪决他们③，而唯一的解释是“因为进行了抵抗，所以我们的士兵要报仇”。④

史迈斯在 1970 年的一次采访中做了如下陈述：

> 日军还枪杀了许多他们俘虏的国民党军人。事实上据我所知，所有俘虏都被杀害了。贝茨和我那时常在周日下午到山上散步，查看中国老百姓告诉我们的新堆积起来的尸体，日军把人们押解到那儿，用机枪扫射。也有一些在机枪击中他们之前倒下的人回到医院治疗。所以，在很多这样的场合我们都有目击者。⑤

史迈斯还讲述了妇女在南京遭受侵犯的情况。他在一份报告中陈述：

---

① ［美］路易斯·S. C. 史迈斯：“司法部事件备忘录”（“Memorandum on the Incident at the Ministry of Justice”），1937 年 12 月 18 日，藏耶鲁大学神学院图书馆特藏部，第 10 档案组第 102 档案盒第 863 档案夹。

② ［美］路易斯·S. C. 史迈斯：给妻子玛格丽特（玛蒂）、孩子及伙计们的信，1937 年 12 月 23 日，藏耶鲁大学神学院图书馆特藏部，第 8 档案组第 103 档案盒。

③ ［美］路易斯·S. C. 史迈斯：给妻子玛格丽特（玛蒂）、孩子及伙计们的信，1937 年 12 月 26 日，藏耶鲁大学神学院图书馆特藏部，第 8 档案组第 103 档案盒。

④ ［美］路易斯·S. C. 史迈斯：给《基督教布道者（Christian Evangelist）》编辑维拉德·K. 谢尔顿（Willard K. Shelton）的信，1938 年 4 月 29 日，田纳西州纳什维尔：基督会历史学会图书馆，路易斯和玛格丽特·盖瑞特·史迈斯书信。

⑤ 《中国传教士口述历史》（*China Missionaries Oral History Project*）：路易斯·S. C. 史迈斯，加州克莱尔蒙（Clarement）：克莱尔蒙研究生院，口述历史项目，1970 年，第 71 页。

所有阶层的女性，无论白天还是黑夜，无论在什么地方：家室、难民营、大街上、外国人的房产上，犹如野兽的猎物遭到捕捉摧残。由此产生的恐慌，驱使两万名妇女进入金陵大学和金陵女子文理学院难民营，那儿众多的人数与外国人的保护，给她们更多的安全感——不过这两个地方也在夜间遭日本兵袭扰，搜寻妇女。①

报告来的强奸案数量太多，致使他记录的速度几乎跟不上案件的发生速度。所以他不得不采用速记的方式记下这些报告。

在暴行的高峰期，星期六和星期天，我们估计在安全区那两天每天晚上肯定有1000名妇女被强奸，可能白天也有同样多的妇女遭强奸！任何年轻妇女以及有些年纪大一些的妇女如果被抓到，极有可能遭到强奸。牧师的妻子、大学教员的妻子、任何人，不管是什么人，只是更喜欢漂亮的。最高的纪录是一名妇女在神学院被17个日本兵轮奸。在美国，人们只会低声耳语提及“强奸”。在这里，它几乎是我们的日常饮食！情况来得如此迅速，难以跟上，我只得开始在餐桌上将它们速记下来。如果我等到能说服人们把它们写出来，对大使馆来说就过时了，因为大使馆需要每天的情况报告。所以现在我无论在什么地方都用速记的方式记录。②

在耳闻目睹这么多针对平民居民的暴力案件后，史迈斯说，日本人“自上而下皆深信不疑，怎么样对待中国人都行”。③

① ［美］路易斯·S. C. 史迈斯:《南京发生的情况或中国沦陷区的状况》,1938年8月,第3页,田纳西州纳什维尔：基督会历史学会图书馆，路易斯和玛格丽特·盖瑞特·史迈斯书信。

② ［美］路易斯·S. C. 史迈斯：给妻子玛格丽特（玛蒂）、孩子及伙计们的信,1937年12月21日，藏耶鲁大学神学院图书馆特藏部，第8档案组第103档案盒。

③ ［美］路易斯·S. C. 史迈斯：给妻子玛格丽特（玛蒂）、孩子及伙计们的信，1937年12月22日，藏耶鲁大学神学院图书馆特藏部，第8档案组第103档案盒。

史迈斯在给妻子的信中，记录了日军对各处房屋，包括西方国民的房产的抢劫掠夺。他在 1937 年 12 月 14 日早上写道：在一条主要的商业街道上，“三三两两的日本兵，从一家商店到另一家，砸开门或玻璃窗，抢走他们想要的物品，那时主要是酒”，以及德国商家“起士林点心铺那天上午被闯入，还有翰培尔的旅馆”。①

1937 年 12 月 20 日晚，在提交了第 71 至 96 号暴行案件后，史迈斯和菲齐一起开车到了城南商业区。他们对沿街商店被有组织地抢劫和焚烧感到震惊。他们看到街道两侧都有大火，15 或 20 人成群结队的日本兵抢劫完商店的货物后，在商店中间生火。史迈斯告诉妻子：

> 看到所有这些损毁，以及这意味着我们今年冬天在这里会遭遇到什么，这是非常令人沮丧的景象，但我还是很高兴我去了。六天前，也就是 12 月 14 日的上午，拉贝、福斯特和我曾经穿过同一地区。除了炮火造成的破坏外，该地区完好无损。所以我可以向全世界发誓，中国人没有把它烧毁，而现在日本人正在把它烧毁！②

日军的野蛮行径，特别是有计划地纵火焚烧城市，进一步将城里的西方国民动员起来了。史迈斯在 12 月 21 日写道，他与拉贝等外国居民一同前往日本大使馆，“以整个外国居民团体的名义向日本当局提交了一份 22 人签名的呼吁书，请求停止焚烧城市，停止他们部队的混乱，要求日方停止放火，并制止日本军队已持续整整一个星期的骚乱，并请求让普通平民的生活恢复正常，以便运进粮食”。③ 提交给日本大使馆官员的呼吁书陈述道：

---

① ［美］路易斯 · S. C. 史迈斯：给妻子玛格丽特（玛蒂）、孩子及伙计们的信，1937 年 12 月 14 日，藏耶鲁大学神学院图书馆特藏部，第 8 档案组第 103 档案盒。

② ［美］路易斯 · S. C. 史迈斯：给妻子玛格丽特（玛蒂）、孩子及伙计们的信，1937 年 12 月 20 日，藏耶鲁大学神学院图书馆特藏部，第 8 档案组第 103 档案盒。

③ ［美］路易斯 · S. C. 史迈斯：给妻子玛格丽特（玛蒂）、孩子及伙计们的信，1937 年 12 月 21 日，藏耶鲁大学神学院图书馆特藏部，第 8 档案组第 103 档案盒。

我们以人道的名义为南京20万老百姓的福祉恳求采取下列措施：

1. 禁止焚烧成片的城区，防止幸存未遭烧毁的城区再被草率或有组织地焚烧。

2. 日军在城内犯下的非法暴行一周以来已造成老百姓巨大的痛苦，应立即制止这些暴行。

3. 由于掳掠与焚烧已使得城市的商业生活陷于停顿，并使全城的老百姓沦落成一座巨大的难民营，鉴于国际委员会只有能供应20万人一周的储粮，我们急切地恳求你们立即采取措施恢复老百姓正常的生活环境，补充城市的粮食与燃料供应。

目前的状况必然迅速地导致严重的饥荒。我们恳求正常生活最基本的条件：住房、安全与粮食。①

1938年7月，史迈斯离开南京，前往菲律宾碧瑶（Baguio）与妻女团聚。不久后，全家前往金陵大学主体已西迁至的四川成都，并于1938年10月重新担任教学工作。史迈斯在1944年6月回到美国休假，1946年初在金陵大学即将迁回南京时又返回中国。

在南京，远东国际军事法庭请史迈斯就日本人所犯战争罪提供证词。虽然他没有到东京亲身参与审判，但他同意于1946年6月7日在美国驻南京大使馆就日军暴行宣誓作证。史迈斯的书面证词为远东国际军事法庭所接受，列为控方第1921号文件与第306号物证（其书面证词详见本书附录十四）。

1951年初，史迈斯在金陵大学的教学生涯告一段落。同年4月，他全家乘坐“威尔逊总统号”轮船抵达旧金山。1951年到1970年，史迈斯在肯塔基州莱克星敦（Lexington）神学院担任基督教社团，亦即基督教伦理学与

---

① 南京外侨社团：《致日本大使馆的请愿书》（“A Petition to the Japanese Embassy”），1937年12月21日，《1938年1月南京的状况》附件8-6，1938年1月25日，档案编号793.94/12674，美国国家第二档案馆，第59档案组，微缩胶卷M976第51卷。

应用社会学合二为一专业的教授。1970 年他从莱克星敦退休，应邀到克莱蒙（Claremont）神学院做访问学者。1975 年底，史迈斯夫妇搬到加州罗斯米德（Rosemead）。在那里，他积极从事教会团体事务与活动，直至 1978 年 6 月 4 日离世。

《1937 年 12 月至 1938 年 3 月南京地区的战争损失：城乡调查》

1938 年春，尽管委员会的工作极为繁忙，史迈斯专心致志地进行了一次社会调查，收集南京地区平民遭受战争损失的数据并进行分析。调查的结果为 1938 年夏出版的《1937 年 12 月至 1938 年 3 月南京地区的战争损失：城乡调查》。

1938 年 3 月和 4 月，史迈斯、贝茨和他们的助手在南京城区和周边郊县开展了一项艰巨的大规模调查工作，收集平民人口遭受战争毁害与损失的数据。这项调查名义上由“南京市自治委员会”，亦称“自治政府委员会”主持进行。有关中国官员出于审慎考虑，对美国研究人员参与调查的情况“予以保密，因为他们担心，如果知道外国人参与了调查，获得部分调查结果的当地日本当局将不会给受雇的中国调查人员提供通行证和其他便利”。[①] 由于与军事行动无关的行动，即日军在军事行动结束后进行的肆意杀戮、强奸和掳掠对平民造成的生命和财产损失比例很高，史迈斯认为，“在现代战争史上，难以找到被入侵国家人民所遭受的总体损失中，炮击、轰炸和巷战等实际军事行动造成的损失仅占如此之小比例的另一个案例”。[②]

城市调查基本上是对仍居住在南京的家庭进行调查，加上对有人居住与无人居住的建筑物的调查；农村调查则是针对常住农户的调查，并加上对村

---

① ［美］约翰·爱利生：《目前战争造成南京中国人的损失》（“Losses Suffered in Nanking by Chinese as a Result of Present Hostilities”），1938 年 4 月 28 日，第 2 页，档案编号 793.94/13146，美国国家第二档案馆，第 59 档案组，微缩胶卷 M976，第 54 卷。

② 同①，第 3 页。

庄的调查。[①] 城市调查由两部分组成：3 月 9 日至 4 月 2 日进行的家庭调查，以及 3 月 15 日至 6 月 15 日进行的房屋调查。农村调查在郊县的野外工作于 3 月 8 日至 23 日开展。（第 2 页）

根据指示，进行南京城市调查的家庭调查员为每 50 个有人居住的房屋中的第 50 户家庭填写一份家庭统计表。一座“房屋”被定义为一个“门牌号码”，即使在某些情况下，一个号码有几套公寓或数座房屋。在 3 月，很多房屋的入口被封堵，所以确定哪些房屋有人居住有些困难。因此，有些房屋可能被忽略了。调查使用了一张控制地图，用于核查那些忽略的区域。分配给每个调查员地图上的一个特定部分供他调查，并在选择第 50 个有人居住的房屋时记录门牌号码……

城市调查中的建筑调查员有两项工作：（1）清点城市中的每一栋建筑，并表明其是否遭受军事行动、焚烧或劫掠的损坏；（2）估算每 10 栋建筑的损失。为此目的，一个门牌号被视为一座“建筑物”，尽管在某些情况下它包括多个建筑结构。一位训练有素的建筑工程师为每种常见的建筑结构类型计算出单位成本数据，从而极大提高了估算的准确程度。此外，每一对调查员中均有一人为建筑承包商。对无人居住的房屋建筑中物品损失的估计必须根据建筑物的性质与询问邻居。用控制地图来确定被忽略的地区，并再次进行仔细的核查。

家庭调查和建筑调查的范围涵盖城墙内的整个城市，以及紧邻某些城门外的一些区域。但这些调查并未将以往构成南京市市政区划的所有地区，例如浦口及其周边一些小城镇，纳入其中。只有日军或平民占住的某些小区域和零散的个别房屋无法进行调查。

在农村调查中，两名调查员携带着三个组织颁发的通行证被派往六

① ［美］路易斯·S. C. 史迈斯：《1937 年 12 月至 1938 年 3 月南京地区的战争损失：城乡调查》（*War Damage in the Nanking Area December 1937 to March 1938*：*Urban and Rural Surveys*），南京：南京国际救济委员会，1938 年 6 月，第 1 页。

> 个县中的每一个县。指示他们沿一条主要道路单向前行；然后返回时，沿之字形路线行走以 8 字形穿越主要道路，以覆盖从主要道路返回的区域。在这条线路上，他们要为沿途每三个村庄填写一份村庄的数据表格，并在这座村庄为返回村庄的每 10 个农户家庭填写一份农业数据表格。途经的每个集镇都要填报集镇的价格表。（第 1-2 页）

城市和农村调查都是以抽样为基础，而不是试图获得完整的数据。因此，总数和总平均数是根据调查的案例中获得的结果估计出来的。农村调查中，调查的农户平均数据是按县计算的，然后将平均数乘以每个县的农户总数。通过将各县的总数相加，得到总数据，再从这些总数中计算出总平均数，从而根据每个县的农户数量得出总平均数。（第 2 页）

> 城市调查的家庭调查总数是通过对每 50 座有人居住的房屋的调查中获得的每个家庭的平均数乘以 50 计算得出的。同样，建筑调查中的损失估计值是通过将每 10 座建筑物的调查获得的总损失乘以 10 来计算的。（第 2-3 页）

在城市调查中，收集并研究了“人口”“因战争伤亡”“就业和收入”“留在南京的家庭损失”和“建筑物及其财产损失总额”等类别的数据。

将 3 月份抽样调查的人数乘以 50，得出的全市总人口为 221150 人。根据史迈斯估计，这个数字可能占当时居民总数的百分之八十到百分之九十，因为一些居民住在调查人员无法进入的地方。（第 4 页）

“因战争伤亡”类别中收集的数据，对于南京大屠杀的研究具有重要意义。在分析死伤数据时，史迈斯指出：

> 这些数据仅涉及平民，有非常小的可能包括了一些零散的军人。调查报告显示，有 3250 人，在已知的情况下由军人的行为致死。其中

2400人（74%）是在军事行动之外被士兵暴力杀害的。[①]有理由相信，由于担心遭到占领军的报复，而少报日本士兵杀人以及暴力事件的数量。的确，由于没有记录任何暴力致死幼儿的情况，尽管已经知道发生过不少这样的情况，这显然强化了少报数据的问题。

在已知情况下受伤的3100人中，有3050人（98%）肯定是由于战争因素之外的日军暴行而导致的。还有一种显著的忽视是已经在某种程度上康复的受伤者的趋势。

日军暴力导致89%的死亡和90%的受伤均发生在12月13日日军已经完全占领城市之后。

除了那些报告的死伤者外，还有4200人被军方逮捕押走。被抓去从事临时搬运工作或其他为日军做劳役的人很少这样报告。到6月份，也很少听到这里提到那些人的任何消息。其他人的命运使我们有理由认为他们中的大多数人在这段时期的早期就被杀害了。[②]

被抓走的人数无疑是不完整的。事实上，在最初的调查表格上，它们被填写在死亡和受伤的主题下的标题为“情况”之下，而在筹划调查之际，没有要求或预见到。因此，它们具有不同寻常的意义，并且比简单的数字所表明的意涵更为重要。因此，这4200人必须增加到被日军屠杀的人数中。

众多的小案件忽略不计，军事行动的伤亡人数、士兵暴行造成的伤亡和被掳走人数的总和是每23人中有1人，即每5个家庭就有1人。

这些杀戮的重要的社会和经济后果可以根据我们列表中的数据所作的下列直接计算部分地加以阐明。丈夫被杀、受伤或被抓走的妇女人数

① “被军队行为杀害”（killed by military action）一词显然是指“被日本军人杀害”，而不是“军事行动”（military operations），史迈斯在该书第7页脚注1中特指后者为“战斗中发射的炮弹、炸弹或子弹”。

② 在这里，史迈斯附上了一个重要的注释，即该书第7页脚注3，指出：“‘抓走’的严重性由于这样列出的都是男性这一事实而凸显。事实上，许多妇女被抓走去做短期或长期的服务工作，如女招待、洗衣工作和妓女。但她们之中没有一个人被列出。”

为 4400 人。[①] 父亲被杀、受伤或被抓走的儿童人数为 3250 人。

在 6750 名遭暴力致死致伤的人中，只有 900 人（或 13%）因军事行动而死亡。（第 7-8 页）

除了上述分析之外，史迈斯还增添了两个重要的脚注，来解释伤亡数据。涉及死亡人数，史迈斯写道：

根据对城内与邻近城墙的地区掩埋的尸体加以仔细地估算，有 12000 平民死于暴力。这些名单并没有把数以万计的没有武器或被解除武装的军人考虑进去。在委员会赈济委员会 3 月份调查的 13530 个提出申请的家庭中，据报告被抓走的男子相当于所有 16 至 50 岁男性的近 20%。这意味着整个城市的人口中有 10860 人。申请救济者的陈述中很可能有夸大的成分；但这个数字与调查报告中的 4200 人之间差异的绝大部分，可能是由于包括了拘留或强迫劳动的那些已知幸存的男子。（第 8 页，注释 1）

在讨论受伤者数据时，史迈斯指出：

13530 个家庭在申请救济时报告给我们赈济委员会的受伤案例，他们在 3 月份进行了调查，其中 16 至 50 岁的女性有 8% 曾被强奸。这个数字被严重低估了，因为大多数有此遭遇的妇女不会主动提供信息，她们的男性亲属也不会。12 月和 1 月期间强奸情况很普遍，人们比一般情况下更愿意承认强奸。但到了 3 月，一些家庭试图隐瞒家庭中的女性成员被强奸的事实。在此提及此事是为了说明城市的社会和经济生活存在着极为严重的不安全感。（第 7 页，注释 2）

① 史迈斯在此处附有一条脚注，其内容为："我们的赈济委员会在 3 月份调查了 13530 个申请的家庭，报告的数据显示，所有 16 岁以上的妇女中有 14% 是寡妇。"《1937 年 12 月至 1938 年 3 月南京地区的战争损失》，第 8 页，注 2。

史迈斯进一步分析了死伤者的性别和年龄分布情况。他发现，在所有年龄段的死伤者中，64% 为男性；而在 30 至 40 岁年龄段，男性比例达到 76%。这是因为身强力壮的“男性被怀疑曾当过兵：许多人因为手上有老茧这一被推断为扛过步枪的证据而被杀害”。有相对来说较多的 60 岁以上的人被日本兵杀害：被杀害的 28% 的男性和 39% 的女性属于这个年龄段。根据史迈斯的分析，“老年人往往最不愿意离开他们处在坦露易见位置的家园，而且之前都认为老年人不会受到肆意攻击，是安全的”。被掳走的男性大多为青年或中年人，其中 55% 的人在 15 至 29 岁之间，36% 的人在 30 至 44 岁之间，原因很简单，身强力壮的男子被指控曾当过兵。就受伤的女性而言，65% 的人在 15 至 29 岁之间，“尽管调查的用词和方法排除了强奸本身”。（第 8 页）

在建筑调查中，共统计了 39200 栋建筑，其中 30500 栋位于城墙内，8700 栋在城外。“只有在街道上观察损伤已明显到足以引起调查人员的注意时，才会报告建筑被毁或损坏。”根据史迈斯的说法：

> 在所有建筑物中，有 2% 被军事行动摧毁或损坏，24% 被纵火烧毁，另外 63% 遭到了抢劫：因各种原因造成的损毁总计 89%，其余 11% 没有明显的损坏。必须注意的是，城内大部分被烧毁的建筑物，在放火焚烧之前里面的财物都已被彻底地，甚至有组织地洗劫一空；实际上，即便是幸免未损的那 11%，也几乎无一例外地被日本兵闯入，在一定程度上掳掠，平民贼盗随后而至进入无人居住的建筑物劫掠。……
>
> 城墙内 73% 的建筑遭到严重劫掠，但城墙外据报道只有 27%，城墙外被大面积焚烧，在下关地区比例高达 34%。城内地区，城北的建筑被劫比例高达 96%[①]，城东北为 85%[②]；安全区是唯一比例低于 65% 的地

① 城北地区。

② 城东北地区。

区，安全区内低比例 9% 的报告显示建筑遭掳掠损毁。[①]

农村调查涉及“农户损失”“冬季作物与春季种子”“战争与人口”以及“战争影响：城乡对比”等类别的数据收集和研究。农村调查试图涵盖南京周边的六个县：长江以北的江浦和六合县，以及长江以南的江宁、句容、溧水和高淳县。由于高淳以及六合的一半地区在 3 月份无法进行调查，这项研究实际上涵盖了四个半县，面积为 2438 平方英里，估计乡村人口为 107.8 万人。[②]

史迈斯在第三类别“战争与人口”中讨论了暴行导致死亡的数据：

在调查进行的 100 天内，报告的死亡总人数为 31000 人，或每 1000 名居民中 29 人死亡；年均死亡率为每千人 106 人。相比之下，中国的正常年均死亡率为每千人 27 人。87% 的死亡由暴行所致，其中大部分为日本兵的蓄意行为所致。每七个家庭中就有一人被杀，如果同样的比率用于美国的农村家庭，则相当于总共约有 170 万人被杀；对于中国全国的农户，相当于超过 800 万人被杀；在日本本土严格定义的农户中，也许有大约 80 万人被杀。这个地区的条件和调查方法实际上排除了任何类型的军人，尽管有可能包括一些充当警察或警卫的当地人。江浦的杀人率最高，在 100 天内，每 1000 人中有 45 人被杀；句容 37 人，江宁 21 人，其他两个县为 15 人和 12 人；四点五个县的平均杀人率为千分之二十五。

被杀者中的男性比例非常高，尤其是 45 岁以下的男性，占所有年龄段被杀害者的 84%。在遇难的 22490 名男性中，15 至 60 岁的占 80%，是经济实力的真正流失。在被杀害的 4380 名女性中，83% 在 45 岁以上。更多的年轻女性因避难而迁徙，或在明显有危险的时刻得到保护免遭伤害；而老年妇女则承担了超出应有程度更多的守护任务，因为相较于年

① ［美］路易斯 · S. C. 史迈斯：《1937 年 12 月至 1938 年 3 月南京地区的战争损失》，南京：南京国际救济委员会，1938 年 6 月，第 12 页。

② 同①，1938 年 6 月，第 17 页、23 页。

轻妇女或身体强壮的男子，认为她们更不容易受到攻击。①

必须指出的是，由于抽样调查数据的性质，以及因担心日本人报复而少报死伤和强奸案，正如史迈斯在分析中指出的那样，死伤数字只是估计数字，比实际情况要低很多。

除了对调查数据进行分析外，史迈斯在这个出版物中还附上了三份调查工作表格：家庭调查表、建筑调查表和农户调查表，以及 32 份调查结果统计表与两张地图。

胡勃特 · 拉法耶特 · 索尼

胡勃特 · 拉法耶特 · 索尼（Hubert Lafayette Sone，1892-1970）1892 年 6 月 7 日出生于美国得克萨斯州的丹顿（Denton）。他在新墨西哥州的波塔利斯（Portales）和埃利达（Elida）上高中，1911 年就读得克萨斯州的克莱伦顿（Clarenton）学院，于 1914 年获毕业文凭。之后，索尼在达拉斯的南卫理公会大学继续深造，1917 年获得文学学士学位，并在回国休假期间于 1926 年获文学硕士学位，1927 年获神学学士学位。以后，他到芝加哥大学修读研究生课程，并于 1958 年在约翰布朗大学取得神学博士学位。

1918 年秋，索尼向南方卫理公会的传教委员会申请前往中国传教的职位，一旦战争结束，他将赴任履职。1919 年 6 月，索尼与得克萨斯州奇利科西的凯蒂·海伦·杰克逊②结为夫妇，并在休斯敦安家，直至1920年初启程前往中国。

① ［美］路易斯 · S. C. 史迈斯：《1937 年 12 月至 1938 年 3 月南京地区的战争损失》，南京：南京国际救济委员会，第 22、23 页。

② 凯蒂 · 海伦 · 杰克逊 · 索尼（Katie Helen Jackson Sone，1893-1982），1893 年 8 月 16 日出生于美国得克萨斯州奇利科西（Chillicothe），毕业于登顿师范学校（今北得克萨斯大学），主修音乐，曾在乡村学校教音乐。1920 年随丈夫前往中国，主要工作仍为教音乐。1937 年夏中日战事爆发后，她带孩子去浙江莫干山避暑，避战祸至 1938 年秋回南京。索尼夫妇最终于 1951 年 4 月离开中国。她 1982 年 10 月 18 日在得克萨斯沃斯堡（Fort Worth）逝世。

索尼到中国后，前两年在江苏苏州学习中文。1922 年初，他前往浙江湖州的监理会教堂（Institutional Church）担任主管至 1933 年，其时他被金陵神学院聘为旧约教授。

1937 年夏天，索尼将妻子儿女送往山区避暑地浙江莫干山，日军攻打南京之际，他则留在城内守护神学院的校产。同时，他作为南京安全区国际委员会的副食品专员，积极参与救济工作。在大屠杀期间，索尼给同事和朋友写信，并向日本和美国大使馆递交抗议信件。这些书面记录都描述了日军的暴行。在写给同事 P. F. 普瑞斯教授[①]的信中，索尼描述了南京的情况：

> 没有任何东西或任何人是安全的。日本兵把他们想要的东西尽数掠走，毁掉他们不想要的，大庭广众之下强奸几十个、数以百计的妇女与姑娘。敢于反抗的，不是当场刺刀捅死就是枪杀。反抗强奸的妇女，也遭刺刀刺杀。妨碍他们强奸的孩童，也被刺刀杀害。一名妇女在弗兰克家被强奸——大约有 150 人住在他家——她有个四五个月大的婴儿在她身边哭喊，强奸她的日本兵将婴儿闷死。金陵女子神学院的一名难民女孩被强奸了 17 次。我们最终有日本警卫在一些较大院落的大门口守卫，但他们自己时常进去强奸妇女。日日夜夜，案件层出不穷。这些案件已经发生了数百起——构成了难以描述的恐怖。[②]

日军刚进城，就立即大肆杀戮。索尼以自己的亲身经历讲述了当时的杀戮场景：

> 12 月 13 日星期一，大批日本兵涌入城。很多平民当场被杀害——被枪杀或被刺刀捅死。奔跑的人，很多人在日军部队刚刚出现之际惊恐

① 菲利浦 · 弗朗西斯 · 普瑞斯（Philip Francis Price，1864-1954），见 P70 注 ①。

② 胡勃特 · L. 索尼：给 P. F. 普瑞斯的信，1938 年 1 月 16 日，特拉华州威尔明顿：学术资源公司，传教士档案：1912-1949 年卫理公会档案，金陵神学院，微缩胶卷第 85 卷。

异常，立即被枪杀。星期一下午，我骑着自行车上街，沿路见到很多死去的与奄奄一息的人。我用救护车把其中的一些人送往医院。①

在给另一位朋友的信中，索尼记录了恐怖的大规模处决：

他们不问情由，当场枪杀，用刺刀捅任何他们认为可能是军人的人。结果，数量巨大的人被枪杀，即使他们身着便装。……街上遍布着尸体。接下来的几天——实际上是两周或更长时间，甚至直到现在，日军一直忙于肃清所有的（中国）军人。这些人一次被数十个、50个、上百个和几百个抓捕，用机枪、刺刀集体处决。他们之中很多人就这样被送往长江边，抛入江里，被滚滚江水卷走。其余的尸体则被成堆焚烧。有些人被扔进坑里。②

索尼表示，日军在南京不留俘虏。他们直接把所有被俘的中国军人排成一行，然后将他们枪杀。

这里不留俘虏。所有的军人或那些被认为是军人的人，都被排成一行，捆绑起来，用机枪扫射，或用刺刀捅死。我看到有好几批人被分成小组押出来，逐一枪杀，扔进防空壕内，紧随其后的人向前一步，轮到他被枪杀。最近几天，我看到有几十具尸体被殡葬协会的人从池塘里拖拽出来掩埋。其中许多人的手上绑着铁丝，被烧得面目全非。我看到

① 胡勃特·L.索尼：给马歇尔·图伦汀·斯提尔（Marshall Turrentine Steel）牧师的信，1938年3月14日，第3页，特拉华州威尔明顿：学术资源公司，传教士档案：1897至1940年监理会传教士书信，微缩胶卷第11卷。

② 胡勃特·L.索尼：给阿尔弗雷德·华盛顿·华生（Alfred Washington Wasson）的信，1938年1月11日，第1页，特拉华州威尔明顿：学术资源公司，传教士档案：1897至1940年监理会传教士书信，微缩胶卷第11卷。

有好几百人同时被押走，再也没有回来。[①]

纵火焚烧的情况在城内外比比皆是，有一段时间，这是每天都有的现象。破坏是“可怕而令人难以置信的”，自从“日军进城以来，就一直在有计划地焚烧城市的许多地区，主要是商业区。……许多大商店首先遭到有计划的洗劫，货物被卡车运走，然后被烧毁”。[②] 根据索尼的记述，“在最初的一个半月或两个月里，每天每夜都有几处大火在燃烧”。[③] 他向同事讲述了他目睹耳闻的焚烧情况：

> 许多人的家室被烧毁，商店和店铺仍在熊熊燃烧。每日每夜都能在城里见到大火。太平路和中华路已被焚烧殆尽。几乎所有主要的商业区和购物区都被焚毁；讲堂街教堂和基督教青年会也被大火夷为平地。因此，即使在可能回家的时候，人们也不能都回家。城外的许多村庄都被烧毁。我们听说，淳化镇已被焚烧，但农村教会培训中心没有被烧。[④]

索尼还详细描述了掳掠与抢劫的情况。所有的房屋，包括神学院校园里的房子，都遭到了破坏：

> 不用说，我们所有的房子都被彻底洗劫一空——中国人和外国人都是如此。但房屋本身受到的破坏却很小。在日军到来之前，我们的已婚学生宿舍被一枚落在50英尺外的炸弹毁坏得差不多了。书籍和沉重的

① ［美］胡勃特·L. 索尼：给马歇尔·T. 斯提尔的信，1938年3月14日，第5页，特拉华州威尔明顿：学术资源公司，传教士档案：1897至1940年监理会传教士书信，微缩胶卷第11卷。

② ［美］胡勃特·L. 索尼：给阿尔弗雷德·华盛顿·华生的信，1938年1月11日，第2页，特拉华州威尔明顿：学术资源公司，传教士档案：1897至1940年监理会传教士书信，微缩胶卷第11卷。

③ 同①。

④ ［美］胡勃特·L. 索尼：给P. F. 普瑞斯的信，1938年1月16日，特拉华州威尔明顿：学术资源公司，传教士档案：1912-1949年卫理公会档案，金陵神学院，微缩胶卷第85卷。

> 家具没有受到太多破坏，但较小的贵重物品、保暖衣物、食物、被褥、自行车、汽车、牛、马、猪、鸡——几乎被一扫而空。但这样的情况太多，没办法一直讲下去——也过于令人心碎。[①]

在其他信件中，他也描述了类似的场景："房屋被有计划有步骤地闯入，里面的东西被彻底翻查"，"各种贵重物品和其他物件一道被掠走"。[②] 因此，人们遭受了无尽的苦难：

> 在南京，几乎没有一栋房子没有被日本兵从上到下洗劫一空，不是一次，而是很多次——常常是每天洗劫多次。他们想要的东西都被劫走。所有的东西都被翻得乱七八糟。在很多情况下，这些东西被堆在街上烧毁，在许多情况下，房屋也被烧毁。外国人的财产也被洗劫一空，美国国旗在许多情况下被扯下，几乎在所有的情况下都被完全漠视。我们神学院没有一座房屋逃过这一劫——每座房屋都被洗劫，遭多次抢劫，很多东西被劫走。……任何类似重新整理东西的努力都是徒劳的，因为不到半小时，又有一伙日本兵会来，将整个掳掠翻查的过程重新进行一遍。几乎所有的中国人都被日本兵抢了钱和贵重物品，而且通常在刺刀的逼迫下。在某些情况下，如果没有立即拿出钱来，这个人就会被刺刀捅死。[③]

索尼自己的财产也遭到了严重的洗劫和破坏。他告诉普瑞斯："我存放在弗兰克家的东西被弄得乱七八糟，很多东西都被偷走，比如三辆自行车、几箱罐头、蜜饯、牛奶、面粉、煤油、糖、摄影机、放映机、被褥、毛巾、

---

① ［美］胡勃特·L. 索尼：给 P. F. 普瑞斯的信，1938 年 1 月 16 日，特拉华州威尔明顿：学术资源公司，传教士档案：1912-1949 年卫理公会档案，金陵神学院，微缩胶卷第 85 卷。

② ［美］胡勃特·L. 索尼：给马歇尔 T. 斯提尔的信，1938 年 3 月 14 日，第 4 页，特拉华州威尔明顿：学术资源公司，传教士档案：1897 至 1940 年监理会传教士书信，微缩胶卷第 11 卷。

③ ［美］胡勃特·L. 索尼：给阿尔弗雷德·华盛顿·华生的信，1938 年 1 月 11 日，第 2 页，特拉华州威尔明顿：学术资源公司，传教士档案：1897 至 1940 年监理会传教士书信，微缩胶卷第 11 卷。

小饰品、工具还有许多小物件。”[①] 他的朋友留下一辆汽车请他照看，然而，索尼却没能防止日军把车偷走：

> 我在斯坦利·史密斯家里有点事，就把汽车锁上，在他家前面停了几分钟。一伙日本兵坐着卡车过来，砸破一扇车窗，从里面打开车门，然后把车拖走。[②]

在同一封信中，索尼报告道，“数十名妇女被日本兵劫持走，遭到许多日本兵反复轮奸”。[③] 他在给斯提尔牧师[④] 的信中写道，日本兵随意掳走年轻妇女并强奸她们。

> 这种情况比比皆是。他们专门袭扰安全区，因为那里人群聚集。没有妇女是安全的。留在城里的外国人（主要是传教士）花费大量时间从一个地方奔波到另一个地点，防止妇女和百姓遭到日本兵强奸或抢劫。[⑤]

由于他作为副粮食专员的职责，索尼密切关注与难民相关的问题，特别是安全区难民大米供应短缺的问题。他日夜操劳，分发大米并用卡车运往各

---

① ［美］胡勃特·L. 索尼：给 P. F. 普瑞斯的信，1938 年 1 月 28 日，第 1 页，特拉华州威尔明顿：学术资源公司，传教士档案：1912-1949 年卫理公会档案，金陵神学院，微缩胶卷第 85 卷。

② ［美］胡勃特·L. 索尼：给阿尔弗雷德·华盛顿·华生的信，1938 年 1 月 11 日，第 2 页，特拉华州威尔明顿：学术资源公司，传教士档案：1897 至 1940 年监理会传教士书信，微缩胶卷第 11 卷。

③ 同②。

④ 马歇尔·图伦汀·斯提尔（Marshall Turrentine Steel，1906-1989），1906 年 1 月 2 日出生于美国阿肯色州史密斯堡（Fort Smith），1927 年毕业于阿肯色州亨德里克斯（Hendrix）学院，1931 年在纽约协和神学院获神学学士学位，1938 年获亨德里克斯学院神学博士学位。早年在阿肯色各地教堂任牧师，1936 至 1957 年在得克萨斯达拉斯高地公园（Highland Park）卫理公会教堂任牧师，1958 至 1969 年出任母校亨德里克斯学院院长，1989 年 1 月 30 日在阿肯色松树崖（Pine Bluff）逝世。

⑤ ［美］胡勃特·L. 索尼：给马歇尔·T. 斯提尔的信，1938 年 3 月 14 日，第 4 页，特拉华州威尔明顿：学术资源公司，传教士档案：1897 至 1940 年监理会传教士书信，微缩胶卷第 11 卷。

个难民营:

由于人数众多，我们现在手上有一个很大的难民问题——在这个难民区可能有15万或更多的人，在我们的难民营可能有6万人，必须为其中的很多人提供食物。我们的粮食供应非常短缺，除非采取措施获得更多的粮食，否则民众将面临更严重的饥荒。我们国际委员会手头的大米还够供应大约三周——到那时我们不知道该怎么办。我们正设法从日本人那里购买大米（他们强征的中国人的大米）。他们控制住大米，显然预料到会打一场长期的战争，将之留给自己用。每天我都忙着将大米分发到各个难民中心。里格斯负责监督各个粥棚的煤炭和燃料供应，其他人也各司其职，齐心协力继续努力，尽可能改善这一状况。①

史迈斯表示，在那些艰难的日子里，索尼，“一位美国教旧约圣经的教授开始坐在运米的卡车上，并坚持了六个星期”。② 他不得不伴随着运米卡车，因为:

只有这样，才能把粮食运到那儿，并防止日本兵把我们的卡车抢走。这也是防止日本兵掳走我们的司机和工人的唯一办法。就这样，我还好几次差点失去了卡车。每天都是这样的情况，并持续了一个多月——直至1月26日，当时即使没有外国人护送，卡车也可以正常行驶了。③

索尼曾多次向美国大使馆反映情况。1938年1月20日，他向爱利生呈

---

① ［美］胡勃特·L.索尼：给P.F.普瑞斯的信，1938年1月16日，特拉华州威尔明顿：学术资源公司，传教士档案：1912-1949年卫理公会档案，金陵神学院，微缩胶卷第85卷。

② ［美］路易斯·S.C.史迈斯：《南京发生的情况或中国沦陷区的状况》，1938年8月，第5页，田纳西州纳什维尔，基督会历史学会图书馆，路易斯和玛格丽特·盖瑞特·史迈斯书信。

③ ［美］胡勃特·L.索尼：给马歇尔·T.斯提尔的信，1938年3月14日，第4至5页，特拉华州威尔明顿：学术资源公司，传教士档案：1897至1940年监理会传教士书信，微缩胶卷第11卷。

递了两起日军暴行案件：

第一起案件是1月18日上午，一名日军特警人员花了大约45分钟，在属于美国机构金陵神学院的房产上海路2号掳掠翻查房屋与费尔顿博士[①]和史密斯博士[②]的财物。

第二起案件是，一个佩戴“中岛部队”臂章的日本兵闯入金陵神学院波劳帕博士[③]的住所，翻查波劳帕博士的财物达30分钟。他离开时偷走了波劳帕夫人的毛皮大衣，还有一个我们当时也不清楚具体装了什么东西的包袱。他没有从大门进去，而是翻越西侧的墙进去，但走大门离开，叫一个年轻人为他提包袱。[④]

到1938年1月底，日本当局威胁要强迫难民迁出安全区。城内其他地区的形势依然严峻，仍有抢劫、强奸和凶杀案发生。索尼描述了当时的情况

① 拉尔夫·奥曼·费尔顿(Ralph Almon Felton,1882-1974)，1882年7月26日出生于美国堪萨斯州的阿肯色城（Arkansas City），1905年毕业于堪萨斯州的西南（Southwestern）学院，以后就读协和神学院与哥伦比亚大学攻读硕士学位。30年代就读宾夕法尼亚大学与德鲁（Drew）神学院，并获博士学位。他曾任教于康奈尔大学，1931至1952年在新泽西州的德鲁神学院任乡村社会学教授。1936-1937学年，他来到金陵神学院担任访问教授。1974年5月在弗吉尼亚州亚历山大（Alexandria）逝世。

② ［美］查尔斯·斯坦利·史密斯(Charles Stanley Smith，1890-1959)，1890年6月3日出生于美国宾夕法尼亚州米德维尔（Meadville），1912年毕业于爱朗尼（Allegheny）学院，1915年在纽约州奥本神学院（Auburn Theological Seminary）获神学学士学位，并被委任圣职。1915至1917年前往英国剑桥大学留学，1917年前往中国湖南传教，1918年到金陵神学院任教授。1936至1938年，他利用回美国休假之机在耶鲁神学院学习，并于1938年获博士学位。此后回到南京，并在珍珠港事件之后被日军关押在上海闸北集中营至1943年9月遣返美国。战后他于1945年重返南京。1950年离开中国后曾在泰国曼谷与新加坡的神学院任教至1956年底，1959年8月15日在纽约逝世。

③ 克里福德·亨利·波劳帕(Clifford Henry Plopper,1885-1965)，1885年2月14日出生于美国密歇根州劳伦斯（Lawrence），1909年毕业于肯塔基州权索万尼亚（Transylvania）大学，1911年在耶鲁大学获神学学士学位，以后他在美国休假时于1920年在康涅狄格州的哈特福德神学院（Hardford Seminary Foundation）获博士学位。他1913年到中国南通传教，1925年到金陵神学院任教。1937年中日战争爆发时，他在美国休假，并于1938年秋天回南京。他1941年1月回到美国，1965年5月2日在加州桑塔克鲁斯（Santa Cruz）逝世。

④ ［美］胡勃特·L.索尼：给约翰·爱利生的信，1938年1月20日，美国国家第二档案馆，第84档案组，驻中国外交机构，第2166卷（南京1938年第7卷）。

与难民的悲惨遭遇：

> 在今天下午的会议上，这里的自治政府的日本顾问告诉各个难民营的负责人，指令他们难民营的人在2月4日返家，否则军队会来将他们驱逐出去。他们确保民众会更加安全，并说他们将在人们返回的城区设置更多宪兵和中国警察。无家可归或房屋被烧毁的民众，将被安置于寺庙或公共建筑中，并在某些地点分发食物。事实上，很多人都想回家——所有的人都想回去，而且很多人已经尝试着回到家。但他们中的很多人遭抢劫，有些妇女被强奸，甚至有人被刺刀捅死，所以他们不敢回去了。这就是南京人民现在面临的状况。①

迟至1938年3月中旬，日军占领三个月后，南京的情况才有所改善，而难民，特别是年轻妇女走出安全区并不完全安全：

> 日军进城至今才三个月，情况有所好转，但还没有到应该达到的程度。强奸、抢劫和凶杀仍然很常见，只是不像最初几个星期那样大规模发生。因此，人们开始离开难民营，返回家园。但是妇女还不能大批返家。她们想在这些难民营再待一段时间，直至环境进一步改善。②

乔治·菲齐离开后，索尼被推举为国际委员会的主任。这项工作使他几乎整天忙碌。与此同时，国际委员会的呼吁得到慷慨的回应，收到捐款、食品和医疗用品。③ 在报告一些救济金的处置情况时，索尼提到他如何尽力帮

---

① ［美］胡勃特·L.索尼：给P.F.普瑞斯的信，1938年1月28日，第2页，特拉华州威尔明顿：学术资源公司，传教士档案：1912-1949年卫理公会档案，金陵神学院，微缩胶卷第85卷。

② ［美］胡勃特·L.索尼：给马歇尔·T.斯提尔的信，1938年3月14日，第5页，特拉华州威尔明顿：学术资源公司，传教士档案：1897至1940年监理会传教士书信，微缩胶卷第11卷。

③ ［美］胡勃特·L.索尼：给朋友的信，1938年2月26日，第4页，特拉华州威尔明顿：学术资源公司，传教士档案：1912-1949年卫理公会档案，金陵神学院，微缩胶卷第85卷。

助因日军暴行而蒙受巨大痛苦的极度穷困的难民：

继续讲述你寄来的款项的用途，就得讲述一些事件，而每一个事件都揭示了战争给人们带来的人类苦难的深度。一天晚上，有一名妇女在僻静的街道上边走边哭泣。她的丈夫被日本兵掳走后一去不返。她刚刚被抢走了两块钱，这是她借来想做花生和香烟买卖的本钱，为自己与孩子谋生的。我给了她几块钱。一对开老虎灶出售开水的老夫妻，被日本兵抢走了他们的一切——食物、钱、被褥、炊具，等等。遇见我时，他们说已经三天没吃东西了。我给了他们一些米、一些钱，使他们能在粥棚喝几天稀饭，还有几块钱好让他们继续做生意。[①]

1938 年 5 月 17 日，索尼终于获准前往上海与家人团聚。然而，当他 6 月中旬返回南京时，在火车站被日军警卫粗暴地搜身。警卫摸遍他的全身，“显然是在搜寻武器”，他的“三件行李也在站台上被检查”。[②] 索尼立即向爱利生报告了此事以及在他的住所发生的另一起暴力案件：

5 月 24 日左右，有五六个日本兵来到通往我在石鼓路 160 号房屋的前门，把覆盖在铁门上的镀锌铁皮揭下来拿走。我的仆人向他们抗议，告诉他们这是美国房产，但他们不理睬他。这个大门是我们大院的入口，也是大院的一部分。门柱上醒目地张贴着日本大使馆的公告。我院子里的房屋上悬挂着美国国旗。[③]

索尼按时于 1941 年夏回国休假，并计划这一年到芝加哥大学神学院攻

① ［美］胡勃特 · L. 索尼：给马歇尔 · T. 斯提尔的信，1938 年 3 月 14 日，第 2 页，特拉华州威尔明顿：学术资源公司，传教士档案：1897 至 1940 年监理会传教士书信，微缩胶卷第 11 卷。

② ［美］胡勃特 · L. 索尼：给约翰 · 爱利生的信，1938 年 6 月 15 日，美国国家第二档案馆，第 84 档案组，驻中国外交机构，第 2166 卷（南京 1938 年第 7 卷）。

③ 同②。

读博士学位。然而，珍珠港事件使他在芝加哥待的时间延长到 1945 年。战后，他回到金陵神学院，最终于 1951 年 4 月被迫离开中国。索尼是共产党接管南京后最后一批离开的美国人之一。他离开中国后奉调前往新加坡，在三一神学院任教，该学院是一所为东南亚卫理公会牧师和其他教会领袖提供培训的学校。他用中文和英文教授旧约，1952 年底至 1961 年期间任学院院长。退休后，他回到得克萨斯。1970 年 9 月 6 日，索尼在得克萨斯沃思堡（Fort Worth）与世长辞。

克利福特·夏普·特里默

克利福特·夏普·特里默（Clifford Sharp Trimmer，1891-1974）1891 年 2 月 5 日出生于美国新泽西州中谷（Middle Valley），父母为莫里斯·夏普（Morris Sharp）和玛丽·伊丽莎白·达福·特里默（Mary Elizabeth Dufford Trimmer），他在新泽西拉里坦谷（Raritan Valley）的家庭农场长大，乘坐运牛奶的火车往返上高中。此后就读宾夕法尼亚州伊斯顿（Easton）的拉斐特（Lafayette）学院，1913 年毕业并获学士学位后，回到他的高中母校——高桥（High Bridge ）高中任教，在那里遇到了同为教师的茹丝·巴克曼[①]，以后与之结为伉俪。1918 年在宾夕法尼亚大学医学院获得医学博士学位后，特里默去了费城卫理公会医院实习（1918-1919 ）。1919 至 1922 年，他在位于纽约斯坦普顿（Stapleton）的美国海军陆战队医院的美国公共卫生服务部接受了住院医师培训。1922 年夏天，他携妻子茹丝前往中国。受卫理公会理事会海外传教部的委派，特里默在鼓楼医院任内科医生。

① 茹丝·巴克曼·特里默(Ruth Barkman Trimmer, 1893-1982)，1893 年 10 月 8 日出生于美国新泽西州杭特顿（ Hunterden ），1922 年 6 月与特里默结婚后于当年 9 月随夫前往中国南京，在南京的美国学校任教。日军攻占南京之前，她已撤往上海。1938 年 6 月回到南京，1950 年最后离开中国回到美国。她 1982 年 4 月在纽约州的东奥罗拉（ East Autora ）逝世。

1937年12月日军攻占南京时，茹丝和孩子们在江西牯岭山间避暑胜地度假，而特里默则留在医院医治患者和伤员。医院里挤满了不断涌入的大量日军暴行的受害者。他医治伤势相对不那么严重的伤员，并将需要手术治疗的伤员转给了手术室里的罗伯特·威尔逊。特里默后来给他的儿子莫里斯①讲述了自己的经历，包括“医院如何将重伤的中国军人与强奸受害者混在一起来帮他们藏身，日军进入医院时无法分辨”。②

多年后，他的儿子回忆说，他的父亲似乎总是很忙：

> 当我还是个孩子的时候，在正常时期，我父亲一般每天工作12至14个小时。他会在星期天下午抽时间去教堂。除了早餐之际，我们要很幸运才能见到他，如果他回家吃晚饭，那往往在睡觉之前才回来吃。由于这是家人在身边时正常时期的工作日程，可以想象在大屠杀期间他肯定会在医院待的时间更长。③

由于特里默的住所与医院相邻，他不必离开医院地界去上班，再加上他工作繁忙，所以他不可能离开医院很久时间，到暴行发生的地方察看，但他目睹了送到医院来的伤员与奄奄一息的垂死者。④

在1938年3月10日的一封信中，特里默对妻子茹丝说，南京的局势“十

---

① 约翰·莫里斯·特里默(John Morris Trimmer，1925-2015)，1925年9月12日出生于南京鼓楼医院，在南京生长，就读南京、上海的美国学校。1941年日美关系紧张，父母将他和妹妹玛丽·伊丽莎白·特里默（Mary Elizabeth Trimmer，1929-2009）在珍珠港事件爆发前送回国，到宾夕法尼亚州斯沃斯莫尔（Swarthmore）的亲戚处读高中。“二战”中，他加入美国海军太平洋舰队对日作战。他1948年毕业于斯沃斯莫尔学院，1962年在佛罗里达大学获硕士学位，1982年在西科罗拉多大学获博士学位。1959至1993年在佛罗里达大学任教。2009年，他的第二任妻子露西娅·E.特里默（Lucia E. Trimmer，1925-2009）去世，他回到他的出生地，于2010年迎娶了一位南京妇女刘桂英。他2015年6月26日在佛罗里达州盖恩斯维尔（Gainesville）逝世。本书作者2003年曾和他通信联络，他慷慨地寄赠其父当年的信件。

② J.莫里斯·特里默：给陆束屏的电邮，2003年6月27日上午10：58。

③ 同②。

④ 同②。

分动荡不安”，“无所事事，游荡在街头喝酒的日本兵实在太多了。今天，就在巴克[①]房子后面的草屋里，有个妇女被强奸”。[②]在同一封信中，他报告前一天：

> 一个日本兵来到一户人家敲门，想进屋，当这家的人从后门出去时，日本兵朝他的身体一侧刺了一刀。这个中国人看上去伤得并不重，但他的脉搏直到今天还很急促，有可能被刺中了肠子。如果是这样，对他来说就严重了。[③]

事情平息下来后，特里默在城里四处走访，查看了卫理公会的房产，并检查了房屋受损的情况。他写了一份有关不同地点的房舍状况的长篇报告：

> 我正在把卫理公会在南京的财产损失列成清单，这样好几个人可以得到副本。我无法详加记述，因为我不知道麻烦开始之前那里有些什么。我也说不清到底是谁劫走了这些东西，但我可以解释我发现的情况，以及那里的仆人告诉我的情况。在过去的一周里，除了估衣廊教堂[④]，我查访了所有的地方。……

---

① 约翰·罗辛·巴克（John Lossing Buck，1890-1975），中文名卜凯，1890年11月27日出生于美国纽约州幸福谷（Pleasant Valley），在康奈尔大学先后获得学士学位（1914）、硕士学位（1925）和博士学位（1933）。1915年作为传教士前往中国安徽传授农业知识。1917年，他与诺贝尔文学奖获得者赛珍珠（Pearl Sydenstricker Buck，1892-1973）结为伉俪，然而，这段婚姻在1935年以离婚而告终。1920年应邀到金陵大学创办农业经济系。除了在康奈尔大学攻读硕士和博士的几年，他一直在金陵大学教书直至1945年抗战结束。他在南京的寓所，平仓巷3号，在南京大屠杀期间有8名美国男子集体居住。该寓所现为赛珍珠纪念馆。巴克1975年9月27日在纽约州帕科普斯（Poughkeepsie）逝世。

② 克利福特·夏普·特里默：给妻子茹丝和孩子们的信，1938年3月10日，第2页，特里默家族珍藏资料。

③ 同②，第1页。

④ 当时卫理公会南京教区最大的教堂是位于南京市中心估衣廊81号的城中会堂，亦称估衣廊教堂。

在汇文大院[①]，劳伦斯楼[②]并没有受到太大的影响，但是因为有一颗炮弹落在汇文住宅院落（这里所说的住宅院落是指吉西小姐[③]和其他外国女士住的地方），不少窗户的灯都坏了。汇文学校的几架钢琴都没有被抢劫走。健身房和劳伦斯楼里有些门被砸坏。但和我一起的姜先生[④]说，被掳掠走的东西不多。保险箱抵挡住了日本鬼子三个晚上企图打开它的努力，然后他们放弃了，因为对他们来说太难了。它太重了，他们搬不动它。外国妇女传教士协会（WFMS）女士的住所是大院里最难看的地方。落在花园里，把朝向估衣廊街一侧的墙炸坏了一段的炸弹，炸碎了很多窗户，特别是下部窗框的大玻璃。我不知道里面有什么东西被窃走，因为日本鬼子已经进来过，并且撬开了每一个壁橱、筐子、柜子、箱子和盒子，在我看来，东西都乱七八糟一大堆散乱在那儿。……

现在说说希特（Hitt）。少了一架钢琴。仆人们说，日本鬼子进城没几天（他们 12 月 13 日进城）就来这里，他们把钢琴搬到附近一个日本鬼子占用的住家，我无法识别是哪座房屋，所以无法追查。砸破几扇门、一些陶器，所有的东西都被翻乱，横七竖八地散落一地，但可能损失不大。大约有 15 到 20 张铁床被劫走。……

讲堂街教堂实际上完全成了一片废墟。周围的建筑都被烧毁了，建筑只有一些比较坚固的部分还立在那里。据我们发现的情况，这是

① 汇文女中（Hwei Wen Girls' School）最初为美国卫理公会（Methodist Episcopal Church）于 1887 年在南京开办的女子学校，1902 年命名为汇文女中，曾开办大学部，1915 年大学部并入金陵女子文理学院。1951 年更名为南京市第四女子中学，1968 年再改名为人民中学至今。姜文德 1937 至 1939 年任汇文女中校长。

② 劳伦斯楼（Lawrence Hall）为汇文女中的主教学楼，始建于 1910 年，今已不存。

③ 埃德娜·梅·韦波·吉西（Edna May Whipple Gish, 1894-1995），1894 年 8 月 16 日出生于美国俄克拉荷马州沃克密斯（Waukomis），1917 年毕业于俄勒冈大学。1920 年作为统一基督教会的传教士前往南京传教、教书，积极提倡妇女教育。1937 年 8 月，她前往庐山牯岭教美国孩子，教授《圣经》课程至圣诞节。1938 年夏回南京工作至 1941 年回美国。1943 年再度来中国，在成都工作。战后于 1945 年回南京传教。她 1949 年离开中国，1995 年 7 月 29 日在马萨诸塞州马尔波罗（Marlborough）逝世。

④ 姜文德曾两度担任汇文女中的校长（1937-1939，1945）。姜文德和也在汇文任教的妻子大屠杀期间一直留在南京。

日本鬼子干的。我们知道他们有计划地烧毁了这座建筑，并且认为他们这样做可能是因为附近的一些建筑。教堂明明白白地标示为美国财产。……

主教[①]的房子没有那么严重受损，但玻璃窗都被打破，许多门也被砸开。电冰箱还在那里，可能还好。大多数家具都完好无损。但箱子、壁橱等都被砸开了。司机把汽车开到巴克家，保住了这辆汽车，否则两小时后，日本鬼子就会把汽车开走。主教失去了他大衣上的毛皮领子，但至少西装还挂在衣橱里，床单柜里还有一些毛巾。……

盖尔[②]的房子和主教的情况差不多，但可能没有那么好。盖尔医生[③]的黄包车被偷走了。大件家具还在，其余的可能大多数也在，但所有的盒子、桶、壁橱、箱子等都被砸开了，里面的东西散落一地。如果一个箱子不容易打开，就会被砸坏。我发现食品柜被搜刮了好几遍，我找到了一些剩余的食品，后来有几周我们没有足够的食物，这些食品帮了我

① 卫理公会主教为拉尔夫·安素尔·沃德（Ralph Ansel Ward, 1882-1958），中文名黄安素，1882年6月26日出生于美国俄亥俄州勒洛（Leroy），1903年毕业于俄亥俄威斯利安（Wesleyan）大学，于1906年在同一所学校获神学硕士学位，1919年获荣誉神学博士学位。曾在波士顿大学学习。1909年前往中国福州传教，1916至1925年回纽约任卫理公会总部干事，1925至1928年出任福州鹤龄英华学校（Anglo-Chinese College）校长，1928至1933年在芝加哥任教会全球事务执行干事。1933年前往南京传教直至1937年被任命为总部在成都的华西教区主教。1941年调任上海教区主教。珍珠港事件后，于1942年11月被日军关进上海海防路集中营，后转至北平丰台集中营至1945年6月。他1951年离开中国大陆到中国香港负责香港、台湾教区的事务，1958年12月6日在中国香港逝世。

② 弗朗西斯·克莱尔·盖尔（Francis Clair Gale，1880-1970），见P63注⑦。

③ 爱莉·梅·朵拉·斯本瑟·盖尔（Ailie May Dora Spencer Gale，1878-1958），中文名高爱理，1878年5月28日出生于美国蒙大拿州的波兹曼（Bozeman），1901年毕业于科罗拉多学院，1905年从旧金山库勃医学院（San Francisco Cooper Medical College）获得医学博士学位，并于1905年和弗朗西斯·克莱尔·盖尔结婚。盖尔夫妇于1908年前往中国传教，提供医疗服务，先后在南昌、屯溪、上海工作。盖尔夫妇在南京工作期间（1933-1937），爱莉·盖尔在金陵女子文理学院任校医。1937年她回到南昌总医院工作，曾于1939至1940年在金陵女子文理学院做医护工作。珍珠港事件之后，前往四川资中县医院行医。战后，盖尔夫妇在南昌团聚，工作至1950年8月离开中国。她1958年3月22日在加州贝克菲尔德（Bakersfield）逝世。

们的大忙。[①]

特里默继续在鼓楼医院工作，直到 1938 年初夏才得以去上海看望妻子儿女。茹丝和孩子们很快获准返回南京。1941 年初，美日关系日益紧张，特里默一家的生活再次受到干扰。茹丝和孩子们从中国撤离返回美国，而特里默则留在南京的岗位上直至珍珠港事件爆发。他被日本人羁押并送到上海的集中营。1943 年初，他从上海搭乘第二次接美国人的“格里普斯霍姆轮”被遣返回国。

回到美国后，特里默 1943 年 5 月至 1944 年 10 月在宾夕法尼亚州格拉特福德（Graterford）担任监狱医生，然后他加入海军，于 1944 年 11 月至 1946 年 8 月在弗吉尼亚州诺福克（Norfork）担任港口医生。中国的召唤依然十分强烈，从海军退役后，特里默立即于 1946 年秋天返回南京鼓楼医院继续行医。1949 年 4 月共产党的军队进入南京时，他和茹丝都在那里，之后他们在南京又待了一年半，直至中美关系破裂，他们无法继续待下去。1950 年 11 月，特里默带着深深的遗憾离开了中国，因为他在那里度过了超过 25 年的时光，有许多朋友。

由于无法返回南京，特里默 1952 年接受了巴基斯坦拉合尔基督教协和医院的聘任，并在这个岗位上一直工作到 1959 年退休，之后居住在纽约郊外。虽然名义上已经退休，但他继续在卫理公会理事会海外传教部任职，处理外派传教士相关的工作。即使在完全退休后，他每周也会有两个晚上去做志愿者，在纽约的贫民窟为穷人工作。特里默于 1974 年 1 月 8 日在新泽西州蒙特克莱尔（Montclair）去世。

① ［美］克利福特・夏普・特里默:《卫理公会财产报告》(“Methodist Mission property report”)，1938 年 3 月 11 日、21 日，第 1 至 3 页，特里默家族珍藏资料。

明妮·魏特琳

明妮·魏特琳（Minnie Vautrin，1886-1941）1886年9月27日出生在美国伊利诺伊州一个典型的中西部乡村聚落——塞科尔（Secor），并在这里度过了童年时光。1903年高中毕业后，魏特琳就读位于伊利诺伊州诺默尔（Normal）的师范专科学校，并于1907年毕业，此后三年在乡村学校教数学。1910年6月，她重返大学校园，前往伊利诺伊大学继续深造。在四年级最后一个学期，她参加了"人类与百万筹款运动"[①]的会议，会上她了解到中国安徽庐州府的三育女子学校（Coe Memorial Girls School）急需一位有能力的老师任教并管理，于是她便自告奋勇去中国。1912年，魏特琳被推选为毕业班的优秀学生代表在毕业典礼上致辞，此后不久于同年8月启程前往中国。1912至1913年在南京金陵大学学习一年中文，之后前往合肥担任三育女子学校校长。1918年按例回国休假期间，魏特琳在纽约哥伦比亚大学师范学院攻读硕士学位，并于1919年获学校行政管理硕士学位。返回中国之后，她受邀前往南京金陵女子文理学院任教育系主任。此外，她还承担了繁重的教学任务。两年后，校长德本康夫人[②]回美国募捐期间，魏特琳担任代理校长一职。

1937年7月7日，卢沟桥事变爆发之际，魏特琳正在中国北方的海滨度假城市青岛休假。她立即设法返回南京，并在南京遭遇空袭轰炸期间一直留

① "人类与百万筹款运动"（"Men and Millions Movement"）是基督会教派（Disciples of Christ）当时发起的运动，旨在募集650万美元以资助该教会的国内外传教机构组织，招募1000名优秀的志愿者，从事传教、教育工作，激励千千万万年轻人投身教会的服务工作。

② 劳伦斯·瑟斯顿夫人（Mrs. Laurence Thurston）的本名为莫蒂尔塔·史麦瑞尔·卡德尔·瑟斯顿（Matilda Smyrell Calder Thurston，1875-1958），中文名德本康，金陵女子文理学院第一任院长。她1875年5月16日出生于美国康涅狄格州的哈特福特，1896年毕业于赫利佑克山（Mt. Holyoke）学院。她在1913年受美国基督教长老会的委派前往南京，并于同年被推选为金陵女子文理学院院长，筹建学校。她担任金陵女子文理学院院长直至1928年吴贻芳接任。此后，她继续在金陵女子文理学院工作，担任顾问、教师等职。珍珠港事件之后，她在南京被日本当局羁押进集中营直到1943年被遣返回美国。退休后，她居住在马萨诸塞州的阿邦戴尔（Auburndale），并在那儿于1958年4月18日去世。

在城内。随着日军向南京进攻，逐渐逼近城市，金陵女子文理学院的主体撤离南京，分别迁往上海、华中武昌与华西成都。然而，魏特琳决定留在校园内。吴贻芳校长[①]在撤离前，任命魏特琳为应急委员会主席，负责校园的事务。

魏特琳立即着手做准备工作，使校园成为收容妇女儿童的难民中心。城市陷落之前，妇女儿童在 12 月 8 日开始涌入校园。在恐怖笼罩期间，金陵女子文理学院在高峰期收留了一万多人。尽管容纳成千上万的难民无疑会对建筑和设施造成破坏，但魏特琳决定“我们宁可在未来面对破损、玷污的四壁，也要为这些来我们学院的妇女儿童提供人道的服务。我们绝对不能对他们关上大门”。[②]

起初，魏特琳和她的工作人员打算将难民中心的收容量定为 2700 人，工作人员们在校门口仔细检查才放难民进入。但随着情况越来越糟糕，魏特琳决定将校门打开，接收更多难民。惊慌失措的难民们不分老幼、不分昼夜地蜂拥而入，持续了好几天。他们像沙丁鱼一样挤在大楼里，甚至楼梯、大厅、有屋顶的长廊和走廊都挤满了人。但人们仍不断地涌入，此时，他们并不求在房屋内能有一席之地。正如魏特琳所言，“只要我们让他们进来，能睡在露天也就心满意足了”，[③]因为城内的情况非常糟糕，“12 岁的小姑娘、50 岁甚至 60 岁的老年妇女都难逃脱遭强奸的厄运”。[④]看到那些可怜、绝

① 吴贻芳（Yi-fang Wu，1893-1985），金陵女子文理学院第二任院长（1928-1951），1893 年 1 月 26 日出生于湖北武昌。1913 年就读杭州协和女子学校。1915 年进入金陵女子文理学院学习，是金陵女子文理学院 1919 年第一届五位毕业生之一。1922 年，吴贻芳获得奖学金前往美国密歇根大学留学，并于 1928 年获生物学博士学位。旋即于 1928 年秋就任金陵女子文理学院院长。担任院长后，她不仅在学院的建设上作出重要贡献，还积极参与国家乃至国际事务。1945 年，她作为中国政府的官方代表之一，前往美国旧金山签署联合国宪章。吴贻芳 1985 年 11 月 10 日在南京逝世。

② ［美］明妮・魏特琳：《第二份报告：1938 年 1 月 14 日至 3 月 31 日期间的回顾》（“The Second Report：A Review of the Period January 14 - March 31 1938”），第 7 页。藏耶鲁大学神学院图书馆特藏部，第 11 档案组第 145 档案盒第 2876 档案夹。

③ ［美］明妮・魏特琳：《第一个月的回顾，1937 年 12 月 13 日至 1938 年 1 月 13 日》（“A Review of the First Month December 13 1937 - January 13 1938”），第 7 页。藏耶鲁大学神学院图书馆特藏部，第 11 档案组第 145 档案盒第 2875 档案夹。

④ 同③。

望的妇女，魏特琳表达了发自内心的同情：

> 我们永远都不会忘记涌进门时年轻姑娘的面容——她们中绝大多数在大门口和父亲与丈夫分别。她们千方百计地假扮自己——许多人剪短头发，大多数人把脸抹黑，很多人穿上男人或男孩的服装，或是穿着老年妇女的装束。……我永远也不会忘记父亲和丈夫注视着他们的女眷进入校园时的张张面孔。他们经常泪流满面，乞求我们“给她们一个露天睡觉的地方”。①

除了提供住所、安排难民饮食和处理卫生问题外，魏特琳和她的工作人员还采取了各种措施，以加强校园的安全和保护。魏特琳在校园里巡逻，因为出现一张白种人的面孔是防止日本兵进入校园以确保得到保护最有效的方法。很多时候，除了被叫到校园的其他地方去驱赶日本兵，一天中大部分时间她都坐在大门口守卫着。由于一张外国面孔是确保安全的关键因素，所以魏特琳和玛丽·D. 芳茵·特威楠（更广为人知的名字为保罗·德威特·特威楠夫人）② 从未同时离开校园。魏特琳确保她俩中的一个人始终留在校园里，并携带着日本大使馆的信件来保护这个地方。③

对金陵女子文理学院随时进行巡查，使魏特琳很少有机会到校园外面去。但她对周围发生的情况注意观察。12 月 14 日，她看到一百多名双手被捆绑着的平民被日本兵和骑兵押走。这些人再也没有回来。④ 12 月 16 日，她注

① ［美］明妮·魏特琳：《第一个月的回顾，1937 年 12 月 13 日至 1938 年 1 月 13 日》（“A Review of the First Month December 13 1937 - January 13 1938”），第 7 页。藏耶鲁大学神学院图书馆特藏部，第 11 档案组第 145 档案盒第 2875 档案夹。

② ［美］玛丽·道萝瑟·方茵·特威楠（Mary Dorothy Fine Twinem，1895-1983），亦称保罗·德威特·特威楠夫人，中文名戴玛丽，魏特琳在日记中称呼她玛丽，见 P4 注 ③。

③ ［美］明妮·魏特琳：日记，1938 年 1 月 2 日，藏耶鲁大学神学院图书馆特藏部，第 11 档案组第 145 档案盒第 2875 档案夹。

④ ［美］明妮·魏特琳：日记，1938 年 2 月 8 日，藏耶鲁大学神学院图书馆特藏部，第 11 档案组第 145 档案盒第 2875 档案夹。

意到日军把四个人捆在一起，“他们把四个人带到西山上，我听到那儿传来枪声”。[①]之后，在1938年1月31日，情况有所好转，于是她冒险走出校园，在山坡上，看见“12月16日那天我听到被枪杀的三个人的尸体仍然在那儿，我觉得他们的样子像是平民百姓”。[②] 在她12月21日的日记中，魏特琳记录了一个悲伤的片段：

> 下午1点30分，我和爱契逊的厨师乘使馆的车子到我们西面的一条街上。他听说自己75岁的老父亲被杀，急于要去看看。我们见到老人躺在街心。他们把尸体抬到竹林里，盖上芦席。[③]

魏特琳见到的最大一堆尸体是在离校园不远处山谷中的一个池塘边。1938年1月26日，魏特琳一直忙到差不多下午5点，她决定到金陵校园西边去散散步。查看一片焚烧的废墟后，她认识的一个妇女和她的丈夫提出要带她到池塘边去。

> 池塘边有几十具焦黑的尸首。尸体中间还有两个空的煤油或汽油罐子。这些人的手被铁丝绑在身后。有多少具尸体，他们是不是先被机枪扫射，再遭焚烧，我不得而知，但希望是如此。在西边小一些的池塘里还有约20到40具尸首。我看到有几个人穿的像是平民的鞋，而不是军人的鞋子。山丘上到处都是没有掩埋的尸体。[④]

---

① ［美］明妮·魏特琳：日记，1937年12月16日，藏耶鲁大学神学院图书馆特藏部，第11档案组第145档案盒第2875档案夹。

② ［美］明妮·魏特琳：日记，1938年1月31日，藏耶鲁大学神学院图书馆特藏部，第11档案组第145档案盒第2875档案夹。

③ ［美］明妮·魏特琳：日记，1937年12月21日，藏耶鲁大学神学院图书馆特藏部，第11档案组第145档案盒第2875档案夹。

④ ［美］明妮·魏特琳：日记，1938年1月26日，藏耶鲁大学神学院图书馆特藏部，第11档案组第145档案盒第2875档案夹。

1938年3月25日，她与其他人一起返回池塘那儿，并查明那里受害者的人数。大池塘边上有96具尸体，小池塘里有43具，附近的农舍里有大约4具。[①]

有趣的是，尽管魏特琳在美国人中走动得最少，然而她却记录了发生在长江岸边以及其他地区几次大屠杀的信息。1938年2月16日，一位姓严的先生拜访了魏特琳，他提到“日军占领的最初几天，三汊河那儿有10000人被杀害。20000到30000人在燕子矶遭屠杀，大约有10000人在下关遇难”。[②] 严先生的话证实了魏特琳前一天了解到的信息。她在2月15日的日记中写道：“今天上午我收到报告，红卍字会估计，在下关一带有30000人被杀害；今天下午，我听说，‘成千上万的人’被困在燕子矶——没有船只渡他们过江。”[③]

4月11日，一位姓王的漆匠从江北的农村回到金陵女子文理学院校园。他告诉魏特琳，“长江两岸仍有很多尸体，许多军人和平民百姓的尸体已肿胀，顺着江流漂浮而下”。[④] 魏特琳接着问他“到底是几十具还是几百具，他说，在他看来有成千上万具”。[⑤] 4月22日，前来拜访魏特琳的金陵大学马文焕博士[⑥]进一步证实了王的说法，“沿江仍有许许多多尚未掩埋、状况可怕的尸体，大批尸体漂浮在江面上，其中大多数尸体的双手仍被铁丝捆在身后”。[⑦]

魏特琳自己曾亲眼目睹红卍字会成员忙着掩埋受害者的尸体。1938年2

---

① ［美］明妮·魏特琳：日记，1938年3月25日，藏耶鲁大学神学院图书馆特藏部，第11档案组第145档案盒第2875档案夹。

② ［美］明妮·魏特琳：日记，1938年2月16日，藏耶鲁大学神学院图书馆特藏部，第11档案组第145档案盒第2875档案夹。

③ ［美］明妮·魏特琳：日记，1938年2月15日，藏耶鲁大学神学院图书馆特藏部，第11档案组第145档案盒第2875档案夹。

④ ［美］明妮·魏特琳：日记，1938年4月11日，藏耶鲁大学神学院图书馆特藏部，第11档案组第145档案盒第2875档案夹。

⑤ 同④。

⑥ 马文焕（Ma Wen-hwen），字伯龠，江苏仪征人，1924年从金陵大学毕业后赴美国留学，并取得哥伦比亚大学历史博士学位，20年代末回到母校金陵大学在历史系和政治系任教。曾任金陵大学教务主任。

⑦ ［美］明妮·魏特琳：日记，1938年4月22日，藏耶鲁大学神学院图书馆特藏部，第11档案组第145档案盒第2875档案夹。

月 25 日，她记录道：

> 今天下午去开会时，路过安徽墓地。我看见红卍字会的人员正忙着掩埋无人认领的尸体。他们用芦席将尸体一卷，放入或拖进壕沟。气味难闻极了，使得那些人现在不得不戴上口罩。大部分尸体是日军占领初期的受害者。①

她后来得知，国际救济委员会“为红卍字会雇用了 200 人，去埋葬那些尚未掩埋的尸体——特别是在农村地区的尸体”。② 1938 年 4 月 15 日，魏特琳拜访了红卍字会总部，获得以下数据：

> 从他们开始收殓尸体时起，也就是大约从 1 月中旬至 4 月 14 日这段时间，在城里，他们已经掩埋了 1793 具尸体，其中大约有 80% 是平民。他们在城外掩埋了 39589 具男、女及孩童的尸体，其中大约有 2.5% 是平民。这些数字还不包括下关和上新河地区在内，我们知道那里还有数目巨大的人丧生。③

如果说魏特琳通过间接渠道获得了大部分关于屠杀的信息，那么她亲眼目睹了几乎每天都在金陵女子文理学院难民营发生的强奸案件。日本兵一直企图闯进校园，劫持强奸妇女，或掳掠抢劫。1937 年 12 月 17 日晚，一队日本兵在一名军官的指挥下强行闯入学院，羁押了所有的工作人员，包括魏特琳和特威楠夫人，然后假装搜捕中国军人。搜查的结果则是劫持走 12 名

① ［美］明妮·魏特琳：日记，1938 年 2 月 25 日，藏耶鲁大学神学院图书馆特藏部，第 11 档案组第 145 档案盒第 2875 档案夹。

② ［美］明妮·魏特琳：日记，1938 年 4 月 6 日，藏耶鲁大学神学院图书馆特藏部，第 11 档案组第 145 档案盒第 2875 档案夹。

③ ［美］明妮·魏特琳：日记，1938 年 4 月 15 日，藏耶鲁大学神学院图书馆特藏部，第 11 档案组第 145 档案盒第 2875 档案夹。

姑娘。[1] 两天后的12月19日，魏特琳回应求助的呼唤，在校园内来回奔跑多次，去把日本兵赶出去。其中一次，她匆匆赶到老教工宿舍，有人告诉她有两个日本兵上楼了。她在那天的日记中写道："在楼上的538号房间，我发现一个日本兵站在门口，另一个已在里面强奸一名可怜的姑娘。"[2] 还有一次，在得知有个日本兵正要劫持走一个姑娘后，魏特琳匆匆赶到现场，在图书馆北面的竹林里抓住了那个和姑娘在一起的日本兵。[3]

1938年1月21日，魏特琳向美国大使馆报告了一起她协助阻止的劫持案：

> 最好向您报告今天下午2点发生在金陵女子文理学院的一起事件。事发地点只有一侧有学院的篱笆，但篱笆上方悬挂着美国国旗。
>
> 在我们学校地界内上述提到的地点，有几个难民的小棚屋。4个日本兵企图将3个住在这些棚屋中的姑娘劫持走。这些姑娘成功地逃到后门，幸好我到场，日本兵看到我就迅速离去。[4]

魏特琳还直接从强奸受害者那里听到了无数的遭遇。2月9日，一位母亲带着14岁的女儿和同龄的侄女来到金陵女子文理学院。她们刚从农村返回。回城的旅途的确是既可怕又可怜：侄女被强奸了三次，女儿被强奸了一次。这位母亲恳求让这两个女孩进入金陵女子文理学院难民营。魏特琳接纳了这

---

① ［美］明妮·魏特琳：日记，1937年12月17日，藏耶鲁大学神学院图书馆特藏部，第11档案组第145档案盒第2875档案夹。

② ［美］明妮·魏特琳：日记，1937年12月19日，藏耶鲁大学神学院图书馆特藏部，第11档案组第145档案盒第2875档案夹。

③ ［美］明妮·魏特琳：日记，1938年1月1日，藏耶鲁大学神学院图书馆特藏部，第11档案组第145档案盒第2875档案夹。

④ ［美］明妮·魏特琳：给爱利生的信，1938年1月21日，《美国在南京的财产权益损失》附件2-C，1938年2月28日，档案编号393.115/233，美国国家第二档案馆，第59档案组第1821档案盒。

两个女孩。[①]

农村妇女的处境甚至比城里的更为糟糕。2月23日，一位母亲领着三个女孩到魏特琳那儿，请求她收留她们。其中一个是她的女儿，去年12月初去乡下，另外两个是农村姑娘。她们告诉魏特琳，农村的情况非常糟糕，姑娘们不得不藏身在遮盖好的地洞里。日本兵疯狂地寻找姑娘。她们说，自去年12月12日以来，这些姑娘大部分时间是在地洞里度过的。[②]

在另一份报告中，魏特琳讲述了一位74岁基督徒老太太在乡下的苦难经历。这位老太太带着她的三个曾孙女离开南京，在距火车站30英里远的一个偏僻的小村庄避难。

> 然而，即使是这么小的地方也未能避免骚扰，也遭受掳掠、焚烧，妇女被追逐捕猎。……这位老太太说，遭掳掠之中，她的两床被褥被抢走，数九寒冬中，在刺刀的威逼下，她不得不交出自己的小裘皮袄。她还讲述了在漫长而寒冷的几个月里，她和她的小曾孙女们唯一的铺盖是稻草。她自己和小女孩唯一得到的食物是村里一位胆大无畏的老太太从日本兵那儿讨来的。她已经三个月没有洗澡，尽管在她这个年纪过多地洗脸或梳头也并不明智。[③]

相对而言，金陵女子文理学院校园内遭受的掳掠并不严重。魏特琳报告了日本兵在校园各处劫掠的许多小事件。她甚至很讽刺地评论道，校园内遭掳掠的“情况算是轻的，如果我能同时出现在四个地方，甚至这些抢劫都不

① ［美］明妮·魏特琳：日记，1938年2月9日，藏耶鲁大学神学院图书馆特藏部，第11档案组第145档案盒第2875档案夹。

② ［美］明妮·魏特琳：日记，1938年2月23日，藏耶鲁大学神学院图书馆特藏部，第11档案组第145档案盒第2875档案夹。

③ ［美］明妮·魏特琳：《沦陷区的教堂》（“The Church in the Occupied Area”），1938年11月，第8页，藏田纳西州纳什维尔，基督会历史协会图书馆，明妮·魏特琳通信档案。

会发生”，而发生这些掳掠“都要怪我，因为我的动作太慢”！[①] 1938 年 1 月 7 日，魏特琳向美国大使馆报告了金陵女子文理学院的财产损失情况：

> 由于我频繁地在金陵女子文理学院的校园上露面，美国房产没有遭受严重损失。八面悬挂在旗杆上的美国国旗，铺设在中央四方草坪上的一面 30 英尺见方的美国国旗，以及美国大使馆提供的、张贴在重要而显著地点的至少十张大幅布告清楚地标示出这是美国财产。这一切完全没有起到阻止日本兵随意闯入进行掳掠的作用。有几天，清楚标示出为美国财产的一栋房屋每天被闯入三到四次。除了两次之外，我到场均能制止掳掠的行为。[②]

魏特琳继续管理着金陵女子文理学院的难民营，一直持续到暮春时节。难民营不仅负责提供食宿，还开办《圣经》课程来协助抚慰难民的心灵，并且还赞助了几个赈济项目，帮助那些赤贫的妇女。

金陵女子文理学院难民营启动了一些特殊项目。金陵校园中许多女难民因为自己的丈夫或儿子被日军抓走，一去不复返，深陷悲痛之中。“有位妇女失去了四个儿子和一个小叔子，还有位妇女失去了三个儿子，失去两个儿子的妇女就多了。”[③] 由于许多丈夫或儿子都是家里唯一养家糊口的人，所以这些妇女都无依无靠只能乞讨为生。从 1938 年 1 月 24 日到 2 月 8 日，魏特琳收集了 738 个案件的数据并交给日本当局。之后得知，有大批平民男子被关押在南京的模范监狱，难民营再次采取行动来帮助这些妇女：难民营向日本当局递交了一份请愿书，要求释放她们的男人；从 1938 年 3 月 18 日到

---

① ［美］明妮・魏特琳：日记，1937 年 12 月 28 日，藏耶鲁大学神学院图书馆特藏部，第 11 档案组第 145 档案盒第 2875 档案夹。

② ［美］明妮・魏特琳：给美国大使馆的信，1938 年 1 月 7 日，《美国在南京的财产权益损失》附件 2-B，1938 年 2 月 28 日，档案编号 393.115/233，美国国家第二档案馆，第 59 档案组第 1821 档案盒。

③ ［美］明妮・魏特琳：给朋友的信，1938 年 3 月 21 日，藏耶鲁大学神学院图书馆特藏部，第 11 档案组第 145 档案盒第 2876 档案夹。

22 日，共有 1245 位妇女在请愿书上签名。①

看到南京市民们遭受的苦难，战争造成的破坏，以及最为糟糕的暴行，魏特琳感到极度的悲哀与沮丧。她的观察与经历促使她对南京那些时日发生的情况作出极富哲理的评论：“从军事的角度来说，攻占南京也许可以被认为是日军的胜利，但从道义上来判断，这是一场失败，是民族的耻辱——这会在将来许多年内阻碍和中国的合作与友谊，也将永远失去目前生活在南京的居民对日本的尊重。”②

日军占领南京后的数月里，魏特琳都承受着巨大的身心压力，加上她对人们遭受的苦难和日军暴行深感悲伤与沮丧，因此她的健康状况每况愈下。她认为自己应该做更多的工作来帮助难民。那些黑暗时日的恐怖景象一直萦绕在她的脑际，最终导致她在 1940 年 4 月底精神崩溃。魏特琳不久后离开南京前往美国接受治疗。有一段时间，她的身体状况似乎有所好转，但南京的经历持续折磨着她，她的健康状况再度恶化，1941 年 5 月 14 日，魏特琳留下遗书：

亲爱的朋友们：

精神恶化的过程在我不知情的状态下显然已持续了多年。我宁愿死去，也不要做个精神错乱的人。对那些极为关爱、相当耐心、非常慷慨的人们，我深为感激。对于居住在密歇根州的我家里的人，我难以表达我的悔恨与遗憾。我应当给他们带来很多帮助，但在他们的生活中，我的作用却如此渺小。

我并没有意识到会有这样的失败——这是无意造成的失败。我不能原谅自己——所以，我也不请求你们宽恕。

① ［美］明妮·魏特琳：《第二份报告：1938 年 1 月 14 日至 3 月 31 日期间的回顾》，第 6 至 7 页。藏耶鲁大学神学院图书馆特藏部，第 11 档案组第 145 档案盒第 2876 档案夹。

② ［美］明妮·魏特琳：日记，1937 年 12 月 16 日，藏耶鲁大学神学院图书馆特藏部，第 11 档案组第 145 档案盒第 2875 档案夹。

我深深地热爱、崇敬传教的事业和金陵女子文理学院的事业。倘若我有十个完好的生命的话，我仍会将之奉献给天国建设的事业——但是，哎呀！我失败了，我这一辈子损伤了这一事业。我的悔恨与遗憾是深刻而真诚的。

但愿你们这些将精力奉献给这一伟大事业的人们，能够具有远见、力量、勇气向前进——忠贞不贰，坚持到底。

真诚的，

明妮·魏特琳[①]

在遗书上签名之后，她在印第安纳州印第安纳波利斯的公寓里打开了厨房炉灶的煤气阀，结束了自己的生命。她被安葬在密歇根州谢普霍德（Shepherd）的盐河（Salt River）公墓。

罗伯特·奥利·威尔逊

罗伯特·奥利·威尔逊（Robert Ory Wilson，1906-1967）1906年10月5日出生于中国南京，是美国卫理公会传教士威廉·菲斯特（William Fist）和玛丽·罗利·威尔逊（Mary Rowley Wilson）的儿子，中文名韦如柏。他在南京长大、读书，1922年回美国在新泽西州普林斯顿上高中，1927年以优异成绩毕业于普林斯顿大学，1933年获得哈佛医学院医学博士学位，之后在纽约市的圣路加（St. Luke's）医院接受住院医师培训，并在那里遇到了未来的妻子玛娇莉·伊丽莎白·尤斯特。[②] 1935年12月17日结婚后，他

① ［美］明妮·魏特琳，绝笔留言（Last Message），1941年5月14日，藏田纳西州纳什维尔的基督会历史协会图书馆，明妮·魏特琳通信档案。

② 玛娇莉·伊丽莎白·尤斯特·威尔逊（Marjorie Elizabeth Jost Wilson，1908-2004），1908年3月7日出生于美国纽约，结婚后随丈夫于1936年前往南京生活，1937年日军攻打南京之前撤往上海生孩子，并带孩子回美国到纽约的父母处。她1939年初回中国，1940年随丈夫离开中国，2004年12月26日在洛杉矶逝世。

立即偕新婚妻子于1936年1月重返他视为故乡的南京，成为鼓楼医院的外科医生，因为他觉得自己“在鼓楼医院可以比世界上任何地方作出更多更好的贡献；这是从童年开始就一直这么考虑的”。①

日军攻占南京之前，医院里包括医生和护士在内的大多数中国工作人员都离开了南京，溯江而上前往西部地区。然而，威尔逊决定与另一位美国医生克利福特·特里默和几位中国医生留在遭受围攻的南京，医治患者伤员。他公开表示对中国同事离职弃岗感到失望。这座城市将会遭遇什么，他一无所知，也没有意识到当受伤致残的大屠杀和强奸受害者源源不断地送到这所唯一向平民开放的医疗机构时，他作为城内唯一的外科医生将肩负的沉重负担。然而，随着“日军占领的最初几周里，恐怖的状况完全展现出来，我自己的心理状态转变为深深的感激之情，庆幸我们的中国同事没有在场见证，并可能成为城市蒙受羞辱和遭遇暴行的受害者”。②

在那几个星期里，威尔逊不分昼夜地工作，医治患者，为不断送来的受害者做手术。他所接受的专业训练和作为外科医生的职责使他不仅能够直接接触到日军暴行的最糟糕受害案例，而且还能对这些案例进行科学而准确的描述。

在他写给妻子玛娇莉的许多日记信件中都含有描述他所医治的病例的专业文字记录。威尔逊告诉妻子，“屠杀平民的情况触目惊心”，他“可以写上好多页，讲述强奸案和令人难以置信的残暴行径”。③任何面露恐惧或试图逃跑的老百姓都会被刺刀迅速捅死。1937年12月14日下午，他给一个气管被割断的人缝合，已经有几十起被刺杀的案例。④第二天，他治疗了两

① ［美］罗伯特·O. 威尔逊：金陵大学医院简历，藏耶鲁大学神学院图书馆特藏部，第11档案组第229档案盒第3874档案夹。

② ［美］罗伯特·O. 威尔逊：声明（Statement），1938年6月18日，中华全国基督教协进会夏季系列保密补充文件（Confidential Supplement to NCC Summer Series），1938年6月20日，第1页。

③ ［美］罗伯特·O. 威尔逊：给妻子玛娇莉的信，1937年12月15日，藏耶鲁大学神学院图书馆特藏部，第11档案组第229档案盒第3875档案夹。

④ ［美］罗伯特·O. 威尔逊：给妻子玛娇莉的信，1937年12月14日，藏耶鲁大学神学院图书馆特藏部，第11档案组第229档案盒第3875档案夹。

个被刺刀捅伤的人。“两个被刺伤的人是七名马路清扫工人中的幸存者。他们坐在清洁站总部，日军来了，没有警告，不分青红皂白便杀死五六个，打伤两个。这两个人自己摸到医院来。”① “集体屠杀，数以千计的强奸案”都是他耳闻目睹的，在他看来，似乎“无法阻止野兽的凶残、欲望和返祖行为”。②

威尔逊在信中列举了许多在大规模处决中幸存下来并前来求医的受害者。他在 1937 年 12 月 18 日报告的案件中有一个人身上有三个弹孔，这是一群 80 人中唯一的幸存者，这群人中还有一名 11 岁的男孩。这群人是从安全区的两座建筑中被抓出来，押解到西康路③以西的山丘里遭屠杀。这个人在日本兵离开后苏醒，发现其他 79 人在他身边死去。幸好他的三处枪伤并不严重。④

在 12 月 23 日的信中，威尔逊告诉妻子他治疗过的最为可怕的受害者：

> 今天下午收治了两名患者，他们的伤势体现了最残酷、彻头彻尾、最无人性的残暴。其中一位是 140 人中唯一的幸存者，他们从一座难民营被押到山丘上，先对他们扫射，然后在他们身上浇汽油，再点火烧。他的头被烧成一个可怕的固定凝视状，只是没有双眼，他的眼睛被烧掉了。实际上他是步行走到医院的。从头顶到头部，再环绕颈部都被严重烧伤。另一个人先是下巴中弹，接着浇上汽油，然后点火烧。他的双手被反绑在身后。他的半边脸、双手、小臂前端、半个后背均有三度烧伤，而从臀部到双腿完全烧坏了。⑤

① ［美］罗伯特 · O. 威尔逊：给妻子玛娇莉的信，1937 年 12 月 15 日，藏耶鲁大学神学院图书馆特藏部，第 11 档案组第 229 档案盒第 3875 档案夹。

② ［美］罗伯特 · O. 威尔逊：给妻子玛娇莉的信，1937 年 12 月 18 日，藏耶鲁大学神学院图书馆特藏部，第 11 档案组第 229 档案盒第 3875 档案夹。

③ 此处原文为 Tibet Road。南京没有西藏路，只有西康路，此处应为西康路。

④ 同③。

⑤ ［美］罗伯特 · O. 威尔逊：给妻子玛娇莉的信，1937 年 12 月 23 日，载蒂莫西 · 布鲁克编《南京大屠杀文件》，安娜堡：密歇根大学出版社，1999 年，第 224 页。

12 月 28 日，威尔逊给另一名大屠杀幸存者做了手术。他是被押到城市西部山丘里用作练刺刀靶子的数百人之一。

他不知道有多少人活下来。他身上有五处刀伤，包括刺穿腹膜的一刀。我给他做了手术感觉到他的肠子被刺穿，但只在腹腔中发现大量紫色血块。刺刀刺在腹部中央，但刺进去后倾斜了，刺穿了右下部的腹膜，伤了一些血管，而没有刺进肠子。除非有严重的腹膜炎，他大概能康复。[①]

列有暴行案件的清单越来越长，各种犯罪活动似乎没完没了。伯恩哈德·阿尔普·辛德伯格[②]是丹麦人，在南京以东 15 英里处的江南水泥厂工作，有一次回南京时，他到鼓楼医院看了一下，并协助鼓楼医院的工作人员制作了一份列有 34 个案例的清单（未列出第 13、14、21、24、25 和 27 号病例）。这份清单是在耶鲁大学神学院图书馆藏威尔逊的档案中发现的，由辛德伯格于 1938 年 2 月 3 日亲笔签名，还附上了一个备注：“这些是我亲自列出的一些案例。”[③]

辛德伯格的清单主要记录了需要手术治疗的重伤病例。病例 2 是 12 月 18 日来医院的一名第十八师的中国伤兵。他当时和两名战友在一起。这三人已缴械投降，但日本人还是要杀他们。他的战友都死了，而他只是头部受了轻伤，佯装死亡而幸存。

辛德伯格清单中的第 5 号案例也是 1937 年 12 月 18 日送到医院来的中国伤兵。他告诉医务人员自己的亲身经历：

---

① ［美］罗伯特·O. 威尔逊：给妻子玛娇莉的信，1937 年 12 月 28 日，藏耶鲁大学神学院图书馆特藏部，第 11 档案组第 229 档案盒第 3875 档案夹。

② 伯恩哈德·阿尔普·辛德伯格（Bernhard Arp Sindberg，1911-1983），详见 P13 注②。

③ ［美］B. A. 辛德伯格：案例清单（List of Cases），1938 年 2 月 3 日，藏耶鲁大学神学院图书馆特藏部，第 10 档案组第 102 档案盒第 862 档案夹。作者已更正此清单文字中的明显拼写及句法错误，以方便读者理解。

他是南京标准师[①]的一名战士。12月13日，他和另外8名士兵向日军投降，他们被关押了三天，不给吃喝，然后他们与其他军人和平民，共约200人，一起被迫步行到南京城外紫金山附近的一个地方，将他们排成三行，用机枪处决。这名士兵扑倒在地犹如被枪弹击中，枪声停后佯装死亡，随后日本兵向尸体上倒某种酸液，再放火焚尸，这名士兵的腿上也被泼到一些酸液，幸好这一暴行是在天快黑的时候发生的，日本人干完后天已经黑了，所以这名士兵在夜色的掩护下爬着离开，来到这里。（同上）

案例9是一个年轻农民，他的头差点给砍掉。他在12月16日被送进医院，其家人讲述了他的遭遇。12月13日，他和家人来到难民营避难。两天后，他和另外几个人回村去拿些米。日本兵碰巧在村子里搜寻中国军人。他们非说这个年轻农民是军人，用军刀砍他的头，幸好他又高又厚的衣领缓冲了军刀的一些力量。这位年轻农民最终在1938年1月1日死去。

在此摘抄辛德伯格清单的其余部分：

案例10

1月2日，一位46岁的中国妇女被丈夫送到这里，他告诉我们事情的经过：他和妻子，两个儿子，一个16岁，一个11岁，他们的家在杭州—南京公路附近的一座村庄。12月10日，丈夫和长子被日军抓走做苦力，她和小儿子待在家里。12月12日晚，四个日本兵来到她家，他们喝得酩酊大醉，要花姑娘，因没找到便勃然大怒，开枪打死了她的小儿子，还向她开了枪，一颗子弹击中了她左腿膝盖上方，造成骨折，日本兵随后放火烧了她家，她设法从大火中逃出来，在露天待了几天，动弹不得，直到丈夫独自一人回来，大儿子却下落不明。丈夫帮不了她，也无处求医。

① 此处英文原文为“standard division”，应该是指当时德械装备的中央教导总队。

大约在新年的时候，他们听说可以在这里得到救助，于是她的丈夫在几个农民的帮助下把她抬到这里，然而到那时她已严重感染，我们无能为力，她于1月19日去世。

案例 11

1月3日，来了几个中国军人，两个是第八十七师的，一个是第五十八师的，其中有两人受伤了。他们给我们讲了这样的经历，12月15日他们被日军俘虏，和数百名其他俘虏一起在南京下关的长江堤岸上排成行，用机枪被处决，这三个人未被子弹射中，假装死亡。第二天晚上，他们爬了出去，找到一个防空洞藏身，直至1月1日。在寻找食物的过程中，他们找到几颗手榴弹，并一直留着。元旦那天，三个日本兵进入他们的防空洞发现他们困在里面，他们扔手榴弹炸死两个日本兵，然后逃走，最后到这里来。……

案例 15

1月10日，来了一个中国老农，肩膀和右手被子弹打伤，他说当天凌晨很多日本兵来到他村里要猪、要鸡，他告诉他们什么都没有了，然后一个日本兵就在他身后开了一枪把他打伤，还打死了站在他后面的一个农民。……

案例 17

1月14日，一位中国老农前来求救，他告诉我们这样的经历：当天清晨，几个日本兵来到他家要花姑娘，他递给日本兵酒和香烟，他们收下了，但他无法帮他们找花姑娘，因为没有姑娘。然而他们坚持要他去找姑娘，于是他跪下，再次告诉他们找不到，于是日本兵开始开枪，有两颗子弹击中了他，一颗穿过肺部，一颗穿过生殖器。

案例 18

1月14日，一个五六岁的小男孩被送到这里，他的父亲讲述了这样的经历：在家的时候，几个日本兵闯进他们的农庄抢吃的，因为抓不到鸡，他们就用手榴弹把鸡炸死，一枚手榴弹在这个小男孩附近爆炸，他全身受重伤，一只眼睛也被炸了出来。因伤势严重，有很多感染，我决定用我们的车把他送到南京，到了中山门，不让我进城，于是我恳求警卫把孩子送到医院，他们也拒绝那么做。他们命令我离开，我离开了，但我没有放弃，我绕到太平门，到那儿我高速冲过哨兵，没有人阻止我，于是我到鼓楼医院去，威尔逊医生在那儿救护这个孩子。……

案例 20

1 月 15 日，一名头部受伤的年轻中国农民前来求助，他说 12 日他在公路上行走时被日本鬼子兵抓住，命令他给他们找花姑娘，由于他没有照办，日本兵就殴打他。……

案例 26

1 月 21 日，来了一个中国商人，他说当天早上两个日本兵到他家找女人，因为没有找到，他们用刺刀在他脸上好几处捅刺。

案例 28

1 月 21 日，一个中国农民被送到这里，他说 1 月 13 日在他从我们的难民营回家拿米的路上，在离村子还有约三英里的地方，突然被日本兵无缘无故地开枪击中，一颗子弹从臀部上方射穿他的身体，伤到了重要器官，使他无法行走，他在路上爬了几天几夜到我们的难民营来，寻找他的亲戚们找到他时，他的情况非常可怜，因为拖拽着自己的身体在冰冻的地面上爬行，他的脚趾、膝盖和手上的皮肉都被磨掉，骨头裸露。

案例 29

1 月 23 日，一位中国农民来寻求帮助，他告诉我们自己的遭遇，1 月 22 日下午，几个日本人到他家要煤油，但他没有煤油，日本人就叫他捡了很多柴火和稻草，并堆在他的屋子里，然后让他点燃，结果把他的家都烧没了，而日本士兵就站在后面笑，走之前他们还用刺刀划了他的脸，几颗上牙都被打掉了，脸和嘴唇都被切掉了一部分。

案例 30

1 月 24 日，来了一个手部受伤的中国农民，前一天，几个日本兵到他家来要鸡吃，他举起双手表示自己没有鸡，因此他们就用左轮手枪向他开枪。……

案例 32

1 月 25 日，几个日本水手从长江上的一艘船上登岸，寻找花姑娘，他们在一座房屋中找到一位 64 岁的老妇人，因为在她家里没有找到年轻女孩，他们临走前朝她开了一枪，一颗子弹把她的右脚踝打碎，据说以前曾是中国海军水手的一个人给她进行了急救处理，第二天她被送到这里。……

案例 34

1 月 27 日，一名年轻的中国农民被送到这里，他住在我们的难民营，前一天，在他回村拿食物的路上，不知什么原因遭到一个日本兵袭击，这个日本兵用军刀砍他，他的头部、手臂、手和左半身都受了重伤。①

除了记录了大量他做手术或治疗的受害者案例外，威尔逊还报告了日军其他暴行，诸如强奸和抢劫。在 1937 年 12 月 18 日的信中，他写道："昨晚，金陵大学一位中国工作人员的家被破门而入，他的两位女亲戚遭强奸。"他还了解到"两个年约 16 岁的姑娘在一座难民营中被强奸致死"，"金大附中住了 8000 人，日本兵昨晚逾墙而入达 10 次，他们偷食品、衣物，强奸妇女直至心满意足为止"。②

正是在医院里，威尔逊一手挫败了一名日本兵的强奸企图。12 月 18 日晚，威尔逊来上夜班时，发现三名日本兵洗劫了医院大楼。美国护士伊娃·M. 海因兹带他们到了后门。其中两人出去了，而另外一个人却不见了踪影。威尔逊觉得他一定是躲在某个地方，很快他就出现在四楼的护士宿舍里，那里

① ［美］B. A. 辛德伯格：案例清单（List of Cases），1938 年 2 月 3 日，藏耶鲁大学神学院图书馆特藏部，第 10 档案组第 102 档案盒第 862 档案夹。作者已更正此清单文字中的明显拼写及句法错误，以方便读者理解。

② ［美］罗伯特·O. 威尔逊：给妻子玛娇莉的信，1937 年 12 月 18 日，藏耶鲁大学神学院图书馆特藏部，第 11 档案组第 229 档案盒第 3875 档案夹。

有 15 个护士。

> 她们都吓得要死。不知道在我赶到之前他干了些什么，但之后他没做什么。他拿了一两只手表，拿了一位姑娘的照相机正要出去。我示意他把照相机还给她。使我惊讶的是他竟顺从了。然后我陪他到前门，和他道别。[①]

威尔逊在书信中记载了掠夺和掳掠的情况。1937 年 12 月 19 日，他告诉妻子，城里美国人的房屋几乎每一栋都被日本兵闯入过。他们自己的财产也遭洗劫，上了锁的房间被破门而入，大箱子里的东西都被拿出来散落一地。[②] 1938 年 1 月 18 日，威尔逊向爱利生提交了一份日军频繁闯入掳掠他家位于汉口路 5 号的住所时遭受损失的部分清单。这份清单并不完整，因为平时是他的妻子玛娇莉整理收拾东西，他们没有留一份清单。索赔清单如下：

1 台显微镜（125 美元）	1 件大衣
1 套供 6 人用餐具	1 件雨衣
小勺子（茶匙）	1 顶毡帽
甜点匙	3 条毯子
餐匙	3 双鞋
餐刀	1 座钟
叉子	3 只女用手提包
切肉刀叉	1 套礼服
2 只皮行李箱	3 套西装

① ［美］罗伯特·O. 威尔逊：给妻子玛娇莉的信，1937 年 12 月 18 日，藏耶鲁大学神学院图书馆特藏部，第 11 档案组第 229 档案盒第 3875 档案夹。

② ［美］罗伯特·O. 威尔逊：给妻子玛娇莉的信，1937 年 12 月 19 日，藏耶鲁大学神学院图书馆特藏部，第 11 档案组第 229 档案盒第 3875 档案夹。

6 个中国酒杯（古董） 6 块绣有字母的新亚麻手帕[①]

尽管医院的工作使他极为忙碌，他也没有时间像他的一些美国同胞那样到处去查看焚烧摧毁的情况，但威尔逊还是能在回家或上班的路上看到多处大火。在 1937 年 12 月 19 日给妻子的信中，他以自己独特的视角描述了焚烧的情况：

昨天有几处大火，但今天大约在晚饭时分，太平路附近的几个面积很大的街区都在熊熊烈焰之中，一幢离我们两百码的房屋被烧。从医院这儿看，那幢房屋好像着火燃烧了，我一直感到不舒服，查完病房回家发现那幢房屋仍然完好无损，感觉才好些。[②]

12 月 23 日，焚烧仍在继续。威尔逊看到在离他不远的地方有三处正在燃烧的大火，其中一处“就在金大附中校门口马路对面，稍微往北一些”，那是“一小片建筑物，有修车行、肉店、照相馆和其他几家商店”。[③]

尽管恐怖笼罩着，威尔逊仍继续在医院承担着繁重的任务。连续几天每天做十几台手术是常有之事。很长时间以来，威尔逊和其他医生护士都忙得不可开交，因此南京安全区国际委员会通过美国大使馆向日本当局提出请求，要求允许更多的美国医生和护士能够获准返回南京。然而，这一请求遭到拒绝，而美国人并没有放弃。多亏爱利生一再向日本人提出这个要求，另一位美国医生理查德 · F. 布雷迪终于在 1938 年 2 月 21 日返回鼓楼医院继续行医。

---

① ［美］罗伯特 · O. 威尔逊：给美国大使馆约翰 · 爱利生的信，1938 年 1 月 18 日，美国国家第二档案馆，第 84 档案组，驻中国外交机构，第 2167 卷（南京 1938 年第 8 卷）。

② ［美］罗伯特 · O. 威尔逊：给妻子玛娇莉的信，1937 年 12 月 19 日，藏耶鲁大学神学院图书馆特藏部，第 11 档案组第 229 档案盒第 3875 档案夹。

③ ［美］罗伯特 · O. 威尔逊：给妻子玛娇莉的信，1937 年 12 月 23 日，载蒂莫西 · 布鲁克编《南京大屠杀文件》，安娜堡：密歇根大学出版社，1999 年，第 223 页。

4月19日，伍兹[①]医生与两名护士格伦小姐[②]和格莱尔小姐[③]，以及无锡圣安德鲁医院的李医生[④]获准来到南京，协助鼓楼医院劳累过度的医护人员。[⑤]他们抵达后，工作量大为减少，但威尔逊直到1938年6月才得以去上海享受他非常需要的休假。

6月中旬，威尔逊抵达上海，这是他自1937年9月以来第一次有机会离开南京。刚刚抵达，人们就请他就其在南京的经历发表讲话。他在讲话中表示："有14名美国人和5名德国人留在城内组织安全区委员会，可能是医院

① 小詹姆斯·贝克·伍兹(James Baker woods Jr.,1898-1986)，1898年4月16日出生于江苏清江浦（今淮阴），其父老詹姆斯·贝克·伍兹（James Baker woods Sr., 1867-1945）为美国长老会传教士医生，于1893年来到江苏清江浦行医直至1945年10月26日在清江浦逝世。他本人在清江浦长大，成年后回美国读大学，1918年毕业于北卡罗来纳州的大卫逊（Davidson）学院，1922年在弗吉尼亚医学院（Medical College of Virginia）获得医学博士后在纽约著名的贝尔维（Bellevue）医院任住院实习医生，并于1924年回到中国，前往江苏镇江美国长老会所办的基督医院（Goldsby-King Memorial Hospital，今镇江第一人民医院）工作，以后任该医院的院长直至1937年中日战争爆发，日军进犯镇江，携家人到上海避难。1938年4月19日获准进入南京，到鼓楼医院工作。此后不久再回到镇江的医院工作至1940年回美国休假。由于战乱难以再回中国，他到母校大卫逊学院做校医直至1969年退休。他1986年3月31日在北卡罗来纳州大卫逊逝世。

② 南希·莎拉·格伦(Nancy Sarah Glenn,1902-1949)，1902年1月9日出生于美国南卡罗来纳州切斯特（Chester），1930年从田纳西州纳希维尔的斯卡瑞特（Scarritt）学院毕业后即前往中国，在苏州长老会教会医院任护士，也曾在浙江湖州总医院工作。1937年11月中旬，日军即将攻占苏州之际，她从苏州撤往南京，再转赴上海。1938年4月19日获准到南京鼓楼医院工作。她1949年11月24日在上海病逝，安葬于苏州。

③ 露西·亨瑞爱特·格莱尔(Lucy Henrietta Grier,1904-2002)，1904年2月16日出生于江苏徐州一个美国传教士家庭，1924年在上海的美国学校毕业后去美国读大学，1928年毕业于爱格尼丝·斯科特（Agnes Scott）学院，1933年在哥伦比亚大学获公共卫生护理文凭后回到中国，在苏州博习（Elizabeth Blake Hospital）教会医院任护士。日军攻占苏州之前，她撤到上海。1938年4月19日获准到南京鼓楼医院工作。1941年在哥伦比亚大学师范学院获硕士学位。她2002年2月28日在北卡罗来纳州贵尔福特（Guilford）逝世。

④ 克劳德·马歇尔·李（Claude Marshall Lee, 1882-1967)，中文名李克乐，1882年6月17日出生于美国弗吉尼亚州休姆（Hume），1905年在弗吉尼亚大学获医学博士学位，1906年前往中国，创办无锡圣安德鲁（St. Andrew' s）教会医院，并担任该医院的外科主任。日军攻占无锡之前，他撤到上海。经过美国驻南京大使馆的一再申请，他和其他三位医护人员获准于1938年4月19日来到南京鼓楼医院工作，以减轻长期超负荷工作的威尔逊医生、特里默医生等人的负担。他1967年12月在弗吉尼亚州里斯满（Richmond）逝世。

⑤ 约翰·G.麦琪、欧内斯特·H.福斯特："南京"，1938年4月，第10页，藏耶鲁大学神学院图书馆特藏部，第8档案组第263档案盒第6档案夹。

能够一直开办的主要原因。没有他们在，我们真不知道该怎么办。”抵达上海公共租界后他说的第一句话是：“再次来到一个中国人可以抬头挺胸的地方，真是太好了！”[①]

1940 年，威尔逊回到美国休假，但因为战争威尔逊一家无法返回中国。随后，威尔逊在巴拿马担任外科医生（1943–1944）。战争结束后，他在加利福尼亚州的阿卡迪亚行医。

威尔逊于 1946 年 6 月前往日本东京作为控方证人出庭作证。他在 6 月 22 日作了宣誓证词，其目的为他可以在法庭上提交这份证词，而不在庭上作证。在法庭上，控方律师表示，他希望提供威尔逊的书面宣誓证词，以缩短诉讼程序，然后可对证人进行盘问质询。然而，辩护律师反对这个做法。国际军事法庭庭长裁定，书面宣誓证词“作为证据提交，没有异议，法庭不能拒绝。但现在最好以对证人进行询问为主，他的书面宣誓证词只是他庭上作证的证明而已”。[②]尽管辩护律师反对将这份书面宣誓证词作为他的证词，他的书面证词仍被法庭接受为控方第 2246 号文件，定为第 204 号证据。结果，威尔逊于 1946 年 7 月 25 日至 26 日接受了直接询问和盘问质询（其书面证词和法庭证词记录详见附录十五）。

在后来的几十年里，威尔逊继续在加州阿卡迪亚行医。1967 年 11 月 16 日因冠心病发作去世。

---

① ［美］罗伯特·O. 威尔逊：声明，1938 年 6 月 18 日，中华全国基督教协进会夏季系列保密补充文件，1938 年 6 月 20 日，第 1 页。

② 远东国际军事法庭证词，第 2529 卷，美国国家第二档案馆，第 238 档案组，远东国际军事法庭的法庭档案、日志、物证和判决，微缩胶卷 T918 第 5 卷。

第五章　美国外交文件与美国海军情报报告

留在南京的 14 名美国人同其他的西方国民一道，通过他们在南京安全区国际委员会开展的工作，在为中国难民提供住所和食物以及保护他们免遭日军侵犯等方面发挥了重要的作用。与此同时，美国公民也尽力保护南京城内的美国财产和利益。他们就日本士兵侵犯美国财产的行为多次向日本大使馆抗议，但无济于事。因此，他们迫切需要美国外交代表立即返回南京，为美国的财产和利益提供充分和有效的保护。1937 年 12 月 20 日，这 14 名美国公民共同签署了一份电报，并要求通过日本海军的无线电设备将其发送给美国驻上海总领事馆。电文如下：

美国驻上海总领事馆：

重要的问题要求美国外交代表立即到南京来。局势日趋紧急。请通报大使与国务院。签署人：贝茨、鲍尔、菲齐、福斯特、海因兹、麦琪、米尔斯、麦考伦、里格斯、史迈斯、索尼、特里默、魏特琳、威尔逊。[①]

然而，日本当局拒绝了这一请求，因为美国人说局势日趋紧急，而日方

① 《美国在南京的财产权益损失情况》（“Conditions of American Property and Interests in Nanking”）附件 15-B，1938 年 2 月 28 日，美国国务院档案编号 393.115/233，藏马里兰州学院公园市，美国国家第二档案馆，第 59 档案组，1930-1939 年国务院编码档案，第 1821 档案盒。

则宣称情况在好转。[①] 尽管如此，美国人并没有放弃。米尔斯修改了电报的内容，把“日趋”二字删去，[②] 并起草了一封致日本大使馆官员的信。在信中，他列举了日本士兵擅闯美国人的住所，包括美国大使的官邸、美国大使馆大院汽车被盗、美国国旗被日军侮辱等事件。米尔斯接着写道：

> 倘若贵国国民、使馆，或者国旗受此遭遇，你们自己也会立即奋起抗议，通过适当的外交渠道尽快公正地解决这些事。因此，我们同样也被迫在此时提出这样的抗议，以便迅速、公正地解决这些事，并再次表达我们要求美国外交代表立即返回南京的愿望。我们恭敬地重申将附上的电文经由贵海军无线电设施发往上海美国当局的要求。非常感激你们对此事的协助。[③]

12 月 22 日下午，米尔斯和贝茨带着这封信和修改后的电文来到日本大使馆，要求日方转发电报。[④] 但是，日本海军的无线电发报设施从未将这份电报拍发出去。

与此同时，1937 年圣诞节刚过，美国长江巡逻炮舰“瓦胡号”被派往长江上游，对沉没的“巴纳号”进行打捞作业。国务部指派了一个美国领事小组在进行打捞作业时陪伴在侧，美国外交官员要取回随船沉没的美国大使馆文件及密码本，并决定在打捞完成后将领事小组人员送到南京，重开美国大使馆。然而，当“瓦胡号”在 12 月 28 日离开上海时，南京大屠杀尚未结束。1938 年 1 月 5 日之前，日军当局不允许任何外国人进入南京，理由是“清剿

---

① ［美］路易斯 · S. C. 史迈斯：给妻子玛格丽特（玛蒂）、孩子及伙计们的信，1937 年 12 月 21 日，藏耶鲁大学神学院图书馆特藏部，第 8 档案组第 103 档案盒。

② ［美］路易斯 · S. C. 史迈斯：给妻子玛格丽特（玛蒂）、孩子及伙计们的信，1937 年 12 月 22 日，藏耶鲁大学神学院图书馆特藏部，第 8 档案组第 103 档案盒。

③ ［美］W. P. 米尔斯：给日本大使馆官员的信，1937 年 12 月 22 日，藏耶鲁大学神学院图书馆特藏部，第 8 档案组第 103 档案盒。

④ 同②。

行动”仍在进行中，还不安全。[①] 打捞完成后，仍没有迹象表明他们会获准在南京登岸。美国官员前往芜湖探访美国公民，查看美国财产的情况。芜湖是一座在南京的上游约 45 英里的城市。[②] 1938 年 1 月 5 日上午 10 时 30 分左右，领事小组抵达芜湖。留在该城的美国传教士告诉他们，“日军占领最初的一个星期里‘残酷对待并屠杀平民，肆无忌惮地掳掠破坏’城内的私人财产”。[③]

领事小组最终获准在南京登岸。1938 年 1 月 6 日上午，美国炮艇“瓦胡号”缓缓驶近这座被遗弃的中国首都的中山码头。三名美国人走下船，迎接他们的是几名日本军方代表和日本大使馆的领事。当时天气寒冷，空气中弥漫着令人作呕的气味，混杂着建筑物燃烧的烟雾。城内，战争给一个繁荣的国家首都和它的居民带来的毁坏显而易见。南京市中心成了一片废墟，整条街的商店和建筑物被掳掠遭焚烧。任何形式的商业活动均消失殆尽。居民区受损稍轻，但肆意破坏的迹象极为明显，[④] 房屋中、水塘里和偏道旁仍可见到遗骸。

大使馆三等秘书约翰·摩尔·爱利生[⑤] 为三名美国外交官之一，领事小

---

① ［美］约翰·爱利生：无编号电报，1937 年 12 月 31 日下午 6 时，美国国务院档案编号 793.94/11921，美国国家第二档案馆，第 59 档案组，1930-1939 年国务院编码档案，微缩胶卷 M976，第 48 卷。

② ［美］约翰·爱利生：《来自草原的大使》（Ambassador from the Prairie），波士顿：霍顿米夫林出版公司（Houghton Mifflin Company），1973 年，第 34 页。

③ ［美］约翰·爱利生：4 号电报，1938 年 1 月 5 日下午 4 时，国务院档案编号 793.94/11974，美国国家第二档案馆，第 59 档案组，微缩胶卷 M976，第 48 卷。

④ ［美］约翰·爱利生：《来自草原的大使》，第 35 页。

⑤ ［美］约翰·摩尔·爱利生（John Moore Allison，1905-1978），在南京工作至 1938 年 8 月 10 日，由此前任美国驻中国北平大使馆二等秘书的罗伯特·莱西·史密斯（Robert Lacy Smyth，1894-1960）接任。爱利生离开南京后，回到美国度假，并于 1938 年底返回远东，到美国驻日本大阪总领事馆任职。珍珠港事件爆发后，他和美国驻日本大使约瑟夫·克拉克·格鲁（Joseph Clark Grew，1880-1965）一道被日本人羁押了 6 个月。从 1942 年至 1945 年，爱利生担任美国驻伦敦大使馆二等秘书，后升任一等秘书。战后，他在美国国务院负责远东事务（1946-1950），后担任驻新加坡总领事。在和日本谈判和平条约时，爱利生担任约翰·福斯特·杜勒斯（John Foster Dulles，1888-1959）国务卿的特别助手。他还出任过负责远东事务的助理国务卿，曾任美国驻日本大使（1953-1957）、驻印度尼西亚大使（1957-1958）和驻捷克斯洛伐克大使（1958-1960）。1960 年 6 月，爱利生从外交部门退休，到夏威夷大学任教。1978 年 10 月 28 日，他在檀香山去世。

组的负责人。另外两位是副领事詹姆斯·爱斯比①和译电员小阿契约鲍德·亚历山大·麦克法谨②。爱利生1905年4月7日出生在美国堪萨斯州的小镇霍尔顿，生长于内布拉斯加州林肯市，就读于林肯中学。1922年高中毕业后，爱利生进入内布拉斯加大学，主修政治学，辅修英语。1927年6月，大学毕业之际，通过参加内布拉斯加大学基督教青年会的工作，爱利生前往日本，在高中和海军机关学校③担任英语教师。1929年，爱利生就职于通用汽车上海分公司，任销售经理；次年，他进入美国外交系统，在美国驻上海总领事馆任职员。1931年至1937年间，爱利生先后就职于日本神户的美国领事馆和东京的美国大使馆，以及驻中国大连和济南的美国领事馆。在美国驻东京大使馆工作期间，爱利生被任命为需要掌握外语的官员，接受了为期两年的日语培训，从而在日语的书面和口语方面掌握了一定的知识。正是因为爱利生通晓日语，所以约翰逊大使推荐他到南京工作。

1937年11月，日军渡过黄河即将攻入济南之际，爱利生正在济南任领事，

---

① 詹姆斯·爱斯比（James Espy, 1908-1976），1908年3月23日出生于美国俄亥俄州辛辛那提，1930年毕业于耶鲁大学，1935年进入外交界，在美国驻墨西哥城大使馆任职。1937年4月调往美国驻上海总领事馆。1938年1月6日和爱利生、麦克法瑾前往南京，重开美国大使馆。在南京期间，爱斯比做了大量的工作，调查日军暴行，撰写了两份分别长达100多页的日军暴行报告。爱斯比在南京工作到1938年6月3日，然后调往美国驻广州总领事馆。1938年底晋升为三等秘书，调往美国驻东京大使馆。珍珠港事件后，他和许多美国外交官一道，被日本羁押了6个月。此后，他任职于中东的伊斯坦布尔（1942年7月）、亚历山大港（1942年10月）和开罗（1943），并于1944年在开罗晋升为二等秘书。1948年，他在美国驻玻利维亚大使馆晋升为一等秘书。以后任职于维也纳（1951）、奥地利萨尔斯堡（1952），并担任美国驻锡兰（今斯里兰卡）大使馆公使（1953）、驻乌拉圭大使馆公使（1956）。爱斯比1963年退休，1976年1月27日在美国首都华盛顿逝世。

② 小阿契鲍德·亚历山大·麦克法瑾（Archibald Alexander McFadyen Jr.，1911-2001），1911年8月20日出生于江西牯岭，在中国长大、就学，其父长期在江苏徐州教会医院做医生，他1935年毕业于北卡罗来纳州的大卫逊（Davidson）学院后，回到上海，在中华全国饥馑救济会工作。1937年4月进入外交界，在美国驻上海总领事馆任职员，1937年底，随爱利生和爱斯比前往南京，于1938年1月6日上午抵南京重开美国大使馆。他1938年3月13日离开南京回美国驻上海总领事馆工作直至珍珠港事件后被日军羁押6个月。此后在美国驻乌拉圭蒙的维地亚，中国重庆、昆明、上海、天津，爱尔兰都柏林和加拿大多伦多的使领馆任职。1956年离开外交界，2001年3月1日在纽约州克林顿（Clinton）逝世。

③ 海军机关学校（Naval Engineer Officers' Academy, 日文：海軍機関学校）为1881年至1945年日本设立的专门为旧日本海军培养轮机科军官与士官的学校。

他接到华盛顿的指令，要求他经青岛、上海前往南京。爱利生在感恩节前抵达上海，当时日军已向首都南京进逼，周边地区的态势日益紧迫。根据指示，爱利生暂时留守上海，等待南京的局势“明朗”。日军攻陷南京两星期后，战事基本结束，爱利生受命率领事小组回南京，重开美国大使馆。

美国外交文件的记载

美国外交官抵达南京后所做的第一件事，便是会见围城战役期间和城陷后留在南京城的传教士、教授、医生、护士等美国公民。这些美国人向爱利生及其工作人员细数了城市被攻占的境况和随之而来的大屠杀。外交官发现，美国人的房屋多次被擅闯和洗劫，包括美国大使馆大院。在美国房产上，平民百姓被杀害，妇女遭强奸。耳闻南京的日军暴行后，爱利生及其领事小组对在美国房产上发生的损坏美国财产、杀人、强奸和其他案件展开调查。他们竭诚履行自己的外交职责，积极努力保护美国公民的福祉，捍卫美国的财产和利益免遭日军侵犯。尽管他们不得不在艰难困苦的敌对环境下工作，但仍不遗余力地为中国民众争取人道的待遇。根据他们自己的调查与美国居民的报告，美国外交官多次向日本大使馆提出抗议。他们几乎每天都向美国国务院，美国驻汉口、北平[①]和东京的大使馆以及美国驻上海总领事馆发送暴行案件的报告和其他电文，使美国政府了解南京的局势和动向，包括大屠杀期间日军所犯暴行的详细描述。

1月6日抵达南京的当天，爱利生便起草了一份初步报告，告知国务卿：日军“肆意屠杀中国平民、强奸妇女骇人听闻的情况，有的就发生在美国人的房产上。”[②]两天后，爱利生报告了他及其他工作人员所观察到的情况：

---

① 1927年至1949年期间南京为中国的首都，北京更名为北平。

② ［美］约翰·爱利生：7号电报，1938年1月6日下午5时，档案编号393.1115/2447，美国国家第二档案馆，第59档案组第1795档案盒。

对南京中心商业区的察访显示范围广大的摧毁破坏，主要街道上几乎每一座商店、建筑都被洗劫，其中大部分遭焚毁。这些摧毁破坏绝大部分应该是在日军进城后发生的。我们的供水再次被切断，仍没有电。①

1938年1月25日，爱斯比完成了一份长达135页的文件——《1938年1月南京的状况》。他报告道，南京城的美国居民所有的思绪似乎都集中于南京发生的情况。他们讲述了日军进城以来南京经历的一系列极度骇人听闻的恐怖与暴行。

他们描述的南京是一幅日军占领之际降临并笼罩着全城的恐怖画面。他们以及德国居民讲述了这座犹如被捕获的猎物而落入日军手中城市的情况，不仅仅是有组织的战争过程中被占领，而且是被入侵的军队攫取的城市，这支军队的成员对战利品猛扑上去，毫无节制地掳掠，施以暴行。更为完整的数据和我们自己的观察并不能质疑他们所提供的信息。留在城内的中国平民犹如难民拥挤在所谓的“安全区”的街道上，他们中很多人都赤贫如洗。屠杀男子、妇女、儿童，闯房入舍，掳掠财产，焚烧、摧毁房屋建筑实实在在的证据几乎无所不在。②

根据外国证人的叙述，被日军攻占的南京确实如地狱一般。爱斯比报告了他所了解的情况。

数千日本兵蜂拥进城，犯下难以言说的掳掠与暴戾罪行。根据外籍

① ［美］约翰·爱利生：11号电报，1938年1月8日下午4时，档案编号124.932/553，美国国家第二档案馆，第59档案组第0815档案盒。

② ［美］詹姆斯·爱斯比：《1938年1月南京的状况》（“The Conditions at Nanking January 1938”），1938年1月25日，第2页，美国国务院档案编号793.94/12674，美国国家第二档案馆，第59档案组，微缩胶卷M976第51卷。

目击者对我们的叙述，放纵的日本兵犹如一群野蛮之徒蹂躏着全城。全城各处数不清的男子、妇女和儿童遭屠戮。还听说有些老百姓并没有什么明显的缘由便遭枪杀或被刺刀捅死。我们抵达南京的那天，日本人告诉我们不得不在前一天清理掉很多尸体。然而，仍然可以在房屋内、池塘里和偏僻些的街道旁见到尸体。一位美国公民告诉我们，日本兵闯进城南一处住有 14 口中国人的房舍。他说见到 11 具尸体，其中妇女据说被先奸后杀。仅有两个小孩和另一个人幸存。前些日子，在使馆附近的小池塘里打捞尸体，捞上来二三十具身着平民服装的中国人的尸体。（第 8-9 页）

显然，日军攻占南京后的第一个星期情况最为糟糕，日本兵纵情放任，肆意屠戮。爱斯比这样描述了恐怖笼罩的那段时期：

然而，日军刚进南京，非但没有恢复秩序，中止已经产生的混乱，笼罩全城的恐怖便的的确确地开始了。12 月 13 日夜晚与 14 日清晨，已开始出现残暴的行为。首先派遣一队队日本兵去搜捕与“清剿”留在城内的中国军人。在城内所有街道与建筑物里进行仔仔细细的搜索。曾经当过兵的，以及被怀疑当过兵的人都被有组织地枪杀。虽然没有获得确切的记录，估计以这种方式处决的人数远远超过两万人。似乎没有对当过兵的人和那些实际上从未在中国军队服役者加以区别。如果稍微怀疑一个人曾经当过兵，这个人肯定被押走枪毙。日本人要“歼灭”所有中国政府军队残余分子的决心显然是不可变更的。（第 6 页）

爱斯比引用了几份关于大规模处决的报告。他报告了金陵大学的登记事件，在登记的过程中，200 多名曾经在中国军队服役的人受骗供认，被押赴刑场遭屠杀。还描述了屠戮 43 名电厂员工的情况。12 月 15 日或 16 日，一支日军部队来到国际进出口公司，亦称“和记洋行”[①]的英国公司，拘捕了在那里避难的54名南京电厂雇员。据悉，其中11人也是该英国公司的兼职人员。结果，日军以这些人受雇于中国政府为由，押解走43名发电厂的全职员工，并将他们悉数枪杀。然而，与此同时，日本官员要求国际委员会帮助他们寻找技术人员，以恢复城内的电力和照明供电（第6-7页）。

根据爱斯比的记载，不仅日军大部队的屠杀极为猖獗，小股日本兵也在城内随意制造恐怖：

> 除了日军分遣部队搜捕、处决所有的中国军人，两三个，或人数更多的小股日本兵在南京全城任意游荡。正是这些游荡的日本兵在南京犯下屠杀、强奸和掳掠等罪行，造成了南京城最恶劣的恐怖。到底是日军进城后放纵这些士兵任意胡作非为，还是日军完全失控，仍未给予充分的解释。（第8页）

爱斯比的报告收录了国际委员会在1937年12月15日至1938年1月10日期间提交的188起日军暴行案件作为附件。许多案件记载了肆意杀戮、强奸和抢劫的情况。最令人不寒而栗、最惨无人道的可能是在结冰的池塘中枪杀平民：

> 1月9日上午，克罗格先生和海兹先生见到日本军官和一个日本兵在中英文化大楼东边，安全区内山西路上的小池塘里处决一名身着平民服装的可怜的人。这个人站在齐腰深的池塘水中，水面上刚破的冰在四处浮动，这时克罗格先生和海兹先生赶到。日本军官发出命令，趴在沙

① 1897年，英国商人威廉·韦思典、爱德蒙霍尔·韦思典兄弟在中国汉口开设和记洋行（International Import & Export Company），采用冰冻方法，对鸡蛋及肉食品进行加工，并获得了巨额利润。1912年，他们又在南京下关宝塔桥附近购地建厂，厂址为下关宝塔桥西街168号。和记洋行原址现为南京肉联加工厂。

袋后面的士兵向这个人开枪，击中他的肩膀。他又打一枪，没有击中。第三枪击毙了他。[①]

爱斯比还报告了日军猖狂强奸妇女的行径。他写道，日本兵到处寻找当地妇女，不论在什么地方找到便对她们进行侵犯。根据外国公民观察到的情况，在日军占领城市后开头的几个星期里，每晚有上千起强奸案发生。一个美国人统计，在一处美国房产上，一晚上就发生了30起强奸案。[②]美国居民和国际委员会其他成员也记录了数量众多的强奸案。爱斯比1938年2月28日编写的另一份报告《美国在南京的财产权益损失》记载了很多强奸案。几乎所有贝茨提交给日本和美国大使馆的主要抗议信件都被爱斯比作为附件收进这份报告。在1937年12月16日给日本大使馆的一封抗议信中，贝茨写道：

12月15日。在我们照管1500名老百姓的新建的图书馆里，四名妇女在那儿遭强奸；两名被劫持、强奸后放回；三名妇女被劫持走，尚未回来；一名妇女遭劫持，但在贵使馆附近碰到宪兵而被放了回来。日本兵的行径给这些家庭，给他们的邻居，给住在城市这一带的所有中国人带来极大的痛苦与恐惧。今天下午又有100多起发生在安全区其他地方的类似案件报告给我。这些案件现在不该由我来管，但是我提及这些案件是为了显示在你们近邻金陵大学发生的问题只是日本兵抢劫、强奸老百姓造成巨大苦难的一个例证。

我们真切希望日军能恢复军纪。现在老百姓甚至恐惧得都不敢去领取食品，也就不可能有正常的生活与正常的工作。我们满怀敬意地敦促贵当局安排开展有规律，并由军官直接指挥的检查工作，而不是由散兵游勇在一天之内擅自闯入同一个地点达10次之多，盗窃老百姓全部的

① 185号案件，《1938年1月南京的状况》附件1-j 793.94/12674，美国国家第二档案馆，第59档案组，微缩胶卷M976第51卷。

② ［美］詹姆斯·爱斯比：《1938年1月南京的状况》，1938年1月25日，第9页。

食物与金钱。其次，我们敦促，为了日军与日本帝国的名誉，为了日本当局与中国老百姓之间的良好关系，也为你们对自己妻子、姐妹、女儿的思念，应该保护南京众多家庭免遭日军暴行。①

迟至1938年1月22日，爱利生和其他美国外交官仍然接到美国居民报告的平均每天三到四起在安全区内发生的强奸或强奸未遂案件。爱利生说：“还有多少没有引起美国人注意的案件发生，那根本就不可能说得清。”②当天夜里，爱利生和爱斯比就在美国大使馆制止了一起绑架案。爱利生在1938年1月23日报告：

昨晚约8点半，三个日本兵闯入大使馆的一座汽车库。车库现在由使馆警察几家人住着，一个日本兵将其中一名警察的妹妹掳走后，另外两名日本兵留下来竭力不让中国人去报告。然而，我被告知情况不对，便和副领事爱斯比到警察那儿，发现两个日本兵。当时我们还不知道姑娘被劫走。两个日本兵一见外国人就溜，我们也没有阻拦。一个身着海军制服，携有一把大号手枪，另一个平民模样，穿着日本基督教青年会那样的制服。我们准备去找姑娘时，她回来了，并说我们见到的那两个日本人在姑娘就要被弄上车开走时赶到，劝说第一个日本兵把她放了，因为她为外国人做事。显然这些日本人不知道自己闯到使馆的房子里，但这不是借口。这次事件所幸没有酿成严重的人员或财产伤害，但如果没有外国人到场就会造成伤害。虽然日军当局保证正在努力防止这类事

① ［美］M. S. 贝茨：给日本大使馆的信，1937年12月16日，《美国在南京的财产权益损失》附件1-A，1938年2月28日，档案编号393.115/233，美国国家第二档案馆，第59档案组第1821档案盒。

② ［美］约翰·爱利生：32号电报，1938年1月22日中午12时，国务院档案编号793.94/12176，美国国家第二档案馆，第59档案组，微缩胶卷M976第49卷。

件发生，这却是现在南京一直发生的极其典型的情况。[①]

然而，根据爱斯比的报告，对南京的财产造成最严重破坏的是焚烧。城南是遭受焚烧破坏最严重的地区。巡视这片地区显示，一片又一片街区的房屋建筑被纵火烧毁。许多街区中仅剩下十来栋或更少的房屋还挺立着。在很多情况下，只有面临主要街道的建筑被焚毁，而后面的房屋大多没有被烧到。任意纵火焚烧的情况遍及全城各处。在许多街道上，间隔在几乎完好无损的房屋之间，有些房屋建筑被完全烧毁。即使爱斯比在起草 1 月 25 日的报告时，城内仍然可见数处大火在燃烧。[②] 在 1 月 25 日的报告中，爱斯比将外国居民对南京纵火情况的目击证词收录为第 2 号附件。证词的第一部分证实，在 1937 年 12 月 13 日没有纵火造成的损失；第二部分则显示了他们在 1937 年 12 月 20 日发现的情况：

12 月 20 日晚上的情况

12 月 19 日晚，委员会的成员调查了安全区内焚烧的情况。日本兵在平仓巷 16 号的房屋上放火。斯波林先生和安全区消防队的官员赶到焚烧现场，但是我们的水泵和消防设备数天前被日本兵抢走。中山路和保泰街拐角处的一片房屋在白天遭焚毁。晚上观察到国府路方向有数处大火在燃烧。

12 月 20 日下午 5 时到 6 时之间，菲齐先生和史迈斯博士前往保泰街往南拐到太平路，再往南行，过白下路，到达一处，日军的卡车、汽车拥塞在马路上，装运货物。从珠江路南面的小溪开始向南直到白下路，他们发现数伙 15 或 20 个成群的日本兵，显然在军曹的带领下，或者站

① ［美］约翰·爱利生：34 号电报，1938 年 1 月 23 日中午 12 时，国务院档案编号 124.932/565，《美国外交关系文件，1938，远东》(“Foreign Relations of the United States Diplomatic Papers 1938 The Far East”) 第四卷，华盛顿特区：美国政府出版局（United States Government Printing Office），1955 年，第 247 页。

② ［美］詹姆斯·爱斯比：《1938 年 1 月南京的状况》，1938 年 1 月 25 日，第 12 至 13 页。

在街道两旁，看着被大火燃烧的房屋，或者从商店里搬运货物，还看见日本兵在其他商店里的地板上生起篝火。

然后，他们去了中华路，看到同样的场面，基督教青年会建筑的北半部已在熊熊火焰之中。很显然，是从里面起的火，因为基督教青年会建筑周围没有着火的房屋。日本哨兵没有理会他们。

20日晚约9时许，克罗格先生和海兹先生开车沿中正路①到白下路，然后往东到中华路，但日本哨兵阻止他们继续往南开。基督教青年会的建筑就要烧完了。然后他们开往太平路，再往北拐，看到路两旁有十余处火在燃烧。其他建筑已成为灰烬。他们向西拐到中山东路，但在东海路和国府路拐角处见到一处大火。到达中山路和珠江路拐角处时，他们见到珠江路北有一处大火。在那儿，一队日军巡逻队禁止他们再往东开。周围有许多日本兵，但没有人去救火。他们正在搬运货物。②

在杀戮、强奸、焚烧过程中，"日军四处掳掠，彻底搜索、劫掠了全城"，几乎"每一栋房屋、建筑都被日本兵闯入、洗劫，并将中意的物品掳掠而去"。③南京几乎没有一处房屋没有被日本兵闯入、掳掠。

无论这座院落、房屋、商店或建筑物是外国教会的产业，还是外国人或中国人个人的房产，不加区别地悉数被闯入，并在不同程度上遭洗劫、掳掠。众所周知，美国、英国、德国和法国的大使馆被闯入，从中抢走物品。据报告，意大利大使馆的遭遇也一样。1月1日，俄国大使馆被大火神秘地焚毁。我们查看过的，或美国居民报告的美国房产无一例外地被日本兵一而再再而三地多次闯入。这样的情况甚至发生在现在

① 中正路1949年以后更名为中山南路。

② 《关于南京城遭焚烧所发现的情况》（"Findings Regarding Burning of Nanking City"），《1938年1月南京的状况》附件2，1938年1月25日，档案编号793.94/12674，美国国家第二档案馆，第59档案组，微缩胶卷M976第51卷。

③ ［美］詹姆斯·爱斯比：《1938年1月南京的状况》，1938年1月25日，第9页。

仍有美国人居住的住宅。一直到撰写这份报告时为止，美国居民与国际委员会的其他成员仍持续不断地将闯入外国人房产，搜寻财物与妇女的日本兵驱赶出去。

日本兵能够拿走的各类物品似乎都是他们理所当然的掠夺品。特别就外国人的房屋而论，汽车、自行车、烈酒以及能装进口袋的小珍玩似乎是他们特意搜寻的目标。在所有的房屋里，不论是外国人的房产，还是中国人的屋宇，入侵者随心所欲地将他们中意的东西席卷而去。城里商业区残存的商家店铺显示，店内的货物被洗劫一空。在有些情况下，有证据显示，他们中意的东西太多，不能徒手搬走，于是开来卡车把货物运走。外国居民报告，他们有几次看见整卡车的货物从商店和仓库被运走。德士古（中国）有限公司仓库的保管员报告说日本兵从仓库抢走储存的汽油、油料，并用公司的卡车运走这些油料。①

许多抢劫案件都被记录在案。贝茨在给日本大使馆福田先生的一封信中写道，那天他在大使馆与福田会面时，他自己的住房第四次被掳掠。也是在这一天，金陵大学的其他七所房屋被洗劫，许多房屋被多次闯入。鼓楼医院位于双龙巷的侧门被日本兵破门而入，尽管门上张贴着日本大使馆的公告。在医院的另一处，日本士兵想要偷走一辆救护车时，被一名美国人拦下。②

1938 年 1 月 1 日，米尔斯向日本大使馆报告，日军闯入长老会位于莫愁路 54 号和 65 号以及天妃巷和韩家巷的房屋。这些房屋遭到了破坏，物品被盗。前一天，两名年轻的中国姑娘在天妃巷的房产上被强奸。③ 几天后，即 1 月 5 日，米尔斯又递交了一封抗议信：

① ［美］詹姆斯·爱斯比:《1938 年 1 月南京的状况》，1938 年 1 月 25 日，第 10 至 11 页。

② ［美］M. S. 贝茨：给日本大使馆官员福田的信，1937 年 12 月 21 日，《美国在南京的财产权益损失》附件 1-F，1938 年 2 月 28 日，档案编号 393.115/233，美国国家第二档案馆，第 59 档案组第 1821 档案盒。

③ ［美］W. P. 米尔斯：给日本大使馆官员的信，1938 年 1 月 1 日，《美国在南京的财产权益损失》附件 3-C，1938 年 2 月 28 日，档案编号 393.115/233，美国国家第二档案馆，第 59 档案组第 1821 档案盒。

1月1日我写信向你们报告日本兵在位于莫愁路54号明德[①]校园胡作非为的行径。我现在写信补充报告1月2日位于同一校园的莫菲特小姐[②]房间里的床及床垫被偷走。这是从这座屋子偷走的第3张床及床垫，此外，还有许多其他小物品被偷走。

今天我还得知从我们韩家巷的房屋里被抢劫走14副床架、13床铺盖。这所房屋用来做各种会议的会场，所以那里床的数量比私人家庭多得多。有3副床架被找回来，但其余的仍不见踪影。至于铺盖，10床属于我们的，3床是佣人的。一床铺盖都没有找回来。

涉及我们位于城西南双塘的房产，我得说那也是日本兵频繁而令人讨厌地擅闯的地方。那座院子的后墙有一段已被企图闯入房舍的日本兵推倒。那儿的难民经常被偷，遭强奸。

同样的事件也发生在户部街的院落里。这儿只有几个难民，但我最近为安全起见，不得不将3名妇女从那儿送到金陵女子文理学院。其中至少有一名妇女已遭强奸，其他的妇女被日本兵骚扰、麻烦，已无法再待在那儿面对持续不断的侮辱。[③]

1月18日，爱利生在给美国国务卿的电报中指出：

从1月15日中午到今天中午，已有15件涉及日军擅自闯入美国人房产的事件报告到大使馆来。擅自闯入的过程中除了抢劫美国公民及机

---

① 1884年10月美国基督教北美长老会在南京创办明德书院，地点在城西四根杆子（今莫愁路419号）。辛亥革命后更名为私立明德女子中学，1952年改为公办，同时更名为南京市第五女子中学。1969年男女合校，改名为南京市群星中学，不久，又改为南京市第三十六中学。1986年该学校改建为南京女子中等专业学校。1937年，明德女中校长为李美筠小姐（1905-2000）。

② 安娜·伊丽莎白·莫菲特（Anna Elizabeth Moffet，1892-1990），见P110注③。

③ ［美］W. P. 米尔斯：给日本大使馆官员的信，1938年1月5日，《美国在南京的财产权益损失》附件3-E，1938年2月28日，档案编号393.115/233，美国国家第二档案馆，第59档案组第1821档案盒。

构的财产外，还将居住在上述房屋里的10名中国妇女难民强行劫持走。①

同一天，爱利生和爱斯比亲自处理了一起抢劫案：

1月18日下午1时30分左右，W. P. 米尔斯先生和L. S. C. 史迈斯先生报告说日本兵闯入位于中华路统一基督教会的院子，他们人还在那儿。得到消息，爱利生先生和爱斯比先生随即赶到那座大院。我们发现大院面朝一条小街的院墙有一大段被推倒，院子里面被人踩踏。倒下的一段院墙是干的。院墙肯定是在3小时之内推倒的，因为一直到凌晨都在下雨，除了倒下的院墙，周围的一切仍是湿漉漉的。我们到达时詹姆斯·H. 麦考伦已在现场。他说早晨来教会时院墙完好无损。他接着说上次来教堂发现两个日本兵与两个中国人在教堂房产的一座屋子里，手里拿着教会的东西。向他们交涉之后，他们留下东西，离开了大院。他说早晨在屋子里看到的钢琴后来不见了。抢劫发生时就在附近的一个中国老百姓说，我们来到现场之前不久，载着几名日本兵的两辆卡车开来，日本兵推倒院墙，把掳掠的物品运走。②

暴行案件持续不断，向日本同行提出抗议成为美国外交官的日常事务。1938年2月24日，爱斯比向日本大使馆的粕谷孝夫③提起了这样的抗议：

按照爱利生先生的指示，我今天上午拜访了日本使馆的Y. 粕谷先生，

① ［美］约翰·爱利生：27号电报，1938年1月18日下午4时，档案编号393.115/125，美国国家第二档案馆，第59档案组第1820档案盒。

② ［美］詹姆斯·爱斯比：《1938年1月南京的状况》，1938年1月25日，第16至17页。

③ 粕谷孝夫（Yoshio Kasuya），1909年出生于日本东京，1934年毕业于东京商科大学，同年10月通过外务省外交官资格考试，1935年在日本驻英国使馆任副领事，1937年调任日本驻上海总领事馆，日军攻占南京后，即随部队进城任日本驻南京大使馆的副领事。1939年调回外务省供职。他战后曾任日本驻尼日利亚大使、驻乌拉圭公使，1964年至1967年任驻泰国大使，1967年至1970年任驻秘鲁大使，并曾担任外务省情报文化局参事官。

> 向他报告今天上午在美国产业、金陵大学发生的两起暴力事件。我告诉他 M. S. 贝茨博士到美国大使馆来报告，他相信是 2 月 22 日到这一房产来抓劳工的同一伙日本兵乘牌照为 757761 号卡车来到金陵大学附属中学找劳工。守门人对他们说，大部分劳工已出去干活了，难民营中主要是妇女和儿童。日本兵然后进入校园，进行彻底的搜查，抓走 70 个人去干活。离开学校时，他们对守门人说，他必须提供劳工，如果他不照办，就抓他去干活。接着我告诉粕谷先生另一起发生在今晨约 8 点的案件，其时一群日本兵来到位于汉口路上面的图书馆大院的东面，在那儿砍倒一段树篱笆，闯入房屋，抢走储存在里面的水。
>
> 我提醒粕谷先生 2 月 22 日闯入金陵大学附属中学的事件已被迅速报告给日本大使馆，他曾告诉我们已下达了命令制止这类行为，然而一天之内同样的事情又发生了，持续非法擅闯美国房产是严重的事件，并要求立即加以制止。我还告诉他如果这类事件持续发生，看起来南京的局势没有改善。①

除了忠实记录日军的暴行和罪行外，这些外交文件还详细描述了日本军事当局对军队失去控制，无力整肃军纪。与南京的美国居民首次会面时，美国外交官问他们希望引起日本当局关注当地局势哪些方面的问题。他们答道："要日本当局控制住他们的军人，结束正在发生的恐怖和暴行。"② 除了提供关于日军罪行的证词，他们也指出，日本军官在管束军队方面没有作出明显的努力。外国居民在给日本大使馆的信中向日本外交官呼吁，迫切要求立即整肃日军部队。③

---

① ［美］詹姆斯·爱斯比：《日军擅闯金陵大学校产的备忘录》（"Memorandum：Entry by Japanese Soldiers into Property of the University of Nanking"），1938 年 1 月 1 日，《美国人在南京的财产权益损失》附件 1-Z，1938 年 2 月 28 日，档案编号 393.115/233，美国国家第二档案馆，第 59 档案组第 1821 档案盒。

② ［美］詹姆斯·爱斯比：《1938 年 1 月南京的状况》，1938 年 1 月 25 日，第 3 页。

③ ［美］M. S. 贝茨：给日本大使馆的信，1937 年 12 月 18 日，《美国在南京的财产权益损失》附件 1-D，1938 年 2 月 28 日，档案编号 393.115/233，美国国家第二档案馆，第 59 档案组第 1821 档案盒。

现在很多人想回自己的家，但是他们没有回去，因为强奸、抢劫、抓人的情况每日每夜在持续着。只有认真严肃地执行命令，使用大量的宪兵，严加惩处，才会产生效果。有几个地方情况略有好转，但是军队采取恐怖行动两个星期之后仍是如此可耻之极。现在需要的不仅仅是保证。①

拉贝在给日本大使馆的信中，呼吁迅即采取更严厉的措施来制止日军部队的混乱。②他给日本大使馆的另一封信的结尾作了如下评论：

结束之际，我再谈一事。显然，最简单，同时也是最有效的救济措施是恢复日军的秩序与军纪。在这一点做到之前，老百姓不可能回到自己的住家，没法做生意，不能恢复交通，诸如水、电灯、电话等公共设施也无法恢复。一切的一切有赖于这桩事。但是，相辅相成地，军纪恢复了，救济的问题也就变得容易，重新建立起正常的局势也更加可行。我真诚地希望军事当局将把恢复秩序作为他们的首要工作。③

在向日本大使馆抗议日军强行闯入并掳掠美国房舍时，爱利生声称道："我不得不作出这样的结论，日本大使馆无力阻止这些掳掠行径，而日本军方要么不愿意，或者无法对美国的财产提供足够的保护。"④

---

① ［美］M. S. 贝茨：给日本大使馆的信，1937年12月27日，《美国在南京的财产权益损失》附件1-K，1938年2月28日，档案编号393.115/233，美国国家第二档案馆，第59档案组第1821档案盒。

② ［德］约翰·拉贝：给福田笃泰的信，1938年1月7日，《1938年1月南京的状况》附件1-c，1938年1月25日，档案编号793.94/12674，美国国家第二档案馆，第59档案组，微缩胶卷M976第51卷。

③ ［德］约翰·拉贝：给日本大使馆的信，1937年12月20日，《1938年1月南京的状况》附件8-10-1，1938年1月25日，档案编号793.94/12674，美国国家第二档案馆，第59档案组，微缩胶卷M976第51卷。

④ ［美］约翰·爱利生：27号电报，1938年1月18日下午4时，档案编号393.115/125，美国国家第二档案馆，第59档案组第1820档案盒。

米尔斯在向美国大使馆提交的报告中，这样描述了日军在一处美国房产上犯下的暴行：

> 所有这些事件发生后，我们得到情况会改善的所有保证之后，人们被迫得出这样的结论：日军或者不能，或者不愿有效地控制自己的部队。当老百姓没有比上述事件显示出的更好的安全感，恢复公共秩序，恢复正常情况只是空谈。当人们想到这些事件发生在有美国国旗、美国与日本使馆的布告明确标示出的一处外国房产上，这一切就再真实不过了。请采取您对此事认为最好的步骤。①

1937 年 12 月 25 日至 1938 年 1 月 8 日期间，米尔斯给日本大使馆发了五封信，一再敦促日本当局，不仅是在安全区，而且是在整个城市，迅速采取有效措施来管束部队。②

爱利生在 1938 年 2 月 2 日报告道，一位日本高级指挥官承认，军纪松弛是南京问题的根源，尽管他试图寻找借口来掩盖这一问题：

> 本间将军③长篇大论地谈论了日军的战场心理问题，他认为这是南京产生麻烦的根源。他说来此的唯一目的就是要迫使本地的部队必须尊

① ［美］W. P. 米尔斯，给爱利生的信，1938 年 1 月 17 日，《美国在南京的财产权益损失》附件 3-H，1938 年 2 月 28 日，档案编号 393.115/233，美国国家第二档案馆，第 59 档案组第 1821 档案盒。

② ［美］W. P. 米尔斯，致日本大使馆的信，1937 年 12 月 25 日；1938 年 1 月 1、5、8 日，《美国人在南京的财产利益损失》附件 3-B、3-C、3-D、3-E 及 3-F，1938 年 2 月 28 日，档案编号 393.115/233，美国国家第二档案馆，第 59 档案组第 1821 档案盒。

③ 本间雅晴（Masaharu Homma，1887-1946），1887 年 11 月 27 日出生于日本新潟县，1907 年毕业于日本陆军士官学校，1915 年毕业于陆军大学。1918 年派驻英国，先后任随从武官和驻英武官。1935 年任第三十二旅团长。1937 年就任参谋本部第二部部长。1938 年 7 月晋升中将，任第二十七师团长。1940 年任驻台湾日军司令官。太平洋战争爆发之初，任日本第十四军司令官，指挥入侵菲律宾，攻占巴丹半岛，击败美军麦克阿瑟部。后因内部分歧于 1942 年 8 月被解职。战后因曾大量残杀美国和菲律宾战俘及死亡行军的罪责，本间雅晴被美国在马尼拉的军事法庭判处死刑，于 1946 年 4 月 3 日在马尼拉被枪决。

重外国人的财产。他要我们不要因为一些孤立的事件仍继续发生而不耐烦，因为他声称使最高指挥机构的命令立即由逐个士兵来执行是极度困难的。据本间将军说广田中佐[①]过几天将来南京，他敦促我们直接向他提出申诉，这样可以在本地解决问题，不要捅到东京去申诉。

似乎本间将军解释日方立场的兴趣比听外国外交官讲的内容要大得多。据了解，本间将军今天下午乘飞机回上海，不会再与任何外国人接触。[②]

数日后，南京新任卫戍司令天谷少将[③]再次竭力掩盖日军在南京的暴行。他批评了将南京日军暴行的报告发送到海外的那些外国人的态度，因为他们助长了中国人的“反日情绪”。对日军犯下暴行的原因，他提出了自相矛盾的观点。爱利生报告了天谷在1938年2月6日的招待会上所作演讲的摘要：

将军对于海外显著报道日军在南京犯下暴行一事表示遗憾，并以长期紧张作战，以及出乎意料的中国人坚强抵抗作为理由来为暴行袒护。迅速向前推进导致粮食供应不足，部队精疲力竭造成军纪涣散，因此从事抢劫，诉诸暴力。然而，他补充道，日军是世界上纪律最严明的军队，

① 广田丰(Shigeru Hirota,1892-1972)，中佐1938年1月30日起任日本的上海派遣军参谋,他1892年出生于爱知县，1915年毕业于陆军士官学校，1923年毕业于陆军大学，1928年至1929年在日本驻美国大使馆武官处工作，1935在日本驻加拿大大使馆任副武官，1938年3月晋升陆军航空兵大佐，并担任华中派遣军参谋。1939年4月调任飞行第二十七战队长，1940年12月晋升陆军少将，并任第十飞行联队长，1945年2月任第五十三航空师团长，同年4月晋升中将。广田丰1972年3月21日去世。

②［美］约翰·爱利生：45号电报，1938年2月2日下午2时，档案编号393.115/148，美国国家第二档案馆，第59档案组第1820档案盒。

③ 天谷直次郎（Shojikiro Amaya，1888-1966）为天谷支队支队长，即日军第十一师团步兵第十旅团旅团长，而非第一师团师团长。他1888年6月12日出生于福井县，1909年从陆军士官学校毕业，1919年毕业于陆军大学，1933年晋升陆军大佐，1935年任步兵第四十二联队长，1937年8月晋升少将，并任步兵第十旅团长。天谷直次郎指挥天谷支队于1937年12月8日攻占镇江，然后在12月13日北渡长江，于12月14日攻占扬州。1938年1月16日，天谷支队调往南京接替第十六师团驻防南京，天谷直次郎接任南京警备司令。他1940年晋升中将，任第四十师团长。天谷直次郎1966年11月30日去世。

在相对而言暴力程度轻些的日俄战争[①]和满洲事件[②]里，并没有发生暴行。他希望欧洲人和美国人不要妄加批评，保持旁观者的身份，尊重大日本民族。目前已努力恢复军纪。日军并不敌视中国公民，但是，由于蒋介石向人民及中国军人灌输抗日思想，平民百姓中存在着狙击手和间谍的情况，这使日本军人非常愤怒。

据称日本军方希望尽快在南京恢复秩序，恢复正常。这位将军刚从扬州调来。在扬州，中国人和日本人的关系良好，但是在南京，外国人干涉鼓励下的抗日情绪在本地中国居民中继续存在，妨碍了恢复正常局面，大批中国人仍住在所谓的“安全区”里。他特别提到“某个国家”的人所作的报道和从事的活动损害了日本与那个国家的关系（这显然指的是美国）。将军还表示他不喜欢外国人法庭里一位法官的态度，并警告他们妄加批评，干涉中日事务会激怒日军，可能导致某些不愉快的事件。他请求能得到信任，并保证尽最大努力来恢复这个国家的秩序与正常的生活，外国的人员和财产将受到保护。只要是涉及保护外国人财产的困难，他请求外国代表和他商量，但是不能干涉中国人的事务。[③]

日本外交官也尽力掩盖日军的暴行。日本驻南京代理总领事福井在与荷兰公使馆前来南京访问的亨德里克·博斯先生交谈时，严厉批评了南京的外国居民的报告。福井说，局势日益好转，日军部队的军纪得到很好的整肃；

① 日俄战争是1904年2月8日至1905年9月5日，日本与沙皇俄国为争夺中国的辽东半岛和朝鲜半岛主要在中国领土、领海上进行的一场战争。结果，俄国战败，日俄双方在美国新罕布什尔州朴次茅斯（Portsmouth）签订条约，俄国割让库页岛南半部及附近岛屿给日本，承认日本在朝鲜的特权，转让俄国在辽东半岛的特权给日本，由此，日军得以在辽东驻军。

② 1931年“九一八事变”被日本人称为“满洲事件”，西方人则称“奉天事件（Mukden Incident）”。Mukden为沈阳旧称，来自满语，兴盛之意，故沈阳亦称盛京。1931年9月18日晚，日本关东军在沈阳东北郊柳条湖炸毁铁路路轨，却诡称是中国军队所为，并以此为借口，突然袭击柳条湖以北的东北军驻地北大营。由于东北军奉命不抵抗，9月19日，日军攻占沈阳，进而在此后的数月便侵占了整个东北三省。

③ ［美］约翰·爱利生：49号电报，1938年2月6日下午5时，国务院档案编号793.94/12336，美国国家第二档案馆，第59档案组，微缩胶卷M976第50卷。

外国人与此相反的报道都是“反日宣传”。[①]甚至爱利生亲自调查强奸案，也“只是美国大使馆的反日宣传”。[②]

日复一日，暴行案件报告源源不断地送进美国大使馆。在南京工作的美国外交官面临着艰难的局面。在那几个月里，他们在紧张而不正常的情况下艰辛地工作着，更不用说在几近零摄氏度的恶劣天气里没有电，没有自来水或供暖。[③]他们通常每天向国务卿或其他驻中国的外交机构发四五份电报或报告，报告最新进展并征求上级指示。有时，他们还要冒着人身安全的风险，在全城开展调查。他们几乎每天都要与日本同行斗智斗勇，以维护美国的利益。爱利生在 4 月的一封电报中提到，他连续紧张工作了约四个月，1935 年 7 月以来，他总共只休了十天的假。[④]

然而，尽管工作很辛苦，但让人无法忍受的未必是艰难困苦。爱利生曾在日本工作、生活，很了解日本人，也有日本朋友。多年后，他在回忆录中表示，“不得不对我所喜爱的民族的所作所为撰写负面的报告并不是件愉快的任务”。[⑤]爱利生努力深入地寻找在南京的日本兵所作所为的答案或解释。他将这些行径与他曾在日本乡间小道上遇到的友善好客的青年农民的形象相对比，很难理解：

> 绝大部分日本兵是穿了军装的农村孩子，因此，很难将日本兵的行为和我在日本乡村远足时遇到的青年农夫的形象相吻合。在那儿日本人总是彬彬有礼，给走累的外国人端茶送糕饼，并专程走几英里路，给迷

① ［美］约翰·爱利生：53 号电报，1938 年 2 月 10 日下午 3 时，国务院档案编号 793.94/12384，美国国家第二档案馆，第 59 档案组，微缩胶卷 M976 第 50 卷。

② ［美］M. S. 贝茨：给约翰·爱利生的信，1938 年 1 月 28 日，《日本兵袭击美国使馆官员与美国公民》（“Assault by Japanese Soldier on American Embassy Official and American Citizen”）附件 4，1938 年 1 月 28 日，档案编号 123 爱利生·约翰 M./193，美国国家第二档案馆，第 59 档案组第 355 档案盒。

③ ［美］约翰·爱利生：《来自草原的大使》，第 38 页。

④ ［美］约翰·爱利生：95 号电报，1938 年 4 月 21 日，档案编号 123 埃詹姆斯·爱斯比 /52，美国国家第二档案馆，第 59 档案组第 467 档案盒。

⑤ ［美］约翰·爱利生：《来自草原的大使》，第 38 页。

路的美国人指明返回旅馆的路径。在这里，他们是暴徒恶棍。部分原因应归咎于珍珠港事件之前日军对他们施以的严厉苛刻的训练，军官经常打士兵的耳光，把他们当作畜生。还有部分原因是以往制定的行为准则只能适用于习惯封建体制的日本社会环境。尚未制定出能够引导他们生活在从海外引进的20世纪喧嚣工业社会的规则。日本人的伦理道德观基本上是受环境制约的，而他们面临的现代战争环境则是前所未有的。①

除了提交暴行和犯罪案件外，爱利生和他的工作人员还报告了南京居民挣扎着度过恐怖笼罩时期与大屠杀之后的社会状况。首先，生活环境极为可怖。除了每天都在发生的谋杀、强奸、抢劫和其他暴力事件外，居民还不得不在食物和燃料极度匮乏的情况下生活。据估计，要养活25万名平民，每天一般需要1600百袋大米。但在1937年12月13日至1938年1月19日期间，日本当局仅分发了2200袋大米、1000袋面粉。每天至少需要40吨煤炭，但煤炭无处可买。国际委员会向贫困居民免费供应大米和面粉，对有负担能力的人收取少量费用。但日方强迫他们停止了这项服务。所有大米和面粉都必须通过与日本军队合作的当地“自治委员会”分发。②

南京市的主要商业区几乎完全被摧毁，周边的村庄也遭焚毁掳掠，根本无法恢复正常的经济活动。除了供销售的蔬菜种植和少量的家庭用品制作外，南京没有任何生产活动。全市约30万人口中，从事有报酬工作的人数不超过一万人。中国人开的商店很少，除了一些出售在城内捡来物品的路边摊贩和小店之外，几乎没有中国人经营的商店。③

① ［美］约翰·爱利生：《来自草原的大使》，第43至44页。

② ［美］约翰·爱利生：33号电报，1938年1月22日下午4时，档案编号893.48/1406，美国国家第二档案馆，第59档案组第7229档案盒；以及约翰·拉贝，给爱利生、普利焘-布伦和罗森的信，1938年1月19日，《1938年1月南京的状况》附件8-11，1938年1月25日，档案编号793.94/12674，美国国家第二档案馆，第59档案组，微缩胶卷M976第51卷。

③ ［美］约翰·爱利生：《致美国驻北平大使馆的二月汇总报告》(“February Summary Report sent to the American Embassy Peiping”)，1938年3月2日，第3页，美国国家第二档案馆，第84档案组，驻中国外交机构，第2169卷（南京1938年第10卷）。

日本人不失时机地迅速建立起傀儡政府来控制民众。爱利生报告说，他们成立了伪自治委员会，共有九名中国成员。他说，这些委员中没有一个是品质上等的人。伪自治委员会听命于日军特务机关，不仅需要特务机关的批准才能开展工作，而且，除非它事先确定会得到批准，它甚至不敢提出任何活动建议。①

爱利生密切关注华中"临时政府"或称"维新政府"的组建情况，以及其首脑、高级官员和可能采取的政策。在维新政府的就职典礼上，日本军队在就职典礼活动的中心区域乃至整个南京城的周围都设置了警戒线。举行典礼前两天，禁止附近村庄的中国人进入南京。就职典礼两天后，"维新政府"的主要成员返回上海，将"政府"交给低级官员和日本人经管。"维新政府"的重要会议都在上海而非南京举行。爱利生的报告中，还提到了北平和南京两个傀儡政府之间错综复杂的关系，以及官员之间的权力斗争。②

日本人还图谋控制南京沦陷后的金融和经济活动。日本官员告诉美国大使馆的工作人员，在日本商店购物必须支付日元。③日军当局命令中国当地官员将汇率固定在 1 元兑换 70 钱（0.70 日元）④。美国大使馆的一名工作人员报告，当地银行拒绝将美国货币兑换为中国或日本货币，并说"在任何情况下"都不能收美国货币。他尝试在几家中国人或日本人开的商店兑换美国货币，也没有成功。这些商店还告诉他，用中国货币的话必须打 20% 的折扣。

---

① ［美］约翰·爱利生:《致美国驻北平大使馆的二月汇总报告》(February Summary Report sent to the American Embassy Peiping)，1938 年 3 月 2 日，第 1 页；以及约翰·爱利生，10 号电报，1938 年 1 月 8 日中午 12 时，档案编号 893.101 南京 /14，美国国家第二档案馆，第 59 档案组，微缩胶卷 LM63 第 63 卷。

② ［美］约翰·爱利生：83 号电报，1938 年 3 月 24 日下午 4 时，档案编号 893.01"维新政府"/84（85 号电报，1938 年 3 月 28 日下午 4 时，档案编号 893.01"维新政府"/94），美国国家第二档案馆，第 59 档案组第 7171 档案盒;《致美国驻北平大使馆的三月汇总报告》，1938 年 4 月 2 日，第 1 页；以及《致美国驻北平大使馆的五月汇总报告》，1938 年 6 月 2 日，第 3 页，美国国家第二档案馆，第 84 档案组，驻中国外交机构，第 2169 卷（南京 1938 年第 10 卷）。

③ ［美］詹姆斯·爱斯比:《1938 年 1 月南京的状况》，1938 年 1 月 25 日，第 26 页。

④ ［美］约翰·爱利生：89 号电报，1938 年 4 月 1 日晚 9 时，档案编号 893.5151/435，美国国家第二档案馆，第 59 档案组，微缩胶卷 LM63 第 135 卷。

据说这是一个“固定汇率”，但不清楚到底是谁规定的。他们还注意到，面额为 10 日元、5 日元和 1 日元以及 50 钱和 10 钱的日军军票已经在南京大量流通。[①]

日本人在想方设法阻止其他国家的公民返回南京的同时，众多日本平民，包括许多商人，却回来了。日本商人迅速开设了许多商店，并经营面粉厂、建筑业、剧院、保险、印刷、电器、摄影用品、交通、制药、食品、旅馆、饭店、茶馆、葡萄酒和烈性酒、梳妆用品等行业。日本人甚至计划建立日本市场，以及一个设有日本神社和公园的“日本城”。当美国和其他国家的商人获准返回南京时，他们会发现自己之前的生意都已被日本人取而代之。[②]

日军占领下，毒品交易异常猖獗。爱利生报告说，甚至当地“自治委员会”的一些成员也在吸食鸦片。鸦片贩子则从日军特务机关获得货源。人们发现，在一家招待日军的饭馆里，年轻女子吸食日军提供的鸦片。鸦片的销售即使确实不是在日军当局的实际倡导下，至少也是在日军当局知情的情况下进行的。[③]

爱利生报告道，当地的一些中国人反抗日本人的统治，在 1938 年 7 月 25 日上午炸了督办[④]办公室和伪市政府办公机构。炸弹没有造成严重损失，也没有任何高级官员受伤。然而，日本当局采取了防范措施，对南京居民封锁了爆炸的消息。随后，有报道称，9 名中国人因参与这一事件而被处决。[⑤]

8 月 4 日，身份不明的中国爱国人士将手榴弹掷入位于鼓楼附近日本宪兵所在房屋的窗户。日本总领事称，有几名日本兵受伤，但中国方面的消息说，

---

① ［美］约翰·爱利生：114 号电报，1938 年 6 月 13 日下午 6 时，档案编号 893.5151/477，美国国家第二档案馆，第 59 档案组，微缩胶卷 LM63 第 136 卷。

② ［美］约翰·爱利生：92 号电报，1938 年 4 月 13 日中午 12 时，档案编号 793.94/12827，美国国家第二档案馆，第 59 档案组，微缩胶卷 M976 第 52 卷，以及 93 号电报，1938 年 4 月 15 日中午 12 时，档案编号 393.1115/ 3090，美国国家第二档案馆，第 59 档案组第 1737 档案盒。

③ ［美］约翰·爱利生：《南京毒品交易》（“Sale of Narcotics in Nanking”），1938 年 3 月 18 日，档案编号 893.114 毒品 /2221，美国国家第二档案馆，第 59 档案组，微缩胶卷 LM63 第 88 卷。

④ 1938 年，伪南京市市长称为南京市督办。

⑤ ［美］约翰·爱利生：《致美国驻北平大使馆的七月汇总报告》，1938 年 8 月 2 日，第 1 页，美国国家第二档案馆，第 84 档案组，驻中国外交机构，第 2169 卷（南京 1938 年第 10 卷）。

这些日本兵已身亡。据报道，前几周有数名日本哨兵在南京执勤时被中国爱国人士枪杀。日本军队在南京采取的严密防范措施使人们相信，即使在被占领七个多月之后，南京的民众仍不屈服于日本的统治。①

美国海军情报报告

1937年12月12日，当“巴纳号”在南京上游约28英里的长江中被炸沉时，“瓦胡号”正停泊在上游江西省的九江。接到长江巡逻舰队司令的命令后，“瓦胡号”被调往长江下游，取代“巴纳号”驻防南京。该炮艇也不时在南京和上海之间往返。“瓦胡号”的艇长每周都要提交情报汇总报告。这些情报为南京周边地区的情况留下了宝贵的记录。

“瓦胡号”完成救援任务并将“巴纳号”的幸存者接上船后，1937年12月15日下午4点多，“瓦胡号”抵达并停泊于南京水域：

> 16时17分，根据日本舰艇的指示，停泊在南京上方，靠近北岸处，观察到数艘日本陆军的汽艇在南岸附近巡逻。一艘汽艇用机枪扫射从上游漂流下来的筏子上发现的两名中国苦力。英舰“瓢虫号”在附近巡航，停下来，把两个中国苦力接上去。日本军舰“鹊号”大致以下列内容警告英舰“瓢虫号”：
>
> “战斗仍在进行中，如果你在我军面前有此举动，你被打死我们也不能负责。”
>
> 16时30分，由于英舰“瓢虫号”的锚在芜湖受损不能使用，它并排泊在“瓦胡号”旁。
>
> 18时，偶尔听到来自南京方向的炮声。
>
> 20时，注意到偶尔有人从北岸对日本的船只射击。

① ［美］约翰·爱利生：无编号电报，1938年8月6日，档案编号793.94/13631，美国国家第二档案馆，第59档案组，微缩胶卷组M976第55卷。

1937年12月16日，星期四

6时59分，往下游行驶，数艘商船加入船队的行列。

7时20分，驶经南京。江边停泊着很多日本军舰。下关与浦口的江边一带显现遭受焚烧、摧毁的很多痕迹。在南京草鞋峡①下方观察到残破废墟与已经被日本人突破的仓促用趸船修建成的横江障碍。②

颇为有趣的是，在这一周的总结报告中，并未提及几位美国记者登上“瓦胡号”的情况。而斯提尔在他的新闻报道中则提道：他不仅乘“瓦胡号”前往上海，而且还通过舰上的无线电通信设备向美国发回电讯稿。③然而，被炸伤的英国炮艇“瓢虫号”则报告，“史密斯、孟肯、斯提尔和杜丁登上了‘瓢虫号’和‘瓦胡号’”。④

“瓦胡号”于1937年12月17日下午抵达上海，1937年12月28日才离开，并于12月31日抵达南京。

抵达南京时，由于大面积的损毁，两岸江边地带已无法辨认。在南京草鞋峡的海军学院被彻底摧毁了。英国和记洋行的工厂显然没有受损，但完全被遗弃。下关与浦口的江边一带一片毁坏混乱的景象，几乎没有一栋仍然站立着的建筑。

在南京，日本护航船离开了编队，“瓦胡号”与“绍斯号”在南京上游英舰“蜜蜂号”附近停泊。从“蜜蜂号”得悉，至少几天之内还不会允许在南京登岸。船上的美国使馆官员此前决定留在“瓦胡号”上直

① 草鞋峡（Cutoff）。

② ［美］约翰·M. 希汉：《美舰“瓦胡号”截至1937年12月19日的每周情报概要》，美国国家档案馆，第38档案组，1929年至1942年海军情报一般信函，海军作战部长办公档案，第194档案盒A8-2/FS#2档案夹。

③ ［美］A. T. 斯提尔：《日军屠杀成千上万》（“Japanese Troops Kill Thousands”），《芝加哥每日新闻报》，1937年12月15日，第1页。

④ “蜜蜂号”参谋长：致扬子江英国海军少将的电报，1938年12月16日上午11 :30，伦敦英国国家档案馆，长江巡逻档案，1937年12月，海军档案编号ADM116/3880。

至允许在南京登岸。[①]

“瓦胡号”实施打捞沉没的“巴纳号”作业并造访芜湖后，于1938年1月6日返回南京。

“瓦胡号”1月6日上午9时30分抵达南京，停泊在离中山码头约两英里处的英舰“蜜蜂号”附近。“蜜蜂号”船长说他徒劳地尝试在南京上岸去视察英国大使馆与其他英国产业。每次都遭到拒绝。船停泊不久，日本旗舰上的参谋来到“瓦胡号”上说，一切准备就绪，以迎接爱利生先生及其工作人员，汽车已经在码头上等候，派出一艘快艇到“瓦胡号”将他们的行李、物品运上岸，这一切执行完毕后，使馆人员顺利抵达大使馆。[②]

1月7日上午，“瓦胡号”的指挥官约翰·希汉到日本海军少将近藤英次郎[③]的旗舰“安宅号”正式拜访了后者。希汉受到了热烈的欢迎。他们安排了一辆汽车来接爱利生，或许爱利生也打算会见日本指挥官。拜访结束之际，用车将希汉和爱利生送到美国大使馆。因此，这次拜访使希汉有机会近距离瞥见沦陷后的南京：

自然，在汽车内不可能很好地观察到南京的情况，但是似乎城内所

① ［美］约翰·M. 希汉：《美舰“瓦胡号”截至1938年1月2日的每周情报概要》，美国国家档案馆，第38档案组，第194档案盒A8-2/FS#2档案夹。

② ［美］约翰·M. 希汉：《美舰“瓦胡号”截至1938年1月9日的每周情报概要》，美国国家档案馆，第38档案组，第194档案盒A8-2/FS#2档案夹。

③ 近藤英次郎（Eijiro Kondo，1887-1955），1887年9月12日出生于日本山形县，1908年毕业于海军学院，1920年毕业于海军大学。1923年至1925年在美国见习。此后曾任日本海军军舰“梨号”（Nashi）、“凤翔号”（Hosho）、“赤城号”（Akagi）、“加贺号”（Kaga）等舰艇的船长。他1935年晋升为海军少将，1937年7月任第三舰队鱼雷艇分队司令，1937年12月升任第三舰队第十一战队司令。他1939年11月晋升海军中将后退役，1955年12月27日去世。

遭受蹂躏破坏的程度比预料的轻得多。一两座大型政府建筑被烧毁，在下关可见相当程度的破坏。日本人拒绝承认所提议的在诸大使馆周围地区建立中立区，不过他们似乎已经接受这一既定的事实，因为在美国大使馆四周已经有这样的区域。在这个地区挤满了成千上万的难民，日本人在四周设置了哨兵，以阻止日本兵或其他不法人员入内。这个地方人口稠密，街道上开车都很困难。

在中山路两旁有接连不断的部队行列，一边朝北，一边往南。这些队伍几乎完全由牲口的行列构成，由单个的马、骡、驴和牛拉的平板双轮车组成，每头牲口都有一个日本兵牵着。

在中立区外面，只见到10或12个中国人，他们好像为日本兵干活，或一小群人被日本兵押送着。四周似乎并没有任何敌对的行动。①

1938年1月9日，“瓦胡号”前往“巴纳号”沉没的水域协助打捞作业，然后再返回南京。希汉报告称，南京比较平静，英德两国的外交代表获准登岸。②

显然，此时希汉已经从城里的美国人那里获得了更多的信息。他简要描述了南京沦陷以来的情况：

日军攻入南京之际，部队显然被放纵，并安置到遍及全城的房屋中。单独的军人与小群成伙的士兵全副武装，任意游荡。他们显然不加区别地肆意掳掠、屠杀。一名新闻记者声称，日军抵达之后，尸体在城门周围堆积得很高。美国传教士报告了成千上万的强奸案。只有在城市得到某种程度的清理之后，日本当局才允许外国代表回城。③

① ［美］约翰·M. 希汉：《美舰“瓦胡号”截至1938年1月2日的每周情报概要》，美国国家档案馆，第38档案组，第194档案盒A8-2/FS#2档案夹。

② ［美］约翰·M. 希汉：《美舰“瓦胡号”截至1938年1月16日的每周情报概要》，美国国家档案馆，第38档案组，第195档案盒A8-2/FS#3档案夹。

③ 同②。

1月24日，希汉报告道，除了三个国家的外交官以外，不允许外国人登岸。同样，也不准许外国人离开南京。但德国人克里斯卿·克罗格获准，在日军警卫的陪同下乘坐军用火车前往上海[①]。同时，希汉还提供了关于南京城总体情况的最新消息：

> 据说一直为中国难民提供住房与粮食的国际救济委员会现在只有够难民吃大概一个月的粮食。日本人控制着储粮，很显然，他们要等到中国人回到平时的家室，才会发放粮食。然而，中国人很自然不愿意回去，因为有报道说他们当中有人作了尝试，立即遭到日本军人的袭击，侵袭他们的女人。
>
> 据说前往上海的火车已经运营，但是仅供日军使用。城里没有邮政、电报或电话服务。城市的电力、照明和供水已部分恢复。就此，大使馆报告称，城市被攻占不久，日本当局来到中立区寻找中国技术人员使电厂开工。他们被告知，在和记洋行的工厂避难的大约40名技术员在城市被攻占时被日军拉出去，不久之后遭枪杀。
>
> 日本人继续焚烧南京部分商业区，掳掠仍持续着，虽然不及先前那样的程度。除非日本人显然在占领城市后不打算加以利用，看不出这样做的原因。[②]

随着时间的推移，人们获得了更多关于城内日军暴行的信息。在2月14日的报告中，希汉用七页的篇幅摘录了菲齐日记中重要的部分。这可能是最早从南京流传到美国官员手中的副本之一。

到了2月中旬，进入南京城的管制有所放松。经专门安排，每次允许一

---

① [美]约翰·M. 希汉：《美舰“瓦胡号”截至1938年1月23日的每周情报概要》，美国国家档案馆，第38档案组，第195档案盒A8-2/FS#3档案夹。

② 同①。

两名美国海军军官登岸，但必须由大使馆派代表迎接护送。他们在南京城内出行只能乘坐大使馆的汽车，并有日本宪兵陪同。2 月 17 日，希汉和军医登岸去美国大使馆用午餐。在场的还有几位英国外交官和“蜜蜂号”的指挥官。这次的情况，与希汉在 1 月 7 日进城的所见所闻截然不同。1 月份的时候，安全区似乎已经人满为患，但此时那里已经不那么拥挤了。午餐后，一行人乘两辆车途经几条主要的商业街道，然后出城到中山陵园。希汉如实记录了他的所见所闻：

见到的商业街道，除了一两个小店，完全被毁。每栋房屋都遭到焚烧。街道与行人道干净整洁，而房基线内的空间则只是成堆的废墟。

在中山陵，这群人下了车，沿路步行。中山陵的入口牌坊没有受损；中国人用竹编格网覆盖其上，从入口处看去，中山陵本身完全被遮盖着，看上去没有受损。然而，沿路所有优雅的乡间别墅都完全被毁。它们被焚烧，很多房屋显示遭到了炮击。到处都是掩体、散兵壕、浅战壕。在一座精美房屋院子里的浅战壕内，有两具中国军人的尸体，看上去仍是被打死时那样横躺在那儿。这座房屋的主人或掳掠者事先将大部分陈设搬运走，因为除了四散的破损家具，没有多少这种性质的碎屑。水壶、步枪弹夹、帽子、子弹带与其他物品四散各处，但是没有武器。到处还能找到一些有弹洞的中国钢盔，钢盔内的样子清楚地显示了主人的命运。四处还有数以百计的小树被砍伐，显然是为了留做一种范围广大的障碍物，以阻止日军的进攻。绝大部分战壕都很浅，仓促挖成，约有两英尺深，但是很多战壕受外国训练的影响，仿效了世界大战的形式，呈锯齿形的曲折战壕，挖得较深，有很好防卫功能的掩体。

日本人肯定已经打扫了大部分战场，因为除了前面提到的两具尸体以及在一座曾经是奢华住宅外面的浅战壕中见到的另一具尸体之外，没有见到尸体。有一座由木牌标示的土堆，里面显然埋着日本兵的尸体，因为陪同这群人的两名宪兵脱掉帽子，在土堆前长时间鞠躬。这两个宪兵没有限制这群人的行动，他们和其他人一样对游览观光颇感兴趣。军官们于 16 时 30 分回到他们各自的船上。①

1938 年 2 月 21 日，希汉报告称，国际救济委员会从上海购买并运来的 100 吨青豆未能获准运上岸：

汽轮“万通号”2 月 12 日从上海驶抵，搭载着给南京中国难民的 100 吨青豆。这是由国际救济委员会与红十字会，通过上海的日本海军当局所作的安排。然而，就要将青豆运上岸时，南京的日本陆军当局拒不允许，因为，据他们声称，没有与他们商量，也没有接到这一安排的通知。“万通号”然后于次日驶往芜湖，查看在汽轮“德和号”12 月初被炸沉之际也被炸的汽轮“大通号”的情况。与此同时，英国大使馆的代表已经和陆军将这事谈妥，相信在“万通号”返回时，青豆就可以运上岸。“瓦胡号”带来 13 袋重 200 磅的豆子、几袋米，以及给国际救济委员会、鼓楼医院与其他这类机构的几箱医疗用品，没有遇到什么困难或明显的异议，便将物资运上了岸。②

直至 2 月 26 日，“万通号”从芜湖返回，才允许该船卸下这批给南京难民的青豆。③

希汉和军医访问南京后，经美国大使馆的安排，更多“瓦胡号”的军官于 2 月 23 日访问了南京城，但仍不允许士兵登岸。城内的情况与上周报告的相同。希汉更多地关注了对中山陵园附近战场的造访。

---

① ［美］约翰 · M. 希汉：《美舰“瓦胡号”截至 1938 年 2 月 20 日的每周情报概要》，美国国家档案馆，第 38 档案组，第 195 档案盒 A8-2/FS#3 档案夹。

② 同①。

③ ［美］约翰 · M. 希汉：《美舰“瓦胡号”截至 1938 年 2 月 27 日的每周情报概要》，美国国家档案馆，第 38 档案组，第 195 档案盒 A8-2/FS#3 档案夹。

参观了中山陵附近的战场。这一地区曾被用作防卫阵地，以迟滞日军向南京城东门进攻。整个地区都显示出仓促修建的防卫工事、战壕、掩体等，这些工事都没有完成，也都不堪使用。

在陵园内，参观了总统府邸路对面的蒋委员长的平房住处。这座房屋以及紧邻的建筑都被洗劫一空，但没有遭到焚烧。房屋里、草坪上散布着碎片、军人遗弃的装备，以及篝火的余烬。

林森主席[①]府邸的情况要糟糕得多，东面有炮火造成的几个大裂洞。府邸四周挖掘了浅战壕，战斗曾在这里发生，因为在前院的掩体内发现两名中国军人的尸体。府邸里面完全是一派破败的样子，所有有用的物品都被洗劫而去。墙上的字迹显示，日军于12月12日占领这座房屋。上层阳台上建有一座机枪掩体，在巨大的会客厅内有篝火的余烬，还有显然被用作食物的马的躯体。

然而，直至1938年4月，才更为全面地报告了日军攻占南京后的情况。这份由杰夫斯[②]起草的报告简明扼要，而且包括了最新局势的内容：

① 林森（Lin Sen，1868-1943），1868年1月18日出生于福建闽侯，1883年毕业于福州鹤龄英华书院（Anglo-Chinese College）后，进入台湾电报学堂学习，1884年至1885年在台湾电信局工作。甲午战败，清政府于1895年割让台湾后，林森回到大陆，投身反清革命活动，并于1905年加入同盟会。身为国民党元老，林森1931年至1943年担任国民政府主席一职。但这只是个虚职的国家元首，实权掌握在蒋介石手中。1943年5月10日在重庆的一场车祸中，林森受伤，并导致中风。他于1943年8月1日在重庆逝世。

② 查尔斯·里查逊·杰夫斯（Charles Richardson Jeffs，1893-1959），1893年1月20日出生于美国纽约，1915年毕业于美国海军学院，1928年在哥伦比亚大学获工程硕士学位。1938年1月，从加州美尔岛（Mare Island）船厂调到亚洲舰队，并于1938年3月在约翰·M. 希汉调离时，接任美舰“瓦湖号”船长至1939年7月。1939年至1941年在长江巡逻司令部任参谋，1942年至1944年在罗得岛海军军事学院任教。此后担任美舰“阿巴拉契亚号”（USS Appalachian）舰长，参加太平洋战场对日作战。战后于1945年8月调往德国不来梅（Bremen），任美国驻德国海军副司令兼美国驻德国舰队司令。1947年3月任不来梅军管政府副主任，1948年11月升任主任，1950年晋升海军少将，1952年退役，1959年10月24日在德国不来梅逝世。

1937年12月12日、13日，日军攻占南京导致中国昔日的首都笼罩在恐怖之中，这种恐怖是所谓的文明社会难以理解的。日本陆军完全控制支配着日本外交与海军官员代表，是日军占领南京显著的因素之一。占领之初有多少日军部队驻扎在城内不得而知，但是所有的报告均指出，驻扎在南京的几个师团毫无军纪约束。允许全副武装的军人肆意游荡，并以当时确实存在的这种组织形式，从事了行刑屠杀中国人与摧毁财产的行径。

中国市政府[①]由国际救济委员会取代，这个委员会在所谓的安全区为成千上万的中国人提供住房与食物。日军占领最初的日子里，估计有成千上万的中国男子，有些曾经是军人而有些则不是，被押出去，以各种野蛮的方式处死，由此，为日本人解决了俘虏的难题。其他的行径包括摧毁所有中国人的商业产业，强奸中国妇女，掳掠洗劫南京几乎所有的房产。

本地由9名中国人组成的“自治委员会”于1月1日正式宣誓就职。这个委员会在日军特务部门的指导下行事。委员会取得什么成就尚不得而知，但是有几次，委员会请求国际救济委员会协助诸如重新恢复供电服务等工作。

2月间本地的状况开始好转，中国人能够返回自己的家室。估计这时大约有30万中国人留在城内。

3月28日，“华中维新政府”正式在南京宣誓就职。采取了煞费苦心的防范措施，用军队来保护官员，以及典礼举行前几天，便禁止中国人进入南京城，以确保这些官员的安全。相信新政府的大多数官员已回到上海，一些低级官员在日本人的指导下开展工作。争议的焦点是华中政府最终将与北平的政权合并。[②]

---

① 指南京市政府。

② ［美］C. R. 杰夫斯:《美舰“瓦胡号”截至1938年4月10日的每周情报概要》，美国国家档案馆，第38档案组，第195档案盒A8-2/FS#3档案夹。

第六章 日军对美国公民的袭击

日军攻陷南京后，城内的西方侨民起到了中立观察者的作用，监视日本人的举动，并在可能的情况下，尽力保护中国难民免遭日军暴行的伤害。毋庸置疑，如果没有美国人和其他西方国家侨民的努力，南京的情况会更糟。而日军当局对这群外国人的态度则极为敌视。[①] 一些日本军官抱怨说，从未有征服者的军队允许中立观察员的存在。[②] 美国人在南京所做的工作自然进一步激起日军强烈的敌意，因此日本兵袭击美国公民的事件时有发生。这些袭击或威胁事件在美国外交文件和其他目击者的证词中都有详细的记录。

日军攻占这座城市后，立即围捕并屠杀已达从军年龄的中国男子。1937年12月16日上午，在司法部难民营，日本兵指控那里的男性难民曾经是当兵的，将他们押往刑场。里格斯和麦考伦当时在现场，里格斯向日本军官解释难民营的情况，试图阻止难民被带走。但日本军官坚持把所有人都押走，包括驻扎在那里的50名警察。在此过程中，这个军官三次用军刀威胁里格斯，

① ［美］M. S. 贝茨：给朋友的信，1938年3月3日，藏耶鲁大学神学院图书馆特藏部，第10档案组第4档案盒第63档案夹。

② ［美］约翰·G. 麦琪：给妻子菲丝（Faith）的信，1938年1月5日，藏耶鲁大学神学院图书馆特藏部，第8档案组第263档案盒第2档案夹。

最后挥拳猛击里格斯的胸口两次。[①]

同一天夜晚，一个醉醺醺持步枪的日本兵将贝茨和另一个美国人从被窝里拉起来。[②]

12 月 17 日晚，日本兵擅自闯入金陵女子文理学院校园，要求打开每栋楼的大门，进行搜查。一个日本兵要魏特琳开门，她没有立即照办，他就狠狠打了魏特琳一巴掌。[③] 魏特琳在日记中详细描述了那个恐怖夜晚遭受的磨难：

> 刚吃完晚饭，中大楼的一个小伙子来说，校园里有许多日本兵，正往宿舍楼去。我发现两个日本兵站在中大楼前正在拉门，一定要把门打开。我说没钥匙。一个日本兵说："这里有当兵的。日本的敌人。"我说："没有中国军人。"和我在一起的李先生[④]也说了相同的话。然后，日本兵打了我的耳光，又狠狠地打了李先生的嘴巴，并坚持要开门。我指了指边门，带他们进去。他们楼上楼下转了转，大概在找中国军人。我们出来时，又来了两个日本兵将我们三个工人绑上带过来，并说"中国兵"，但我说，"不是兵，是苦力、花匠"——他们确是花匠。日本兵把他们带到前面去，我跟着他们。到前门见到一大群中国人跪在路旁——

① ［美］路易斯·S. C. 史迈斯:《司法部事件备忘录》(“Memorandum on the Incident at the Ministry of Justice”)，1937 年 12 月 22 日，第 10 档案组第 102 档案盒第 863 档案夹；路易斯·S. C. 史迈斯，给妻子玛格丽特（玛蒂）、孩子及伙计们的信，1937 年 12 月 16 日，第 8 档案组第 103 档案盒；以及 W. P. 米尔斯，给妻子尼娜的信，1938 年 2 月 9 日，第 8 档案组第 141 档案盒。以上均藏耶鲁大学神学院图书馆特藏部。

② ［美］M. S. 贝茨：给日本大使馆的信，1937 年 12 月 17 日《美国在南京的财产权益损失情况》(“Conditions of American Property and Interests in Nanking”）附件 1-C，1938 年 2 月 28 日，美国国务院档案编号 393.115/233，藏马里兰州学院公园市，美国国家第二档案馆，第 59 档案组，1930-1939 年国务院编码档案，第 1821 档案盒。

③ ［美］明妮·魏特琳：《致美国大使馆官员的报告》，1938 年 1 月 1 日，《美国在南京的财产权益损失情况》附件 2-B，1938 年 2 月 28 日，档案编号 393.115/233，美国国家第二档案馆，第 59 档案组第 1821 档案盒。

④ 李鸿年（Li Hung-nien），河南潢川人，毕业于东吴大学附属中学，1937 年 2 月开始担任金陵女子文理学院总务处主任助理。

陈斐然先生[①]、夏先生，还有几个我们的工人。一名军曹和手下几个当兵的也在那儿，不久程夫人[②]和玛丽·特威楠[③]也被日本兵带到我们这儿。他们问谁是这所机构的负责人，我说是我。然后，让我指认每一个人。不幸的是，有些是这几天刚雇来作额外帮手的新人，其中一个看上去像当兵的。他被粗鲁地带到路右边去，详加检查。不幸的是，我在指认工作人员时，陈先生开口说话，想帮我一把；为此，他被狠狠地打了耳光，被粗鲁地赶到路右边跪下。

在这过程中，我们急切地祈祷，乞求帮助。乔治·菲齐、路易斯·史迈斯和波鲁默·米尔斯开车来了，后者将在我们这儿过夜。日本兵把他们带进来，站成一排，摘掉他们的帽子，检查他们有没有手枪。幸好，菲齐能和军曹说上几句法语。军曹和他的人交谈了几次，一会儿坚持所有的外国人，程夫人和玛丽必须离开。我坚持道，这是我的家，不能离开。他们最后改变主意，让外国男子都上车离开。其他人或站或跪在那儿，听见尖叫声、哭声，并看见有人从边门出去。我以为他们抓走了大批男帮工。后来，我们才明白他们的阴谋——他们把负责人困在前门，三四个日本兵进行虚假的盘查、搜索中国军人的活动，其他日本兵则在屋里挑选妇女。我们后来得知他们挑选并从边门掳走了 12 名妇女。[④]

---

① 陈斐然（Francis Fei Jan Chen 或 Francis Chen），广东揭阳人，毕业于东吴大学。1934 年至 1939 年，他在金陵女子文理学院担任总务主任。1937 年 12 月，日军进攻南京时，他留守学院校园，并在大屠杀期间，协助魏特琳、程瑞芳管理难民营。

② 程瑞芳（Mrs. Shui-fang Tsen，1875-1969），本名乐瑞芳，结婚后随夫姓程，她 1875 年 5 月 16 日在武昌出生，1905 年毕业于附属于维理安妇科医院（Weleyan Mission Women' s Hospital）的护士学校。1910 年至 1916 年，她在武昌的圣希理达（St. Hilda' s）女子学校担任宿舍监理。程瑞芳于 1924 年来到南京，担任金陵女子文理学院的宿舍主任。日军进攻南京之际，她决定留守南京，照看校园，并作为金陵女子文理学院紧急事务委员会的三名成员之一，在大屠杀期间协助魏特琳管理难民营。程瑞芳 1952 年退休后回家乡武汉养老，1969 年 7 月在汉口逝世。2001 年，在南京的中国第二历史档案馆内发现她留下的记载南京大屠杀的日记。

③ 玛丽·特威楠（Mary Twinem，1895-1983），全名玛丽·道萝瑟·方茵·特威楠（Mary Dorothy Fine Twinem），中文名戴玛丽。见 P4 注③。

④ ［美］明妮·魏特琳：日记，1937 年 12 月 17 日，藏耶鲁大学神学院图书馆特藏部，第 8 档案组第 206 档案盒。

史迈斯也在 12 月 17 日的日记信中，记录了当晚他和另两名美国人在金陵女子文理学院校园遭到粗暴对待的情况。当他们开车来到金陵校园时，大门已被持刺刀的日本兵打开，他们把史迈斯和米尔斯推搡到马路内侧；另一个日本兵把菲齐从车里拎出来，拿走车钥匙。日本兵叫他们三人站在马路东侧排成一排；魏特琳、程夫人和特威楠夫人则和那些佝偻的佣人站在门房前面的马路西侧。日军军曹粗暴地叫他们摘下帽子，搜查他们是否持有武器。他们在那里被扣留了一个多小时。最后，几个美国人出示美国护照和其他身份证件后，在晚上 9 点 15 分，日本人放他们走了。日本人声称他们在这个地方搜寻中国军人，但后来得知，搜查队在大门口的时候，日军劫持走 12 个女孩。搜查队在那儿只是装模作样的摆设，而几个美国人的突然到来扰乱了整个进程。①

12 月 18 日上午，在金陵大学农业经济系，六个日本兵逼近贝茨，其中一个日本兵手指扣着扳机，用手枪反复瞄准他，尽管贝茨只不过很礼貌地问了问他在那儿是否遇到了什么困难。②

当天晚上 8 点左右，65 岁的美国护士伊娃・海因兹③在她工作的鼓楼医院里被日本兵抢走了手表，抢劫者根本不管她抗议说手表是她自己的个人财产。④

12 月 19 日下午 3 时左右，一个日本兵闯入鼓楼医院大院，麦考伦和美

① ［美］路易斯・S. C. 史迈斯：给妻子玛格丽特（玛蒂）、孩子及伙计们的信，1937 年 12 月 17 日，藏耶鲁大学神学院图书馆特藏部，第 8 档案组第 103 档案盒。

② ［美］M. S. 贝茨：给日本大使馆官员的信，1937 年 12 月 18 日，《美国在南京的财产权益损失情况》附件 1-D，1938 年 2 月 28 日，档案编号 393.115/233，美国国家第二档案馆，第 59 档案组第 1821 档案盒。

③ 伊娃・M. 海因兹（Iva M. Hynds，1872-1959），中文名韩德思，1872 年 2 月 1 日出生于美国印地安纳州的马丁斯维尔（Martinsville），1895 年毕业于明尼苏达州圣保罗（St. Paul）护士学校，曾在洛杉矶做护士。1912 年来到中国，在南京的教会医院工作，1924 年起在鼓楼医院妇产科任护士。南京大屠杀期间，她是留在南京城内的 14 名美国公民之一，主要在医院护理初生婴儿。海因兹 1959 年 2 月 6 日在洛杉矶去世。

④ ［美］罗伯特・O. 威尔逊：给日本大使馆官员的信，1937 年 12 月 19 日，《美国在南京的财产权益损失情况》附件 1-E，1938 年 2 月 28 日，档案编号 393.115/233，美国国家第二档案馆，第 59 档案组第 1821 档案盒。

国医生兼医院负责人克里福特・S. 特里默请他出去，日本兵就向他们开枪。幸亏这一枪没打中，子弹在麦考伦身旁穿过。[①]

12 月 21 日下午 1 点 15 分左右，威尔逊在金陵大学女生宿舍区发现一个日本兵在那里抢劫苦力的自行车和黄包车。威尔逊试图制止抢劫，要他离开，但那日本兵根本不买账，反而拿手枪威胁威尔逊，威尔逊只好让他拿着掳掠来的物品走了。后来威尔逊出去的时候，在马路上又遇到那个日本兵，那个家伙立刻把步枪的子弹上膛。威尔逊担心自己从他身边经过之际，日本兵会从背后给他一枪，但日本兵没那个胆子。[②]

12 月 23 日下午 5 点左右，两个日本兵来到上海路 2 号，这是属于美国机构金陵神学院的一处住所。他们强行占领了这个住宅大院。在强占过程中，日本兵袭击并粗暴地对待神学院的美国教授索尼。索尼在给日本大使馆的信中报告了这一事件：

> 我想报告昨天，12 月 23 日，下午约 5 时，两个日本兵闯入上海路 2 号的房屋，扯下美国国旗，竖起一面横幅，称该房屋是调查委员会的住地。
>
> 上海路 2 号的这栋房屋是美国财产，是金陵神学院 R. A. 菲尔顿教授的住宅，里面还存放了我们神学院 C. S. 史密斯教授[③]和爱德华・詹姆斯教授[④]的家庭及个人用品。
>
> 就在我发现日本兵扯下美国国旗之前几分钟，日本使馆在前门上张贴的布告被撕去。美国使馆的布告仍张贴在显著的地方。其中一个日本

---

① 73 号案件，《1938 年 1 月南京的状况》附件 1-c 793.94/12674，美国国家第二档案馆，第 59 档案组，微缩胶卷 M976 第 51 卷。

② 100 号案件，《1938 年 1 月南京的状况》附件 1-d 793.94/12674，美国国家第二档案馆，第 59 档案组，微缩胶卷 M976 第 51 卷。

③ 查尔斯・斯坦利・史密斯（Charles Stanley Smith，1890-1959），见 P189 注②。

④ 爱德华・詹姆斯（Edward James）是金陵神学院的一位英籍教授，日军攻占南京之前，他已撤往上海。

兵显然喝醉了。他们坚持要借用这地方10天，我不同意。此后，他们气愤异常，对我动粗，大喊大叫，用拳击我的肩膀，最后强行抓住我，把我拖着穿过院子到外面的上海路中央。直到我同意签署一个让他们借用房屋两周的字据，他们才肯放我。签了字据后，他们放了我，并同意我们重新挂起美国国旗。但是，把他们的横幅挂在前门上，并说今天9点来占房子。他们命令目前住在这座房屋里的中国难民全部搬出去。[①]

1937年圣诞节上午10点左右，里格斯救了一名年轻女子。在陪伴女子回难民营的路上，一个日本军官拦住里格斯并打了他的耳光。史迈斯在1937年12月25日给日本大使馆的抗议书中报告了事件的整个过程：

今天上午10时左右，里格斯先生发现几个日本兵在汉口路29号的房屋里，并听到妇女的喊声。这位25到30岁的妇女，用手拍拍自己，示意里格斯先生过来。一个日本兵拽着她。其他日本兵都在屋里。她紧紧抓住里格斯的胳膊。其他日本兵从屋里出来，都离开了，留下妇女和里格斯先生待在一起。她出来买东西，被日本兵抓住。她的丈夫4天前被抓走，至今未归。她希望里格斯先生陪她回到汉口路上的军官学校难民营。于是，里格斯先生陪她在汉口路上往东走，快要到金大农作物园时遇到一个巡查的日本军官以及两名士兵、一个翻译。

军官将里格斯先生插在衣服口袋里的双手拽出来，扯下日本大使馆发给他的袖章。将里格斯先生的双手放回衣袋时，军官猛击他的手。里格斯尽其所能加以判断，日本军官在问他是什么人，但是他们相互都听不懂对方的话。然后他当胸猛击里格斯先生。里格斯先生问这是什么意思，这一问使得日本军官火冒三丈，日本军官示意要他出示护照，但里

① ［美］胡勃特·L. 索尼：给日本大使馆的信，1937年12月24日，《美国在南京的财产权益损失情况》附件5-A，1938年2月28日，档案编号393.115/233，美国国家第二档案馆，第59档案组第1821档案盒。

格斯先生没有带在身边。他想知道里格斯在干什么。里格斯先生告诉他，送这位妇女回家。于是，军官又打了里格斯先生。里格斯先生看看他佩戴的是什么袖章，军官狠狠地打了他一个耳光，然后指指地上，抓住里格斯先生的头，使得里格斯先生认为军官要他向其磕头。但是里格斯先生不干。于是军官又打了里格斯先生一个耳光。接着，翻译解释说军官要证件。

里格斯先生解释说，因为这名妇女害怕，他送她回去。军官命令两个士兵持枪站在他两旁。然后翻译解释说军官要里格斯先生向他鞠躬。里格斯先生拒绝这么做，因为他是美国人。最后，军官叫里格斯先生滚回家去。

与此同时，妇女见到如此对待里格斯先生，惊恐万状，沿汉口路跑走。

里格斯先生解释道，他没有碰那个日本军官，只是将双手插在大衣口袋里，在路上走，没有招惹任何人。妇女在他前面不远处走着。

我们希望迅速恢复秩序，恢复军纪，那样平静地在街上行走的外国人不必再害怕受到骚扰。[①]

12 月 26 日下午，一个日本军官来到鼓楼医院，要带走正在值班的夜班管理员。美国人格瑞丝 · 鲍尔[②]在场，拒绝让他带走这个人。日本军官对鲍尔大发雷霆，管理员怕他伤害鲍尔，就跟着这个军官走了。[③]

---

① ［美］路易斯 · S. C. 史迈斯：给日本大使馆官员的信，1937 年 12 月 25 日，《美国在南京的财产权益损失情况》附件 1-J，1938 年 2 月 28 日，档案编号 393.115/233，美国国家第二档案馆，第 59 档案组第 1821 档案盒。

② 格瑞丝 · 露易丝 · 鲍尔（Grace Louise Bauer，1896-1976），中文名鲍恩典，1896 年 1 月 20 日出生在美国马里兰州的巴尔的摩。她是隶属于统一基督教传教会 / 基督会（United Christian Missionary Society/Disciples of Christ）的医务工作者，于 1919 年来到南京鼓楼医院，负责病理化验室的工作，曾为中国培训大批医院化验员。南京大屠杀期间，她是留在南京城内帮助中国难民的 14 名美国公民之一。她坚守岗位直到 1941 年 10 月离开南京回国。此后，她在巴尔的摩一所大学医院的病理化验室工作，直至退休。鲍尔 1976 年 7 月 29 日在家乡巴尔的摩逝世。2006 年，她的亲属曾向南京鼓楼医院捐赠她在大屠杀期间所写的日记、书信。

③ 155 号案件，《1938 年 1 月南京的状况》附件 1-g 793.94/12674，美国国家第二档案馆，第 59 档案组，微缩胶卷 M976 第 51 卷。

1938 年 1 月 8 日，贝茨前往日本宪兵队询问一名受雇于金陵大学附中任日语翻译的中国年轻人为何被抓捕一事。尽管他只是问了个问题，但那儿的军官对他发了火。随后，军官和一个日本兵对贝茨动粗，把他粗暴地推搡出办公室，再推下楼梯。[①]

1 月 9 日晚上，里格斯再次遭到日本兵的刺刀威胁和粗暴对待。贝茨第二天向美国大使馆报告了这一事件：

> 我们的工作人员查尔斯·H. 里格斯先生昨晚约 8 时 45 分回到汉口路 23 号的住所。他从大街拐进通向他家后门的小巷时，日本兵威胁他，并把他赶出巷子。最后，里格斯先生拿出钥匙给他看，使日本兵相信他是回家，才允许他通过。在汉口路 25 号（也是金陵大学的房产）旁边的墙根处蜷缩着一男一女，男的向里格斯先生断断续续地说出“25 号”。日本兵听到说话，走过去，端起步枪对着里格斯先生，用刺刀威胁他，并从后面突然用力推他。里格斯先生进了自己的屋子；不一会儿他又出来瞧瞧，但什么也没有看到。[②]

1 月 27 日下午，两个日本骑兵强行闯入鼓楼医院，麦考伦碰到他们，并跟随他们走到医院大门口，示意他们离开，日本兵对他大打出手，还用刺刀戳他。麦考伦向爱利生报告了这一事件：

---

① ［美］M. S. 贝茨：给日本大使馆官员的信，1938 年 1 月 8 日，《美国在南京的财产权益损失情况》附件 1-P，1938 年 2 月 28 日，档案编号 393.115/233，美国国家第二档案馆，第 59 档案组第 1821 档案盒；M. S. 贝茨：给妻子莉丽娅丝的信，1938 年 1 月 8 日，藏耶鲁大学神学院图书馆特藏部，第 10 档案组第 1 档案盒第 8 档案夹；以及约翰·G. 麦琪，给比利（Billy，即圣公会主教威廉·潘恩·罗伯兹，William Payne Roberts）的信，1938 年 1 月 11 日，藏耶鲁大学神学院图书馆特藏部，第 8 档案组第 263 档案盒第 4 档案夹。

② ［美］M. S. 贝茨：给美国大使馆官员的信，1938 年 1 月 10 日，《1938 年 1 月南京的状况》附件 1-k，1938 年 1 月 25 日，档案编号 793.94/12674，美国国家第二档案馆，第 59 档案组，微缩胶卷 M976 第 51 卷。

我想报告今天下午约2点，两个日本骑兵闯入美国产业。这是金陵大学医院（人们更为熟知的名称为鼓楼医院）的房产。

这些人从天津路上的边门进来。门口挂着美国国旗，进门时不可能看不见。我在院子中央的护士宿舍遇到他们。他们扯下一扇纱门，在走廊里来回走动。我陪他们走到大门，示意他们出去。我没有碰他们，也没有以任何方式威胁他们，虽然从我的态度上，他们看出我觉得他们不应该在那儿。他们说了几个中文词，我判断他们中至少有一个懂。他们出门时，我指了指美国国旗，以强调我说的话。这时穿骑兵靴、带靴刺的一个对我动起粗来，抓住我的胳膊，推推搡搡差不多有一百英尺远。此刻他拔出刺刀，朝我腹部一划，但我站稳脚跟。然后，他用刺刀尖顶着我的颈脖子，向前轻轻一戳。我把头向后一让，只轻轻被刺破点皮。

幸好，这时一名使馆警察，原田（Harada）先生，驾车经过这条路，我向他解释事情的经过。他跟随着日本兵（骑兵），听了他们对这一事件的说法。然后，他回到日本大使馆，报告了事件，后来又回到医院，表达了使馆当局的遗憾，他解释说将把这件事报告给这些人所属的部队。①

从1937年12月16日至1938年1月27日，南京发生了十余起袭击或威胁美国公民的事件。在南京的14名美国人，除了福斯特和麦琪，其他12人都不同程度地受到过日军官兵的袭击、抢劫或威胁。里格斯受到日军的伤害最多。然而，这类袭击远未结束，更多明目张胆的事件还将来临。

爱利生事件

爱利生抵达南京后，曾多次就日军暴行向日本当局提出抗议。爱利生因

① ［美］詹姆斯·H. 麦考伦：给约翰·爱利生的信，1938年1月27日，《美国在南京的财产权益损失情况》附件1-Y，1938年2月28日，档案编号393.115/233，美国国家第二档案馆，第59档案组第1821档案盒。

此成为最不受在南京的日本当局和军方人士欢迎的人物。日本代理总领事福井淳公开指责爱利生“过于相信美国传教士的言辞”。针对这一指责，爱利生决定“亲自调查下一个发生的案件”。[①]

1938年1月24日晚，日本兵闯入美国机构——金陵大学农具店，劫持并轮奸了一名中国妇女。次日上午贝茨向爱利生报告了这个事件：

> 他们持枪威胁店主，并搜查了他。然后，带走一名妇女，强奸了她，两小时之后放她回来。她相信能指认出自己被劫持去的地方。我们将设法获取这一信息以及能够获得的其他详情。
>
> 这个案件涉及强行非法闯入校舍，用军用武器恐吓、劫持人员，并强奸妇女。……
>
> 我们这儿没有秩序，没有安全，不尊重由布告和国旗标示出的美国产业，也不尊重日本人的布告和命令。[②]

贝茨和里格斯与受害者举行了面谈，并获得了进一步的信息。那天，贝茨给爱利生写了第二封信：

> 接着今天上午的信续写下去，我应该补充说明里格斯先生和我本人慎重地带着昨晚从胡家菜园11号被劫持走的受害妇女，让她在没有外来干预的情况下，重新按被劫持的路线走一遍。她非常清楚地指认出她在里面被强奸了3次的建筑物。回来时她走错一条路，原因是那条路上没有正确的路途上容易认出的明显标志。核查的记号共有5个，似乎不可

① ［美］约翰·爱利生，40号电报，1938年1月27日下午2时，档案编号123爱利生·约翰M./161，美国国家第二档案馆，第59档案组第355档案盒。

② ［美］M. S. 贝茨：给约翰·爱利生的信，1938年1月25日，《日本兵袭击美国大使馆官员和美国公民》（“Assault by Japanese Soldier on American Embassy Official and American Citizen”）报告附件2，1938年1月28日，档案编号123爱利生·约翰M./193，美国国家第二档案馆，第59档案组第355档案盒。

能出错。该建筑是位于小粉桥32号，大家熟知的本地区宪兵站。[①]

掌握了这些信息，爱利生要求与日本大使馆进行联合调查。1月26日，在一名日本大使馆警察和便衣宪兵的陪同下，爱利生和里格斯与该妇女一起前往强奸现场指认施暴者。该建筑曾是天主教神父的住所，后来被日军占用。那位妇女被允许进入房屋。爱利生与里格斯讨论了是否应该陪这名妇女进去：

> 因为以往中国人指控日本人做坏事受到恐吓，里格斯先生不希望妇女单独进去。宪兵说我们最好不要进屋，但并没有肯定地说我们不能进去。一名宪兵强行带走妇女，穿过敞开的院门，后面跟着里格斯先生。我跟在后面，刚刚走进大门，我俩停下来商量。正商量间，一个日本兵愤怒地冲过来，用英语大声嚷嚷，“退出去，退出去”，与此同时，把我往后推向大门。我慢慢向后退，还没来得及出门，他就打了我的耳光。然后转身同样打了里格斯先生。和我在一起的宪兵只稍微做了制止日本兵的动作，其中一个宪兵用日语说，“这些是美国人”，或者意思差不多的话。这时我们已到大门外的街上。一听说我们是美国人，那个日本兵气得脸色发青，重复“美国人”这个词，并企图袭击离他最近的里格斯先生。宪兵制止了他，但他已把里格斯的衬衫衣领和纽扣撕扯下来。此时，这个部队的指挥官出现了，对我们无礼地大声叫喊。里格斯和我没有碰过日本兵，除了和跟我们在一起的宪兵说过话，我们没有和任何日本兵讲过一句话。[②]

① ［美］M. S. 贝茨：给约翰·爱利生的信，1938年1月25日《日本兵袭击美国大使馆官员和美国公民》报告附件3，1938年1月28日，档案编号123爱利生·约翰M./193，美国国家第二档案馆，第59档案组第355档案盒。

② ［美］约翰·爱利生：40号电报，1938年1月27日下午2时，档案编号123爱利生·约翰M./161，美国国家第二档案馆，第59档案组第355档案盒。

这次打耳光事件的另一个关键人物里格斯，完整记录了这个事件，并提供了更多细节：

今天上午 11 时 15 分我正在平仓巷 3 号，身着便服的 3 名日本宪兵与高玉先生来问及贝茨博士。我告诉他们贝茨博士不在家。然后他们问里格斯先生，得知我就是里格斯，他们颇为惊讶。他们要我立即去见那位妇女。我说"不行"，因为我有个 12 点的约会，其次，这个案件已报告给了美国领事馆（我应该说大使馆），除非美国领馆的官员一起去，或指示我单独去，否则我不可以去。他们问我什么时候有空。我告诉他们大概下午 4 点（我已告诉贝茨博士这个时间，他再通知给美国使馆并和日本大使馆作了安排）。他们说可以，4 点再见面。15 分钟之后，我店里的一名工人来说一群日本人到了店里。我对他说不能去。过了几分钟，店里又来一个人，说穿便装的日本人来了。我告诉他不能去。接着，又来了个人，一定要我去，因为日本人要把涉及此案的一男一女带走了。于是我急忙开车到美国大使馆。在那儿见到高玉先生、一名宪兵正在里面与爱利生先生和爱斯比先生谈话。我和爱斯比先生谈了谈，他说高玉先生和翻译正在办公室谈这事。爱斯比先生要跟我到店里去处理这事。发现店门口聚着一群店里的工人，他们说两个宪兵已进店了。由于高玉先生不在那儿，爱斯比和我又回到美国使馆，爱利生先生说宪兵急于解决这事。我对他们说尽量在 1 点赶回来。我于下午 1 点 15 分回到美国使馆，发现爱利生先生、爱斯比先生和麦克法瑾先生正等着随时会到来的日本人，但他们还没有到。于是，我到店里一边干活一边等。我把车开进去。从店里的工人那儿，又问到更多的详情。不久，包括高玉在内的四个日本宪兵和爱利生先生来了。

我让他们看了日本兵撕扯掉日本大使馆布告的那扇门。他们想得知这是不是日本兵敲开的第一扇门。我把前一天晚上开门放日本兵进来的老何（Lao Heh）叫出来。老何告诉我，他听到日本兵的敲门声后，出去开门让他们进来。他们跟他要“花姑娘”。他说这儿没有花姑娘，只有工人和他们的妻子。日本兵坚持说这儿有花姑娘，并用刺刀逼他到后面去，看看他们能不能找到几个。他们转到左面，进入他的厨房，敲门。没有得到满足。又去敲这个妇女住的第三个门。她最终打开门，放他们进去。一个日本兵赖在里面，另一个日本兵到店的大门那儿，然后把日本大使馆的布告撕掉。他搜查了我的职员，要女人。那儿没有女人，这两个日本兵便把上述妇女劫持走。我们在院子里找到这个证据。她那生病的丈夫当时在床上。

所有的人这时都到房间里讯问那个妇女。我把妇女的话翻译给那个做翻译的。她说日本兵到她的房间要“花姑娘”。她说那儿没有。然后日本兵要她跟他回去睡觉。她说听不懂他的话。丈夫说很抱歉没有烟，也没有茶。一个日本兵在她的床上坐下时，另一个出去了。第二个日本兵回来后，他们把妇女带走。

我们从房间出来时，翻译叫我不要和妇女讲那么多。然后我们出来走到院子里去。宪兵说“我们回去吧”。爱利生先生问宪兵要不要带妇女去。他们对此似乎并没有把握。他们想知道谁开的门，谁是店经理。我说我是经理。他们问谁是我的看管人。我说没有看管人，但老胡（Lao Hu）领工资并住在那儿。他们要带妇女走。到外面的马路上，爱利生先生叫妇女坐他的车。但是翻译不同意，说她应该坐他们的车。于是我们让她坐那车。他们把老何也弄进他们的车子，还想要带老胡。爱利生先生说这案子不关老胡的事。争论了一阵，爱利生先生让了步，让他们把3个人都带上。一名日本宪兵坐进我们车里。他们要妇女指出被劫持去的地方，她把小粉桥32号指给他们看，日本人在那儿停了车。我问道，“你们带妇女进去吗？”他们犹豫了一下，说“不”。他们站在那儿，谈了一阵，好像不知该怎么办。然后，翻译对我说：“我们得把妇女带到日军司令部去讯问。”我说：“行，我们一起去。”翻译说：“不行，你们不能来。”我对他说，他把妇女从我那儿带走，我即理解为他向我保证会同意我陪着她，基于这个理解，我才让她走。因此，我有必要跟着去。接着，他们小心翼翼地谈了一会儿，推开门四周看了看。一个没有戴帽子，没有打绑腿，但身穿军装的日本兵出来和宪兵说了句话，又进去了。与此同时，他们让3个中国人下了车，翻译说："我们带他们到里面去。"于是，我说："那样，我跟你们一起去。"他说："但这是中国人的房屋，不是你的屋子。"我给他指出大门上日本大使馆布告被撕去的事实，我明白这是外国人的房产。四个宪兵都看着布告。翻译说："我得把人带进去，你最好别进去。"我说："你明白我们不能分开。如果带妇女进去，你也得让我跟你走。"对此，他没有回答，但转身将老何与妇女推推搡搡地穿过大门。于是，我也跟上，爱利生先生跟在我后面。翻译走进去3步之后看见我进来了，他停下来争辩道，我进去是不合适的，说我最好别进去。我重复道，他把妇女从我那儿带走就是同意我陪着她。他把妇女带进去，便也给我进去的权利。我们刚进大门，在争论这个问题，还没有得出结果，这时，还是那个出大门一会儿的士兵冲上来，用我听不懂的语言叫嚷着，并把爱利生先生往后推。见此，我和爱利生先生停下来。日本兵又抓住爱利生先生的胳膊用力推他，但是爱利生先生已经退着背靠到大门上，不能再往后退了。这时，日本兵使劲打了爱利生先生的耳光，又立即当着宪兵的面打了我的耳光。与此同时，宪兵已进来，讨论是否应该让我们进屋（进院子是不成问题的）的问题。军官也从屋子里出来，沿台阶向我们走来。宪兵看见日本兵打我们耳光的行为，立即抓住他的胳膊，把他拉走，强迫他退回到路的另一边。宪兵和从屋里出来的一小群士兵之间激烈地争论着。他们争论之际，爱利生先生、妇女和我都退回到街上，这时军官怒气冲冲地对我们大叫大嚷。一个士兵端着枪，面对我站着，好像从弹药袋里取出弹夹装上去。显然在军官的命令下，另外3个士兵拿着上好刺刀的步枪从院子里走到街上，在汽车的那一边形成一道警戒线，这时翻译则试图强迫妇女坐进日本人的车子。爱利生先生站在另一边，两个宪兵站在我的前面，在他们前面是那个士兵，并与之争论。使馆警察对当兵的说："这些是美国人。"这似乎激怒了他，他突然强行挣开他们，从他们之间猛冲过来，抓住我的衣领和西装的翻领，用劲拉扯，撕破了衬衣，扯掉几颗纽扣。宪兵再次抓住他的胳膊，让他放开我。这时我见到妇女挣扎着不让他们强行弄进日本人的车子，便走到她身边，问爱利生先生她该坐哪辆车。他答道他的车，尽管翻译反对，我把她带到车子边。但是翻译和3个出来站岗的士兵阻止了我带她坐进车子。此刻，翻译发觉两个中国男子不见了。得知这个消息，他们开始叫嚷追捕人犯，一个士兵快步沿街奔跑，但显然被第一个士兵（那个打耳光，有一金色条杠一颗星的士兵）叫了回来。这时军官已出了院门，对我们，似乎也对宪兵，仍怒气冲冲，气急败坏地叫嚷着。他们最终同意让我们去日本领事馆。这时高玉先生和爱利生先生、妇女和我自己坐进一辆车。另外3个宪兵还在和当兵的争论时，我们把车子倒到街上，去日本大使馆报告这个案件。[①]

到了日本大使馆，爱利生向福井提出了强烈抗议，要求日军当局道歉。下午3点左右离开日本大使馆之际，他们将这名妇女交给福井进行询问，福井则亲自承诺保证她的安全，并在之后不久将她送回8名美国人的临时住所平仓巷3号。[②]

1月27日，日本驻南京司令的代表本乡少佐[③]来到美国大使馆，并代表司令对此事表示遗憾并道歉。爱利生答道："虽然我以个人名义接受他的道

① ［美］查尔斯·H.里格斯：事件陈述（Statement of the Incident），1938年1月26日，《日本兵袭击美国大使馆官员和美国公民》报告附件1，1938年1月28日，档案编号123爱利生·约翰M./193，美国国家第二档案馆，第59档案组第355档案盒。

② 同上；以及［美］约翰·爱利生：40号电报，1938年1月27日下午2时，档案编号123爱利生·约翰M./161，美国国家第二档案馆，第59档案组第355档案盒。

③ 本乡忠夫（Tadao Hongo，1899-1943），1899年10月16日出生于日本兵库县（Hyogo），1920年毕业于陆军士官学校，1933年毕业于陆军大学。作为上海派遣军司令部的陆军少佐参谋，本乡负责和当时在南京的西方外交官的联络工作。他于1941年晋升为大佐，1942年任第五十一师团参谋长。1943年7月3日在新几内亚战死。死后追赠少将官阶。

歉，但还说不准我国政府将如何看待此事，可能会提出进一步解决的要求。”[①] 然而，一天后，爱利生从广播里听到日方对此事件的说辞，说日本兵对他盘查时，爱利生拒绝离开那座房屋，并侮辱日军军官。[②]

与此同时，那位妇女只应短暂留在日本大使馆接受询问，但直至30小时后才被送回，尽管基本案情非常简单，所有合法的询问可以在10分钟内完成。[③] 为了恐吓这名妇女，并诋毁美方的报告，日本人反复审问这名妇女，试图找出她回答前后不一致之处：

(1)妇女说“屋里的灯”从天花板上悬吊下来，但实际是在窗台上(回答我们后来的询问时，她说电灯从天花板上悬吊下来，但是窗子上还有一盏油灯)。

(2)妇女说“床”是白的，实际上是黄的。

(3)她称台阶在入口的右边，事实与之相反。(实际上，楼梯，我记得她指出过，是在房子入口的右面。她说她是那样理解那个问题的。)

(4)她说有3级台阶，实际上是11级。(事实上大门口有3级水泥台阶，而楼梯是11级。在这一点上，他们把前一项的诡计只是颠倒一下，明显是孩子般的把戏。)[④]

日方虽然没有否认这些不法行为，但却宣称：“此案只是美国大使馆的

---

① [美]约翰·爱利生：40号电报，1938年1月27日下午2时，档案编号123爱利生·约翰M./161，美国国家第二档案馆，第59档案组第355档案盒。

② [美]约翰·爱利生：42号电报，1938年1月28日晚7时，档案编号123爱利生·约翰M./164，美国国家第二档案馆，第59档案组第355档案盒。

③ [美]M. S. 贝茨：给约翰·爱利生的信，1938年1月27日，藏耶鲁大学神学院图书馆特藏部，第10档案组第4档案盒第67档案夹。

④ [美]M. S. 贝茨：给约翰·爱利生的信，1938年1月28日，《日本兵袭击美国大使馆官员和美国公民》报告附件4，1938年1月28日，档案编号123爱利生·约翰M./193，美国国家第二档案馆，第59档案组第355档案盒。

反日宣传。"[①]

爱利生并没有退缩。他向美国国务院发送了许多关于该事件的报告，国务院给予他强有力的支持，并公布了爱利生发送的电报和报告的大部分内容。国务卿科德尔·赫尔（Cordell Hull）指示美国驻日大使约瑟夫·格鲁[②]向东京外务省提出抗议。[③] 1月30日，日本副外相在与格鲁大使的会谈中，提出了三点意见：

> 1. 无论事情原委如何，日本兵袭击美国领事官员都是极为令人遗憾的事件。一名日本参谋已经以指挥官的名义对该事件表示了遗憾和道歉，尽管爱利生先生显然已接受了道歉，但帝国政府在此对这一不幸事件的发生深表遗憾。
>
> 2. 鉴于这一事件的严重性，帝国政府保证在严格调查后，将采取适当和充分的措施来惩罚肇事人员。
>
> 3. 每当此类性质的事件发生时，相关人员各自的论点间可能会出现偏差，在本次事件中，美国政府的抗议书所描述的爱利生领事的报告，与日本政府收到的关于导致日本兵打美国领事耳光的情况的报告之间存在很大差异。对真实事实的确定必须等待目前正在进行的详细调查，因此希望报告这种调查进行的情况。[④]

---

① ［美］M. S. 贝茨：给约翰·爱利生的信，1938年1月28日，《日本兵袭击美国大使馆官员和美国公民》报告附件4，1938年1月28日，档案编号123爱利生·约翰M./193，美国国家第二档案馆，第59档案组第355档案盒。

② 约瑟夫·克拉克·格鲁（Joseph Clark Grew，1880-1965），1880年5月27日在波士顿出生，1902年毕业于哈佛大学，于1904年进入外交界，历任美国驻丹麦、驻瑞典公使，驻土耳其大使，1932至1941年间任驻日本大使，珍珠港事件后被日方羁押，1942年遣返回美国。1944年出任副国务卿，1945年退休，1965年12月8日在麻省曼彻斯特（Manchester）逝世。

③ 《日本士兵打美外交官耳光》（"Slapping of American Diplomatic Officer by Japanese Soldier"），《新闻简报》（Press Release），第18期，1938年2月5日，第196页。

④ 同③，第197页。

被称为“爱利生事件”的打耳光事件与1937年12月12日轰炸“巴纳号”事件一道，导致了美日之间的外交摩擦。在美国的压力下，日本最终承担了责任。本乡少佐通知爱利生，“与‘打耳光事件’相关的部队指挥官及其部下20名士兵正在接受军事法庭审判”。[①] 日本政府作了正式道歉。日本特使、日本驻上海总领事冈崎胜男被派往南京，亲自向爱利生正式道歉。冈崎胜男身穿正式的晨礼服、条纹裤，头戴丝质高礼帽，在一名助手的陪同下抵达美国大使馆，“他宣读了日本政府的正式道歉，鞠躬致意，然后离去”。[②]

汤姆森事件

不幸的是，“爱利生事件”并未完全终止日军对美国人的一系列袭击行为。迟至1938年6月15日，其时南京的局势被普遍认为较为正常之际，金陵大学的化学教授詹姆斯·克劳德·汤姆森[③] 在大街上被一个日本哨兵拦住，哨兵对他搜身并打了他耳光，尽管他并没有试图以任何方式反抗。[④] 汤姆森给爱利生写了一份宣誓证词，描述了1938年6月15日这天发生在他身上的事件：

1938年6月15日上午11时不到，我坐人力车离开日本总领事馆前

---

① ［美］约翰·爱利生：44号电报，1938年1月30日晚7时，档案编号123爱利生·约翰M./168，美国国家第二档案馆，第59档案组第355档案盒。

② ［美］约翰·爱利生：《来自草原的大使》，波士顿：霍顿米夫林出版公司，1973，第41页。

③ 詹姆斯·克劳德·汤姆森（James Claude Thomson，1889-1974），中文名唐美森，1889年4月18日出生于美国纽约州斯普莱克斯（Sprakers），1910年毕业于新泽西州的拉格斯（Rutgers）大学，获学士学位，1911年获硕士学位，并于1916年在新布朗斯威克（New Brunswick）神学院获得神学学士学位，1917年获得哥伦比亚大学硕士学位，以后回美国休假时于1936年在哥伦比亚大学获化学博士学位。1917年至1949年，汤姆森在金陵大学任化学教授，并曾任化学系主任和金陵大学教务长。日军进攻南京前，他已撤往上海，1938年6月回到南京。1938年6月15日，他在南京的大街上被日军执勤哨兵打耳光。汤姆森1949年离开中国，以后曾在伊朗、土耳其、日本、韩国教书。他1974年7月3日在宾夕法尼亚州布隆迈尔（Broomail）逝世。

④ ［美］约翰·爱利生：117号电报，1938年6月15日下午5时，档案编号394.1123汤姆森J.C./1，美国国家第二档案馆，第59档案组第1847档案盒。

往可以俯瞰玄武湖的鸡鸣寺，并在那儿停留了几分钟。回家的途中遇到几个日本哨兵，但是都没有阻拦我。我们在名为大石桥的大街上，到达位于来复会和它西北几码远的小石桥之间的地方，一个日本哨兵在那儿要人力车停下，要人力车苦力出示良民证，他递上“良民证”。哨兵看上去不满意，显示要搜查人力车。我下了车，哨兵彻底搜查了车子，然后转向我，用日语粗鲁地说了几句。我交给他用中英文印有我姓名的访问证。仔细查看了一会儿之后，他问人力车苦力我的姓名、住址，苦力告诉他我是金陵大学的美国教师，住在平仓巷 4 号。然后哨兵对着我用日语大声叫嚷，我告诉他不懂他说的是什么。他指指我的口袋，我站得笔直，什么也没有说。哨兵搜查我，将裤子两边的口袋和上衣外面口袋里的东西都拿出来。除了拿出别的东西以外，还拿出一支自来水笔，哨兵要我用这支笔用英文和中文写我的名字。写完之后，他从我上衣里面的口袋里拿出皮夹，仔细检查皮夹里的东西。在他检查的过程中，我用英语对他说，“我要把你的行为报告给日本大使馆”。他立即在我右脸颊上狠狠打了一个耳光。他继续搜查我的皮夹时，我没有任何举动。检查完皮夹，他走到我身后，搜查我屁股上的口袋。搜查完了，他又要人力车苦力的良民证。他向我挥了挥良民证，要我出示良民证。我对他说没有良民证，并最终向他出示了从上海回南京时日本人发给我的旧的通行证。检查了之后，他把通行证还给我，并转过身去检查恰在这时出现的我的一位中国朋友。我坐进人力车，哨兵似乎对我检查完了，我叫人力车苦力拉我去美国大使馆报告这一事件。

整个事件发生在上午 11 时 10 分到 11 时 30 分之间，在此时间内，我没有反抗日本哨兵，没有碰他，也没有那么做的意图……[1]

① 《汤姆森对约翰 · M. 爱利生的宣誓证词》（“Affidavit Statement to John M. Allison”），1938 年 6 月 22 日，《美国公民 J. C. 汤姆森博士被日本哨兵打耳光》（“Slapping of Dr. J. C. Thomson an American Citizen by a Japanese Sentry”）报告附件 8，1938 年 6 月 25 日，档案编号 394.1123 汤姆森 J. C./33，美国国家第二档案馆，第 59 档案组第 1847 档案盒。

他来到大使馆时，爱利生可以看出他“由于刚才的经历处于极度神经紧张状态，他的右脸颊上被打的地方有淡淡的红晕”。[①] 听了汤姆森的遭遇后，爱利生陪同他到日本总领事馆提出强烈抗议。日本官员承诺进行调查。

下午，日本大使馆副领事粕谷孝夫拜访了爱利生，告诉他军方第一次调查的结果显示哨兵没有打汤姆森。爱利生对这一结果感到震惊，并向日本总领事提出了三项要求：“（1）应由军方代表向汤姆森博士道歉；（2）犯有罪责的士兵应受到惩罚，并将处罚结果通知美国大使馆；（3）应当作出军事当局采取适当措施，防止类似事件再度发生的保证。”[②]

6 月 16 日晚上，日本总领事馆送来一份照会，称根据军方对此事调查的结果，没有证据表明汤姆森被打了耳光。[③] 6 月 17 日下午，日本总领事通知美国大使馆的一名工作人员说，汤姆森没有被打耳光，军事当局对编造这样的指控极为愤怒，美国大使馆此后将听闻更多关于此事的信息。第二天下午，日本总领事花轮义敬[④] 又向爱利生递交了一份照会：

> 日军当局对此事深表关切，对相关的士兵进行了彻底的调查。然而调查的结果，正如附上的报告清楚表明的，哨兵从未打过汤姆森博士的耳光。军事当局甚至有个目击证人，作证说哨兵从未如此袭击汤姆森博士，他们随时准备和汤姆森博士对证。

---

① ［美］约翰·爱利生:《美国公民 J. C. 汤姆森博士被日本哨兵打耳光》,1938 年 6 月 25 日,第 2 页，档案编号 394. 1123 汤姆森 J. C./33，美国国家第二档案馆，第 59 档案组第 1847 档案盒。

② ［美］约翰·爱利生：117 号电报，1938 年 6 月 15 日下午 5 时，档案编号 394.1123 汤姆森 J. C./1，美国国家第二档案馆，第 59 档案组第 1847 档案盒。

③ ［美］约翰·爱利生:《美国公民 J. C. 汤姆森博士被日本哨兵打耳光》,1938 年 6 月 25 日,第 3 页，档案编号 394.1123 汤姆森 J. C./33，美国国家第二档案馆，第 59 档案组第 1847 档案盒。

④ 花轮义敬（Yoshiyuki Hanawa,1892-？）1892 年 8 月出生于日本山梨县,1918 年 7 月毕业于东京帝国大学政治科，同年 11 月进入外务省，1921 年通过外交资格考试，1922 年 4 月在日本驻广州领事馆任职。同年 6 月调往日本驻渥太华使馆，1927 年任副领事，1929 年升任领事。1932 年任驻伪满洲国大使馆三等秘书，1933 年升任二等秘书。1935 年 12 月调任日本驻北平大使馆，并于 1936 年 5 月升任一等秘书。他于 1938 年 2 月至 1939 年 1 月担任日本驻南京总领事，期间在武汉陷落后从 1938 年 10 月 27 日至 12 月短暂出任驻汉口总领事。1939 年 1 月 21 日至 1940 年 4 月再任日本驻汉口总领事。

情况既然如此，不仅没有机会考虑您照会里提出的三点要求，而且必须要求您认真考虑以夸大而毫无根据的报告对一位履行庄严职责的日本哨兵进行的羞辱。对此，希望您给予汤姆森博士适当的规劝。

最后，我谨通知您，如果这样侮辱日本士兵的事件将来继续发生，日军当局将保留采取适当措施的权利。①

此后，在美方的要求下，日本人公布了日方目击证人的证词，称哨兵要求人力车车夫停车检查，美国人发火动怒。“实未见有日本兵殴打美国人情形”。② 与此同时，汤姆森的人力车车夫陈世宝提供了以下证词：

6月15日，星期三，上午10点过后，我拉汤姆森博士从金陵大学校门去日本领事馆，然后去了考试院、鸡鸣寺，并从成贤街到位于大石桥的小学对面的地方，在11点左右遇到一个日本卫兵。日本卫兵要检查。他先要看我的“良民证”，然后查看我的人力车。接着，日本卫兵要汤姆森先生出示他的“良民证”供检查。由于汤姆森先生没有“良民证”，他交给日本卫兵一张访问证。日本卫兵对此不满意，并亲自检查汤姆森身上每一个口袋和口袋里的东西。检查的过程中，我看见日本卫兵突然打了汤姆森先生一个耳光。被打之后，汤姆森先生站着一动不动。日本卫兵又去检查汤姆森先生的口袋和口袋里的东西。③

① 花轮义敬：致约翰·M. 爱利生照会（A note to John M. Allison），1938年6月18日，《美国公民J.C. 汤姆森博士被日本哨兵打耳光》报告附件3，1938年6月25日，档案编号394.1123汤姆森J. C./33，美国国家第二档案馆，第59档案组第1847档案盒。

② 祁永林：目击者证言（Eyewitness account），1938年6月18日，《美国公民J.C. 汤姆森博士被日本哨兵打耳光》报告附件1，1938年6月25日，档案编号394.1123汤姆森J. C./33，美国国家第二档案馆，第59档案组第1847档案盒。

③ 陈世宝：目击者证言，1938年6月18日，《美国公民J.C. 汤姆森博士被日本哨兵打耳光》报告附件5，1938年6月25日，档案编号394.1123汤姆森J. C./33，美国国家第二档案馆，第59档案组第1847档案盒。

得知美方也有目击证人，并且其证词与他们的说法相矛盾后，日本人将陈世宝拘留了五天，试图通过威胁和恐吓使他改变说法。陈世宝向米尔斯讲述了他被日本人拘留期间的经历：

> 6月28日晚10点钟，到了宪兵队。第二天，宪兵问他那一天拉美国人经过的路程，也问他得了多少车钱。车夫陈世宝说：“给我两块钱。”宪兵问：“还有话吗？”并且用刀背放在陈世宝的颈子上惊吓他，叫他说，陈世宝说：“真实在没有别的话。”宪兵把这话记在纸上，叫陈世宝按了手印。
>
> 第五天是7月2日上午，宪兵队的人问陈世宝：“日本卫兵打没打美国人？”陈世宝说：“是打的。”后来宪兵叫陈世宝说：“不要说‘是打的’，就说‘没有看见’。不要说打也不要说没有打。”陈世宝说：“没有办法，只好照你的话说‘没有看见’。”陈世宝说：“我在这张纸上没有按手印。”①

日本人不仅拒绝承认错误，还试图报复汤姆森，迟迟不给他发放前往上海的通行证。直至1938年8月10日爱利生离开南京，“汤姆森被打耳光事件”仍未解决。正如爱利生在给美国国务卿的一份报告中所指出的，“汤姆森事件”是“对将来报告日本兵恶劣行径的任何美国人直接的威胁，也暗示日军有权管辖在中国的美国公民”。②

---

① 陈世宝：证言（Statement），1938年7月4日，《美国公民J.C.汤姆森博士被日本哨兵打耳光》（“Slapping of Dr. J. C. Thomson an American Citizen by a Japanese Sentry”）报告附件2，1938年7月12日，档案编号394.1123汤姆森J. C./40，美国国家第二档案馆，第59档案组第1847档案盒。此处中文采用美国外交文件中的中文原文。

② ［美］约翰·爱利生：《美国公民J. C. 汤姆森博士被日本哨兵打耳光》1938年6月25日，第4页，档案编号394.1123汤姆森J. C./33，美国国家第二档案馆，第59档案组第1847档案盒。

第七章　美国财产及权益遭受的破坏与损失

在人身攻击事件接二连三发生的同时，美国在南京的财产和利益也受到了巨大的损害。日本兵擅自闯入美国房产，洗劫财物，撕碎并踩踏美国国旗。1938 年 1 月 6 日爱利生抵达时报告说，日本兵对美国财产造成相当严重的破坏。无人看管的建筑物内物品基本都被洗劫一空，使馆大院的几辆汽车被偷盗[①]。外交官刚刚抵达，就不得不忙着处理财产损失的案件。1938 年 1 月 12 日，爱斯比起草了一份关于日本兵擅自进入美国和其他外国产业的备忘录：

> 昨天下午3时，一名日本宪兵闯入M. S. 贝茨位于汉口路21号的房屋，从那儿带走任职于金陵大学附属中学（擅长中日文互译）的中国翻译刘文彬。在美国房主没有授权、没有允许的情况下，宪兵从贝茨先生的房屋里拘捕人员。……
>
> 今天上午，在德国使馆秘书罗森先生的陪同下，约翰·D. 拉贝先生来访，向我们通报昨天发生的另外两起日军未经授权强行闯入外国房产的事件。他们说昨天下午约 1 时 30 分，日军包围了国际委员会总部，日本兵持着上了刺刀的枪，翻过院墙，经房门闯入建筑物。日本军官强

① ［美］约翰·爱利生：7 号电报，1938 年 1 月 6 日下午 5 时，美国国务院档案编号 393.1115/2447，美国国家第二档案馆，第 59 档案组第 1795 档案盒。

令交出据说是由一名中国难民从某处房产偷走的一包衣服，但这包衣服已从该难民处拿走，交给了菲齐先生，后者将包裹存放在这栋建筑中的办公室里。克罗格先生最终打开菲齐先生的办公室，日本人拿走了包裹。另一起事件也发生在昨天下午，两个日本兵、两名军官和一名中国翻译闯入意大利使馆大院，抢劫走一辆汽车和十来听汽油和机油。

罗森先生请我转告爱利生先生他的看法，他认为 3 个目前在南京有代表的外国使馆应该到日本大使馆，或者呈递一份联合声明，或者递交类似的照会，如他所说去“提要求”而不仅仅是请求，在日方有理由要搜查外国房产（不管他们有没有权利这么做）时，要通知房产的主人或相关的使馆官员，并在这样的主人或官员的陪同下进行搜查，而不是在没有通知、未经授权的情况下进行搜查。他指出，按现在的行事方法，根本无法分辨出目前进行的搜查是负责任的日本当局官方授权的，或者只是掳掠、行窃。他还说如果这事不能在此得到圆满的解决，他将通过东京向日本政府交涉。[①]

1938 年 1 月 13 日，爱利生在给国务卿的第 21 号电报中报告了这些情况，及其向日本当局提出的抗议：

日军继续肆意闯入美国人的房产，没有通知，也没有说明原因即劫走物品，掳走美国机构的雇员。最近的几次事件发生在这 3 天之内，因此我于今天向日本大使馆提出抗议。

我陈述道，美国居民告诉我，他们不反对日军当局有充分理由、有规律地搜查美国人的房产，美国人不会保护做坏事的人，也不会干涉军队对居民采取适当的控制措施，但是，我必须对于肆意地、不加任何说

① ［美］詹姆斯·爱斯比：《有关日军擅闯美国及其他外国房产的备忘录》（“Memorandum Regarding the Entering of American and Other Foreign Property by Japanese Military”），1938 年 1 月 12 日，美国国家第二档案馆，第 84 档案组，驻中国外交机构，第 2164 卷（南京 1938 年第 5 卷）。

明地强行闯入美国人房产的行为提出抗议。我进一步谈到，我必须坚持将来日军当局出于任何原因要搜查美国人的房屋，应照会本大使馆，并就搜查的地点和目的提供具体细节。我补充说，很乐意指派一名使馆工作人员或负责任的美国人陪同日本兵，并提供一切合乎情理的协助。

我最后说："我希望尽一切可能和日军当局合作，但是不能同意美国人的房产、美国公民的住宅被任意闯入，也不能同意美国机构的雇员在没有任何解释的情况下被日军带走。"①

次日，爱利生又向华盛顿特区发了一份涉及美国财产与权益的电报：

几乎每天都收到有关日军持续侵犯美国人及其财产的报告。最近的一次发生在1月12日夜间，日本兵逾墙爬进金陵大学附中，在一间住满难民的教室里开了两枪后，掳走一名姑娘，再翻墙而出。②

损坏美国财产的报告接二连三地送来，越积越多。1938年2月28日，爱斯比根据美国居民提供的信息和美国大使馆工作人员的调查，编写了另一份165页的长篇文件《美国在南京的财产权益损失》。爱斯比在报告中指出：

本使馆知悉的美国房屋，没有一座不在一定程度上受到侵犯，这包括大使馆馆舍。房产上可能曾飘扬着的美国国旗，院落的大门上或房门上张贴的大使馆布告并不能避免房屋被闯入，也未能避免通常所遭受的洗劫与盗窃。12月13日，5万多名日军进城，蜂拥闯入任何一座，或所有的房屋，全然不顾房产的性质或国籍。日军占领城市后立即破门闯

① ［美］约翰·爱利生：21号电报，1938年1月13日中午12时，档案编号393.115/113，美国国家第二档案馆，第59档案组第1820档案盒。

② ［美］约翰·爱利生：22号电报，1938年1月14日下午5时，档案编号393.1163/782，美国国家第二档案馆，第59档案组第1833档案盒。

入美国人的房舍，这样的行为时常发生，甚至持续到 2 月 23 日。[①]

这些房屋是有人居住还是空置着，似乎没有任何区别。它们均遭到日本兵不分青红皂白地闯入洗劫。城内美国人的住宅有些无人看管，其他的则由看管人在房主不在的情况下对房屋和物品提供力所能及的保护。留在城里的 14 名美国公民住在不同的房屋中，但他们通常每天造访城内其他美国人的房舍。然而，日本兵闯入所有美国人的住宅与院落，甚至闯入当时美国人仍在居住的房屋。[②]

各处房屋受损的程度不尽相同。然而，在每一处，日本兵均不尊重美国国旗或美国与日本大使馆的布告，张贴这些布告是为了表明房屋的产权为美国人所有，以阻止日本兵闯入。在许多情况下，除了日本兵多次擅自闯入并抢劫外，在这些房产上避难的中国难民被杀害，遭到殴打、强奸或劫持。由于他们当时的住所一再被闯入，美国居民感到，“只要个别日本兵可以自由自在地任意采取暴力行动，在任何一个地方，任何时候，我们都不会感到安全，也不会有机会从难民问题的压力下解脱出来”。[③]

美国机构遭受的损害和损失

为了保护美国的利益并向日本当局寻求赔偿，1938 年 1 月 15 日，爱利生向南京的美国居民和组织发出通知，要求他们提出财产损失索赔：

---

① ［美］詹姆斯 · 爱斯比：《美国在南京的财产权益损失》（“Conditions of American Property and Interests in Nanking”），1938 年 2 月 28 日，第 1 页，档案编号 393.115/233，美国国家第二档案馆，第 59 档案组第 1821 档案盒。

② 同①，第 2 至 3 页。

③ 贝茨、路易斯 · 史迈斯和查尔斯 · 里格斯：《直接影响金陵大学的局势纪要》（“Notes on the Immediate Situation as Affecting the University of Nanking”），1938 年 1 月 8 日，《美国在南京的财产权益损失》附件 1-O，1938 年 2 月 28 日，档案编号 393.115/233，美国国家第二档案馆，第 59 档案组第 1821 档案盒。

国务院指示大使馆向在南京的相关的美国权益者建议，任何希望对目前战事中确实遭受的损失提出赔偿要求的人，尽快准备一式4份、分类列项的宣誓证词，并附上能获取的最好的证据。

万一各机构的成员不在南京，而在诸如汉口、上海等地，本使馆将乐于通过领事馆和他们联络，以获取他们就与其住所联系和准备赔偿要求提供的指示。如果各个组织能不久后提交这些人员的姓名，由此可以开始着手解决这些事宜的话，将不胜感激。

由于某种原因，无法在此时提交最终完整的赔偿要求，建议提交一份初步的最低数额的赔偿要求，但保留在进行彻底的调查时可能要求增加赔偿钱款数额的权利。①

根据这些财产索赔要求以及美国大使馆工作人员进行的调查，美国官员仔细地将南京的美国财产所受的破坏和损失登录在案。美国国务院档案中详细记载了各类美国机构，诸如大学、教会组织、商业公司以及外交设施和住所所蒙受的损害和掳掠。其中，金陵大学、美国长老会、金陵神学院、美国圣公会、大来木材公司、大华大戏院、德士古火油公司、美国大使馆等都遭受了重大损失和破坏。

金陵大学

仅在金陵大学，大约一百座院落与建筑被日本兵擅自进入或闯入达1700多次②。财产被损坏，物品被盗窃，许多中国难民遭劫持，不少妇女在校园里被强奸。金陵大学紧急委员会主席贝茨向日本大使馆写了十几封抗议信，

---

① ［美］约翰·爱利生:《致南京的美国居民与组织》(“To American Residents and Organizations Nanking”)，1938年1月15日，美国国家第二档案馆，第84档案组，驻中国外交机构，第2164卷(南京1938年第5卷)。

② ［美］詹姆斯·爱斯比:《美国在南京的财产权益损失》，1938年2月28日，第2页，档案编号393.115/233，美国国家第二档案馆，第59档案组第1821档案盒。

报告了日本兵擅自闯入校园，行窃，进行破坏，并进一步加剧了大学里避难者的恐怖和痛苦。1937 年 12 月 30 日的信件记录了日军的暴行，都是恐怖仍持续笼罩的那个时期校园日常发生的典型事件：

> （1）蚕桑系、农业专修科、位于小桃园的农业经济系和附属中学的房屋每天白天遭日本兵闯入一次或两次，每晚又来一次。日本兵企图劫持妇女，有时抢劫难民的东西。28 日 /29 日夜里，从农业专修科劫持走两名妇女。
>
> （2）每天约有 3 栋住宅被日本兵闯入。昨天日本兵从金银街 6 号偷窃了大量教师的财物。
>
> （3）我们照管的难民每天都被游荡的日本兵以不正当的方式抓去干活。当然，我们乐于协助以适当的方式寻找劳工。昨天几个人颗粒未进地做了两天挑夫之后回到农业专修科。附属中学的两个难民被抓到离城很远的地方为日本兵挑东西，而日本兵却将他们的“安民护照”撕毁。这样的麻烦在全城各处频繁地发生，需要给日本兵明确的指示，要尊重这些对可怜的劳动民众来说意义重大的证件。
>
> （4）我们必须请求你们协助调查以前曾报告给你们的一个案件。这是近几天来日本兵肆无忌惮的行为造成不幸的恰当例证。我们的一位佣人，潘舒庆（Pan Shu-ch’ing），12 月 23 日帮忙将一位难民妇女从我们校舍送到鼓楼医院的路上，被日本兵抓去，与一群挑夫一起被带到板桥镇。那是我们从放回来的其他人那儿得知的情况，但是潘还被扣在那儿，没有放回来。他是寡妇的独子。请迅速妥善地通过宪兵或使馆警察调查此案。①

美国外交官返回南京后，贝茨与美国教授史迈斯和里格斯一起向美国大

① ［美］M. S. 贝茨：给日本大使馆官员的信，1937 年 12 月 30 日，《美国在南京的财产权益损失》附件 1-L，1938 年 2 月 28 日，档案编号 393.115/233，美国国家第二档案馆，第 59 档案组第 1821 档案盒。

使馆报告，大学里珍贵的种畜、工具和辅助设备都被窃走；进行掳掠、搜寻女人的日本兵砸坏大批门窗、大门和锁。许多住宅遭洗劫，工作人员的个人财产也被抢掠而去。[①] 与此同时，贝茨向美国大使馆提交了以下日军掳掠行为的概要，以显示金陵大学这样的机构所蒙受的损失：

日军掳掠金陵大学一览表

	擅闯（次数）	日军偷盗来源				劫持男子（人数）	强奸妇女（人数）	其他暴行	扯毁国旗
		大学	大学工作人员	难民	损坏建筑				
1. 主校园	175	$1500	$30	$200	$200（炮击）	2	5	殴打 5 人	
2. 图书馆	200		10	700	100	200	25	刺杀 1 人，殴打 15 人	
3. 女生宿舍	100			800	50	6	4		
4. 农作物园	120	2360		300	30	3	6		
5. 农具店与农经系	40	100	100	150			3		
6. 小桃园	80	70	500	1000	150	5	36		2
7. 附属中学	240	300	200	2500	60	48	44	杀害 3 个成人、2 个儿童	1
8. 蚕桑大楼	150			1200		140	80	刺杀 7 人，殴打多人	
9.农业专修科	120	3300	200	800		235	55	殴打多人	1
10. 美国教师寓所（15）	160		8000	1500	50	2	7		1
11. 中国教师寓所（37）	300		1600	2500	300	3	25		2
12. 鼓楼医院	35		450	200	150	3			
总　计	1720	$7630	$11090	$11850	$1090	647	290		7

注释：

1. “擅闯”指通常由 3 到 6 个，或更多成群的日本兵强行或非法闯入一次。

① ［美］M. S. 贝茨、路易斯・史迈斯和查尔斯・里格斯：《直接影响金陵大学的局势纪要》，1938 年 1 月 8 日，第 1 页，《美国在南京的财产权益损失》附件 1-O，1938 年 2 月 28 日，档案编号 393.115/233，美国国家第二档案馆，第 59 档案组第 1821 档案盒。

2. 钱款以中国钱币计算。

3. 劫持男子指被指控当过兵而抓走，或强迫去做劳工。这不包括日军在学校数处进行登记时抓走的 400 多人（其中大多数被立即处死），也不包括被胁迫招募的劳工。

4. 遭强奸妇女的人数指在学校的校产上被强奸，以及那些被从学校劫持走遭强奸并在回来后报告给我们的人数。很多妇女被强奸数次，但每个人只报告一次。此外，被奸妇女的实际数字要大得多，因为害羞、惧怕报复极大地阻碍人们来报告；还有其他的以找妇女洗衣服这种常规事务作为掩盖的案子。

5. 扯毁国旗包括一起当场毁旗，一起从房屋上扯下旗帜，另外两起践踏侮辱国旗。

6. 这个报告依据的证据为：难民营负责人每天向我或向国际委员会所作的报告，这些负责人有数名是我们经验丰富的工作人员；以慎重的估计来弥补缺失的部分，在所有案例中，估计都低于我们最优秀的美国和中国工作人员认为是确实无误，并根据工作人员的日记加以核实的报告。虽然，我们并没有相当于一个全职人员的空余时间来进行治安巡视，但是大约五分之一报告来的案子为美国人亲眼目睹。

7. 所有房屋建筑都显著地张贴着美国大使馆分发的布告，12 月 20 日以来张贴了日本宪兵的布告。日本兵通常无视这两个布告，并经常将其撕毁。

8. 除去口头向日本大使馆和通过美国大使馆提出抗议，到 1 月 1 日，向日本大使馆提出 10 次综合的书面抗议，然后，通过美国大使馆提出 12 次抗议。

9. 我们相信，日本兵于 1 月 2 日至 3 日焚毁了价值 23000 元的农场财产，但没有适当的证据来证实这些财产与其他农场用品。[①]

美国长老会

美国长老会在南京有 11 处房产，其中两处严重受损。有一处住宅被进攻的日军部队的炮火击中。其他受损的财产包括中华路上的一座门楼和主楼，均被日军烧毁。另外 9 处房产都醒目地悬挂着美国国旗，张贴着美国大使馆的公告。此外，在一名日本使馆警察的陪同下，米尔斯还亲自在这些房产上张贴了日本大使馆的公告。然而，国旗与两国大使馆的公告丝毫起不到保护房产的作用。这些房屋无一例外地屡屡被闯入、遭大肆洗劫，很多物品被日军掳掠走。有几次，在日本使馆警察的陪同下，米尔斯在很多房屋中都发现了日本兵。米尔斯向日本和美国大使馆提交了 8 次抗议书。他于 1938 年 1

① ［美］詹姆斯·爱斯比：《美国在南京的财产权益损失》，1938 年 2 月 28 日，第 6 至 7 页，档案编号 393.115/233，美国国家第二档案馆，第 59 档案组第 1821 档案盒。

月 1 日提交的抗议书的部分内容引述如下：

> 请允许我提请你们注意，我们位于莫愁路 54 号的房屋昨天被日本兵闯入 3 次，今天闯入 4 次。今天，一个日本兵的行为特别凶暴，让他看一张日本使馆警长高玉留下的，指出这是美国财产，要日本兵尊重的纸条时，这个日本兵把纸条撕掉，以显示他对纸条的藐视。从大院内的房屋偷窃东西的行为仍在持续着。①

在这些房产上避难的难民不断受到骚扰。史迈斯向日本大使馆提交了一份日本兵在 22 小时内（1938 年 1 月 6 日下午 1 点 50 分至 1 月 7 日上午 10 点 50 分）对长老会位于南京西南部的一处房产——双塘——的 13 次侵犯骚扰的记录。该记录显示美国房产频繁地被闯入，以及房产上的难民遭遇的伤害：

双塘一日

（1938 年 1 月 6 日下午 1 时 50 分至 1 月 7 日上午 10 时 50 分）

1 月 6 日

下午 1 时 50 分　3 个日本兵劫持 1 名妇女并强奸了她。

下午 2 时 10 分　1 个日本兵抓走 3 个男子去干活。

下午 2 时 30 分　4 个日本兵四处搜寻了 20 分钟，然后离开。

下午 3 时 25 分　3 个日本兵抓走 10 个男子去干活。

下午 4 时 10 分　3 个日本兵劫持 1 名妇女到院门外的小屋里强奸。

下午 4 时 40 分　两个日本兵来了 15 分钟，寻找漂亮姑娘，然后离开。

下午 5 时 05 分　3 个日本兵来捣乱（翻箱倒柜），20 分钟后离开。

① ［美］W. P. 米尔斯：给日本大使馆官员的信，1937 年 1 月 1 日，《美国在南京的财产利益损失》附件 3-C，1938 年 2 月 28 日，档案编号 393.115/233，美国国家第二档案馆，第 59 档案组第 1821 档案盒。

晚上6时35分	两个日本兵要难民为他们找姑娘，难民拒绝，便殴打他们。
晚上11时	3个日本兵翻墙进来，劫持走两名妇女。
	1月7日
上午10时	1个日本兵来搜寻了约10分钟，然后离开。
上午10时15分	1个全副武装的日本兵来找漂亮姑娘，但没有劫持走姑娘。
上午10时30分	3个日本兵来要姑娘，但没有劫持走姑娘。然而，他们窃走看门人的棉鞋，留下他们的旧鞋。
上午10时50分	1个日本兵来捣乱了约10分钟。[①]

金陵神学院

金陵神学院的许多院落被多次闯入，建筑遭到严重破坏，家具被搬走，房屋里的物品不是被毁坏，便是被抢劫走。[②] 日军的掠夺行为还造成其他损失。食物、衣服、床上用品和许多小东西都被劫走。桌子、床、画、碗碟、烧饭的炉子、留声机和其他物品被砸碎。[③] 金陵神学院的索尼教授向日本大使馆官员报告了一起日本兵不仅强占神学院的房产，而且还袭击、殴打他本人的事件。除此而外，索尼1月11日向爱利生报告，一个日本兵在前一天下午闯入神学院，逼迫看门人带他到行政楼的三楼，打开一扇上了锁的门，拿走价值数元的蜡烛。这个日本兵还强迫看门人帮他把赃物背到中山路附近的一

① ［美］路易斯·S. C. 史迈斯：给日本大使馆官员的信，1938年1月8日，《美国在南京的财产权益损失》附件3-F，1938年2月28日，档案编号393.115/233，美国国家第二档案馆，第59档案组第1821档案盒。

② 《金陵神学院财产损失报告》，1937年12月23日，《美国在南京的财产权益损失》附件1-H，1938年2月28日，档案编号393.115/233，美国国家第二档案馆，第59档案组第1821档案盒。

③ ［美］詹姆斯·爱斯比：《美国在南京的财产权益损失》，1938年2月28日，第12页，档案编号393.115/233，美国国家第二档案馆，第59档案组第1821档案盒。

个处所。[①]

在神学院避难的难民也遭受了日军严重的侵扰。索尼向爱利生报告了一起三名少女被绑架的案件：

> 1月20日上午9时30分左右，3个日本兵来到金陵神学院，告诉那儿的负责人，他们要10名妇女去洗衣服、烧饭，帮他们做其他一些家务活。负责这个难民所的陶先生[②]对他们说，他可以问问有没有人自愿去，如果没有人自愿去，他就无能为力了。当他宣布日本人要找妇女干活时，10名妇女愿意去，因为她们年纪大，日本兵一个也不肯要。他们说要18岁到30岁的年轻妇女。由于陶先生找不到这样的自愿者，日本兵在房屋里搜查，强行劫持了3名年轻妇女到金陵女子神学院对面的营房里。[③]

美国圣公会

位于太平路的圣保罗教堂的教区房屋在战时被进攻的日军发射的两枚炮弹击中。在同一地点，一处中式风格的住宅在1月底被烧毁。当美国圣公会传教士福斯特1月27日来到那儿时，地上的一些木头还有余烬在闪烁，砖头和瓦片还很烫。据了解，日本兵还在教堂的圣器收藏室放火。尽管火势没有蔓延，但这件事清楚地表明，日本兵仍在建筑物中穿行游荡，随心所欲地进行破坏。[④]

---

① ［美］胡勃特·L. 索尼：给约翰·爱利生的信，1938年1月11日，《美国在南京的财产权益损失》附件5-B，1938年2月28日，档案编号393.115/233，美国国家第二档案馆，第59档案组第1821档案盒。

② 金陵神学院难民所所长陶忠亮。

③ ［美］胡勃特·L. 索尼：给约翰·爱利生的信，1938年1月22日，《美国在南京的财产利益损失》附件5-C，1938年2月28日，档案编号393.115/233，美国国家第二档案馆，第59档案组第1821档案盒。

④ ［美］欧内斯特·H. 福斯特：给妻子克莱瑞莎的信，1938年1月28日，藏耶鲁大学神学院图书馆特藏部，第8档案组第263档案盒第5档案夹。

2月4日，福斯特写信给爱利生，报告了日本兵对太平路上同一座大院造成的进一步破坏：

昨天下午约2时，我陪4个佣人去我们在太平路的大院，让他们留在那儿照看房产。在大院前面的街道两旁，许多日本军用卡车排列着近一个街区长。来到教堂大院里面，我发现8到10个日本兵，围着他们在草坪上为了烧饭而生的一堆火。他们围着火，坐在从我们房屋里拿出来的椅子上，并用一张从教堂里拿来的雕刻精致、沉甸甸的柚木牧师座椅支撑着他们在火堆上悬吊饭盒的铁棒的一端。他们先前在附近生的一堆火留下的余烬中显露出房门与门锁的残骸。

我们的一座庞大的中国风格的住宅，只有一部分还没有被焚毁，另一伙约5个日本兵在其中的一间屋子的地面上生起一堆火。一片城区，以及这座中国风格住宅的很大一部分刚刚在1938年1月25日星期三上午被烧毁。这伙日本兵，其中一个携带着一架装在褐色皮套中的莱克照相机，围着火堆，坐在从我们房屋里拿出来的椅子上。我上前阻拦正在从大院后面的屋子里往外搬椅子的另一个日本兵。

要他们注意教堂塔楼上飘扬的美国国旗，注意所有建筑物上都张贴的禁止进入美国产业的日文布告之后，我要求这些人用水浇熄火，离开大院。

在我们白下路209号的住宅大院中，我发现一个日本兵在罗伯兹主教[①]的住宅里弹钢琴。我把他请出房屋。

从白下路的大院回到太平路的院落，一个日本兵又闯入教堂的院子，在中国风格住宅区内另一个小房间里又生起一堆火。在我抗议之后，他把余烬收集到一个洗脸盆里，在其余的余烬上浇了水，然后离开

① 威廉·潘恩·罗伯兹（William Payne Roberts，1888-1971）。

大院。[①]

美国圣公会的另一名传教士麦琪向美国大使馆报告，位于下关江边地区的教会院落的一些房屋的门窗被砸破，屋里的一些物品也被抢劫走。[②]

大来公司[③]

大来公司在战争中遭受了巨大的损失。该公司在南京城南的货场里只剩下了几块木材。院子的大门仍敞开着，院子尽头的小型建筑被破门而入，里面的东西被盗，一些家具和被褥散落一地。当爱斯比 1 月 22 日察看这一地点时，看到几名日本兵在院子里转悠。在该公司位于下关的大的货场里，中国员工报告称，虽然有两辆卡车留在那儿，但日本兵在 12 月 21 日已劫走了两辆雪佛兰卡车。从那时起到 12 月 31 日，日本人从溪流中运走大量木材。与此同时，据报道，该公司的另一处位于三叉河的货场中的建筑被烧毁，日本兵也从那儿运走数千英尺的木材。[④]

---

① ［美］欧内斯特·H. 福斯特：给约翰·爱利生的信，1938 年 2 月 4 日，《美国在南京的财产权益损失》附件 6-A，1938 年 2 月 28 日，档案编号 393.115/233，美国国家第二档案馆，第 59 档案组第 1821 档案盒。

② ［美］詹姆斯·爱斯比：《美国在南京的财产权益损失》，1938 年 2 月 28 日，第 13 页，档案编号 393.115/233，美国国家第二档案馆，第 59 档案组第 1821 档案盒。

③ 大来公司（Robert Dollar Company）是由美国人罗勃特·大来（Robert Dollar，1844-1932）于 1903 年成立的，总部设在旧金山，主要经营木材、航运业。巅峰时期，在世界各地开辟远洋客运航线。20 世纪三四十年代在太平洋上穿梭于中美两国之间的“柯律纪总统号”（*S.S. President Coolidge*）、“胡福总统号”（*S.S. President Hoover*）、“威尔逊总统号”（*S.S. President Wilson*）均是该公司的远洋客轮。

④ ［美］詹姆斯·爱斯比：《美国在南京的财产权益损失》，1938 年 2 月 28 日，第 20 至 21 页。

斯坦利·比希布里克[1]是一名美国公民，受雇于南京的一家英国商行，祥泰木行[2]。他来南京安排向日本军方出售木材的事宜。1938年1月26日，他提请美国大使馆注意，日本兵正将属于大来木材公司的木材从该公司木材场前的小溪中运走。比希布里克陪同爱斯比察看了木材货场，亲眼见到日本兵从小溪中运走木材。爱斯比立即向日本大使馆提出抗议，要求日军当局颁发指令，停止进一步搬运木材。日本大使馆的福井承诺会劝告军方停止搬运木材。1938年2月9日上午，爱斯比和麦克法瑾再次看到日军搬运木材。在爱斯比直接向日本军方的一名代表交涉后，福井告诉他，军事当局已经下达了指令，但士兵们要么不服从命令，要么误解了命令。[3]

大华大戏院[4]

1938年1月10日，美国大使馆收到了一份来自上海的电报，称美国公

① 斯坦利·比希布里克（Stanley Bishoprick, 1904-1995），1904年5月2日出生于美国阿拉斯加州斯加维（Skagway），1929年毕业于俄勒冈州立大学。比希布里克虽身为美国公民，但受雇于英国公司祥泰木行（China Import & Export Lumber Company），而不是和记洋行（International Import & Export Company）。日军攻占南京时，他人在上海，在南京日军当局的邀请下，他于1938年1月31日至2月6日到南京来商讨出售木材给日军的事宜。1995年10月8日，比希布里克在华盛顿州奥林匹亚（Olympia）逝世。

② 祥泰木行（China Import & Export Lumber Company Ltd.），又称中国木材进出口有限公司，1884年为德商控股，由法国商人创立，1914年英商在欧战爆发之际接管祥泰木行。该公司设在上海，并在汉口、南京、天津、福州等地设立分公司。鼎盛时期，在木材市场曾称雄半个世纪。1941年太平洋战争爆发，日军进驻上海租界，祥泰木行决定停业解散。

③ 詹姆斯·爱斯比：《美国在南京的财产权益损失》，1938年2月28日，第21至24页；以及斯坦利·比希布里克，给约翰·爱利生的信，1938年2月2日，《美国在南京的财产权益损失》附件10-B，1938年2月28日，档案编号393.115/233，美国国家第二档案馆，第59档案组第1821档案盒。

④ 大华大戏院（State Theatre）位于中山南路67号，是南京建造最早的戏院之一，规模、设施均居民国时期南京之首。始建于1935年，由美籍华人、大华大戏院股份有限公司董事长司徒英铨筹资，为最大的股东，其他大股东还有铁道部部长和马头牌冰棒厂老板。大华大戏院由杨廷宝设计，上海建华建筑工程公司承建。1949年以后改名大华电影院。2002年列为江苏省文物保护单位。

司慎昌洋行[1]是大华大戏院价值2.5万元空调设备的所有者，还称美国公民司徒英铨先生[2]拥有戏院百分之四十八的股份。[3]

第二天，美国大使馆工作人员察看了大华大戏院。戏院已被大火烧毁，舞台的塔架仍然矗立着，但观众席大厅已经完全被烧毁，屋顶也塌了下来。建筑北侧的侧门也被严重烧毁。安装在侧门上方的空调设备被大火烧得焦黑，一部分已经掉落。电影放映塔好像没有被烧毁，但通往它的楼梯被烧毁了。除了上面的屋顶，大厅没有烧毁。由于玻璃穹顶被烧灼，许多窗格破裂，被大火烧毁，屋顶已经消失不见了。在大厅的地板上，电影放映设备被摔成碎片散落一地。[4]

在一封信中，麦考伦作证道，他“在那个地区以及城南的其他地方目睹了一些建筑物被烧毁，包括戏院附近的大商场和中山东路上的建筑物，包括起士林点心铺[5]占用的建筑及其毗邻的房屋。在每一起事件中，都有日本军人在场观察或指挥，显然不是路人”。[6]德国公民克里斯卿·克罗格声称，1937年12月28日晚上，他看到市中心燃烧着熊熊大火，就去看个究竟。“我

---

① 1906年美籍丹麦人马易尔（Meyer）、安德生（Anderson）合作在上海开设慎昌洋行（Anderson Meyer and Company Ltd.），起初经营小规模棉布进口业务，推销丹麦产品。以后业务逐步扩展，并与美国通用电气（General Electric）公司挂钩，推销电器元件、纺织机械、药品，并在北京、天津、哈尔滨、汉口、青岛、济南、广州、厦门、香港等地设立分行。1949年以后，该公司的业务相继终止。

② 司徒英铨（Soon W. Quebock Seetoo，1880-1958），美籍华人，1880年12月26日出生于旧金山，曾任纽约长城画片公司经理，1923年4月到上海开设电影公司，以后在南京投资数间影院、戏院。他于1958年5月3日在纽约逝世。

③ ［美］詹姆斯·爱斯比：《美国在南京的财产权益损失》，1938年2月28日，第38页，档案编号393.115/233，美国国家第二档案馆，第59档案组第1821档案盒。

④ 同③。

⑤ 相传八国联军攻占天津后，一位名为阿尔伯特·起士林（Albert Kiessling）的德国随军厨师于1901年左右在天津开了一家点心铺。另一种说法是，阿尔伯特·起士林（1879-1955）是1904年来中国的德国厨师，并于1907年在天津开设了一家点心铺。后来，另一个人Bader加入了公司，生意越做越好，于是在北京、北戴河、上海和南京开设了分店。1937年，南京起士林点心铺（Kiessling & Bader）坐落在靠近新街口的中山东路25号。

⑥ ［美］詹姆斯·H. 麦考伦：给约翰·爱利生的信，1938年1月15日，《美国人在南京的财产权益损失》附件13-A，1938年2月28日，档案编号393.115/233，美国国家第二档案馆，第59档案组第1821档案盒。

大约 7 点到那儿，见到大华大戏院两旁的商店已在烈焰之中，日军的卡车，以及在一名军官指挥下的日本兵都在戏院的前面。”①

德士古（中国）有限公司②

日本兵多次闯入德士古（中国）有限公司的仓库掳掠。看仓库的中国人遭到侵扰，感到无能为力，无法守护这个地方。因此，其中一人向菲齐报告了这些侵扰事件，菲齐因而在 1938 年 1 月 4 日给日本大使馆写了抗议信：

美国德士古（中国）有限公司仓库的苦力王庆永（Wang Ching Yung）昨天到我的办公室来，报告下列事项：

1937 年 12 月 30 日，两个日军，一个显然是军官，来到汉西门外凤凰街 58 号的仓库，用手枪逼迫他打开门，抢劫走两辆卡车、两辆轿车，还有存放德士古公司雇员私人物品的四十来个盒子，以及 100 加仑汽油。他们还扯下美国国旗践踏，焚烧。然后，他们企图强迫王在一张收到 1000 块钱的收据上签字。他拒绝签字，于是把他捆绑起来带走，直到第二天他同意签字，才允许他回家。告诉他如果报告此事，他全家都会给打死。他 10 岁的妹妹以及他的姑妈已被强奸。

日本兵在仓库的桌子上留下一包钱，王的父亲，王福余（Wang Fu Yu），今天上午将原封未动的钱包拿来给我。我发现里面只有 700 元，请求就此把钱，还有日本军官留给王的纸条，归还给你们。仓库大院内

① ［美］爱德华·斯波林：给约翰·爱利生的信，1938 年 1 月 18 日，《美国人在南京的财产权益损失》附件 13-B，1938 年 2 月 28 日，档案编号 393.115/233，美国国家第二档案馆，第 59 档案组第 1821 档案盒。

② 德士古公司（Texas Corporation）为美国的石油公司，1901 年成立于得克萨斯州的贝盟（Beaumont），创建之初的英文名称为 Texas Fuel Company（得克萨斯燃料公司），1902 年更名为 Texas Corporation。1928 年该石油公司的销售业务已遍及美国各州，30 年代初，扩展海外业务，将油料产品推销到 50 多个国家，包括中国。1959 年，公司的英文名改称 Texaco，并沿用至今。

办公室的钥匙被日本军官拿走，但是，王给了我仓库大门的钥匙，现在将钥匙附上。相信德士古公司定会感激对该公司的保护措施。①

然而，就在菲齐将上述信件交给日本大使馆的当天，日本兵又来抢劫。第二天，菲齐起草了第二封信，他在信中说："继我昨天给您的信件涉及从德士古（中国）有限公司仓库抢劫走卡车、汽车等物一事，我必须进一步报告，他们仓库的苦力王，今天又到我这儿来，说昨天 4 个日本兵，还有两卡车大约 100 名苦力来将所有库存的汽油、油料：35 桶、35 箱，加上 18 听汽油与 115 加仑油料，还有一些家具劫走。"②

美国外交官回城后，将德士古（中国）有限公司的侵扰事件及时报告给了美国大使馆。看仓库的中国人王庆永多次到大使馆，告诉爱斯比仓库设施遭受侵扰的情况。他报告说，日本人从大院入口处的旗杆上扯下悬挂的美国国旗，踩踏并将其烧毁，说"'美国对日本不友好'，因此日本人不会尊重他们的国旗和财产"。当被问及他怎么听得懂日本人讲的话，特别是涉及美国旗的内容时，王说一个日本人对他及当时在那儿的其他雇员和中国百姓讲汉语。③

1 月 10 日上午，美国大使馆工作人员爱斯比和麦克法瑾前往该设施察看。大门口没有悬挂美国国旗，大门关着用铁丝缚住。一个名为唐平怀（Tang Ping Hwai）的中国雇员解开了铁丝，让美国人进入大院。当问他为什么没有悬挂美国国旗时，唐的回答与王的说法一致，国旗被日本兵扯下来烧毁了。那天，他们没有进仓库察看（第 41 页）。

1 月 29 日，4 个日本宪兵来到美国大使馆找王。他们还要求和爱斯比一

① ［美］乔治·A. 菲齐：给日本大使馆的信，1938 年 1 月 4 日，《美国在南京的财产权益损失》附件 14-A，1938 年 2 月 28 日，档案编号 393.115/233，美国国家第二档案馆，第 59 档案组第 1821 档案盒。

② ［美］乔治·A. 菲齐：给日本大使馆的信，1938 年 1 月 5 日，《美国在南京的财产权益损失》附件 14-B，1938 年 2 月 28 日，档案编号 393.115/233，美国国家第二档案馆，第 59 档案组第 1821 档案盒。

③ ［美］詹姆斯·爱斯比：《美国在南京的财产权益损失》，1938 年 2 月 28 日，档案编号 393.115/233，美国国家第二档案馆，第 59 档案组第 1821 档案盒。

起前往德士古公司的仓库进行联合检查。在检查的过程中发现，该仓库此前曾被闯入并洗劫，里面的办公室被人翻了个底朝天，许多物品散落在地上，显然是从存放在仓库一侧的许多个人和家庭用品中拿出来的。许多箱子被撬开，里面的东西不是不见了，就是散落在地上。房屋里没有汽车或卡车。（第41–42页）

在检查期间，宪兵询问了王有关被抢走的库存汽油和机油的情况。当发现仓库里这两种油都还剩一部分时，一个宪兵说，日本大使馆通报他所有库存的汽油和石油都被日本兵抢走了。宪兵进一步表示，以此为例，中国人在散布关于日本兵的谎言，因此不能相信他们的报告。宪兵就此结束了调查。爱斯比要求对剩下的汽油和机油进行清点，以便日后再对仓库进行检查时不会对数量产生疑问。在清点完毕后，爱斯比向他们指出，这个地方已经被破门闯入，洗劫一空，尽管没有确切的数字记录，但显然，除了已不在房屋内的汽车和卡车外，还有其他一些物品也被抢劫走（第42页）。菲齐后来评论“爱利生事件”时，提到了这一事件，并表示：“他们就是用这样的方式诋毁抢劫了德士古公司仓库的四辆汽车和卡车、很多箱家具和汽油的说辞，因为看仓库的人说他们抢走了所有的汽油，但当他们检查时，发现还有一些汽油。”①

2月15日，对该仓库再次进行检查时，发现仓库又被闯入，自上次检查以来，又有180加仑汽油被偷走。仓库的公司员工都非常害怕，没人敢待在那里，致使这座院子无人看守。在这次检查期间，王之前报告的日本兵在围栏上弄开的一个洞已经尽可能地修补好，前门用美国大使馆购买的新挂锁锁上。②

2月22日，王再次到美国大使馆去，说他回仓库设施后发现围栏上的洞又被扯开了，大门上的挂锁也被撬开了。当天下午的检查显示，在此前被抢

① ［美］乔治·A. 菲齐：给家人的信，1938年1月27日，哈佛大学燕京图书馆，第52档案盒，菲齐家庭档案。

② ［美］詹姆斯·爱斯比：《美国在南京的财产权益损失》，1938年2月28日，第43页，档案编号393.115/233，美国国家第二档案馆，第59档案组第1821档案盒。

劫过的同一批汽油中，又有 20 加仑的汽油被盗。（同上）

美国大使馆[①]

正如爱斯比所指出的，美国大使馆大院也未能幸免于日军的侵扰。美国驻南京大使馆有两个大院。所有的美国外交官和工作人员都在日军攻占南京之前撤离了，大使馆的大院由中国雇员看管。1937 年 12 月 15 日至 25 日期间，日本兵擅自闯入使馆馆舍达 18 次之多，掳掠抢劫。[②]

1937 年 12 月 23 日，成群结队的全副武装的日本兵至少四次拥入美国大使馆大院，抢走三辆汽车、五辆自行车、若干灯具和手电筒。日本人对所有人搜身，抢走了他们的钱、手表、金戒指和其他一些个人物品。日本兵还强迫使馆雇员打开锁着的门。一个日本兵用刺刀刺入二等秘书约翰·豪尔·巴克斯顿[③]办公室的门。后来，两名士兵试图侵犯使馆内的两名妇女，甚至试图脱掉一名妇女的衣服，并将另一名妇女劫持到大院里僻静之处图谋不轨。[④]

12 月 24 日上午，三个日本兵再次闯入大使馆西院，抢走了中国工作人员从朋友那里借来的一辆汽车。与此同时，另外五个日本兵闯入东院，劫走

---

① 当时，美国驻南京大使馆位于上海路与广州路相交处附近，现地址为上海路 82 号。

② ［美］约翰·爱利生:《解决美国驻南京大使馆财产损失的赔偿要求》（Claims Settlement for Damages and losses Suffered on American Embassy Premises），1938 年 3 月 21 日，档案编号 124.932/595，美国国家第二档案馆，第 59 档案组第 0815 档案盒。

③ 约翰·豪尔·巴克斯顿（John Hall Paxton，1899-1952），中文名包懋勋，1899 年 7 月 28 日出生于美国伊利诺伊州的盖尔斯伯格（Galesburg），1922 年毕业于耶鲁大学，曾就读于英国剑桥大学和法国自由政治学院。1925 年进入外交界，在美国驻南京总领事馆任副领事。以后曾在美国驻中国的北京、广州、烟台等使领馆工作。1936 年 7 月调回南京，升任二等秘书。日军攻城之前乘美舰“巴纳号”撤离南京，“巴纳号”被炸沉后，被救援到上海。1938 年 3 月以后，在美国驻上海总领事馆工作。珍珠港事件爆发时，他在南京大使馆任职，被日本人羁押 6 个月。1942 年以后，在美国驻德黑兰、重庆、昆明、南京、乌鲁木齐等使领馆工作。1952 年 6 月 23 日，他在美国驻伊朗伊斯法汗（Isfahan）领事馆任上，因突发心脏病去世。

④ ［美］W. P. 米尔斯：给日本大使馆官员的信，1937 年 12 月 24 日，《美国在南京的财产权益损失》附件 15-F，1938 年 2 月 28 日，档案编号 393.115/233，美国国家第二档案馆，第 59 档案组第 1821 档案盒。

祥泰木行的一辆汽车和一辆卡车。日本兵还从住在东院门房的一名使馆警察那里抢走一袋面粉、一袋大米、一只手电筒和 11.8 元钱。[①]

12 月 30 日，日本大使馆的官员向美国大使馆的中国雇员支付了 813.30 元法币，赔偿他们的损失，但这不包含七辆自行车和一辆汽车的赔偿。[②]因此，1938 年 3 月 21 日，爱利生向日本当局提出财产损失和损害索赔，要求赔偿 6796 美元和 10118 元法币。以下是索赔清单：

解决美国驻南京大使馆财产损失的赔偿要求

1937 年 12 月

美元

使馆工作人员

二等秘书克莱逊·W. 奥德里吉[③]	汽车	US$550.00
三等秘书小道格拉斯·简金斯[④]	房屋、个人用品	3300.00
	汽车	896.00
使馆职员悉尼·K. 拉封[⑤]	汽车	350.00

① [美] W. P. 米尔斯：给日本大使馆官员的信，1937 年 12 月 24 日，《美国人在南京的财产权益损失》附件 15-F，1938 年 2 月 28 日，档案编号 393.115/233，美国国家第二档案馆，第 59 档案组第 1821 档案盒。

② [美] 约翰·爱利生：《解决美国驻南京大使馆财产损失的赔偿要求》，1938 年 3 月 21 日，档案编号 124.932/595，美国国家第二档案馆，第 59 档案组第 0815 档案盒。

③ 克莱逊·韦勒·奥德里吉（Clayson Wheeler Aldridge，1899-1944），1899 年 10 月 19 日出生于美国纽约州罗马（Rome），1922 年从普林斯顿大学毕业后获奖学金，前往丹麦哥本哈根大学学习一年，1925 年进入外交界，曾长期在美国驻雅典大使馆任职，并于 1934 年 2 月升任二等秘书，1936 年 1 月从雅典调往南京大使馆任二等秘书。日军攻占南京之前，他已撤离，以后在美国驻马尼拉、新加坡和悉尼使领馆工作，1944 年 3 月 30 日去世。

④ 小詹姆斯·道格拉斯·简金斯（James Douglas Jenkins Jr. 1910-1980）见 P116 注 ①。

⑤ 悉尼·肯尼迪·拉封（Sidney Kennedy Lafoon，1904-1978），1904 年 7 月 12 日出生于美国弗吉尼亚州丹尼尔顿（Danieltown），曾经在美国驻巴格达、新加坡使领馆任职员，1934 年 4 月调往驻北平使馆，1935 年 8 月调往南京大使馆，1936 年 3 月升任副领事，分别在驻上海、汉口、重庆使领馆工作，1945 年 1 月升任驻瑞士伯尔尼大使馆三等秘书，1947 年晋升驻乌拉圭蒙德维的亚大使馆二等秘书，1951 年在同一使馆升任一等秘书，1957 年出任驻百慕大汉米尔顿总领事。拉封 1978 年 6 月在佛罗里达逝世。

其他人员

J. M. 翰森（丹麦臣民，南京德士古中国有限公司的经理）	汽车	1700.00
	共计美元	$6796.00

中国币

使馆工作人员

使馆雇员 T. C. 邓（中国公民）	汽车	CN$2000.00
	自行车	90.00
中文书记徐尧浦（Hsu Yao-pu）	自行车	70.00
大使司机黄泰贤（Hwang Tai-chien）		40.00
信使郭长发		35.00
信使甘元舟		30.00
警察梁方中（Liang Fang-chung）		30.00
警察王义宙（Wang Yi-chow）		25.00

其他人员

C. 叶兹·麦克丹尼尔（美国公民）	汽车	CN$3500.00
亚瑟·v. B. 孟肯（美国公民）		750.00
祥泰木行（英国公司）	G.M.C. 卡车	3500.00

大使馆财产损失

维修办公室的门和参赞住宅卧室天花板	CN$30.00
4 盏油灯每盏 $2.00	8.00
一只大手电	10.00

共计中国币　　$10118.00[①]

美国外交官的寓所也遭到了侵犯。约翰逊大使的官邸被破门而入，而使馆三等秘书小道格拉斯·简金斯位于马台街 29 号的住所被洗劫一空，瓷器和家具被砸碎，许多物品被掳走。他的一名仆人也在守护财产时被杀害。[②]

美国公民的损失

美国公民的私人住宅也遭到破坏。据报道，所有在南京的美国人住宅都被破门而入并遭劫掠，只是受损严重的程度因房屋而异。根据美国外交档案记录，1938 年 1 月至 8 月，下列美国公民通过美国驻南京大使馆向日本当局提出了正式的财产损失索赔：乔治·爱希默·菲齐、罗伯特·斯坦利·诺曼、查尔斯·亨利·里格斯、马内·舍尔·贝茨、理查德·弗里曼·布莱迪、菲勒比·凯瑟琳·布莱恩和詹姆斯·亨利·麦考伦。

乔治·爱希默·菲齐

在日军围攻南京城市及随后恐怖笼罩的那段时期，菲齐搬到平仓巷 3 号和其他美国人住在一起，并将自己在保泰街 21 号的住宅交给他的看门人照看，不过他时常会回去看看。日军攻占南京后，菲齐的住所一而再再而三地遭到日军的侵扰洗劫。菲齐向美国大使馆报告，1938 年 1 月 4 日下午，三个日本兵翻越住宅的后墙进入院中，用刺刀胁迫看门人把门锁打开。三人洗劫了房

① 《解决美国驻南京大使馆财产损失的赔偿要求清单》（“List of Claims Settlement for Damages and Losses Suffered on American Embassy Premises”），1937 年 12 月，《解决美国驻南京大使馆财产损失的赔偿要求》报告附件 3，1938 年 3 月 21 日，档案编号 124.932/595，美国国家第二档案馆，第 59 档案组第 0815 档案盒。

② ［美］詹姆斯·爱斯比：《美国在南京的财产权益损失》，1938 年 2 月 28 日，第 27 页，档案编号 393.115/233，美国国家第二档案馆，第 59 档案组第 1821 档案盒。

子，掠走财物。在此之前，日本兵早已多次闯入住宅，撬开壁橱和行李箱后劫走被褥、衣服和其他物品，房屋内四处散落着东西。1月5日那天，日本兵又分别在上午和下午再次光顾，恐吓看门人，掳掠更多的东西。①

1月11日、12日和14日，日本兵再次来到这座住宅。② 1月16日，两个日本兵，其中一人携长军刀，逼迫看门人开门。看门人说他没有钥匙，他们就踢破南门闯进去，此前南门曾被砸破，已钉好。这次，他们将阁楼洗劫一空。③

菲奇于1月19日给美国大使馆官员写了第五封信：

作为对你们本月15日信件的回复，我请求呈递在目前交战状况下我在保泰街21号寓所所遭受的下列损失。

就此，请允许我指出，据我所知，所有损失都是由日本兵造成的。这些日本兵12月15日以来经常闯入我那栋张贴着美国大使馆和日本大使馆布告，飘扬着两面美国国旗的寓所。12月15日那天，我亲自注意到所有的大门、门窗均完好无损。我还请住在街对面的一位日军少佐照看这栋屋子，不要给骚扰。16日12点30分，我和史迈斯博士去那儿，发现西面的边门被砸倒，南面的房门给砸开，阁楼上的箱子被撬开，整个屋子遭洗劫。第二天，17日，我发现前门也被砸破，我临时修起来的边门又倒下了。我将这些情况书面向日本大使馆作了报告。

从12月17日至31日，房屋被闯入数次，1938年1月4日到16日之间，不下7次。有些情况下，我的看门人在刺刀的威逼下，被迫交出

① ［美］乔治·A. 菲齐：给美国大使馆官员的信，1938年1月6日，《美国在南京的财产权益损失》附件8-A，1938年3月21日，档案编号124.932/595，美国国家第二档案馆，第59档案组第0815档案盒。

② ［美］乔治·A. 菲齐：给美国大使馆官员的信，1938年1月13、14日，《美国在南京的财产权益损失》附件8-B、8-C，1938年3月21日，档案编号124.932/595，美国国家第二档案馆，第59档案组第0815档案盒。

③ ［美］乔治·A. 菲齐：给美国大使馆官员的信，1938年1月17日，《美国在南京的财产权益损失》附件8-D，1938年3月21日，档案编号124.932/595，美国国家第二档案馆，第59档案组第0815档案盒。

钥匙，后来的这些擅闯事件，大部分已报告给你们。[①]

随信还附上他的损失索赔清单。然而，这仅是保守的估计，因为他当时无法核查出许多被盗的东西，特别是从五个箱子里劫走的东西。损失与损坏的索赔列表如下：

对损失财产的赔偿要求

保泰街 21 号乔治 · A. 菲齐

两张木棉的单人床垫	80.00 元
双人床垫——半个垫子	75.00 元
床上用品：被子和毯子	58.00 元
床单和毛巾	30.00 元
帘子、锦缎	60.00 元
衣服、4 套西装、6 件衣服	280.00 元
6 个垫子和枕头	36.00 元
5 只箱子、一只手提箱、一个柜子——破损	60.00 元
珍贵的照相集	80.00 元
画	60.00 元
一件乐器——笛子	20.00 元
唱机和唱片	260.00 元
雕刻的柚木屏风——刺绣的面子	48.00 元
雕刻的橡木碗橱——木板被砸坏	45.00 元
古董，一尊唐代的马——被打碎	25.00 元
古董，一张镶嵌的威尼斯式书桌——被砸坏	60.00 元

① ［美］乔治 · A. 菲齐：给美国大使馆官员的信，1938 年 1 月 19 日，《美国在南京的财产利益损失》附件 8-E，1938 年 3 月 21 日，档案编号 124.932/595，美国国家第二档案馆，第 59 档案组第 0815 档案盒。

一只大橱子——后面砸坏	10.00 元
一只带锁的保险手提箱	12.00 元
罐头食品	8.00 元
文具用品	12.00 元
圣诞节的装饰品	8.00 元
零碎小物品	80.00 元
两扇大门和两扇房门的损伤	50.00 元
总计	1437.00 元

乔治·A. 菲齐[①]

罗伯特·斯坦利·诺曼[②]

罗伯特·斯坦利·诺曼在战争爆发前离开南京。1938 年 1 月初，他通过美国驻广州总领事馆提出请求，请求南京的外交官查访他位于城外中山陵园，陵园路 187-188 号的寓所。美国外交官返回南京大约一周后，他们请求日本大使馆作出特别安排去察看诺曼的住所。当时，日军当局不允许大使馆人员在没有事先作出特殊安排的情况下出城，但没有获准。他又多次提出请求。最终，爱斯比在贝茨与两名日本宪兵的陪同下于 2 月 5 日去查看了诺曼的住所。[③]

他们发现这座房屋完全被毁。至少有两枚从南边袭来的炮弹，也就是从

① ［美］乔治·A. 菲齐：给美国大使馆官员的信，1938 年 1 月 19 日，《美国在南京的财产利益损失》附件 8-E，1938 年 3 月 21 日，档案编号 124.932/595，美国国家第二档案馆，第 59 档案组第 0815 档案盒。

② 罗伯特·斯坦利·诺曼（Robert Stanley Norman，1873-1952），1873 年 2 月 13 日出生于美国纽约，1903 年通过律师资格考试后在旧金山开业做律师至 1921 年，并特别关注、维护当地华人的权益，担任旧金山唐人街六个华人组织的法律顾问。由于他与华人关系密切，1904 年孙中山在旧金山开展革命活动时，诺曼成为孙中山的法律顾问，给予孙中山极大的帮助。1921 年，受孙中山邀请，诺曼前往中国广州，继续担任孙中山的法律顾问。以后长期担任国民政府司法部的法律顾问。1937 年 9 月，日军空袭南京后，他撤离南京，经汉口前往香港。1939 年离开中国，1952 年 2 月 8 日在加州桑塔·巴巴拉（Santa Barbara）逝世。

③ ［美］詹姆斯·爱斯比：《美国在南京的财产权益损失》，1938 年 2 月 28 日，第 30 至 31 页，档案编号 393.115/233，美国国家第二档案馆，第 59 档案组第 1821 档案盒。

进攻日军的方向袭来的炮弹，击中房屋。房屋也遭到严重洗劫，只剩下一两件家具，而书籍、纸张和其他物品散落在地板和门廊外。房屋里几个房间的墙上都涂写着东方文字。这些文字随后由爱利生察看，以确定是中文还是日文。[①]

2月27日，爱利生前往诺曼住所察看，察看的情况随后完整地记录在爱利生的宣誓证词中：

> 1938年2月27日下午，我察看了美国公民罗伯特·S.诺曼位于中国南京中山陵，陵园路187-188号的房产，并注意到诺曼先生的房舍被严重损坏、掳掠，个人物品散布在各个房间的地板上和屋子外面的花园里。在楼下走廊的墙壁上写着许多日本文字。大体上有诸如“東洋平和の為”[②]这样的词语，翻译出来意思大致是“为了东亚的和平”。相信这也是一首颇为流行的日军进行曲的歌名。至少在两个地方用日文写了1937年12月13日，也就是昭和12年12月13日，日军攻占南京的日子。在楼上的一个房间的墙上，有一处写着福田或藤田分队。第一个字不怎么清楚，可能是提到的两个字中的一个。这是日军一支部队的名称。花园中似有座日本人的坟墓。土堆中直立着一个细小的木片，木片上有几个模糊不清的字，但也有日文写的日期，昭和12年12月13日。除了房屋内的财产几乎完全被摧毁之外，房屋本身也严重损坏，至少有两发炮弹击中房屋，墙壁和门被刺刀戳击，以及因为住在屋里的人粗暴地使用，也使得房屋损伤严重。[③]

诺曼的房屋连同里面的东西，包括“所有家具和餐厅、起居室、书房、大厅、3间卧室、楼上大客厅和阁楼房间里的陈设，此外还包括西屋牌冰箱、

① ［美］詹姆斯·爱斯比：《美国在南京的财产权益损失》，1938年2月28日，第31至32页，档案编号393.115/233，美国国家第二档案馆，第59档案组第1821档案盒。

② 此处原文为“To Yo Hei Wa no Tame”，为日语“東亜平和の為”的音译。

③ ［美］约翰·爱利生：宣誓证词，1938年7月1日，《1937-1938年中日战争造成美国人损失，罗伯特·诺曼索赔》（“Sino-Japanese Hostilities 1937-1938 American Losses Resulting from Robert S. Norman Claim of”）报告附件3，1938年7月7日，美国国家第二档案馆，第84档案组，驻中国外交机构，2166卷（南京1938年7卷）。

两个维克托牌炉子和另外 4 个外国炉子、菲尔科牌最新型的收音机、陶器、餐具、卷轴、画、装饰品、1934 年型的福特车，还有许多无法以金钱来补偿的书籍、文章”[①] 完全损毁。因此，诺曼提出 36950 元中国币的索赔，其中 24950 元为房舍损失，12000 元为其他个人财产损失，他要求“将这赔偿要求呈交给适当的日本当局立即加以处理”。[②]

查尔斯·亨利·里格斯

1937 年 12 月 16 日至 1938 年 1 月 8 日期间，里格斯一直居住在南京汉口路 23 号的家中。他每晚都在家里睡，但白天大部分时间在外面工作。他把房子交给了仆人看管，这位仆人在他和邻居家里工作了五年，为人可靠，而且几乎不外出。里格斯还在情况紧急时邀请了在基督教青年会任职的一位朋友以及他的家人到自家二楼暂住，一楼还住着里格斯从大学邀请来的一家中国人。据里格斯说，这些人在他不在家的时候一直帮助他了解情况。[③] 里格斯作了一份宣誓证词，描述了日本兵在他的住所进行骚扰和掳掠的情况：

> 在这 3 个星期左右的时间内，日本兵闯入房屋达 60 多次。他们通常来寻找年轻女人，或者出于好奇来转悠，顺手偷些东西，并未有组织地从我的房屋里抢劫东西，不过日本兵好几次把许多家庭用品摔出去，拖过来。12 月 17 日晚，我到家时发现他们刚刚强奸了一名 50 多岁的妇女。
>
> 在 12 月 18 日左右，我共见到 4 个日本兵来到门前，并将他们赶走。

---

① ［美］罗伯特·诺曼：给汉口美国大使馆的信，1938 年 2 月 18 日，《1937-1938 年中日战争造成美国人损失，罗伯特·诺曼索赔》报告附件 1，1938 年 7 月 7 日，美国国家第二档案馆，第 84 档案组，驻中国外交机构，第 2166 卷（南京 1938 年第 7 卷）。

② 同①。

③ ［美］查尔斯·H. 里格斯：宣誓证词（Affidavit Statement），1938 年 4 月 20 日，《1937-1938 年中日战争造成美国人损失，查尔斯·H. 里格斯索赔》（“Sino-Japanese Hostilities 1937-1938 American Losses Resulting from Charles H. Riggs Claim of”）报告附件 1，1938 年 7 月 7 日，美国国家第二档案馆，第 84 档案组，驻中国外交机构，第 2166 卷（南京 1938 年第 7 卷）。

12 月 26 日，我以同样方式迫使 7 个企图闯进门来的日本兵走开。在我不在家的情况下日本兵多次闯进来之后，我于 12 月 21 日将日本宪兵队的布告张贴在大门口。我等在屋内，想看看布告是否有效用。45 分钟之内，日本兵在 3 个不同的时间闯进来，并开始拿东西，只有在我露面赶他们走时才离开。第一次是两个日本兵，第二次也是两个，第三次是另外一个当兵的。不久，日本兵来到佣人住的房间，抢劫东西，但在我露面时逃走了。①

由于日本兵不断来侵扰，里格斯的许多财产和物品遭劫掠。根据宣誓书所附的索赔清单，里格斯的住所遭受了金额达 100.72 美元的损失。②

但里格斯的损失不仅限于家庭用品。他有一辆南京牌照号为 5040 的巧克力色雪佛兰汽车，该车是一款 1934 年产的四门车型，并配有两个新的黄色车轮。1937 年 12 月 14 日，在里格斯外出上班时，这辆车被妥善地锁在他家门前。当天下午，麦考伦经过汉口路，看到一个日本兵正在车内试图发动汽车。然后，麦考伦一直看着直至他离开。麦考伦从附近的几个中国人那里获悉，在他离开后不久，日本兵要他们中的一些人将汽车推到大路上。同时，在路上找来另一辆车将这辆车拖走。里格斯索赔汽车的金额为 562.13 美元。因此，他提出的损失索赔总额为 662.85 美元。③

马内·舍尔·贝茨

和其他美国人一样，贝茨也搬到平仓巷 3 号居住，并把位于汉口路 25 号的住所留给了一位相识已久的看门人。贝茨还邀请一位中国教师一家住在

① ［美］查尔斯·H. 里格斯：宣誓证词（Affidavit Statement），1938 年 4 月 20 日，《1937-1938 年中日战争造成美国人损失，查尔斯·H. 里格斯索赔》（“Sino-Japanese Hostilities 1937-1938 American Losses Resulting from Charles H. Riggs Claim of”）报告附件 1，1938 年 7 月 7 日，美国国家第二档案馆，第 84 档案组，驻中国外交机构，第 2166 卷（南京 1938 年第 7 卷）。

② 同①。

③ 同①。

那儿。这位中国教师以前曾受雇于美国家庭，包括贝茨家。1937 年 12 月 1 日到 1938 年 3 月 1 日期间，贝茨每周平均回家三到六次，根据他的观察，直至 12 月 18 日，住所和里面的东西都还完好无损。然而，1937 年 12 月 18 日至 1938 年 1 月 11 日，日本兵共闯入其住所 10 至 11 次，偷窃、损坏他的个人财产。有两次（大概是 12 月 19 日和 12 月 27 日），成群结伙的日本兵在他家里待了达两小时之久。他们把抽屉、壁橱、书桌和储藏室里的东西都扔到地上，肆意踩踏，还把门锁砸坏，玻璃和瓷器被打碎。[①] 在宣誓证词中，贝茨特别提到了 12 月 21 日发生的情况：

> 12 月 21 日下午，在向福田副领事口头和书面报告在这之前 24 小时内日本兵在金陵大学校产上胡作非为之际，我在报告中包括了同一天上午我和他在大使馆谈话的同时，我自己的住宅遭到第四次抢劫的事实。日本兵在我家的两个房间的地板上留下粪便，以此来进一步表达他们对美国人财产的态度。也许应当补充一下，一名日本“临时宪兵”（普通士兵佩戴以示区别的袖章）1 月 11 日闯入我家，我迅即将他在那儿的错误行径报告给了日本大使馆，以后还就此事提过几次；但是，时至今日，没有给予我任何解释。然而，由于没有涉及盗窃，不必在此重复细节情况。[②]

与贝茨的宣誓证词一道提交的，还有一份日本兵在他家盗窃和损坏物品的分项清单，只不过，他提到遗漏了许多小物品，并且由于妻儿不在的缘故，他的清单可能不够完整全面。针对盗窃和被破坏的物品，贝茨提出了金额为 592.65 美元的索赔。[③]

---

① ［美］M. S. 贝茨：宣誓证词，1938 年 4 月 2 日，《1937-1938 年中日战争造成美国人损失，M. S. 贝茨索赔》（“Sino-Japanese Hostilities 1937-1938 American Losses Resulting from M. S. Bates Claim of”）报告附件 1，1938 年 7 月 7 日，档案编号 494.11 贝茨，M. S./1，美国国家第二档案馆，第 59 档案组第 2351 档案盒。

② 同①。

③ 同①。

理查德·弗里曼·布莱迪

理查德·弗里曼·布莱迪是南京鼓楼医院的一位美国医生。南京遭到持续不断的空袭时，他把妻儿送到江西省山区避暑胜地牯岭。1937 年 12 月 3 日，他前往牯岭照顾重病的女儿[①]，在此之前，布莱迪一直在医院里救治伤员。他先把家人从牯岭送到汉口，然后去香港，最后抵达上海。然而，直到 1938 年 2 月 21 日布莱迪才获准返回南京。

布莱迪不在南京的那段时间里，他位于汉口路 19 号（楼上）的平时住所由金陵大学的一名中国工作人员临时借用。他的私人财产锁在二楼西北角的房间里，并由他忠心耿耿的一直为布莱迪工作了六年的厨师看管。1937 年 8 月 17 日至 12 月 3 日，布莱迪与麦考伦牧师一起住在双龙巷 11-B 号的临时住所中。1937 年 12 月 14 日至 31 日，麦考伦住在平仓巷 3 号，在此期间，麦考伦经常到这所房屋查看。截至 12 月 3 日布莱迪离开时，两所房屋及物品都完好无损。[②] 但日军攻占南京后，遭受了很多掳掠与破坏。贝茨是布莱迪的隔壁邻居，他和麦考伦牧师都作了宣誓证词，证明布莱迪离开期间他的住所发生的情况。

贝茨是金陵大学负责校产的紧急委员会的主席，经常被仆人和工作人员召到日本兵抢劫与犯有其他罪行的房屋去查看。据贝茨说，直至 12 月 14 日日本兵开始闯入附近房屋之际，一切都完好无损。中国工作人员一家一直在那儿住到 12 月 19 日一帮日本兵来强奸妇女。布莱迪的厨师也尽其所能保护财产，但面对日军的刀枪，他和那家人均无能为力。因此，贝茨多次被叫到

---

① 查德·弗里曼·布莱迪与爱德娜·考德威尔·布莱迪的长女乔伊丝·伊兰·布莱迪（Joyce Elaine Brady，1927-），1927 年 11 月 26 日出生于美国俄克拉荷马州的庞恰城（Ponca City），就读于南京的美国学校与上海的美国学校，1941 年初随父母回美国，毕业于加州大学。次女玛莉莲·瑾·布莱迪（Marilyn Jean Brady，1937-）1937 年 3 月 8 日在南京出生。

② ［美］理查德·布莱迪：宣誓证词，1938 年 5 月 3 日，《1937-1938 年中日战争造成美国人损失，理查德·布莱迪医生索赔》（“Sino-Japanese Hostilities 1937-1938 American Losses Resulting from Dr. R. F. Brady Claim of”）报告附件 1，1938 年 7 月 7 日，美国国家第二档案馆，第 84 档案组，驻中国外交机构，第 2164 卷（南京 1938 年第 5 卷）。

布莱迪位于汉口路 19 号的房屋[①]。贝茨在他的宣誓证词中说:

> 12 月 16 日左右，我帮着把日本兵从这座房屋里驱赶走，12 月 19 日又去赶了一次（安全区报告给日本大使馆的第 77 号案件），12 月底之前又去赶了两次。我发现日本兵把房屋里所有的锁都砸破，洗劫了每一个房间、抽屉和箱子，其中包括布莱迪的财物。1938 年 1 月 14 日，日军占领城市一个多月之后，我发现一名“临时宪兵”在拿屋子里的东西，包括布莱迪的物品，我通过美国大使馆迅速报告了此事。显然，即使在那个日子，当局并未认真制止他们的军人和宪兵损坏美国财产的行为，因为我在 1 月 18 日发现同一个日本兵在小粉桥 32 号“临时宪兵队”对面小粉桥 3 号金陵大学校产的各个房屋中搜寻东西。[②]

麦考伦说，他 1937 年 12 月 14 日去查看了双龙巷 11-B 号的房屋和车库，房屋和车库及里面的东西都没有人动过。但当他第二天早上再去时却发现车库的门被撬开，布莱迪的福特 V8 汽车的玻璃被砸碎，他还在车内发现了一个日本兵的钢盔。12 月 15 日下午，他再次到这处房屋查看。两个日本兵进入车库捣鼓汽车，但麦考伦向他们走去时，他们就退出去了。[③]然而，日本兵并没有就此放弃。在宣誓证词中，麦考伦描述了这些日本兵坚持不懈地图谋偷车的情况:

> 12 月 16 日，我发现一个日本兵在车库里正用工具修车子。我提出抗议并把他劝走。他坐上等在附近中山路上的卡车。卡车上有粗绳子，

① ［美］M. S. 贝茨：宣誓证词，1938 年 5 月 2 日，《1937-1938 年中日战争造成美国人损失，理查德·布莱迪医生索赔》报告附件 2，1938 年 7 月 7 日，美国国家第二档案馆，第 84 档案组，驻中国外交机构，第 2164 卷（南京 1938 年第 5 卷）。

② 同①。

③ ［美］詹姆斯·H. 麦考伦：宣誓证词，1938 年 5 月 2 日，《1937-1938 年中日战争造成美国人损失，理查德·布莱迪医生索赔》报告附件 3，1938 年 7 月 7 日，美国国家第二档案馆，第 84 档案组，驻中国外交机构，第 2164 卷（南京 1938 年第 5 卷）。

显然，如有必要，他们准备把车拖走。第二天，12 月 17 日上午，我发现车库空空如也。房屋也被闯入，物品要么被拖得到处都是，要么被偷走。那天我在那儿时，两个日本兵企图闯进屋。房屋上有一面美国旗和美国政府的布告清楚地标示着。18 日房屋再次被闯入并洗劫。1938 年 1 月 1 日之前，房屋又被闯入多次。①

在 1937 年 12 月 14 日至 31 日这段时间内，日本兵总共光顾布莱迪位于汉口路 19 号的住宅至少 4 次，他们偷走并毁坏了布莱迪的个人财产。日本兵在同一时期还至少 6 次闯入布莱迪在双龙巷 11-B 号的临时住所，偷走了他的汽车并抢劫了其他东西。布莱迪附上了一份日军从他两处住所抢走的包括汽车在内的物品清单，财产损失与损坏索赔金额达 547.94 美元②。

菲勒比·凯瑟琳·布莱恩③

菲勒比·凯瑟琳·布莱恩小姐是美国弗吉尼亚州里士满南方浸信会海外宣教会的一名传教士。1937 年春，她被派往南京传教。1937 年 8 月 1 日，凯瑟琳·布莱恩搬进了湖南路大同新村 11 号的新建住宅。但她在那里仅仅居住了三个多星期。8 月 28 日，由于日军轰炸南京，她被迫撤离。离开时，在美国大使馆的建议下，凯瑟琳·布莱恩把家里以及通向外面的门都上了双锁，窗户上安装了牢固的钢条架，并在里面紧紧地拴固。

---

① ［美］詹姆斯·H. 麦考伦：宣誓证词，1938 年 5 月 2 日，《1937-1938 年中日战争造成美国人损失，理查德·布莱迪医生索赔》报告附件 3，1938 年 7 月 7 日，美国国家第二档案馆，第 84 档案组，驻中国外交机构，第 2164 卷（南京 1938 年第 5 卷）。

② ［美］理查德·布莱迪：宣誓证词，1938 年 5 月 3 日，《1937-1938 年中日战争造成美国人损失，理查德·布莱迪医生索赔》报告附件 1，1938 年 7 月 7 日，美国国家第二档案馆，第 84 档案组，驻中国外交机构，第 2164 卷（南京 1938 年第 5 卷）。

③ ［美］菲勒比·凯瑟琳·布莱恩（Ferrebee Catherine Bryan，1886-1982），1886 年 6 月 18 日出生于江苏镇江一个美国传教士的家庭，长大后回美国读书，1917 年由美国南方浸信会国外传教团派遣回中国传教，长期在上海工作。1937 年春天，她由上海前往南京传教。日军空袭南京之后，她于 8 月底经汉口撤往澳门。1982 年 3 月 17 日，她逝世于亚特兰大。

房子里的陈设大多是崭新的，是她于28天前刚刚购置的。她还将以前在上海工作时用的一些名贵的乐器带来。她留下的个人财产和用品都完好无损。在美国大使馆的进一步建议下，8月28日离开南京前往汉口之前，布莱恩向大使馆提交了一份完整的住所内物品的清单。日军抵达南京之前，布莱恩在1937年10月10日写信给美国大使馆二等秘书约翰·豪尔·巴克斯顿，询问住所的情况。巴克斯顿10月19日答复说，住所没有受损，门窗犹如她临行之际牢牢关闭着[①]。南京陷落后，布莱恩再次写信询问住处的情况。

为了回复她的询问，爱斯比和麦克法瑾于1938年2月10日查看了布莱恩的房屋，发现房屋已经从上到下被洗劫一空。

> 结果发现这栋住宅遭受了相当大的损失。除了门窗砸破，墙壁受损，房屋本身没有损坏。很明显是用刺刀戳穿了几扇门。但是屋子被从上到下洗劫，遭掳掠。楼下的餐厅和起居室里都没有家具，只有一个电冰箱在起居室中间，冰箱顶上的马达好像被卸走了。厨房里的炉子、留下的几件厨房用具和盘子都在那儿；但有些盘子被打碎，四散在地板上。在二楼，见到一些家具，诸如办公桌、书桌和几张椅子，但这些家具被部分砸破。在三楼上的边室里有3只箱子被撬开，里面的东西被拿走或丢得到处都是。后面楼梯的平台边上的房间里存放着几只包装箱，这些箱子也被撬开，东西被拿走，或四散各处。每一层楼上到处四散着被践踏过的一堆堆衣物、书籍、纸张、家庭用品的碎片，有的地方有一英寸厚。[②]

由于客厅和卧室的墙壁上写着东方文字，爱利生和爱斯比1938年2月24

① ［美］凯瑟琳·布莱恩：宣誓证词，1938年4月20日，《1937-1938年中日战争造成美国人损失，凯瑟琳·布莱恩小姐索赔》（“Sino-Japanese Hostilities 1937-1938 American Losses Resulting from Miss F. Catherine Bryan Claim of”）报告附件4，1938年7月7日，美国国家第二档案馆，第84档案组，驻中国外交机构，第2164卷（南京1938年第5卷）。

② ［美］詹姆斯·爱斯比：《美国在南京的财产权益损失》，1938年2月28日，第17至18页，档案编号393.115/233，美国国家第二档案馆，第59档案组第1821档案盒。

日回到这座住所，以确定这些是中文还是日文。爱利生确认这些是日本文字。一处写着“大日本”，另一处写着“昭和十二年，十二月十七日”，采用的是日本纪年，亦即 1937 年 12 月 17 日。他们注意到这栋房子目前无人居住，但是房门敞开着，前院里新建了一个厕所供当时驻扎在附近房屋中的日本军人使用。同一天，爱斯比邀请日本大使馆的粕谷孝夫[①]来到住所，作为日本政府的官员来见证，由日本兵在墙上留下的文字作为证据显示了日本兵对这座住宅进行的劫掠。粕谷看了这些文字并将其翻译成英语，并承认它们为日文[②]。

1938 年 3 月 2 日，爱利生写信给身处华南澳门的布莱恩，告知她住所遭受劫掠的情况，并建议她提出索赔，要求日本政府赔偿她的全部财产损失。布莱恩并不清楚“全部损失”的含义，她请求爱利生尽可能地挽救物品。爱利生 4 月 10 日回复她说，“你剩下的物品都已散落在地，并遭践踏”，因此“试图收集这些物件是极为困难的”。[③]结果，布莱恩附上了列有临行时锁在她住宅中的家庭用品和个人财产的清单，并要求赔偿她总价值为 915 美元的损失。[④]

詹姆斯·亨利·麦考伦

麦考伦的住宅位于白下路 209 号的美国圣公会大院内。他在那里一直居住到 1937 年 8 月 26 日，在他搬到城里另外的临时住所后，麦考伦夫妇的个人和家庭财产仍然存放在原住所。1937 年 12 月 11 日，也就是日军首次攻

---

① 粕谷孝夫（Yoshio Kasuya，1909-？）见 P234 注③。

② ［美］詹姆斯·爱斯比，约翰·爱利生：《关于入室抢劫凯瑟琳·布莱恩小姐住所财物的备忘录》（“Memorandum re Entry and Looting of Residence of Miss Catherine Bryan”），1938 年 2 月 24 日，《美国人在南京的财产权益损失》附件 9 1938 年 2 月 28 日，档案编号 393.115/233，美国国家第二档案馆，第 59 档案组第 1821 档案盒。

③ ［美］凯瑟琳·布莱恩：宣誓证词，引用约翰·爱利生 1938 年 4 月 10 日信件，1938 年 4 月 20 日，《1937-1938 年中日战争造成美国人损失，凯瑟琳·布莱恩小姐索赔》附件 4，1938 年 7 月 7 日，美国国家第二档案馆，第 84 档案组，驻中国外交机构，第 2164 卷（南京 1938 年第 5 卷）。

④ ［美］凯瑟琳·布莱恩：宣誓证词，1938 年 4 月 20 日，《1937-1938 年中日战争造成美国人损失，凯瑟琳·布莱恩小姐索赔》报告附件 4，1938 年 7 月 7 日，美国国家第二档案馆，第 84 档案组，驻中国外交机构，第 2164 卷（南京 1938 年第 5 卷）。

入南京的前一天，麦考伦察看了这座住宅以及大院内的其他房屋，这些房屋以及屋内的物品均未受侵扰[①]。

然而，1937 年 12 月 14 日，史迈斯、福斯特和拉贝在查看白下路 209 号的美国圣公会大院时，发现大院内的房屋已遭人闯入，并在教会的房产上发现日本兵。得知消息后，麦考伦当日下午前往白下路 209 号的住宅，看到四个日本兵正在他住宅的楼上，翻查被撬开的箱子与盒子里的物品。麦考伦把日本兵赶出了住宅，但教会大院的其他房屋中仍有日本兵。此次查访中，麦考伦检查了一部分东西，发现所有的食物、被褥、大部分衣物、大量的贵重物品以及三辆自行车都不见了。他特别注意到此后不见的维克多留声机、盘碟、厨房用品以及其他一些东西，12 月 14 日那天都还在那儿。

从那时起，麦考伦每三四天就去这处房产察看。12 月份，他每次去几乎都能在住宅里见到日本兵。12 月 18 日，发现钢琴受损严重，尽管 12 月 14 日尚完好无损。麦考伦确认日本兵造成了所有的损失与损害。他指出：

> 日本兵似乎驻扎在紧邻房产的中国旅馆内。由于在 12 月那段时间内中国人几乎完全离开南京这一地区，也由于日本兵在这段时间内，或者确实在教会的房产上，或者在附近的驻地，中国人不会有机会参与上述的掳掠活动。[②]

麦考伦提交宣誓证词的同时，还提交了一份两页的清单，列出了 1937 年 12 月 11 日至 1938 年 1 月 1 日期间他住宅内的个人和家庭财产损失，总价值为 858 美元。[③]

---

① ［美］詹姆斯·H. 麦考伦：宣誓证词，1938 年 8 月 6 日，《1937-1938 年中日战争造成美国人损失，詹姆斯·H. 麦考伦牧师索赔》（“Sino-Japanese Hostilities 1937-1938 American Losses Resulting from Reverend James H. McCallum Claim of”）报告附件 1，1938 年 7 月 7 日，美国国家第二档案馆，第 84 档案组，驻中国外交机构，第 2164 卷（南京 1938 年第 5 卷）。

② 同①。

③ 同①。

第八章　英国外交文件及英国财产损失

战事日益逼近南京之际，英国大使馆 11 月 23 日撤离南京，迁往汉口，但不久，又经香港迁到上海。与此同时，安排一个精干的领事小组留在南京，由亨弗雷·英吉兰·普利焘 - 布伦领事[①]主管大使馆的日常工作。1938 年 12 月 8 日日军包围南京时，普利焘 - 布伦命令城内所有的英国公民撤到英国炮艇或商船上避难。当时，在南京水域聚集着大批英国舰船，包括英舰“蟋蟀号”、英舰“圣甲虫号”、客轮“黄埔号”、汽轮“万通号”和“常德号”、汽拖轮“太古号”、商船“滇光号”、怡和洋行的旧船“庆和号”，还有几艘驳船与其

① 英国驻南京大使馆领事亨弗雷·英吉兰·普利焘 - 布伦（Humphrey IngelramPrideaux-Brune，1886-1979），1886 年 11 月 16 日出生，毕业于牛津大学后，于 1911 年进入外交界，在英国驻北京大使馆任中文翻译见习生。在英国驻北京、上海、宁波、天津、唐山、威海卫和青岛的使领馆任职之后，于 1935 年任英国驻南京大使馆一等秘书、领事。1938 年 1 月 9 日上午，他率领英国领事小组成员武官威廉·亚历山大·洛瓦特 - 弗莱瑟（William Alexander Lovatt Fraser）和空军武官约翰·古斯塔夫·沃尔瑟（John Gustave Wasler）乘英舰“蟋蟀号”抵达南京。但是日军借口事先不知道空军武官沃尔瑟到来，当时不允许他们上岸。经过交涉他于 1 月 12 日上岸。洛瓦特 - 弗莱瑟和沃尔瑟 1 月 16 日离开南京。普利焘 - 布伦 1938 年 1 月 29 日上午乘英舰“蜜蜂号”前往上海。在他离开南京之前，英国外交官欧内斯特·威廉·捷夫雷（Ernest William Jeffery）和沃特·亨利·威廉斯（Walter Henry Williams）于 1938 年 1 月 27 日抵达南京。1938 年 10 月，普利焘 - 布伦担任英国驻上海大使馆参赞，1943 年在印度任涉及中国关系的官员，1945 年退休，1979 年 12 月 12 日在英国林菲尔德（Linfield）逝世。

他一些船只。[①]

在日军最后发起总攻、城市陷落迫在眉睫之际，英国船队于12月9日晚从下关江边驶往南京上游约4.5英里处。普利焘-布伦、武官威廉·亚历山大·洛瓦特-弗莱瑟[②]及其助手巴森（Parson）中士搭乘英舰“圣甲虫号”。另一位英国外交官沃特·H.威廉斯[③]被安置在怡和洋行的旧船“庆和号”上。乘坐“庆和号”的还有德国大使馆外交官乔治·罗森、荷兰和白俄难民共计16人，以及众多中国难民。南京安全区国际委员会的四名英国成员也都撤离了。埃弗·麦凯[④]和菲利浦·罗勃特·希尔兹[⑤]与海关关长胡勃特·杜瑟·希利亚德[⑥]一同登上了英舰“蟋蟀号”。亚细亚火油公司的保罗·海克特·蒙罗-福勒先生和助手D. J.林恩，以及和记洋行的诺曼·哈利·普瑞斯[⑦]则上了亚

① ［英］埃弗E. L.麦凯（Ivor E. L. Mackey）:《1937年12月撤离南京》（“Nanking Evacuation December 1937”），1937年12月19日，第1页，皇家海军部档案ADM116/3882卷宗，扬子江巡逻档案，1938年1月；以及洛瓦特-弗莱瑟上校，《攻陷南京》（“The Capture of Nanking”），1938年1月2日，第10至11页，伦敦英国国家档案馆，外交部档案编号FO371/22043卷宗，第1751号文件。

② 威廉·亚历山大·洛瓦特-弗莱瑟（William Alexander Lovat-Fraser, 1894-1978），1922年10月为驻印度英军旁加比（Panjab）团的参谋，1933年晋升为少校，1934年11月至1938年10月担任英国驻华使馆武官。

③ 沃特·亨利·威廉斯（Walter Henry Williams, 1899-？），1899年2月11日出生，1930年7月来到中国，任职于英国驻北平使馆，1932年9月调任驻上海总领事馆，1937年7月调往驻南京大使馆。1937年12月日军进攻南京之前撤往上海。1938年1月27日与欧内斯特·威廉·捷夫雷一同前往南京，此后一段时间曾在南京、上海两地任职。20世纪40年代，他在英国驻芝加哥总领事馆任副领事。

④ 埃弗·E. L.麦凯（Ivor E. L. Mackey）是英国太古洋行南京分行的经理。

⑤ 菲利浦·罗勃特·希尔兹（Philip Robert Shields）是南京和记洋行的主管工程师，曾协助组建南京安全区国际委员会，但是在其公司的敦促下，于1937年12月8日撤离南京。他于1938年6月回到南京，担任国际救济委员会的成员。

⑥ 胡勃特·杜瑟·希利亚德（Herbert Duthy Hilliard），1883年11月15日出生于英国肯特郡（Kent）的格罗弗·帕克（Grove Park），1903年前往中国，在英国人掌控的海关任职员，1922年任海关副关长，1926年任关长，先后在湖北宜昌、云南蒙自、江苏苏州等地任海关关长。1929年至1932年出任海关总署统计司司长。此后任广东汕头（1932-1935）、天津（1935-1936）、南京（1936-1938）海关关长。他于1938年11月退休回英国。

⑦ 诺曼·哈利·普瑞斯（Norman Harry Price）为英国和记洋行的总工程师，日军进攻南京之前已撤离。

细亚火油公司的“滇光号”汽轮。邮务长威廉·瑞齐[①]包租了“万通号”汽轮，除瑞齐之外，副邮务长哈罗德·H. 莫兰德[②]和邮局的中国籍工作人员也乘坐这艘船[③]。

由于 12 月 9 日没有发生什么情况，于是普利焘 - 布伦、洛瓦特 - 弗莱瑟和海关关长希利亚德在次日晚返回，打算进城。但由于日军炮击，他们没法进城[④]。

12 月 11 日下午 2 时许，英国船队突然遭到来自南岸日军炮火的袭击，炮击迫使船队再往上游行驶了 10 英里[⑤]。

奉“蜜蜂号”上的海军少将瑞吉诺德·威瑟·霍尔特[⑥]的命令，船队旗舰“圣甲虫号”的船长奥东纳尔[⑦]与普利焘 - 布伦和洛瓦特 - 弗莱瑟一同乘坐和记洋

---

① 威廉·沃特·皮尔·瑞齐(William Walter Peel Ritchie，1879-1969)，1879 年 12 月 6 日出生于北爱尔兰里斯本（Lisburn），1901 年前往中国，并于同年 4 月开始在镇江的邮局工作，以后曾担任济南、成都、哈尔滨、广州的邮政局局长。1937 年，他是江苏邮政局邮务长。他于 1937 年 12 月 8 日撤离南京，又于 1938 年 2 月中旬回到南京，恢复邮政服务。在中国服务了 37 年之后，他于 1938 年退休回英国。此后，他又回到生活了大半辈子的中国。珍珠港事件之后，被日军关进香港赤柱集中营（Stanley Camp）直至 1945 年战争结束。他最终于 1948 年离开中国，移居加拿大，1969 年 12 月 26 日在加拿大不列颠哥伦比亚省维多利亚（Victoria）逝世。

② 哈罗德·哈利·莫兰德（Harold Harry Molland），英国臣民，为江苏邮政局副邮务长。

③ 洛瓦特 - 弗莱瑟上校，《攻陷南京》，1938 年 1 月 2 日，第 10 至 11 页，伦敦英国国家档案馆，FO371/22043 卷宗，第 1751 号文件。

④ 同③，第 12 页。

⑤ 同③。

⑥ 瑞吉诺德·威瑟·霍尔特（Reginald Vesey Holt，1884-1957），1884 年 5 月 26 日出生于英国伦敦，1899 年加入皇家海军，1936 年晋升为海军少将，1939 年晋升为海军中将。1937 年 12 月日军攻占南京时，他是英国皇家海军长江支队的高级海军军官、“蜜蜂号”船长，至 1937 年 12 月 21 日哈罗德·汤姆斯·阿姆斯特朗于 1937 年 12 月 24 日继他之后任“蜜蜂号”船长。1937 年 12 月至 1940 年 1 月任长江支队司令。他 1957 年 12 月 9 日在英国方特威尔（Fontwell）逝世。

⑦ [美]乔治·埃瑞克·玛歇·奥东纳尔（George Eric Maxia O’Donnell，1893-1953），1893 年 8 月 31 日出生于印度孟买，1906 年 13 岁时便加入皇家海军，1923 年晋升为海军少校，1929 年晋升为海军中校，1936 年 12 月晋升为海军上校。1937 年 7 月被任命为旗舰“蜜蜂号”船长，同时担任海军少将瑞吉诺德·威 瑟 ·霍尔特（Reginald Versey Holt）的参谋长。日军逼近南京时，他担任“圣甲虫号”船长及驻南京海军高级军官，负责指挥当时集结在南京附近江面的英国船队。1937 年 12 月 12 日，他在英舰“瓢虫号”上遭日军炮火袭击而负伤。他后来曾出任英国驻希腊雅典与土耳其安卡拉使馆海军武官，1946 年退役，1953 年 1 月 18 日逝世。

行的“常德号”汽轮，于12月12日凌晨在芜湖与霍尔特少将会面，商讨当时面临的局势。[①]

他们离开后，日本军机在当天下午对船队空袭轰炸了三次，致使旧船“庆和号”严重受损。两艘炮艇被迫开火，迫使日本飞机在相当高的高度飞行，防止它们对英国舰船造成进一步的伤害。与此同时，船上的外籍乘客都被转移到炮艇上。[②]

洛瓦特-弗莱瑟在12月14日乘坐英舰“瓢虫号”离开芜湖，12月17日抵达上海[③]；普利焘-布伦在南京附近盘桓了数日。原本计划外交官只是暂时撤到船上，待战事结束后再回城继续工作。1937年12月18日，“蜜蜂号”的参谋长在南京水域拜访了日本海军少将近藤。他报告道：“一位日本领事官员来做翻译，他说现乘坐‘蜜蜂号’的英国和德国领事官员都不会获准上岸，因为海军与陆军当局已作出决定，目前不允许外国人进入南京。”[④]

尽管外交官没有获准在南京登岸，然而，一艘英国炮艇一直驻泊在南京港区，另一艘炮艇在芜湖；四艘“昆虫级”炮艇——“蚜虫号”“蜜蜂号”“蟋蟀号”和“圣甲虫号”在上海、南京和芜湖之间轮流巡防。（1937年12月下旬至1938年3月下旬期间各炮艇在不同港口的停靠情况列表见附录九。）停泊在南京和芜湖的炮艇船长分别被任命为“驻南京高级海军军官”和“驻芜湖高级海军军官”。当英国外交官不在城内时，高级海军军官即代行本地英国领事的职责，报告观察到的情况。

然而，在南京大屠杀进行的过程中，日方要求英国炮艇驶到偏远的位置停泊。1937年12月18日下午5时30分左右，“蜜蜂号”报告：“应近藤

① ［英］瑞吉诺德·威瑟·霍尔特：《“蜜蜂号”情况报告》，1937年12月10-15日，第1至2页，伦敦英国国家档案馆，海军部档案ADM116/3675卷宗。

② W. A. 洛瓦特-弗莱瑟：《攻陷南京》，1938年1月2日，第12页，伦敦英国国家档案馆，FO371/22043卷宗，第1751号文件。

③ 同②，第13页。

④ “蜜蜂号”参谋长：致扬子江巡逻英国海军中将的密电，1937年12月18日，伦敦英国国家档案馆，海军部ADM116/3881卷宗，扬子江巡逻档案，1937年12月。

海军少将的请求，我已行驶至南京上游两英里半的位置，因为他说今晚有军事行动。”[①]

“蜜蜂号”驻泊在南京城外时，“蚜虫号”也一直在南京水域，直至1937年12月30日被派遣去芜湖接替无线电通信发生故障的“圣甲虫号”。“圣甲虫号”12月31日从芜湖驶抵南京，并于1938年1月2日启程前往上海。

在此期间，“蜜蜂号”更换了船长。霍尔特海军少将于12月中旬离开，“蜜蜂号”于12月22日从南京启航，溯江而上去迎接新任船长哈罗德·汤姆斯·阿姆斯特朗[②]，他于12月24日登船继任长江下游高级海军军官，并在“蜜蜂号”驻泊南京水域时兼任驻南京高级海军军官。12月27日下午4时30分，“蜜蜂号”返抵南京并在此驻泊至1938年1月29日。阿姆斯特朗抵达南京后报告：“岸上的情况看来比较平静，但是江两岸都有几处大火在燃烧。”[③] 12月28日他记载道：

> 南京与浦口都比较平静，但是，全城各处整天都可见到刚刚燃起的大火。看上去，日本人在肆意摧毁中国人的财产。
>
> 打算使用旧船作为娱乐场所，我视察了旧船，但是由于有180多个中国人在极为不舒服的条件下居住在船上，我觉得那是不可能办到的。[④]

阿姆斯特朗在12月30日拜访近藤海军少将的参谋长时，显然与日本人商讨了英国外交官返回南京的事宜。日方告知阿姆斯特朗，由于“清剿”行动尚未结束，所以不允许外国人在南京登岸；而且1938年1月5日之前不

① “蜜蜂号”参谋长：致扬子江巡逻英国海军中将的密电，1937年12月18日，伦敦英国国家档案馆，海军部ADM116/3881卷宗，扬子江巡逻档案，1937年12月。

② 哈罗德·汤姆斯·阿姆斯特朗（Harold Thomas Armstrong，1904-1944），见P14注①。

③ H. T. 阿姆斯特朗：“蜜蜂号”情况报告，1937年12月24-30日，第3至4页，伦敦英国国家档案馆，海军部档案ADM1/9558卷宗，23/c/6文件。

④ 同③，第3页。

会允许任何人登岸。[①]

1月6日，美国大使馆领事爱利生和他的工作人员在南京登岸时，阿姆斯特朗再次尝试商谈此事：

奉指令来开启美国大使馆的美国领事今天上午乘美国江河炮艇“瓦胡号”抵达南京。他建议我应该作为英国领事的代表和他一起上岸。来到日本旗舰[②]上，受到日本使馆官员的接待，他对我们说，他接到上海的命令安排美国领事进城，但是由于他没有得到有关我的命令，不能安排我进城。为了不失面子，我说希望去查看海军储存在城外的煤炭。日军最终同意我这么做。我发现太古洋行的房产，包括海军食堂都被日军部队占用，周围的土地被用来倾倒大量的军需用品。对于他们未与我们协商便以军事目的使用英国产业，我向陆军和海军当局提出强烈的抗议。他们所给的借口是，这是最合适的地方，会尊重对待。[③]

最终，普利焘-布伦及其工作人员，以及德国领事小组在1月9日获准在南京登岸。阿姆斯特朗就此报告道：

英舰“蟋蟀号”中午从上海驶来，搭乘该船的有英国驻南京领事H.普利焘-布伦先生、武官洛瓦特-弗莱瑟中校、临时空军武官沃尔瑟空军中校[④]，以及德国总领事与使馆工作人员。英国领事和武官，以及德国官员在下午上岸，但是，因为在上海的当局没有通知日本人空军武官将陪伴武官一起来，他没有获准上岸。在获准上岸之前，他被安置在英舰“蜜

① ［美］约翰·爱利生：无编号电报，1937年12月31日下午6时，美国国务院档案，编号793.94/11921，美国国家第二档案馆，第59档案组，微缩胶卷M976第48卷。

② 当时驻守在南京的日本海军为第三舰队第十一战队。第十一战队司令为近藤英次郎海军少将，第十一战队旗舰为“安宅号”（Ataka）炮舰。

③ 驻南京高级海军军官：致扬子江海军少将的电报，1938年1月6日，伦敦英国国家档案馆，海军部档案ADM116/3882卷宗，扬子江巡逻档案，1938年1月。

④ ［美］约翰·古斯塔夫·沃尔瑟（John Gustave Walser），见P11注①。

蜂号”上。领事和武官住进领事馆。[①]

1月12日，“和日本人作出令人满意的安排之后，空军武官离开英舰‘蜜蜂号’，上岸和领事住在一起”。[②]

英国外交文件

普利焘 - 布伦于1月11日向英国驻上海大使馆发出了他的第一封电报，报告他和武官已平安抵达南京。使馆大院内的所有房屋建筑及物品，除了汽车之外，均完好无损。[③] 两天后，英国领事向上海拍发了一份涉及南京的状况的长篇电文。普利焘 - 布伦首先简述了日军的暴行：

> 这里的状况远比我们预期的要困难与反常。在占领城市后最初的两个星期所犯暴行的性质与规模几乎难以令人置信。就日军失控的状况而论，情况缓慢地有所改善，但是，孤立的谋杀案与其他野蛮残暴的行径仍持续着。最近三天来，德国人与美国人居住着，并悬挂着各自国旗的住宅被日军强行闯入。在没有知会美国大使馆的情况下，日军从美国人的住宅中强行抓走一名中国人。[④]

他在报告中称，南京城“完全在日军控制下”，而日本军方“态度恶劣，对我们极度敌视”。他高度赞扬了国际委员会的工作：

---

① H. T. 阿姆斯特朗：“蜜蜂号”情况报告，1938年1月1-31日，第3页，伦敦英国国家档案馆，海军部档案ADM1/9558卷宗，23/c/7文件。

② 同①，第4页。

③ R. G. 豪尔（英国驻上海大使馆临时代办），47号电报，1938年1月11日，伦敦英国国家档案馆，FO371/22144卷宗，第478号文件。

④ 驻南京领事：7号电报，1938年1月13日下午5：38，伦敦英国国家档案馆，海军部档案ADM116/3882卷宗，扬子江巡逻档案，1938年1月。

所有赞美的言辞都难以形容安全区委员会德国与美国成员所做的工作。毫无疑问，仅仅由于他们身在南京便保证了相对安全的区域，他们持续不断，勇敢地干预，阻止了很多对难民的袭击。有一种要将他们清除掉的强烈动向。当然最终唯一的解决办法是，一旦能作出妥当的安排，由日本人来负责照管留下的老百姓与总体的市政管理。（同上）

英国公民回城恢复生意的前景不容乐观，因为军方“坚决反对除了官员以外的任何外国人返回南京，显而易见，以上述情况而论，任何英国臣民回南京都是不明智，也是徒劳无益的”；同样，任何“重启商业的活动必须有赖于在中国人之中采取缓和的措施，然而，无法预言那样的情况何时才能到来”。①

武官在1月14日的报告中，称南京是“一座死寂之城，近期进行贸易的可能性微乎其微”。他描述日本军方“对外国人，尤其对英国人的态度绝对是敌视的”，“武官一直未能和军方取得联系”。②他还讲述了德国外交代表罗森与日本当局发生冲突的情况：

根据罗森的说法，1月13日他和日本总领事③与参谋本乡少佐④激烈地争吵。他在城外中山陵附近开车时被日本人阻止，并命令他回城，理由是他没有遵守日军外国人不该出城，以及必须一直由宪兵陪同的指示。此后双方都有激烈火爆的言辞，双方也一再提及反共协定。⑤日本人更

① 驻南京领事：7号电报，1938年1月13日下午5：38，伦敦英国国家档案馆，海军部档案，ADM116/3882卷宗，扬子江巡逻档案，1938年1月。

② 驻南京领事（1938年1月14日下午5：33）。10号电报，伦敦英国国家档案馆，海军部档案，ADM116/3882卷宗，扬子江巡逻档案，1938年1月。

③ 当时日本驻南京代理总领事为福井淳（Kiyoshi Fukui，1898-1955），见P81注②。

④ 本乡忠夫（Tadao Hongo，1899-1943），见P267注③。

⑤ 此处英文原文为Anti-Communist Pact，应为Anti-Comintern Pact。反共产国际协定（又称防共协定）是纳粹德国与日本在1936年11月25日在柏林签署的反对共产国际及苏联的协定，此协定后来陆续有其他国家加入，其他签署该协定的国家包括意大利、保加利亚、汪精卫政权、克罗地亚、丹麦、芬兰、匈牙利、“满洲国”、土耳其、泰国、“维希法国”、罗马尼亚、斯洛伐克、西班牙。

是火上浇油地给当时怒气冲天的罗森大肆拍照，拍摄影像。以我的看法，罗森的一些争辩之词无疑是难以使人信服的。他以日本大使在柏林并未受到如此保护为由，要求完全的行动自由，不同意宪兵坐在他汽车内（城内情况根本不正常）。①

1月21日，普利焘-布伦再次向上海拍发了长篇电报，报告南京城内的状况，包括日军侵犯美国人财产的案件：

上个星期，本地的状况没有明显的改善。除了作为军事行动的中心，整个城市死寂一片。不断有部队进进出出，部队的行动似乎并没有受限于城内总体的状况。美国大使馆上个星期一直忙于处理日本兵强行闯入美国房产劫持妇女、掳掠的案件。已在东京提出强烈抗议，我得知已下达指示，要更好地保护外国人的财产。

没有迹象证明有任何尝试来发展市政管理，或为中国人的生命与财产提供安全保障。毫无诚意地劝说安全区内的一些难民返回位于城市其他地区的家中。只有极少数人冒险尝试，但立即遭遇了灾难。

安全区内的粮食供应即将变得严峻。安全区委员会的外国成员善意配合，以解决这一问题所作的努力激怒了军方。军方宣称必须由“自治委员会”来处理，他们将协助提供粮食。但是到目前为止，没有采取有效的行动。他们似乎还没有开始意识到问题的严重性。

日军仍坚决反对除了外交官以外的外国人回南京。我觉得目前就此对他们施加压力毫无作用。英国臣民在目前状况下来南京也是不明智的。②

---

① ［英］驻南京领事（1938年1月14日下午5：33）：10号电报，伦敦英国国家档案馆，海军部档案，ADM116/3882卷宗，扬子江巡逻档案，1938年1月。

② ［英］驻南京领事：密码电报，1938年1月21日下午5：41，伦敦英国国家档案馆，海军部档案，ADM116/3882卷宗，扬子江巡逻档案，1938年1月。

次日，1月22日，普利泰－布伦报告了英国人财产受损的情况，他写道：和记洋行“没有什么损失，但是居住在那儿的人们惊恐异常，遭受虐待。一如其他城区，仍持续不断从洋行的大院中劫持走姑娘”。①

在南京任职即将结束之际，普利泰－布伦还起草了信息更为丰富的报告，其中有些部分直至他回上海后才完成。1月29日，普利泰－布伦报告道：

> 由于缺乏任何集中统一的控制，日军目无法纪的状况仍持续着。主要为强奸。浪人（投靠军队的平民食客，冒险分子，亡命之徒）出现了，很可能是制造更多麻烦的根源。
>
> 25万中国平民难民的问题非常严重。日本人通知安全区委员会，必须在2月4日之前遣散难民。大多数难民无家可归，没有生存的手段。日本当局任何仓促草率的举动有可能引起骚乱、更多的暴行。
>
> 日本人仍然极度地憎恨外国人对他们行为的观察。对美国与德国大使馆持有敌意。负责日本大使馆的福井先生的无能和不称职使得这方面的情况更为困难。
>
> 日本人准备在市中心建立一个分隔部队的特定的区域。②

普利泰－布伦抵达上海后，提交了一份关于“爱利生事件”的详细报告，其中记录了当时他能够获得的信息。他撰写的涉及南京的状况的最独特的报告是他的《目前在英国保护下的中国难民》。该报告提供了其他资料均没有的信息。首先，他谈到在那艘于1937年12月12日被炸受损的怡和洋行旧船“庆和轮”上生活的中国难民的情况：

> 12月12日遭受轰炸之际，所有的中国人被告知上岸疏散，得到信

① ［英］R. G. 豪尔：128号电报，1938年1月22日，伦敦英国国家档案馆，FO371/22085卷宗，第921文件。

② ［英］R. G. 豪尔：220号电报，1938年2月1日，伦敦英国国家档案馆，FO371/22146卷宗，第1371文件。

号再返回船上。很多人按指令返回，被送往上海。还有很多人极度惊恐，没有回来，因而不得已留在了长江北岸。自此之后，有些人设法回到目前停泊在南京上游两英里炮艇附近的旧船上。由于越来越多的人回到旧船上，近来人数增加了很多。现在总人数差不多有300名男女与儿童。

这些人都被困在旧船上，在炮艇的监督与关照下生活在那儿。

由于日本人已经怀疑住在旧船上的人，并极度仇视外国人任何试图救助中国人的行为，眼下真不知道应该如何安置这些人。（除了极少数特例之外）不允许中国人在南京上岸、进城，或离城。[①]

普利泰 - 布伦还报告，仍有约200名中国难民住在英国大使馆大院内。由于英国大使馆地处安全区之外，这种情况是相当独特的现象：

大约有200名男女和儿童。其中有些人是海关、邮局[②]官员的佣人，他们无法安全地待在自己的院落里。还有来自萨家湾及附近其他村庄的人。目前根本不可能赶他们出去。除了在安全区内，中国人不能四处走动，除非待在一座使馆大院里，没有人是安全的。我们只能留他们在这儿，直至有妥当的保护措施对平民百姓进行总体的重新安置。

普利泰 - 布伦在南京的行事方式不似爱利生或罗森那样咄咄逼人。他说："我们在当地与日本人打交道的成功首先有赖于避免与日军发生冲突，逐渐与他们建立起和睦的关系。"[③]爱利生抱怨普利泰 - 布伦不愿意同美国和德

① ［英］普利泰 - 布伦：《当前局势下受英国庇护的中国难民》（"Chinese Refugees at Present Under British Protection"），1938年1月31日，伦敦英国国家档案馆，FO371/22152卷宗，第2818号文件。

② 自从19世纪末英国人协助中国创办海关与邮政系统以来，英国人一直控制、经营着这两个系统。

③ 英驻南京领事：22号电报，1938年1月18日上午11：10，伦敦英国国家档案馆，海军部档案，ADM116/3882卷宗，扬子江巡逻档案，1938年1月。

国的外交官一起就粮食供应问题采取断然行动[①]。这也是为什么日本“对美国与德国大使馆持有敌意”[②]，而对英国大使馆不那么敌视的原因。由于南京有为数不少的英国公司，普利焘 - 布伦更关心英国商人返城恢复商贸生意。

英国陆军和空军武官抵达南京后，在全城四处走动，查看英国人财产的状况。罗森的报告提到 1 月 12 日他与两名武官一起查看了英美烟草公司[③]巴森斯先生[④]的房子。[⑤]麦考伦也在他的日记中描述了他们在城内巡视的情况。1 月 15 日麦考伦写道：

> 英国大使馆的朋友很难接受我们讲述的经历。他们新来乍到情况不明，还接受不了，我们得让他们迅速适应。然而，他们也亲身撞上了可怕的场面，得到第一手印象。他们去和平门亚细亚火油公司附近查看英国人的房产，看见一个妇女的尸体，身体里硬被插进一根高尔夫球棒，球棒还有一部分露在体外。[⑥]

他们四处巡查显然激怒了日本人。普利焘 – 布伦不愿与日军产生摩擦，便想让两名武官尽快离开南京。他请阿姆斯特朗安排此事，于是，阿姆斯特

① ［美］约翰・爱利生，33 号电报，1938 年 1 月 22 日下午 4 时，档案编号 893.48/1406，美国国家第二档案馆，第 59 档案组，第 7229 档案盒。

② ［英］R. G. 豪尔，220 号电报，1938 年 2 月 1 日，伦敦英国国家档案馆，FO371/22146 卷宗，第 1371 号文件。

③ 英美烟草公司［British-American Tobacco Company（China）Ltd.］。1902 年英国帝国烟草公司与美国烟草公司联合创办合资企业英美烟草公司，生产、经销卷烟。“三五”牌香烟为其最为著名的品牌之一。到 20 世纪 60 年代公司的业务也涉足纸张、纸浆、化妆品及食品行业。英美烟草公司在南京的办公地点为今丁山宾馆内的建筑。

④ ［美］约翰・威斯利・巴森斯（John Wesley Parsons，1893-1969），1893 年 4 月 8 日在美国北卡罗来纳州兰都曼（Randleman）出生，1918 年 1 月到达中国，为英美烟草公司销售商，先后在北京、张家口、广州、上海、南京等地工作，1947 年 9 月离开中国回美国，1969 年 6 月 9 日在加州桑塔・克拉拉（Santa Clara）逝世。

⑤ ［德］约翰・拉贝：《南京好汉：拉贝日记》，纽约：克诺夫出版社，1998 年，第 121 页。

⑥ ［美］詹姆斯・H. 麦考伦：给妻子伊娃的信，1938 年 1 月 15 日，美国国会图书馆，1937-1938 年冬日军在南京暴行记述。

朗安排他们在1月16日乘坐下一个航次抵达的炮艇英舰“蚜虫号”前往上海。此时距他们在南京登岸仅数日。①

对日军的暴行，普利焘-布伦仅提供了简略的概述。在他的电报或报告中，没有对具体案例的详细描述。在他来南京之前，除了1937年12月15日离开的路透社记者莱斯利·C.史密斯，城里没有英国人。因此，普利焘-布伦无法像爱斯比那样从美国居民那里获得详细的证词。他也不热衷于出去搜集此类信息，他更关心的是英国人在城内财产的福祉。此外，自洛瓦特-弗莱瑟和沃尔瑟离开后，南京的英国外交官仅剩他一人，他凭一己之力也难以兼顾诸多事务。

事实上，英国的外交和军事文件中鲜有关于日本暴行的记载。在1938年1月2日提交给英国驻上海大使馆临时代办罗勃特·G.豪尔②的《攻陷南京》一文中，洛瓦特-弗莱瑟报告道：

> 据可靠人士（留在城内的外国人）的消息，日本人不留俘虏，从一开始，他们的政策便是射杀所有有能力用枪的男子。许多身陷城内的中国军人丢弃了军装与装备，到国际难民区寻求庇护。从同一可靠人士处得知，日军拘捕了数百人，恐怕被拉出去枪毙了。③

---

① ［英］H. T. 阿姆斯特朗：《“蜜蜂号”情况报告》，1938年1月31日，第4页，伦敦英国国家档案馆，海军部档案，ADM1/9558卷宗，23/c/7文件。

② 罗勃特·乔治·豪尔（Robert George Howe，1893-1981），1893年9月19日出生于英国德比（Derby），毕业于剑桥大学圣凯瑟琳（St. Catherine）学院，1919年10月进入外交部，曾在英国驻哥本哈根、贝尔格莱德、里约热内卢、布加勒斯特等使馆任职，1934年5月被任命为驻北平使馆代理参赞，1936年6月晋升为驻南京使馆参赞。1937年8月26日英国驻华大使休·蒙哥马利·纳契布-赫格森爵士（Sir Hughe Montgomery Knatchbull-Hugessen，1886-1971）在上海郊区遭日军飞机袭击而受重伤，豪尔于1937年9月担任驻华使馆临时代办至1938年3月新任驻华大使到任。他1940年担任英国驻拉脱维亚里加使馆公使；1942年至1945年任英国驻阿比西尼亚（今埃塞俄比亚）公使；1947年至1955年担任最后一任苏丹总督。他1955年退休，1981年6月22日在英国洛斯维瑟尔（Lostwithiel）逝世。

③ ［英］W. A. 洛瓦特-弗莱瑟：《攻陷南京》，1938年1月2日，第8-9页，伦敦英国国家档案馆，FO371/22043卷宗，第1751号文件。

当时，洛瓦特 - 弗莱瑟仅有的信息渠道便是乘坐“瓢虫号”与他一同前往上海的史密斯，或者其他几位在上海的美国记者。

《英国海军和陆军情报第 32 号摘要》对日军在南京的清剿行动有如下描述：

> 日本人还声称他们抓捕了大约 100500 名战俘。而根据留在城内的外籍人士可靠的独立证词，还有许多中国军人在那儿被当场枪杀；同样的报告指出，日军在南京和芜湖都进行了最疯狂的大规模掠夺抢劫，并强奸中国妇女……日本军官认为他有权随意射杀俘虏，并认为不充分利用敌人留下的任何财产，包括妇女，只是“娘娘腔”。[①]

显然，这些描述和洛瓦特 - 弗莱瑟提供的一样，都是根据五位记者或美国传教士的叙述。英国外交档案中发现的详细暴行描述也是美国传教士所作的记录。罗勃特 · G. 豪尔从中华全国基督教协进会的博因顿处获得了贝茨（1937 年 12 月 16 日至 27 日）致日本大使馆信件的副本，以及芜湖总医院的美国医生罗勃特 · 布朗[②]的一封信。罗勃特 · G. 豪尔还于 1 月 18 日将这两份文件装在机密文件袋中发送给外交部，但这些文件 1938 年 2 月 28 日才抵达伦敦。1 月 24 日，他将贝茨 1938 年 1 月 10 日致友人信件的副本发往伦敦。后来，菲齐的几份日记也被呈送到外交部。

在这些文件中，布朗的信件提供了相当独特的信息，他详细描述了日军攻占芜湖后犯下的暴行：

---

① 《英国海军及陆军情报第 32 号摘要》，1937 年 12 月 15-28 日，第 2 部分：中日战争，军事形势，第 76 页，伦敦英国国家档案馆，WO106/5362。

② 罗勃特 · 埃尔斯渥兹 · 布朗（Robert Ellsworth Brown，1886-1948），中文名包让，1886 年 11 月 29 日出生于美国堪萨斯州的里昂斯（Lyons），1910 年毕业于伊利诺伊大学，1916 年与 1918 年从密歇根大学分别获公共卫生硕士和医学博士学位。随即于 1918 年 8 月前往中国，担任芜湖总医院院长直至 1939 年春天，他到中国的西部地区调查公共卫生的状况，并在成都的华西联合大学医院工作。1943 年至 1945 年，任中国旅行服务社的医疗顾问，在美国陆军任文职医官，以及中国政府的医疗事务顾问。布朗 1948 年 5 月 20 日在洛杉矶逝世。

10日以来占领城市的日军部队与日俱增，并在太古洋行江边设施下方的江边火车站一带建立起炮兵阵地。他们惨无人道地对待少数不知日军到来而留在城内的中国军人，也以同样的方式对待没有完全满足他们要求的平民百姓。任何试图过江的小船和舢板均遭机枪扫射。一艘3人乘坐的小船遭到如此扫射，漂到医院下方的江岸边，上面的人被送到医院治疗，其中一个人有10处枪伤。……

日军占领最初的一个星期里残酷对待并屠杀平民，肆无忌惮地掳掠毁坏城内的住家，这远远超出了我在中国20年生活经历中的所见所闻。中国军人没有闯进来骚扰任何在芜湖的外国人财产。然而日本兵闯入并掳掠城内几乎每一座外国房产。两三个幸免的地方是因为我们几个美国人待在那儿，把他们赶了出去。

也许芜湖的情况和大多数地方比还不算严重，因为这里几乎没有打什么仗。日本兵似乎专门寻找中国妇女强奸，因此救这些妇女成了我们数天之中主要的活动之一。得知妇女在城内的藏身之所，不管是在哪儿，我毫不犹豫地驾驶我们的一辆车一起进城，把妇女接走。有些日子，我去了四趟，接回满车的年轻妇女和姑娘。……

我一直与日军当局以及刚刚抵达的日本领事保持联系。他们坚定地保证，会保护美国的人员与财产，我也竭尽所有的影响力，促使他们约束暴戾地对待中国平民的日本兵。他们向我保证已禁止日本兵侵犯中国人或强迫拉夫，大多数军官希望防止这些犯法行径。尽管有这些保证，中国男子在街上行走仍不安全，更不用说妇女行走在大街上了。两天前，我尝试性地让医院的两个工役出去，他们遭抢劫，还被强迫去挑东西。我立即给日军司令官发信抗议，收到他的致歉信和还来的钱，但是没有得到这座美国大院保护的那些人根本不会得到赔偿。……

情况一直如此，医院的男人出去掩埋尸体都不安全，医院太平间的死尸越积越多。做棺材的木料也用完了。最后，只得在医院的大院内挖了个大墓坑，掩埋了 20 具尸体。[①]

这一描述与留在南京的美国传教士所说的情况极为相似。日军在沦陷地区的行为也如出一辙。南京并不是唯一遭受苦难的地方。

在普利焘 - 布伦 1 月 29 日离开南京之前，新任英国领事捷夫雷[②]和职员沃特・H. 威廉斯于 1 月 27 日乘坐英舰“蚜虫号”从上海抵达。几天之后，捷夫雷报告了天谷将军在招待会上的讲话。捷夫雷、爱利生和罗森三人互相核对了笔记，以确保没有遗漏要点，[③]因此捷夫雷报告的措辞与爱利生的极为相似。

随着时间的推移，情况逐渐改善。捷夫雷主要报告了南京的社会状况。2 月 18 日他写道：军事当局仍禁止商人到南京来。因此，开展贸易活动的可能性微乎其微，早日复苏更不可能。留在城里的人都一贫如洗，而且与周围被摧毁的乡村隔绝。没有银行、商业机构、进口商或从事贸易的机构存在。与此同时，又亟需持续稳定地运进大米、面粉和蔬菜来救济全城的民众。[④]

在 5 月 3 日的局势报告中，捷夫雷描述了南京 4 月份的状况：

仍然没有迹象显示，中国富裕阶层的商人与生意人将回城。造成这一局面的主要原因似乎是日军控制着全城以及大批日军部队定期经过该

---

① ［英］罗勃特・布朗：1937 年 12 月 17 日、30 日信件，1938 年 1 月 18 日，R. G. 豪尔 16 号机密文件袋，伦敦英国国家档案馆，FO371/22146 卷宗，第 2331 号文件。

② 欧内斯特・威廉・捷夫雷（Ernest William Jeffery, 1903-1989），1903 年 11 月 20 日出生，1923 年毕业于牛津大学埃克斯特（Exeter）学院，1926 年进入外交界，到中国担任见习翻译，1928 年升任副领事，先后在英国驻北平、广州、天津、上海、哈尔滨使领馆任职。1935 年 10 月晋升领事，1938 年 1 月底继亨弗雷・英吉兰・普利焘 - 布伦之后任驻南京领事至同年 11 月，此后调任驻汉口领事至 1939 年 4 月。1939 年 4 月至 1940 年 2 月在上海总领事馆工作，此后调到（今为孟加拉国首都的）达卡任职。1949 年 1 月任驻汉口总领事。1989 年 10 月 22 日他在英国雷克曼斯沃斯（Rickmansworth）逝世。

③ ［美］约翰・爱利生：49 号电报，1938 年 2 月 6 日下午 5 时，档案编号 793.94/12336，美国国家第二档案馆，第 59 档案组，微缩胶卷 M976 第 50 卷。

④ ［英］R. G. 豪尔：348 号电报，1938 年 2 月 20 日，伦敦英国国家档案馆，海军部档案 ADM116/3941 卷宗。

城。日军最近加紧了，而不是松懈了控制。江边码头一带仍为军事禁区，仍严密把守着城门。任何经过城门的中国人都可能被拦下来，人身与行李遭到搜查。日本人认为周围的乡村远非安全。[①]

捷夫雷报告了在英国房产上发生的暴行案件。“4月21日，在亚细亚火油公司浦口设施工作的一个苦力告诉我，日军闯入该设施，砸破家具当烧火的木柴。”捷夫雷立即写信给“日本总领事，要求给日本军人下指令，让他们离开那处房产，以后也不得擅闯，并保留要求赔偿损失的权利”[②]。

9月份获得通行证前往南京的英国商人约翰·金洛克[③]在报告中描述了他对南京城的印象：“我不由自主地感受到日本人对昔日中国首都中国老百姓实行的完全控制；看上去人们遭受蹂躏压制、无精打采，似乎并不在意未来（或日本人）将给他们带来什么。”[④]另一名英国商人托马斯·S. H. 何益[⑤]差不多和金洛克同时到达南京。他在报告中写道：

除了太平路一带，城内受损的情况看起来约有百分之二十到百分之二十五，但是不幸的是，一些较好的建筑遭到毁坏。根据外国人与中国人的说法，太平路一带首先被日本人洗劫，再付之一炬，损失看起来约

① ［英］E. W. 捷夫雷：《1938年5月3日南京情况报告》（“Report on Conditions at Nanking Dated May 3rd 1938”），第1页，伦敦英国国家档案馆，FO371/22155卷宗，第7116号文件。

② 同①，第4页。

③ 约翰·金洛克爵士（Sir John Kinloch，1907-1992），出生于1907年11月1日，毕业于剑桥大学玛格达琳（Magdalene）学院，1931年进入太古洋行（Butterfield & Swire Company），先后在上海（1931-1932）、重庆（1932-1936）、长沙（1937-1938）担任洋行的经理人。1938年在上海太古洋行船舶航运部门工作，以后曾在厦门（1938-1939）、南京（1939-1941）与广州（1941）担任洋行的经理人。他1941年7月17日被日军羁押关进集中营至战争结束。战后在重庆与汉口担任太古洋行的保险经纪人，1949年2月离开中国大陆，以后在香港工作至1960年退休。他1992年逝世。

④ ［美］约翰·金洛克：《J. 金洛克南京之行记录》（Notes on Visit to Nanking by J. Kinloch），1938年9月3-16日，第2页，伦敦英国国家档案馆，FO371/22155卷宗，第11032号文件。

⑤ 托马斯·斯图尔特·汉密尔顿·何益（Thomas Stewart Hamilton Hoey，1890-1942），1918年至1941年在英国怡和洋行（Jardine Matheson & Co. Ltd.）的中国大陆与香港分支公司工作，1938年时任该洋行的经销商。

有百分之九十到百分之九十五。甚至在这儿也已经进行了粗陋形式的重建工作，一些商店目前被日本人占有。很多以前为中国人商店被烧毁的底层建筑被日本人当马厩养马。……

见到相当数量的中国人，他们主要在新街口与城南一带。造访过的其他地区荒凉得很，整条街道都无人居住，中国人也不愿意到那儿去。[①]

何益称，街上没有路灯。虽然有供水，但水压太低，英国大使馆只得从井里打水用[②]。捷夫雷提到“很难在本地弄到煤炭”[③]。

他说：“自从3月28日就职典礼以来，很少听说或见到在南京的维新政府的活动，但是，省政府与地方政府此后发生了一些变动”，“南京自治委员会于4月24日解散，成立了南京市政府”[④]，而后者虽为中国的当地政府，实质上却是由日本特务机关一手操控的傀儡政权。[⑤]

当地政府统计数据显示，南京市5月份人口为276745人，6月份为337559人[⑥]，9月份为349655人[⑦]。

捷夫雷报告了很多当地经济和贸易状况的信息。日本军方严禁英国和其他国家的公民返回，而数量惊人的日本平民却来到南京。“3月底，日本总

---

① T. S. H. 何益：《1938.8.25—1938.9.14南京之行笔记》（“Notes on a Trip to Nanking”），第2至3页，伦敦英国国家档案馆，FO371/22155卷宗，第12571号文件。

② 同①，第4页。

③ ［英］E. W. 捷夫雷：《1938年11月4日南京情况报告》，第5页，伦敦英国国家档案馆，FO371/22156卷宗，第13815号文件。

④ ［英］E. W. 捷夫雷：《1938年5月3日南京情况报告》，第5页，伦敦英国国家档案馆，FO371/22155卷宗，第7116号文件。

⑤ ［英］E. W. 捷夫雷：《1938年11月4日南京情况报告》，第1页，伦敦英国国家档案馆，FO371/22156卷宗，第13815号文件。

⑥ ［英］E. W. 捷夫雷：《1938年8月18日南京情况报告》，第4页，伦敦英国国家档案馆，FO371/22155卷宗，第10385号文件。

⑦ ［英］E. W. 捷夫雷：《1938年11月4日南京情况报告》，第5页，伦敦英国国家档案馆，FO371/22156卷宗，第13815号文件。

领事声称，有 800 多日本男女居民，从事各种各样的行业。”[①] 日本人在不遗余力地排斥英国船只和国民的同时，他们自己的商人和货物却大量涌入。捷夫雷指出：“日本在长江各港口日益增长的影响，除非能够尽早竭力抵消，将可能对英国的贸易造成极大的伤害。”[②] 金洛克对此的评论是：“因此，对外国商品进入南京的歧视，是目前的规矩。”[③]

金洛克惊讶地发现，与过去的繁荣相比，这个城市的商贸已经消亡：“与并不久远的繁华时光相比，南京目前肯定是座死寂之城，除了在不大可能遇到日本兵的最肮脏与偏僻的街巷，人们甚至见不到日常做小生意，诸如沿街贩卖食品的小贩与剃头匠。”[④]

英国外交文件也记录了南京的金融活动。4 月 27 日，第一家银行，一家日本银行的分支机构，开业，但“除了日元，流通的货币仅限于中国银行、中央银行、交通银行和农业银行的纸币”。[⑤] 有报道称：“维新政府财政部提议发行新的法币，并最终禁止使用中国政府银行发行的钞票。”[⑥]

捷夫雷在 8 月份的局势报告中写道：“在周围农村，中国游击队大力破坏道路、桥梁，根据新闻报道，8 月 13 日已非常接近南京，并与日军激烈交战。”[⑦] 然而，游击队最明目张胆的行动可能还是炸伪市政府办公室。捷夫雷转发了当地报纸对该事件报道的译文：

汉口的中国政府任命名为朱鸣（Chu Ming）的军官作为江南保安别

---

① ［英］E. W. 捷夫雷：《1938 年 5 月 3 日南京情况报告》，第 1 页，伦敦英国国家档案馆，FO371/22155 卷宗，第 7116 号文件。

② 同①，第 5 页。

③ ［美］约翰 · 金洛克：《J. 金洛克南京之行记录》，1938 年 9 月 3-16 日，第 2 页，伦敦英国国家档案馆，FO371/22155 卷宗，第 11032 号文件。

④ 同③，第 1 页。

⑤ ［英］E. W. 捷夫雷：《1938 年 5 月 3 日南京情况报告》，第 2 页，伦敦英国国家档案馆，FO371/22155 卷宗，第 7116 号文件。

⑥ ［英］E. W. 捷夫雷：《1938 年 8 月 18 日南京情况报告》，第 3-4 页，伦敦英国国家档案馆，FO371/22155 卷宗，第 10385 号文件。

⑦ 同⑥，第 1 页。

动队司令，并指示他刺探南京日军的军事行动，暗杀维新政府的要员。

6月中旬接到汉口的指示，朱鸣便立即指示他的人在南京城内外潜伏。他还发给他们手榴弹与手枪，暗杀重要官员，在南京制造骚乱。朱鸣策划了7月25日协调一致的攻击维新政府、南京市政府、警察总部与内务部的行动。

朱鸣手下的几十个人组成10个暗杀小组。7个小组潜伏在城内，3个小组潜伏在城外。

1938年7月25日，朱鸣的人实际上只有5个小组参与了暗杀行动。第一小组受命攻击维新政府。第二小组的人在南京市政府大门口，用手枪威胁哨兵，冲进去扔了9枚手榴弹，其中只有两枚爆炸。结果炸弹造成三名中国苦力与一个警官受轻伤或重伤。第三小组的人图谋攻击警察总部，但是他们的计划没有实施，因为小组长没有露面。

第四小组的人于1938年7月25日上午9点向内务部扔了两颗炸弹后逃走。他们在当晚再次袭击内务部，但是一名罪犯被日本宪兵当场逮捕。第五小组也参与了，但是他们的行动情况不明。

到目前为止，14个罪犯，包括首犯黄鲁（Huang Lu）与第一、三、四组组长，已被捕。其他人潜逃，恐怖组织已被瓦解。[①]

英国的财产损失

如果说英国外交官记录的暴行案例不多，那么涉及英国财产与利益遭受损失的事务，他们就有相当多的案子要处理。英国驻上海总领事赫伯特·菲利浦斯[②]恰如其分地指出：在这个地区，“一个世纪以来英国商贸利益占有至高无上支配地位”[③]；在南京有众多的英国商号、公司和其他商业机构。

① 《南京新报》摘录，1938年8月11日，E. W. 捷夫雷35号报告附件，1938年8月11日，伦敦英国国家档案馆，FO371/22155卷宗，第9955号文件。

② 赫伯特·菲利浦斯爵士（Sir Herbert Phillips，1878-1957），见P65注③。

③ ［英］赫伯特·菲利浦斯：449号报告，1938年10月31日，第3页，伦敦英国国家档案馆，FO371/22156卷宗，第13180号文件。

在这座城市，英国的财产和利益遭受了巨大的损害与损失。

普利焘 - 布伦离开南京之前，已经着手处理这一问题。在一份涉及祥泰木行的电报中，他报告道：主要货场的建筑完好，但办公室遭到洗劫。库存木材没有受损，但日军搬运走少量的木材。江边的货场则消失得无影无踪。发电厂遭到轰炸之际，这处产业也受到影响。普利焘 - 布伦向“日本总领事馆就该房产被炸后的遗留物品在 12 月 16 日似乎还完好一事提供证据”[①]。他向日本驻南京总领事提出索赔，要求赔偿从英国大使馆大院和其他地方盗走的汽车[②]。此后，在一份涉及解决英国在南京财产遭侵犯的前瞻报告中，普利焘 - 布伦提出了他的策略：

A. 日军非法闯入，侵犯大使馆。

B. 大使馆的工作人员遭受的损失（实际上限于汽车的损失）。

C. 个人与公司遭受的损失（汽车的损失，寓所与办公室内的损失与损坏）。

在南京与福井以及美国大使馆进行初步的会谈后，我相信日本人会愿意以下列方式同意解决赔偿：

A. 就地道歉；

B. 日本人不加以调查便立即支付赔偿要求；

C. 日本人将仔细审查赔偿要求；我想他们希望我们出示证据，以证明每一个赔偿要求的损失、损坏是由日军造成的。……

日本人极为关切的是 A——侵犯大使馆。对 C——私人损失——获得公平合理解决的最好的机会似乎有赖于将所有的赔偿要求安排成均由日军侵占南京造成的，作为一个整体来对待，一次性加以解决。如果我们对 A 显得严苛强求，较之于我们采取温和的态度，他们也许会更易于

① 英驻南京领事：20 号电报，1938 年 1 月 17 日，伦敦英国国家档案馆，海军部档案，ADM116/3882 卷宗，扬子江巡逻档案，1938 年 1 月。

② ［英］E. W. 捷夫雷：58 号电报，1938 年 2 月 24 日，伦敦英国国家档案馆，FO233/270 卷宗。

接纳C的要求。他们非常急于迅速在当地解决A与B——以便将这些（他们认为严重的）事情处理掉，此后，他们无疑希望将个人赔偿的要求无限期地搁置起来。

如果要将这事作为一个整体来解决，肯定要花些时间——一定要有时间让私人赔偿索赔人（或那些有可能找到的人）到南京去，评估他们的损失；我们一定要注意，不要同意对A接受不够成熟的解决方案。……

至于解决赔偿的一般原则，如果就A达成友好和睦的安排（可能为接受当地，口头上的道歉），可以友善地请日本人就私人赔偿方面迁就我们——也就是意味着在有疑点、证据不足之处，相信我们的材料，总体上公正地处理这一问题。①

大多数财产索赔由捷夫雷处理。抵达南京后不久，他就忙于处理英国臣民报告的财产损失案件。2月份，他主要处理汽车索赔事宜。根据英国驻上海大使馆1938年2月28日发给捷夫雷的电报，到那时为止，呈交日方的汽车索赔案件只剩五件尚未解决。②然而，更多的案件不断报告来。在接下来的几个月里，捷夫雷处理了众多私人财产损害或损失索赔案。

威廉·沃特·瑞齐

威廉·沃特·瑞齐是地处南京的江苏省邮政区的邮务长，为英国公民，居住在南京南祖师庵3号。在一封日期为1938年3月18日的信中，他向捷夫雷报告：

① ［英］普利焘-布伦：《日军侵占南京：解决侵犯大使馆以及毁坏与盗窃财产一案的前瞻》（Japanese Invasion of Nanking：Prospects of Settlement for Violation of Embassy and Destruction and Theft of Property），1938年2月5日，伦敦英国国家档案馆，FO233/270卷宗。

② ［英］亚瑟·狄更生·布莱克本（Arthur Dickinson Blackburn）：给E. W. 捷夫雷的信，1938年2月28日，伦敦英国国家档案馆，FO233/270卷宗。

财产遭损失的住宅毗邻英国领事馆，直至1937年12月19日被日本军人占据之前，大旗杆上飘扬着英国国旗，并张贴着显示其为英国人居住的房产醒目的中英文告示。大门上镶有刻着我名字的黄铜牌，现在黄铜牌仍在那儿。

财产损失之前，我于1937年12月8日最后一次查看这所房产，一切都井井有条。我也于1937年12月9日晚间，没有进屋，在花园里和我的仆人交谈，得知那时屋子里的东西完好无损。

这座房产留给我的男仆陈光彩、苦力李齐元与看门人李会元负责照管。1937年12月19日，100多名日本军人强行占据这座房产之前，没有损坏，没有遭到偷盗，那些日本军人在前门贴上“井上部队第三中队”字样的告示。1937年12月13日，日军抓走我的仆人，但是后来苦力和看门人被放出来；姓陈的男仆一直没有音讯，据说被枪杀了。

苦力和看门人回来后，发现屋里的东西井井有条，但是1937年12月19日日本军人占据房产时，这些仆人被赶出来，到毗邻我住宅的英国大使馆避难，从大使馆，他们目睹了日本兵几乎每天都在偷盗我所附清单中描述的财产。日本军人于1938年1月4日离开时，他们用一辆汽车搬运走一车我的财物。此后房屋空着，由我的仆人照管着，没有退还任何被偷盗走的财产。

作为上述事件的直接后果，我遭受了数额达894元的损失，以1元兑1先令2¼便士的汇率，相当于53英镑1先令7.5便士。[①]

随信附有瑞齐的财物清单与钱款价值、依法宣誓证明书[②]，以及他的看门人和苦力的中英文证词。

---

① ［英］W. W. 瑞齐，“索赔要求”（“Compensation Claim”），1938年3月18日，E. W. 捷夫雷报告《中日战争致W. W. 瑞齐和H. H. 莫兰德损失》（“Sino-Japanese Hostilities：Damage Suffered by W. W. Ritchie and H. H. Molland”）附件，1938年5月30日，伦敦英国国家档案馆，FO233/271卷宗。

② 依法宣誓证明书（Statutory Declaration Claims）。

哈罗德·哈利·莫兰德

哈罗德·哈利·莫兰德为江苏省邮政局副邮务长。他也是英国公民，居住在瑞齐家隔壁的南祖师庵 5 号。莫兰德在给捷夫雷的报告中写道：

> 财产损失发生之前，我于 1937 年 12 月的第一个星期最后一次查看这所房产，一切都井井有条。这座房产留给我的苦力萧春庭、花匠乔水真与看门人李会元负责照管，最后提到名字的人，是我的住宅，也是隔壁 3 号住宅的看门人。1937 年 12 月 19 日，日本军人强行占据这座房产之前，没有损坏，日军士兵强行占据这所房产之际，在前门贴上“井上部队第三中队”字样的告示。我的苦力和花匠 1937 年 12 月 13 日被日军抓走，据说两人都被杀害了。看门人被抓走，负了伤，但是设法回来了。然而，1937 年 12 月 19 日日本军人占据房产时，他被赶出来，到英国大使馆避难。我在此附上看门人李会元就这一案件签署的证词。
>
> 作为上述事件的直接后果，我遭受了数额达 100 元的损失，以 1 元兑 1 先令 2 便士的汇率，相当于 5 英镑 18 先令 9 便士。[①]

莫兰德的索赔声明中附有其看门人的证词。看门人陈述道：“役当在大使馆内由矮围墙上能见日军用汽车将 3 号邮务长公馆内之物件搬去”，日军离开后“于次日到 5 号副邮务长公馆检视只见屋内物件零乱破坏”。[②]

萨杜·辛

S. 萨杜·辛（S. Sadhu Sinh）为英籍印度丝绸商人。他在南京的住所在中山路 322 号。日军向南京方向进犯之时，他于 1937 年 11 月 20 日撤离

① ［英］H. H. 莫兰德：索赔要求，1938 年 4 月 29 日，E. W. 捷夫雷报告《中日战争致 W. W. 瑞齐和 H. H. 莫兰德损失》附件，1938 年 5 月 30 日，伦敦英国国家档案馆，FO233/271 卷宗。

② 同①。

南京，溯江而上去了汉口，当时房屋财产完好无损。1938 年 3 月 4 日，捷夫雷通过英国驻汉口总领事告知萨杜·辛，由于日军造成的遍及全城的摧毁破坏，他的所有财产都因劫掠而损失。萨杜·辛于 1938 年 6 月 17 日写信给捷夫雷，要求赔偿其住所的损害与损失，他估计损失为 931.00 元中国币，折合 56 英镑 4 先令 11 便士[①]。列出的损失和损坏的物品清单如下：

1 架留声机与 60 个唱片	210.00
1 张梳洗台	20.00
1 张婴儿床	20.00
1 座有镜子的衣橱	150.00
4 幅艺术画作	16.00
1 面大镜子	32.00
1 张桌子	20.00
2 张圆木椅	20.00
3 张普通椅子	12.00
2 条 6′x6′尺寸的地毯	56.00
1 张安乐椅与 4 个靠垫	35.00
过滤器与器皿用具	60.00
2 个门帘	35.00
个人衣物	170.00
3 双鞋	15.00
4 个柞丝绸窗帘	60.00
	共计：931.00[②]

① ［英］萨杜·辛：索赔要求，1938 年 6 月 17 日，E. W. 捷夫雷报告《中日战争致拉姆·辛格和萨杜·辛损失》（“Sino-Japanese Hostilities：Damage Suffered by Ram Singh and S. Sadhu Singh”）附件，1938 年 8 月 4 日，伦敦英国国家档案馆，FO233/271 卷宗。

② 同①。

诺曼・哈利・普瑞斯

诺曼・哈利・普瑞斯当时在南京和记洋行任总工程师一职。1937 年 8 月 26 日，普瑞斯去上海出差。因为不知道自己会离开南京多久，也因为空袭，便将他的那辆浅绿色、车轮为奶油色的马凯特 1931 年别克图瑞轿车[①]，存放在和记鸡蛋加工厂仓库的一楼，认为这里是最安全的地方。但当他于 1938 年 5 月 4 日回到南京时，他的车却不知去向。中国雇员告诉他，汽车被日本军人拖走了。他估计自己的损失为法币 1500 元，相当于 89 英镑 1 先令 3 便士。[②]

为了证实自己的陈述，他附上了五名中国雇员提供的两份目击证词。其中一份由四人签署的证词写道：

> 于 1937 年 12 月 20 日 12 时左右，敝人等曾目睹日兵 8 名乘一辆汽车由和记 7 号门开进和记公司，直向蛋厂驶去至蛋厂外当收蛋房之门旁，彼等即用绳将和记公司总技师卜瑞斯之淡绿色汽车牢系于彼等所乘之汽车，然后由 7 号门将总技师卜瑞斯之汽车拖走，特此证明。[③]

沃特・亨利・威廉斯

沃特・亨利・威廉斯受雇于英国驻南京大使馆领事处。1937 年 12 月 12 日，威廉斯搭乘旧船“庆和轮”，这是泊于南京上游 14 英里处长江中的英国船队中的一艘船。当天下午，日本军机向英国舰船投掷炸弹，对这艘旧船部分船体的表面造成严重损伤，当时该船被英国人用作住宿之所。威廉斯的许多个人物品被毁，他提交了数额为 24 英镑 7 先令 6 便士的索赔要求。

---

① 马凯特 1931 年别克图瑞轿车（Marguette Buick 1931 Tourer）为美国通用汽车公司生产的汽车型号。

② ［英］N. H. 普瑞斯：索赔要求，1938 年 9 月 12 日，E. W. 捷夫雷报告《中日战争致 N. H. 普莱斯先生损失》（“Sino-Japanese Hostilities：Damage Suffered by Mr. N. H. Price”）附件，1938 年 10 月 19 日，伦敦英国国家档案馆，FO233/272 卷宗。

③ 同②。

不幸的是，这并不是他遭受的唯一损失。1937 年 12 月 10 日，威廉斯的汽车，一辆价值 2400 元中国币的福特 V8 汽车，撤离的过程中被征为公用车，最终停放在亚细亚火油公司在三汊河的设施内，并从那儿被盗走。普利焘-布伦就该汽车和其他丢失的汽车向日本总领事馆提出了索赔。但日本人拒绝了这项索赔，借口为三汊河当时被中国军队占领，是中国人偷走了他的车。[①]

在 4 月 25 日给日本总领事花轮义敬的信中，捷夫雷首先提到，一名外国记者在 1937 年 12 月 11 日上午看到威廉斯的车还停在亚细亚火油公司的设施内。接着，他争辩道：

> 我和您的前任福井先生谈论威廉斯的汽车遗失之事时，他声称中国军队劫走了车子。然而，以我的看法，中国军队驾驶汽车逃离的可能性极小。从亚细亚火油公司设施出来唯一的道路是经挹江门穿城而过，通往芜湖或杭州。12 月 11 日南京被日军包围，芜湖也已被他们占领。在我看来，中国军人冒险驾驶汽车成功地穿越日军占领地区而逃脱，是极不可能的。[②]

捷夫雷继续道，12 月 11 日那天，中国军人处于仓促混乱之中，不可能将汽车渡过长江，“他们开走威廉斯先生锁着的车子是极度困难的”。[③]

> 鉴于当时南京的情况，我认为威廉斯先生的汽车最有可能落入日军手中。情况类似的是属于亚细亚火油公司的莫利斯·爱瑟斯沙龙型号汽

① ［英］E. W. 捷夫雷：58 号电报，1938 年 2 月 24 日，伦敦英国国家档案馆，FO233/270；以及 E. W. 捷夫雷，致英国大使阿奇博尔德·克拉克·克尔爵士（Sir Archibald Clark Kerr）的报告，1938 年 5 月 16 日，伦敦英国国家档案馆，FO233/271 卷宗。

② ［英］E. W. 捷夫雷：给日本驻南京 Y. 花轮（Y. Hawana）总领事的信，1938 年 4 月 25 日，伦敦英国国家档案馆，FO233/271 卷宗。

③ 同②。

车[①]，那辆车也从三汊河的设施消失了，日本当局赔偿了那辆汽车。

威廉・亨利・端纳

威廉・亨利・端纳为英籍澳大利亚人，他当时担任蒋介石的顾问。1938年3月2日，他通过英国驻汉口总领事馆提交了损失索赔。端纳写道，他在南京住所中的大部分家具，从一张大沙发、桌子，到地毯和台灯，不是被日军毁坏就是被盗走。他于1937年12月7日把他的奥本8缸敞篷车停放在英国大使馆大院里，也被偷走了。他还有一些家庭用品，无法详细列举，都在南京被毁。他附上了一份很长的清单，列出遭受损失或损坏的物品及其价值，并要求赔偿法币4694元。[②]

作为答复，捷夫雷通知驻汉口总领事，端纳的奥本汽车并没有停放在大使馆大院内，而菲齐提供了一份书面证词，证实汽车于1937年12月14日在南京汉口路被日军劫走。与此同时，捷夫雷感觉很难提交端纳的索赔要求。捷夫雷表示，目前中日两国交战之际，从端纳先生的住址和职业来看，他并不是一位中立人士，如果以他的名义向本地的日方代表提出索赔可能会激怒他们，并导致他们不会宽容地对待其他难以获取令人满意证据的英国公民的索赔。是否向日本人提出这一索赔，捷夫雷犹豫不决，他希望征询英国大使的指示。[③]

---

① 莫利斯・爱瑟斯沙龙型号(Morris Isis Saloon)汽车为英国汽车公司(British Motor Corporation)20年代末至30年代中生产的6缸轿车型号。

② ［英］W. H. 端纳：向英国驻汉口总领事提出的赔偿要求（"Compensation Claim to British Consul-General Hankow"），1938年3月2日，E. W. 捷夫雷报告《W. H. 端纳赔偿要求》（W. H. Donald：Claim），伦敦英国国家档案馆，FO233/271卷宗。

③ ［英］E. W. 捷夫雷：致英国大使阿奇博尔德・克拉克・克尔爵士的报告，1938年4月27日，伦敦英国国家档案馆，FO233/271卷宗。

然而，上述索赔并非捷夫雷处理的所有私人案件。根据菲利浦斯总领事1938年10月12日提交给英国大使的一份清单，英国臣民新近提交了十几个案件，报告了他们在南京遭受的由日军直接造成的损失：

1. 祥泰木行报告1937年12月15日至1938年1月31日之间，他们在南京木材场的库存木材遭掳掠。他们在上海估计损失为91877.47元。

2. 祥泰木行报告该公司停放在三汊河与长江交汇处的一辆雪弗莱汽车在1937年12月11日之后失踪。他们在上海估计损失为2800.00元。

3. 莱尔（Lall）医生在南京健康路344号开办了一家眼科诊所。1937年11月至1938年3月之间，在南京被攻占之际或之后，诊所内的物品均损失了。他的损失为1860.00元。

4. 上海啤酒公司[①]报告南京河北饭店[②]使用了属于该公司的设施与设备，日军部队在1937年12月摧毁河北饭店时彻底损毁了这些设备。该公司称他们的损失为1545.11元。

5. R. J. 霍尔姆斯先生[③]报告他存放在中山北路188号全国汽车有限公司[④]办公室中的财物被日本军人约于1937年12月18日抢劫走。据称日本军人驾驶3辆军用卡车到该房产，将所述财物运走。他说损失为390英镑。

6. 怡和轮船公司[⑤]报告他们的汽艇“卢塔号”（Loeta）在芜湖下游一处地点被日军部队于1937年12月12日征用。这艘船还没有归还给该公司，该公司称他们的损失为712英镑10先令。

① 上海啤酒公司（Union Brewery Limited）。

② 河北饭店（North Hotel）为德国商人在南京经营的一座旅馆，位于新街口附近的中山东路上。

③ 罗勃特·J. 霍尔姆斯（Robert J. Holmes）曾任南京扶轮社（Rotary Club）干事。

④ 全国汽车公司（National Motors Ltd.）。

⑤ 怡和轮船公司（Indo-China Steam Navigation Company Limited）由怡和洋行于1873年成立，经营远东的航运。

7. C. G. 考普利先生[①]报告他在童家巷10号一座官宦人家庭院中的家具与物品在日军攻占南京的过程中被日军抢劫走。他估计遭掳掠的损失为139英镑5先令3便士。

8. C. B. 瓦特海德（C. B. Whitehead）博士为理麦尔—瓦特（Rimmell and White）公司的理事，U. J. 凯利先生[②]代表上述理事报告，位于往日镇江租界第10、11与12号地块单元[③]上的房屋建筑被日军燃烧弹完全摧毁。他报告损失约为80000.00元。

9. A. R. 透纳先生[④]报告他的家具和家庭用品存放在中山北路188号全国汽车有限公司房产后面附属的平房中。他报告说这些财物在1937年12月某个时候被日军掳走。他估计损失为3000.00元。

10. 绵华洋行[⑤]委托给南京一个代理商的库存棉纱在日军攻占南京的过程中被全部摧毁或掳掠。仍然为上述公司拥有的这些财产的价值为1671英镑15先令6便士。

11. 全国汽车有限公司报告他们位于南京中山北路188号的修车行被日本军人闯入，他们抢走车行的工具与设备，造成公司的损失数额达98英镑19先令3便士。

12. 全国汽车有限公司报告存放在南京中山北路188号车行的2辆汽车被闯入该房产的日本军人掳走。2辆汽车的价值为215英镑15先令11便士。

13. 全国汽车有限公司报告日本军人闯入他们位于南京中山北路

① 西瑟尔·高登·考普利（Cecil Gordon Copley），加拿大人，珍珠港事件之后被日军关押进上海浦东集中营，直至1943年9月遣返回加拿大。

② U. J. 凯利（U. J. Kelly）为上海英商公会的秘书与司库。

③ 根据1858年签订的《天津条约》，长江沿岸的镇江、九江、汉口被辟为通商口岸。1861年，英国在镇江、九江、汉口开辟租界，设立领事馆。镇江英租界的整个范围被划分为17个地块单元。1929年11月15日，国民政府收回镇江英租界。

④ 阿尔弗雷德·雷蒙德·透纳（Alfred Raymond Turner）。美国人，曾任警官，珍珠港事件后被日军关押进上海龙华集中营到1943年5月，转往闸北集中营至战争结束。

⑤ 绵华洋行（The Central Agency Limited）。

188 号的办公室房产，掳掠走价值 98 英镑 7 先令 4 便士的家具、器材和设备。

14. 利喊机汽车行[①] 报告属于他们的 5 辆汽车在 1937 年 12 月 15 日至 18 日之间被日本军人征用。其中 4 辆从亚细亚火油公司的车库中被抢走，1 辆从亚细亚火油公司经理的住宅中被抢走。他们称这些汽车的价值为 916 英镑 1 先令 6 便士。

15. 文仪洋行[②] 报告委托给南京中山路 47 号天纳洋行[③] 的货物在南京被攻占之后遭日军掳掠。他们估计损失为 70 英镑 17 先令 9 便士。[④]

这些案件，以及当更多的英国公民有机会回去查看他们在南京的财产时将出现的其他案件，都在等待着捷夫雷和威廉斯进行调查，并提交给日本当局。毋庸置疑，预期会有更多的谈判和争论。

① 利喊机汽车行(The Auto-Palace CompanyLimited)是英籍犹太富商维克多 · 沙逊爵士(Sir Ellice Victor Sassoon，1881-1961) 在上海开办的，为美国通用汽车公司和英国奥斯汽车公司的特约经销商。

② 文仪洋行 (The Office Appliance Company Limited)。

③ 天纳洋行 (Steiner and Company)。

④ ［英］赫伯特 · 菲利浦斯：421 号报告，《中日战争所致赔偿要求：南京领事区案件》(“Claims Arising out of Sino-Japanese Hostilities：Cases in Nanking Consular District”)，1938 年 10 月 12 日，伦敦英国国家档案馆，FO233/272 卷宗。

结 语

南京大屠杀发生至今85年已经流逝。1948年，远东国际军事法庭作出判决，在日军占领后的最初六个星期内，超过20万的中国平民与战俘在南京及附近地区被屠杀[①]。然而，围绕大屠杀的一些问题，长期以来一直存在争议。反对的声音主要来自一些日本学者，他们对国际军事法庭的判决提出质疑。松井石根被指控未能约束住他指挥下的在南京的部队，而于1948年被处以绞刑，有人对松井石根的判决提出异议。有些人质疑遇难者尸体掩埋记录，以及大屠杀遇难者人数相对于南京人口数量。还有人干脆声称“南京大屠杀从未发生过”，这只不过是中国人捏造的。日方的质疑，在招致中国学界反驳的同时，也激起了西方国家对南京大屠杀这一在20世纪90年代中期之前一向只是个相对沉寂课题的研究兴趣。学者曾一再尝试搜寻中立国公民留下的目击证词，希望他们的原始记录能使由于争论而面目模糊的真相清晰起来。

1996年12月，《纽约时报》的一篇新闻报道[②]引起了笔者的注意。南京安全区国际委员会会长、德国商人约翰·拉贝的外孙女乌苏拉·莱因哈特（Ursula Reinhardt）公开了其外祖父在大屠杀期间的日记。曾经在明妮·魏

① ［美］约翰·普里查德、索尼娅·玛格鲁阿·扎伊德（R. John Pritchard and Sonia Magbanua Zaide）:《东京战犯审判》，第20卷“判决与附件”，纽约：加兰出版公司，1981年，第49608页。

② ［美］大卫·W. 陈（David W. Chen）:《南京大屠杀中拯救生命的纳粹》（At the Rape of Nanking : A Nazi Who Saved Lives），《纽约时报》，1996年12月12日，A3页。

特琳称作“金陵”的校园里度过十几年时光的笔者，对此新闻的反应是觉得自己依稀记着还有一群美国人也在南京度过了那艰难的几个月。这些美国人大多接受了良好的教育，不可能不对这段深深铭记脑海终生难忘的经历留下书面记录。

然而，南京大屠杀过去50年后，搜寻他们的目击材料的确是一项艰巨而艰苦，甚至是近乎不可能完成的任务。这些美国人的身份随着时光的流逝而已模糊不清，更不用说这些材料是否能在那些动荡的岁月中幸存下来也难以确定，而且，即便这些记录留存至今，无疑会散落在不同的角落里。这个雄心勃勃的研究项目起始于浏览在美国、英国和中国出版的旧英文报纸。1937年12月24日《字林西报》刊登了一份身陷南京的西方人士名单，这份名单有助于确定留在城内并目睹了所发生浩劫的外籍人士，尽管名单还需进一步完善，以确保其准确可靠。

掌握了这份60多年前报纸上的名单，利用先进的互联网技术，笔者得以在全球范围内进行广泛的搜索，这段漫长的旅途艰苦却有回报。多数情况下，检索到一批材料会引领笔者在其他地方发现更多的文件。多年来，笔者造访了美国国会图书馆、哈佛大学燕京图书馆、耶鲁大学神学院图书馆、坐落在华盛顿市中心的美国国家档案馆、位于马里兰州学院公园的美国国家第二档案馆、北京的中国国家图书馆、南京的中国第二历史档案馆、南京大屠杀遇难同胞纪念馆、伦敦的大英图书馆、英国国家档案馆，以及田纳西州纳什维尔的基督会历史学会图书馆。与此同时，笔者通过邮件或电子邮件联系了南卡罗来纳州哥伦比亚市卡罗来纳大学的南卡罗来纳图书馆、斯坦福大学胡佛研究所、新泽西州麦迪逊市的卫理公会档案馆、得克萨斯州奥斯汀市的圣公会档案馆、费城的长老会历史学会和哈佛大学霍顿图书馆。

通过这些造访与通信，笔者搜集了大量的原始材料、文件和记录。这些目击证言从不同角度和不同的场所记叙了目击者在历经浩劫的南京城内的经历与所见所闻。阅读这些资料，为读者提供了一个独特的视角，从空间与时间两个方面，近距离审视南京大屠杀。恐怖的笼罩，各种暴行、毁坏的场面，以及各种事件和相关人员在他们的描述中重现复活。特别是逐日留下的日记和信件，再现了城内和城市周围弥漫着的极端恐怖的气氛。阅读至此，脊背不禁阵阵发凉。

这些目击证言也提供了大量因日军占领而充斥着暴行的城市中社会生活的方方面面：市政职能与服务的瞬间消失，可怜难民的挣扎，粮食与生活必需品的匮乏，商业活动的停滞，以及医疗设施的短缺。一国首都一夜之间沦为一座鬼城。昔日繁华热闹的城区，不是被大火吞噬，就是化为灰烬瓦砾。城内仅存的只有对可能造成伤害，甚至夺去生命的那些迫在眉睫的危险产生的恐惧。冒险出门可能导致致命的后果。

许多目击证言都是私人记录，除了为作者本人或其家人、朋友而书写，并无其他目的。因此，它们忠实地揭示了作者所经历的事件与活动的细节。几十年后，这些目击材料中生动的描述帮助今天的读者了解我们任何人都不可能具有的那些不可思议的经历。因此，这些原始记录对我们以及后代的学者和研究人员具有重要的价值，它们可以帮助我们，以其他资料均无法企及的方式，了解南京大屠杀。

在很大程度上，这些目击者的叙述有助于澄清争议问题的某些方面，即便尚不能解决这些问题。从这些材料来看，捏造大屠杀的论点似乎失去了很多依据。十多名美国传教士绝对不可能在他们私下的个人记录中“捏造”相同类型的暴行。传教士们目睹了南京大屠杀事件的发展，他们的记述呈现了血与泪的大屠杀，尽管马内·舍尔·贝茨宣称“这场杀戮的范围如此之广，以至于无人能够对其进行完整的描述”。[①] 根据詹姆斯·亨利·麦考伦的说法，“没有一天没有关于掳掠、强奸、刺杀或枪击伤害平民的报告”。[②] 同时他告诉朋友们：

① ［美］M. S. 贝茨：远东国际军事法庭上的证词，1946 年 7 月 29 日，第 2630 页，马里兰州学院公园市，美国国家第二档案馆，第 238 档案组，远东国际军事法庭文件、日志、物证和判决，T918 微缩胶卷 T918 第 5 卷。

② ［美］詹姆斯 · H. 麦考伦：给妻子伊娃的信，1938 年 3 月 20 日，美国田纳西州纳什维尔，基督会历史学会图书馆，詹姆斯 · 亨利和伊娃 · 安德森 · 麦考伦的书信。

然而，在众多公布的材料中，我注意到有一件事可能会产生误导。人们反复提及“南京暴行”“日本军队在南京失控”“南京发生的浩劫”。实际情况可能是，在许多方面，南京的情况比起周围的任何地方都要好得多。这儿发生的一切在南京与上海之间的所有城市以及芜湖，还有被日军占领的每一座小村庄、城镇，都曾发生过。然而，只有南京有外国人，他们对这些情况予以报告，进行抗议，并向全世界讲述。①

在另一封信中，麦考伦重申了他的观点，亦即南京发生的情况在其他地区也都曾发生，“与苏州、常州、无锡以及所有邻近的地区相比，南京目前并一直处于较为有利的地位。我们所讲述的南京最糟糕的暴行，与各地发生的情况没有什么不同，而且毫无疑问，到处仍在持续发生着”。②路易斯·S. C. 史迈斯也同意他的观点。在一份报告中，史迈斯说：

我们在南京亲历了这样的恐怖，许多人声称这是因为南京是首都的缘故。然而，其他地方的报告也纷至沓来：芜湖、杭州、南市、苏州、镇江、无锡、南通、仪征、庐州府、徐州、怀远，情况都是同样的肮脏。③

目击者和他们的经历显示，不仅发生了南京大屠杀，暴行也发生在日军占领的其他地区。

在这些地区的美国传教士所提供的证据，证明他们的论点真实可信。阿

① ［美］詹姆斯·H. 麦考伦：给爱利克斯（Alex）的信，1938 年 5 月 16 日，第 1 页，田纳西州纳什维尔，基督会历史学会图书馆，詹姆斯·亨利和伊娃·安德森·麦考伦的书信。

② ［美］詹姆斯·H. 麦考伦：给爱利克斯的信，1938 年 8 月 20 日，第 2 页，田纳西州纳什维尔，基督会历史学会图书馆，詹姆斯·亨利和伊娃·安德森·麦考伦的书信。

③ ［美］路易斯·S. C. 史迈斯：《南京发生的浩劫，或中国沦陷区的状况》（“What Happened in Nanking or the Situation in the Occupied Territory in China”），1938 年 8 月，第 4 页，田纳西州纳什维尔，基督会历史学会图书馆，路易斯和玛格丽特·盖瑞特·史迈斯的书信。

契鲍德·亚历山大·麦克法瑾[①]是一位在中国徐州从事医疗工作的美国传教士，1938年1月前往南京的三名美国外交官之一的小阿契鲍德·亚历山大·麦克法瑾即是他的儿子。他于1938年7月向美国驻上海总领事弗兰克·布鲁特·洛克哈特[②]报告了日军1938年5月攻陷徐州后犯下的暴行。日军在徐州的所作所为和在南京如出一辙：

> 日军从西边攻入城市——沿途烧毁村庄、杀人、强奸。日军在穿越城市的过程中，砸开每一扇门，百分之百的房屋遭到洗劫——唯一的例外是那些悬挂着外国国旗的房舍。日军占领的第一、第二天，在我们的难民营以外，很少有妇女能逃脱被强奸的厄运。许多受害者是12至15岁的女孩，我们的避孕诊所一直忙得不可开交。我们医院电工的两个年轻女儿在第一天晚上被强奸多次。第二天，两三个全副武装的日本兵结伙游荡，时常强行闯入我们收容妇女的教会大院；他们通常索要的，依次为酒、女人、香烟、火柴。……

① 阿契鲍德·亚历山大·麦克法瑾（Archibald Alexander McFadyen, 1877-1944），中文名马斐济，1877年4月17日出生于美国北卡罗来纳州的瑞福德（Raeford），1889年毕业于北卡罗来纳州的大卫逊学院（Davidson College），1903年在位于美国北卡罗来纳州夏洛特（Charlotte）的北卡罗来纳医学院获得医学博士学位，1904年前往中国，在徐州行医、传教，并担任徐州教会医院院长。1937年抗战爆发后，他坚守岗位，在教会医院大院收容了2500多名主要为妇孺的难民。1938年5月，日军攻占徐州后，他向美国驻上海总领事详细报告了日军在徐州屠杀、抢劫、奸淫、放火焚烧的情况。他在徐州的医院工作至珍珠港事件爆发后被日军羁押，并于1942年8月被遣返回美国。1944年9月23日突发心脏病在北卡罗来纳州的摩根顿（Morganton）逝世。他的儿子小阿契鲍德·亚历山大·麦克法瑾（Archibald Alexander McFadyen Jr.，1911-2001）是1938年1月6日大屠杀之后首先进入南京城的三名美国外交官之一。

② 弗兰克·布鲁特·洛克哈特（Frank Pruit Lockhart, 1881-1949），1881年4月8日出生于美国得克萨斯州的匹兹堡（Pittsburg），毕业于格莱逊（Grayson）学院，1914年进入外交界，担任国务院远东事务助理主任，1925年4月出任美国驻汉口总领事，1931年任驻天津总领事，至1935年调往驻北平大使馆任参赞，1938年2月14日至9月19日任驻上海总领事，暂时接替休假的克莱伦斯·爱德华·高思。高思在上海总领事的任上直至1940年提升为美国驻澳大利亚大使馆公使。洛克哈特1938年9月20日以后仍回北平使馆工作，直至1940年接替高思正式出任上海总领事至珍珠港事件爆发，他和总领事馆的外交官均被日军羁押6个月。战后他曾担任国务院远东事务部主任，1949年8月25日在华盛顿特区去世。

第三或第四天，日军将全城洗劫一空后，开始有计划地焚烧城市的商业区。商业区超过一半被焚毁——这样，掩盖了掳掠洗劫，许多死者被烧成灰烬。

大约在城市沦陷后的第二十天，我们看到两个日军炮兵骑着马，追逐一名年轻妇女。这名妇女的丈夫和父亲跑到我们的大门口，恳求大门口的警卫保护这名妇女。当时警卫并没有采取什么行动，但那个妇女逃脱了。那天晚上，那两个日本炮兵又回来，把妇女的丈夫、父亲、叔叔和两个邻居都绑起来；把他们赶到一个棚屋中，用刺刀将他们捅死；然后他们强奸妇女，并将她劫持走。……

在收治男病人的医院，我们医治了一个年轻人，他的脖子被刀砍伤，深度达颈脖三分之一以上，此外，背部被浸过汽油的破布烧伤。他是村里被抓走的82人中，唯一死里逃生的人。

这份证言并不是为了发表而写，而是为了让我们的政府了解在日军占领下这里发生的情况。日军本性难移，深入到内陆仍然声名狼藉。①

洛克哈特向国务卿报告徐州暴行时指出："标志着日军攻入南京的掳掠、强奸、酗酒、屠杀毫无节制的狂暴又在徐州重演。因此，无论原因如何，似乎有理由认为这种残暴倾向是日本军队的特点，而且只有外国人当场目睹，外籍人士才会相信日军的残暴。"②

涉及日军司令官未能控制南京的部队这一问题，美国人的诸多叙述提供了线索。詹姆斯·爱斯比报告说，在南京的美国居民主要关心的是：

① ［美］麦克法瑾:《徐州府事件》("Hsuchowfu Incidents"),弗兰克·洛克哈特(Frank Lockhart)的报告《日军攻入江苏徐州后的掳掠、强奸、屠杀》("Looting Raping and Murder by the Japanese Army on Entering Hsuchow Kiangsu Province")附件1，1938年7月29日，档案编号793.94/13752，美国国家第二档案馆，第59档案组，微缩胶卷M976第56卷。

② ［美］弗兰克·洛克哈特:《日军攻入江苏徐州后的掳掠、强奸、屠杀》，1938年7月29日，档案编号793.94/13752，美国国家第二档案馆，第59档案组，微缩胶卷M976第56卷。

“促使日本当局约束他们的士兵，结束目前发生的恐怖与暴行。”或者，这句话的含意可以更确切地表达为：以人道的名义，日本当局应当结束日本士兵的胡作非为，停止屠杀、掳掠与焚烧，恢复城市平民百姓的正常生活。[①]

爱斯比甚至怀疑日本当局向日军部队下达了怂恿杀戮和其他暴行的命令，正如他在报告中所提及的：“到底是日军进城后放纵这些士兵任意胡作非为，还是日军完全失控，仍未给予充分的解释。”[②]胡勃特·索尼在信中写道：

> 日军不留战俘——投降或被俘都意味着几乎肯定遭屠杀。
>
> 但比这种大规模屠杀更为糟糕的是，城市市民还得遭受的其他毫不负责任和不加以控制的状况。日本兵们蜂拥而至全城各个角落，掳掠、抢劫、日夜强奸妇女、施以酷刑，以微不足道的借口，甚至往往在毫无任何借口的情况下屠杀民众，并损毁破坏与放火焚烧。任何东西、任何人都不安全。而军方显然没有努力采取任何措施对部队加以约束。[③]

威尔逊·波鲁默·米尔斯告诉妻子尼娜[④]，城市被攻占后，日本兵放纵肆虐[⑤]，他反复敦促“迅速地采取妥当的措施，不仅在安全区内，而是在全

---

① ［美］詹姆斯·爱斯比：《1938 年 1 月南京的状况》，1938 年 1 月 25 日，第 3 页，档案编号 793.94/12674，美国国家第二档案馆，第 59 档案组，微缩胶卷 M976 第 51 卷。

② 同①，第 8 页。

③ ［美］胡勃特·L. 索尼：给阿尔弗雷德·华盛顿·瓦森（Alfred Washington Wasson）的信，1938 年 1 月 11 日，第 1 至 2 页，特拉华州威尔明顿：学术资源公司，传教士档案：1897 年至 1940 年监理会传教士书信，微缩胶卷第 11 卷。

④ ［美］威尔逊·波鲁默·米尔斯的妻子海瑞亚特·康妮莉尔·赛尔·米尔斯（Harriet Cornelia Seyle Mills，1889-1998），昵称尼娜（Nina），详见 P154 注①。

⑤ ［美］W. P. 米尔斯：给妻子尼娜的信，1938 年 2 月 9 日，藏耶鲁大学神学院图书馆特藏部，第 8 档案组，第 141 档案盒。

城各处，节制日军部队”。[①] 而米尔斯的抗议没有产生任何效果，他“被迫得出这样的结论：日军或者不能，或者不愿有效地控制自己的部队”。[②] 贝茨也曾提出过类似请求。在向日本大使馆报告了暴行事件后，他呼吁道：“我们真切希望日军能恢复军纪。”[③] 贝茨还报告说，曾见到“日本军官碰见正在强奸的日本兵，训斥几句便放走了”。[④] 他确信，“直至1938年2月6日天谷将军[⑤] 到访南京之前，没有迹象表明日军曾确实采取措施管束部队”。[⑥]

英国驻南京领事普利焘－布伦多次在电文中提到日军明显失控。1938年1月21日，普利焘－布伦报告道：“没有迹象证明有任何尝试来发展市政管理，或为中国人的生命与财产提供安全保障。”[⑦] 几天后，普利焘－布伦指出，“由于缺乏任何集中统一的控制，日军目无法纪的状况仍持续着”。[⑧]

甚至日本外相广田弘毅[⑨] 也未否认在南京的部队失控的情况。1938年2

① ［美］W. P. 米尔斯：给日本大使馆的信，1938年1月5日，《美国在南京的财产权益损失》附件3-E，1938年2月28日，档案编号393.115/233，美国国家第二档案馆，第59档案组第1821档案盒。

② ［美］米尔斯：给美国大使馆约翰·爱利生的信，1938年1月17日，《美国在南京的财产权益损失》附件3-H，1938年2月28日，档案编号393.115/233，美国国家第二档案馆，第59档案组第1821档案盒。

③ ［美］M. S. 贝茨：给日本大使馆的信，1937年12月16日，《美国在南京的财产权益损失》附件1-A，1938年2月28日，档案编号393.115/233，美国国家第二档案馆，第59档案组第1821档案盒。

④ ［美］M. S. 贝茨：给朋友的信，1938年1月10日，藏耶鲁大学神学院图书馆特藏部，第8档案组，第103档案盒。

⑤ 贝茨的原文如此。1938年2月6日到访南京，整肃军纪的是本间雅晴少将（Masaharu Homma，1887-1946），而不是天谷直次郎少将（Shojikiro Amaya，1888-1966）。天谷直次郎于1938年1月16日率步兵第十旅团到南京接替中岛今朝吾中将（Kesago Nakajima，1881-1945）担任南京卫戍司令。

⑥ ［美］M. S. 贝茨：书面证词，1947年2月6日，藏耶鲁大学神学院图书馆特藏部，第10档案组，第126档案盒第1132档案夹。

⑦ 英驻南京领事，密电，1938年1月21日下午5：41，伦敦英国国家公共档案馆，扬子江巡逻档案，1938年1月，英国皇家海军部档案，编号ADM116/3882。

⑧ ［英］R. G. 豪尔：220号电报，1938年2月1日，伦敦英国国家公共档案馆，英国外交部文件编号FO371/22146，1371号档案。

⑨ 广田弘毅（Koki Hirota，1878-1948），1878年2月14日出生于日本九州的福冈县，1905年毕业于东京帝国大学，1906年进入外务省，到驻中国北京使馆任职。1921年以后，历任日本外务省情报部次长、欧美局局长、驻荷兰公使。1930年出任驻苏联大使。1933年9月，广田弘毅进入内阁，担任外相。1936年出任内阁首相。1937年1月，广田内阁下台。同年6月，广田出任近卫内阁外相。任外相期间，他积极主张加紧对中国的侵略。1948年12月23日被东京远东国际军事法庭处以绞刑。

月12日，在给美国驻日大使约瑟夫·克拉克·格鲁[①]的一份照会中，广田表示："南京发生的各类案件皆认为是由于对部队管束不力所致。"[②]

在给亚历山大·保罗[③]的信中，就松井石根在控制其部队方面所起的作用，史迈斯发表了评论。根据史迈斯的说法，松井疏于管束其部队，直至美国国务院公布了美国传教士和美国外交代表提出的正式抗议两周后才加以管束：

> 我听到舍·贝茨对这个冬季所表达的唯一遗憾是，他担心我们犯了一个严重的错误，即我们没有在与外部世界取得联系之际，就广泛地进行宣传。总的来说，我们所做的任何宣传都是利大于弊。直至1月下旬，华盛顿的国务院发布了爱利生的电文，才会对改善这里的状况产生兴趣。两周后，松井将军来到这里，告诉他的军人要守规矩。只有公布暴行，才能使他这么做。日本人在此屠杀却逍遥法外，而全世界对此知之甚少，这可不行！这不仅仅是对所发生的情况震惊不已，而是为了让东京的高层有兴趣促使日军在攻占的其他地区改善他们对待中国平民的所作所为。[④]

据广泛流传的说法，松井石根被解除指挥职务主要是由于日军在南京所犯的暴行，正如一篇新闻报道所指出的：

---

① 约瑟夫·克拉克·格鲁（Joseph Clark Grew，1880-1965），详见P269注②。

② ［日］广田弘毅：致美国大使约瑟夫·格鲁的照会，1938年2月12日，《新闻简报》（*Press Release*），第18卷，1938年2月19日，第264页。

③ 亚历山大·保罗（Alexander Pau，1874-1956），详见P132注③。

④ ［美］路易斯·S. C. 史迈斯：给保罗的信，1938年5月26日，第2页，美国田纳西州纳什维尔，基督会历史学会图书馆，路易斯和玛格丽特·盖瑞特·史迈斯的书信。

> 松井石根将军，日本华中派遣军总司令，被召回，由畑俊六将军[①]接替，以期整肃部队的军纪。有理由相信替换指挥官是为了促成这样的结局。[②]

这些目击者的叙述也提供了相关大屠杀受害者人数的信息。然而，美国人的信息，在很大程度上是间接获取的，显得比较零散，并因其不同的来源而有所差异。这是因为这些美国人极为繁忙地从事救济工作；此外，日本人不允许他们自由地出入城门，而主要的大规模屠杀与掩埋活动都是在郊区进行的。

罗伯特·O.威尔逊的信息主要来自他的患者，而患者中有很多是大屠杀的幸存者。在给他妻子的信中，威尔逊作了如下叙述：

> 上个月，红卍字会一直忙于掩埋从城里安全区以外各城区以及周围乡村收殓的尸体。据保守估计，被残酷屠杀的人数约为10万人，这当然包括数千名放下武器的军人。在许多大规模屠杀中，有一些悲惨可怜的幸存者，他们设法来到医院，讲述了他们的经历。[③]

明妮·魏特琳首先通过与曾经到过城郊区域的中国朋友的交谈获取了信息。她在1938年4月11日的日记中写道，长江两岸仍有成千上万的尸体，

---

① 畑俊六（Shunroky Hata，1879-1962），1879年7月26日出生于日本福岛县（Fukushima），1897年毕业于陆军士官学校，1910年毕业于陆军大学，1926年晋升少将，任野战炮兵第四旅团旅团长，1931年升任中将，历任第十四师团师团长、台湾军司令，1937年晋升大将，于1938年2月接替松井石根担任华中派遣军总司令，1941年3月出任中国派遣军总司令，1944年6月晋升陆军元帅。战后被远东国际军事法庭列为甲级战犯，判处无期徒刑，1954年假释，1962年5月10日在家乡福岛去世。

② 《南京——究竟发生了什么——还是日本人的天堂》（"Nanking — What Really Happened — and the Japanese Paradise"），《密勒氏评论报》（*The China Weekly Review*）增刊，1938年3月19日，第11页。

③ ［美］罗伯特·O.威尔逊：给妻子玛娇莉（Marjorie）的信，1938年3月7日，收录于蒂莫西·布鲁克（Timothy Brook）编《南京大屠杀文件》（"Documents on the Rape of Nanking"），安娜堡：密歇根大学出版社，1999年，第253至254页。

许多军人和平民百姓的尸体已肿胀，顺着江流漂浮而下。[①] 4月15日，魏特琳到红卍字会的总部去，了解到大约从1月中旬到4月14日这段时间，红卍字会已经掩埋了在城里发现的1793具尸体，以及城外的39589具。她特别强调，这些数字并不包括下关和上新河地区在内，那里还有数目可观的人丧生。[②] 麦考伦在给妻子的信中说，“约有1500具尸体埋在汉西门外，我们曾试图救下这批人，但没有成功”。“另外还有两批人遇害，有一万人在下关的和记外面，另一批两万人位于再往下游去一些的地方，这些人都是在撤离南京时受困的军人”。[③] 然而，史迈斯则以下述方式提供了他的信息：

> 几乎整个春天，红卍字会都在忙着掩埋遇难者的尸体，他们报告说已经掩埋了3万多具尸体，其中三分之一是罹难的老百姓。但这个数字得基于你没有沿江岸往上游或下游走得更远些，那里还有更多的尸体。[④]

约翰·G.麦琪也透露了类似的信息，只不过他提到有几个团体参与了掩埋遇难者的工作，而且许多尸体是由亲戚和朋友掩埋的：

> 承担了大部分掩埋工作的中华慈善堂（Chinese Benevolent Association）[⑤] 的负责人告诉我，从1月23日开始工作到3月19日，他们已经掩埋了32104具尸体，他们估计还有数量相当的尸体有待埋葬。

---

① ［美］明妮·魏特琳：日记，1938年4月11日，藏耶鲁大学神学院图书馆特藏部，第11档案组，第145档案盒第2875档案夹。

② ［美］明妮·魏特琳：日记，1938年4月15日，藏耶鲁大学神学院图书馆特藏部，第11档案组，第145档案盒第2875档案夹。

③ ［美］詹姆斯·H.麦考伦：给妻子伊娃的信，1938年1月16日，美国田纳西州纳什维尔，基督会历史学会图书馆，詹姆斯·亨利和伊娃·安德森·麦考伦的书信。

④ ［美］路易斯·S.C.史迈斯：《南京发生的浩劫，或中国沦陷区的状况》，1938年8月，第3页，美国田纳西州纳什维尔，基督会历史学会图书馆，路易斯和玛格丽特·盖瑞特·史迈斯的书信。

⑤ “慈善堂”应该是指“崇善堂”。但明妮·魏特琳在其1938年4月2日的日记中提道：今天的报告指出，仅红卍字会在1月23日至3月19日期间就埋葬了32104人。显然，麦琪和魏特琳使用的数据为同一来源。此处“中华慈善堂”为麦琪对“中国红卍字会”的意译。

> 其他一些团体也从事了一些掩埋工作，而许多尸体是由朋友和亲戚埋葬的。例如，我们教会的公墓位于一座城门外约一英里处，公墓的守墓人告诉我，有两三千人在城门外被杀，均由当地的民众掩埋。[①]

国际委员会资助了红卍字会的掩埋工作，也对其工作进行检查。[②] 因而，这些美国人能够很方便地从该团体获得这些数据。

到目前为止，尚未发现书面资料表明，这些美国人从参与掩埋遇难者的其他组织或团体那里收集到数据。显然，尽管红卍字会一直忙于埋葬遇难者，但仍有大量尸体未被掩埋。魏特琳在4月15日得知红卍字会已经埋葬了39589具尸体后，她在4月22日又听说“沿江仍有许许多多尚未掩埋、状况可怕的尸体，大批尸体漂浮在江面上，其中大多数尸体的双手仍被铁丝捆在身后”。[③]1938年4月2日，魏特琳在日记中写道：“罗森博士报告说，国家公园那里还有许多没有掩埋的中国军人的尸体”，他“希望中国人的团体愿意去掩埋那些尸体”。[④] 贝茨则表示，有很多人被杀害，但他们无从查证其人数：

> 我和史迈斯教授，根据我们的调查、观察和对掩埋情况的检查得出结论，在我们确信的范围内，有12000名平民，包括男人、女人和儿童，在城内被杀害。还有许多人在城内被杀，但不为我们所知，其人数我们无法核实，而且还有大量的平民在城外被杀。这是与数以万计的中国军

---

① ［美］约翰·G. 麦琪：给约翰·科尔·麦金（John Cole McKim）牧师的信，1938年4月2日，藏耶鲁大学神学院图书馆特藏部，第10档案组，第4档案盒第62档案夹。

② ［美］M. S. 贝茨：书面证词，1947年2月6日，藏耶鲁大学神学院图书馆特藏部，第10档案组，第126档案盒第1132档案夹。

③ ［美］明妮·魏特琳：日记，1938年4月22日，藏耶鲁大学神学院图书馆特藏部，第11档案组，第145档案盒第2875档案夹。

④ ［美］明妮·魏特琳：日记，1938年4月2日，藏耶鲁大学神学院图书馆特藏部，第11档案组，第145档案盒第2875档案夹。

人或曾是中国军人的人被杀害完全不同的屠杀。[①]

根据中国方面的资料，红卍字会掩埋了43123具尸体，崇善堂埋葬了112267具，红十字会收殓了22371具，南京市政府收埋了3000具，下关区政府埋了3240具，由两位木材商人盛世征和昌开运组织和资助的私人团体掩埋了28730具；其他组织和团体也参与了掩埋工作。[②]主要是对崇善堂的数据，一些日本学者提出了质疑。然而，这些美国和英国的目击者证词并不能澄清这类问题，犹如贝茨所言："肯定还有比这更多的人数遭杀戮，但我不了解那些情况，因此我无法估计他们的数量"，[③]"被江流卷走的尸体数量，以及以其他方式掩埋的尸体数量，我们无法计算"。[④]笼罩在遇难者人数争议上的迷雾目前尚不会被揭开，只有在获得进一步涉及大屠杀和掩埋活动的证据，包括日本官方民政或军方的记录之后，笼罩在遇难者人数争议上的迷雾才会消散。

尽管这些英美籍人士的目击证词无法澄清围绕着南京大屠杀的所有争议，但它们是中立国的公民提供的可以信赖而连贯一致的第一手原始资料。通过忠实的描述，这些资料协助再现了当时的一系列事件，重现了当时的氛围，从而使人们更好地理解这一对当代人来说似乎非常遥远的事件。仅就这一点而言，它们就显得非同寻常，极为珍贵，而且无疑将促进该领域的进一步研究。

---

① ［美］M. S. 贝茨：远东国际军事法庭上的证词，1946年7月29日，第2630页，美国国家第二档案馆，第238档案组，远东国际军事法庭文件、日志、物证与判决，微缩胶卷T918第5卷。

② 日军南京大屠杀遇难者人数估计数字表格，324号物证，1702号文件，美国国家第二档案馆，第238档案组，远东国际军事法庭的法庭档案、日志、物证和判决，微缩胶卷T918第12卷；《侵华日军南京大屠杀档案》，南京：江苏古籍出版社，1987年，第446至484页；以及《侵华日军南京大屠杀史稿》，南京：江苏古籍出版社，1987年，第111至134页。

③ ［美］M. S. 贝茨：书面证词，1947年2月6日，藏耶鲁大学神学院图书馆特藏部，第10档案组，第126档案盒第1132档案夹。

④ ［美］M. S. 贝茨：远东国际军事法庭上的证词，1946年7月29日，第2631页，美国国家第二档案馆，第238档案组，远东国际军事法庭文件、日志、物证与判决，微缩胶卷T918第5卷。

附录一

1937年12月13日至1938年3月中旬在南京的西方公民

姓名	国籍	工作单位	在南京的日期
1. 弗兰克·提尔曼·杜丁 Frank Tillman Durdin	美国	纽约时报社	1937年12月13-15日
2. 查尔斯·叶兹·麦克丹尼尔 Charles Yates McDaniel	美国	美联社	1937年12月13-16日
3. 亚瑟·冯·布里森·孟肯 Arthur von Briesen Menken	美国	帕拉蒙新闻摄影社	1937年12月13-15日
4. 阿契包德·特洛简·斯提尔 Archibald Trojan Steele	美国	芝加哥每日新闻报社	1937年12月13-15日
5. 莱斯利·C.史密斯 Leslie C. Smith	英国	路透社	1937年12月13-15日
6. 约翰·韩里克·德特利夫·拉贝 John Heinrich Detlev Rabe	德国	西门子洋行	1937年12月13日至1938年2月23日
7. 克里斯卿·杰考伯·克罗格 Christian Jakob Kröger	德国	礼和洋行	1937年12月13日至1938年1月23日
8. 爱德华·斯波林 Eduard Sperling	德国	上海保险行	1937年12月13-
9. 奥古斯特·兆提格 Auguste Zautig	德国	起士林点心铺	1937年12月13日至1938年2月28日
10. 理查德·翰培尔 Richard Hempel	德国	河北饭店	1937年12月13-

11. 鲁波特·哈兹 Rupert R. Hatz	奥地利	南京安全区	1937 年 12 月 13 日至 1938 年 2 月 28 日
12. 尼古拉·波德希伏洛夫 Nicolai Podshivoloff	白俄	桑德林电器行	1937 年 12 月 13-
13. A. 扎尔 A. Zial	白俄	南京安全区	1937 年 12 月 13-
14. 马内·舍尔·贝茨 Miner Searle Bates	美国	金陵大学	1937 年 12 月 13-
15. 路易斯·斯特朗·凯瑟·史迈斯 Lewis Strong Casey Smythe	美国	金陵大学	1937 年 12 月 13-
16. 查尔斯·亨利·里格斯 Charles Henry Riggs	美国	金陵大学	1937 年 12 月 13-
17. 罗勃特·奥利·威尔逊 Robert Ory Wilson	美国	鼓楼医院	1937 年 12 月 13-
18. 克里福特·夏普·特里默 Clifford Sharp Trimmer	美国	鼓楼医院	1937 年 12 月 13-
19. 伊娃·M. 海因兹 Iva M. Hynds	美国	鼓楼医院	1937 年 12 月 13-
20. 格瑞丝·露易丝·鲍尔 Grace Louise Bauer	美国	鼓楼医院	1937 年 12 月 13-
21. 明妮·魏特琳 Minnie Vautrin	美国	金陵女子文理 学院	1937 年 12 月 13-
22. 乔治·爱希默·菲齐 George Ashmore Fitch	美国	基督教青年会	1937 年 12 月 13 至 1938 年 1 月 29 日 1938 年 2 月 10-20 日
23. 约翰·吉利斯比·麦琪 John Gillespie Magee	美国	美国圣公会	1937 年 12 月 13-
24. 詹姆斯·亨利·麦考伦 James Henry McCallum	美国	美国基督会	1937 年 12 月 13-
25. 威尔逊·波鲁默·米尔斯 Wilson Plumer Mills	美国	北方长老会	1937 年 12 月 13-

26. 胡勃特·拉法耶特·索尼 Hubert Lafayette Sone	美国	金陵神学院	1937 年 12 月 13-
27. 欧内斯特·赫曼·福斯特 Ernest Herman Forster	美国	美国圣公会	1937 年 12 月 13-
28. 伯恩哈德·阿尔普·辛德伯格 Bernhard Arp Sindberg	丹麦	江南水泥厂	1937 年 12 月 23 日以来多次前往南京
29. 约翰·摩尔·爱利生 John Moore Allison	美国	美国大使馆	1938 年 1 月 6-
30. 詹姆斯·爱斯比 James Espy	美国	美国大使馆	1938 年 1 月 6-
31. 小阿契鲍德·亚历山大·麦克法瑾 Archibald Alexander McFadyen Jr.	美国	美国大使馆	1938 年 1 月 6 日至 3 月 13 日
32. 约翰·米歇尔·希汉 John Mitchell Sheehan	美国	美舰“瓦胡号”	1938年1月7日,2月17日、23日
33. 亨弗雷·英吉兰·普利焘-布伦 Humphrey Ingelram Prideaux-Brune	英国	英国大使馆	1938 年 1 月 9-29 日
34. 威廉·亚历山大·洛瓦特-弗莱瑟 William Alexander Lovat-Fraser	英国	英国大使馆	1938 年 1 月 9-16 日
35. 乔治·弗里德里希·穆拉德·罗森 Georg Friedrich Murad Rosen	德国	德国大使馆	1938 年 1 月 9-
36. 保罗·汉斯·赫曼·莎芬伯格 Paul Hans Hermann Scharffenberg	德国	德国大使馆	1938 年 1 月 9-
37. 阿尔弗雷德·马瑟斯·彼得·霍特 Alfred Mathias Peter Hürter	德国	德国大使馆	1938 年 1 月 9-
38. 约翰·古斯塔夫·沃尔瑟 John Gustave Walser	英国	英国大使馆	1938 年 1 月 12 日至 16 日
39. 詹姆斯·门罗·顿莱伯 James Monroe Dunlap	美国	美国大使馆（海军发报员）	1938 年 1 月 19-
40. 斯坦利·比希布里克 Stanley Bishoprick	美国	祥泰木行	1938 年 1 月 23 日至 2 月 6 日

41. 欧内斯特·威廉·捷夫雷 英国 英国大使馆 1938年1月27-
Ernest William Jeffery
42. 沃特·亨利·威廉斯 英国 英国大使馆 1938年1月27-
Walter Henry Williams
43. 拉斐尔·费拉约洛 意大利 意大利大使馆 1938年1月29-?
Raffaele Ferrajolo
44. 普里内拉·戈齐奥 意大利 意大利大使馆 1938年1月29-?
Prinela Gozio
45. 医官 Medical Officer 美国 美舰“瓦胡号” 1938年2月17日
46. 哈罗德·汤姆斯·阿姆斯特朗 英国 英舰“蜜蜂号” 1938年2月17日
Harold Thomas Armstrong
47. 亨德里克·博斯 荷兰 荷兰公使馆 1938年2月8-12日
Hendrick Bos
48. 詹姆斯·弗朗西斯·卡尼 美国 美国耶稣会 1938年2月10-13日
James Francis Kearney
49. 蒂博·德·拉·弗特-圣尼克 法国 法国大使馆 1938年2月10-13日
泰尔 Thibault de la Ferté-Senectère
50. 马塞尔·让·布斯凯尔 法国 法舰“都达·德·拉格瑞号” 1938年2月10-13日
Marcel Jean Buscail
51. 理查德·弗里曼·布莱迪 美国 鼓楼医院 1938年2月21-
Richard Freeman Brady
52. 小乔治·爱契逊 美国 美国大使馆 1938年3月11-13日
George Atcheson Jr.

附录二

1937 年 12 月至 1938 年 10 月英语媒体刊载
相关南京大屠杀的主要报道、文章

1. 阿契包德·特洛简·斯提尔（Archibald Trojan Steele):《日军屠杀成千上万》（“Japanese Troops Kill Thousands”），《芝加哥每日新闻报》（*The Chicago Daily News*），1937 年 12 月 15 日第 1 版。

2. 亚瑟·门肯（Arthur Menken）：《摄影师揭露南京大屠杀》（“Cameraman Reveals Carnage in Nanking”），《波士顿环球报》（*Boston Globe*），1937 年 12 月 16 日第 16 版。

3. 阿契包德·特洛简·斯提尔：《记者描绘战争屠杀场景》（“War’s Death Drama Pictured by Reporter”），《芝加哥每日新闻报》，1937 年 12 月 17 日第 1 与第 3 版。

4. 查尔斯·叶兹·麦克丹尼尔（Charles Yates McDaniel）：《新闻记者的日记描述了南京的恐怖》(“Newsman’s Diary Describes Horrors in Nanking”),《西雅图每日时报》（*Seattle Daily Times*），1937 年 12 月 17 日第 12 版。

5. 亚瑟·门肯：《目击者描述中国军队溃退时南京的恐怖景象》（“Witness Tells Nanking Horror as Chinese Flee”），《芝加哥每日论坛报》（*The Chicago Daily Tribune*）1937 年 12 月 17 日第 4 版。

6. 弗兰克·提尔曼·杜丁（Frank Tillman Durtin）：《攻占南京肆意屠戮俘虏均被杀害》（“Butchery Marked Capture of Nanking All Captives Slain”），《纽约时报》（*The New York Times*），1937 年 12 月 18 日第 1 与第 10 版。

7. 查尔斯·叶兹·麦克丹尼尔：《战地记者的日记描绘恐怖的南京》（“Nanking Horror Described in Diary of War Reporter”），《芝加哥每日论坛报》，1937 年 12 月 18 日第 8 版。

8. 查尔斯·叶兹·麦克丹尼尔：《南京希望日军将缓解严酷残暴》（“Nanking

Hopes Japanese Will Mitigate Harshness”），《春田共和报》（*The Springfield Republican*）1937年12月18日第2版。

9.《恐怖的南京：劫掠、屠杀占领者残暴的行径》（“Terror in Nanking Looting and Murder The Conquerors’ Brutality”），《泰晤士报》，1937年12月18日第12版。

10. 阿契包德·特洛简·斯提尔：《在南京的美国佬见义勇为》（“Tells Heroism of Yankees in Nanking”），《芝加哥每日新闻报》，1937年12月18日第1与第3版。

11.《目击者叙述南京的陷落》（“Fall of Nanking Vividly Reported by Eye-witness”），《北京纪事报》（*The Peking Chronicle*），1937年12月19日第1与第18版。

12. 弗兰克·提尔曼·杜丁：《外国人在南京的作用备受称赞》（“Foreigners’ Role in Nanking Praised”），《纽约时报》，1937年12月19日第1与第38版。

13. 哈立特·阿本德（Hallett Abend）：《日军大佐未受纪律惩处》（“Japanese Colonel Is Not Disciplined”），《纽约时报》，1937年12月24日第7版。

14.《南京的恐怖》（“Nanking Horror”），《字林西报》（*The North-China Daily News*），1937年12月25日第4版。

15.《首都被攻陷后的奸淫、掳掠》（“Rape Looting Follow Taking of the Capital”），《字林西报》，1937年12月25日第5版。

16. 弗兰克·提尔曼·杜丁：《南京陷落日军施暴中国将领临阵脱逃》（“Japanese Atrocities Marked Fall of Nanking After Chinese Command Fled”），《纽约时报》，1938年1月9日第38版。

17.《掠夺成性的日军抢劫美国人，妇女儿童在南京遭残酷杀害》（“Plundering Japanese Rob Americans: Women and Children at Nanking Killed in Cold Blood”），《洛杉矶时报》（*The Los Angeles Times*），1938年1月9日第1版。

18.《巨大的变化》（“A Great Change”），《字林西报》1938年1月21日第4版。

19. 哈立特·阿本德：《侵略者劫掠恐惧中的南京》（“Invaders Despoil Cringing Nanking”），《俄勒冈人报》（*The Oregonian*），1938年1月25日第2版。

20.《南京安全区仍挤满难民》（“Nanking Safety Zone Still Filled with Refugees”），《字林西报》，1938年1月27日第5版。

21.《日本在中国的恐怖统治，首次真实的描述》（“Japan’s Reign of Terror in China: First Authentic Description”），《每日电讯报早报》（*Daily Telegraph and Morning Post*），1938年1月28日第15至16版。

22. 阿契包德·特洛简·斯提尔：《攻占南京之际中国军人惊慌失措揭示恐怖残暴的场面》（“Panic of Chinese in Capture of Nanking Scenes of Horror and Brutality are

Revealed”），《芝加哥每日新闻报》，1938年2月3日第2版。

23. 阿契包德·特洛筒·斯提尔:《在南京屠杀惊恐的中国人被记者比做在美国围猎野兔》(“Reporter Likens Slaughter of Panicky Nanking Chinese to Jackrabbit Drive in U. S.”),《芝加哥每日新闻报》，1938年2月4日第2版。

24. 《南京暴行：美国目击者讲述入侵者的放荡行为》（“Rape of Nanking: American Eyewitness Tells of Debauchery by Invaders”），《南华早报》（*The South China Morning Post*）》，1938年3月16日第17至18版。

25. 《南京——究竟发生了什么——还是日本人的天堂》（“Nanking — What Really Happened — and the Japanese Paradise”）《密勒氏评论报》（*The China Weekly Review*）增刊，1938年3月19日，第10至11页。

26. 《竹筐惨案》（“Basket Case”），《时代周刊》（*Time*）第31卷，1938年4月18日，第22页。

27. 《目击者讲述南京陷落时的恐怖》（“Eye-Witness Tells of Horror Seen in Fall of Nanking”），《克利夫兰平民报》（*Cleveland Plain Dealer*），1938年5月23日第8版。

28. 《南京浩劫》（“The Sack of Nanking”），《视野》（*Ken*），第1卷，1938年6月2日，第12至15页。

29. 乔治·菲齐（George Fitch），《南京暴行》（“The Rape of Nanking”），《旧金山纪事报》（*The San Francisco Chronicle*）星期日增刊《这个世界》（“This World”），1938年6月11日，第16至17页。

30. 《南京浩劫》（“The Sack of Nanking”），《读者文摘》（*The Readers' Digest*），第33卷，1938年7月，第28至31页。

31. 《我们在南京》(“We Were in Nanking”),《读者文摘》,第33卷,1938年10月,第41至44页。

附录三

哈罗德·约翰·田伯烈 1938 年编撰的《战争意味着什么：日军在华暴行》一书中相关南京大屠杀的文件

第一章　南京的磨难

1. 《首都被攻陷后的奸淫、掳掠》，《字林西报》，1937 年 12 月 25 日
2. 乔治·A. 菲齐的个人日记，1937 年 12 月 10 日至 16 日

第二章　抢劫、屠杀和强奸

3. 乔治·A. 菲齐的个人日记，1937 年 12 月 17 日至 1938 年 1 月 1 日

第三章　承诺与表现

4. M. S. 贝茨：《金陵大学难民登记后续情况备忘录》，根据 12 月 31 日准备的资料所起草稿与 1 月 3 日笔记于 1938 年 1 月 25 日撰写

第四章　噩梦还在持续

5. M. S. 贝茨致朋友的信，1938 年 1 月 10 日
6. 胡勃特·L. 索尼致 P. F. 普瑞斯的信，1937 年 1 月 16 日

附录 A、B 和 C

国际委员会日军暴行 1–444 案例中选取的 127 个案例。这些案例按时间而非案件编号顺序排列。

附录 D

1. 1 号文件（Z1）：约翰·H.D. 拉贝致日军指挥官的信，1937 年 12 月 14 日

附件：“南京安全区国际委员会成员名单”与“南京国际红十字会成员名单”

2. 2号文件（Z4）：约翰·H.D. 拉贝致福田笃泰的信，1937年12月15日

3. 3号文件（Z5）：欧内斯特·H. 福斯特致福田笃泰的信，1937年12月15日

4. 4号文件（Z6）：与特务机关长官访谈记录，1937年12月15日

5. 5号文件（Z8）：路易斯·S.C. 史迈斯致福田笃泰的信，1937年12月16日

6. 6号文件（Z9）：约翰·H.D. 拉贝致福井淳的信，1937年12月17日

7. 7号文件（Z10、Z11和Z12）：约翰·H.D. 拉贝写给福井淳的信，1937年12月18日

附件：（Z11）《南京安全区难民营列表》，1937年12月18日

（Z12）路易斯·S.C. 史迈斯：“司法部事件备忘录”，1937年12月18日

8. 8号文件（Z13）：路易斯·S.C. 史迈斯致日本大使馆的信，1937年12月19日

附件：罗伯特·O. 威尔逊致日本大使馆官员的信，1937年12月19日

9. 9号文件（Z15）：南京外侨社团致日本大使馆的请愿书，1937年12月21日

10. 10号文件（Z17）：“南京城遭焚烧所发现的情况”，1937年12月21日

11. 11号文件（Z16）：路易斯·S.C. 史迈斯致日本大使馆的信，1937年12月21日

12. 12号文件（Z19）：“日军关于人口登记的公告”，1937年12月22日

13. 13号文件（Z21）：路易斯·S.C. 史迈斯致日本大使馆的信，1937年12月26日

14. 14号文件（Z22）：约翰·H.D. 拉贝致福井淳的信，1937年12月27日

15. 15号文件（Z23）：路易斯·S.C. 史迈斯致福井淳的信，1937年12月27日

16. 16号文件（Z27）：约翰·H.D. 拉贝致日本大使馆的信，1938年1月4日

17. 17号文件（Z28）：约翰·H.D. 拉贝致福田笃泰的信，1938年1月7日

附件：“恢复南京的正常局面”

18. 18号文件（Z37）：乔治·A. 菲齐致福井淳的信，1938年1月13日

19. 19号文件（Z35）：约翰·H.D. 拉贝致福田笃泰的信，1938年1月14日

20. 20号文件（Z36）：约翰·H.D. 拉贝致日本大使馆的信，1938年1月15日

21. 21号文件（Z39）：路易斯·S.C. 史迈斯致约翰·爱利生的信，1938年1月17日

22. 22号文件（Z38）：约翰·H.D. 拉贝致福井淳的信，1938年1月17日

23. 23号文件：乔治·A. 菲齐发给上海中华全国基督教协进会博因顿的电报，1938年1月18日

24. 24号文件（Z40）：约翰·H.D. 拉贝致约翰·爱利生、普利焘－布伦和罗森的信，1938年1月19日

25. 25号文件（Z43）：约翰·H.D.拉贝致约翰·爱利生、普利泰－布伦和罗森的信，1938年1月26日

26. 26号文件（Z46）：约翰·H.D.拉贝致普利泰－布伦的信，1938年1月28日

27. 27号文件（Z54）：约翰·H.D.拉贝致约翰·爱利生的信，1938年2月6日

28. 28号文件（Z44）：约翰·H.D.拉贝致福井淳的信，1938年1月27日

29. 29号文件（Z47）：约翰·H.D.拉贝致“南京自治政府”的信，1938年1月28日

30. 30号文件（Z48）：约翰·H.D.拉贝致乔治·罗森的信，1938年1月30日

31. 31号文件（Z35）：约翰·H.D.拉贝致日高的信，1938年2月3日

32. 32号文件（Z32）：路易斯·S.C.史迈斯致约翰·爱利生的信，1938年1月10日

33. 33号文件（BZ33）：路易斯·S.C.史迈斯致约翰·爱利生的信，1938年1月10日

34. 34号文件（Z58）：约翰·H.D.拉贝致约翰·爱利生的信，1938年2月19日

附录 E

参与攻占长江三角洲城市的部分日军部队列表。

附录 F

南京的“杀人竞赛”。

附录 G

日本人笔下的南京状况：《新申报》刊登了题为《日军温厚抚慰难民，南京城内和气蔼々》的文章，1938年1月8日

附录四

南京安全区文件列表：日军占领之后[①]

编号		日期	收件人	接收者	时间	签署人
序列	时间顺序					
Z 1	（1）	1937年12月14日	日军指挥官	福田特务机关长官	15日上午、15日中午	拉贝
Z 2	（2）	14日	同上（国际委员会名单）	同上		
Z 3	（3）	14日	同上（国际红十字会名单）	同上		
Z 4	（4）	15日	福田	福田	15日上午	拉贝
Z 5	（5）	15日	福田（由国际红十字会发函）	福田	15日上午	福斯特
Z 6	（6）	15日	（与特务机关长官访谈备忘录）		15日中午	史迈斯
Z 7	（7）	16日	（在南京的西方国民）	福田	16日	（由史迈斯提交）
Z 8	（8）	16日	福田（1–15号案件）	福田	16日	史迈斯
Z 9	（11）	17日	日本大使馆	福井	17日	拉贝

① 马里兰州学院公园市：美国国家第二档案馆，第84档案组，驻中国外交机构，第2171卷（南京1938年第7卷）。

编号		日期	收件人	接收者	时间	签署人
序列	时间顺序					
Z 10	（16）	18	日本大使馆	田中	18	拉贝
Z 11	（17）	18	难民营列表，12/17	田中		
Z 12	（18）	18	司法部事件，12/16	田中		
Z 13	（20）	19	日本大使馆（16–70 号案件）	田中	19	史迈斯
Z 14	（22）	20	日本大使馆（71–96 号案件）	田中	20	拉贝
Z 15	（23）	21	日本大使馆	田中	21 日下午 2：40	外侨社团
Z 16	（24）	21	日本大使馆（97–113 号案件）	门卫	21	史迈斯
Z 17	（25）	21	（南京城遭焚烧所发现情况）	保密		多人
Z 18	（27）	22	日本大使馆（114–136 号案件）	门卫	22	拉贝
Z 19	（29）	22	（日军人口登记的公告）			
Z 20	（36）	26	日本大使馆（137–154 号案件）	福井	26 日下午 6 点	史迈斯
Z 21	（37）	27	日本大使馆（食品）	福井	27 日上午 11 点	拉贝
Z 22	（39）	27	日本大使馆（煤炭）	福井	27 日下午 6 点	史迈斯（同贝茨一起提交）
Z 23	（40）	30	日本大使馆（煤炭）	福田	30 日下午 3 点	史迈斯
Z 24	（41）	30	日本大使馆（155–164 号案件）	福田	30 日下午 3 点	史迈斯
Z 25	（45）	31	（关于王兴隆事件的备忘录）	（由许先生、吴先生、贝茨和史迈斯一起提交）		
Z 26	（48）	1938 年 1 月 2 日	日本大使馆（165–175 号案件）	福田	2 日下午 3 点	拉贝
Z 27	（49）	4	日本大使馆（176–179 号案件）（178 号案件）	田中	4 日上午 11 点；3 日下午 4 点	拉贝、许传音

相关日军占领南京的美国方面系列文件

编号		日期	收件人	接收者	时间	签署人
序列	时间顺序					
A1	（7）	1937年12月16日	（在南京的西方国民）	福田	12月16日	（由史迈斯提交）
A2	（13）	17日	日本大使馆官员	福井	17日	米尔斯
A3	（14）	17日	日本大使馆官员	福井	17日	米尔斯
A4	（21）	20日	美国驻上海总领事	田中	20日	14位美国人
A5	（26）	22日	日本大使馆官员（相关美方电报）	福田	22日	米尔斯
A6	（30）	23日	日本大使馆官员（美国财产）	高玉	23日	米尔斯
A7	（31）	24日	日本大使馆官员	福井	25日	米尔斯
A8	（32）	24日	日本大使馆官员	福田 福井	24日 25日	索尼
A9	（33）	25日	日本大使馆官员	福井	25日	米尔斯
A10	（34）	25日	日本大使馆（相关里格斯）	福井	25日	史迈斯
A11	（46）	1938年1月1日	日本大使馆官员（希尔克雷斯特美国学校）			米尔斯
A12	（47）	1日	日本大使馆官员（长老会财产）			米尔斯
A13	（50）	4日	日本大使馆	福井	4日	菲齐
A14	（51）	4日	日本大使馆		4日	菲齐
A15	（52）	5日	日本大使馆	福井	5日	菲齐
A16	（53）	5日	日本大使馆	门卫	5日	菲齐
A17	（54）	5日	日本大使馆官员	福井	6日	米尔斯

相关日军占领南京的金陵大学系列文件

编号		日期	收件人	接收者	时间	签署人
序列	时间顺序					
U1	（9）	12月16日上午	日本大使馆官员		16日上午	贝茨
U2	（10）	16日下午16点	日本大使馆官员		16日下午16点	贝茨
U3	（12）	17日	日本大使馆官员		17日	贝茨
U4	（15）	18日	日本大使馆官员	田中	18日	贝茨
U5	（19）	19日	日本大使馆官员	田中	19日上午9点	威尔逊（贝茨、菲齐、威尔逊和史迈斯在场）
U6	（19a）	21日	福田		21日	贝茨
U7	（28）	22日	日本大使馆官员		22日	贝茨
U8	（35）	25日	田中	田中	25日	贝茨
U9	（37）	27日	日本大使馆官员（福井谨启）	领事馆警察	27日中午	贝茨
U10	（42）	30日	日本大使馆官员	福田	30日下午3点	贝茨
U11	（43）	30日	日本大使馆官员（王兴隆案件）	田中	30日下午5点	贝茨和里格斯
U12	（44）	31日	日本大使馆官员	门卫	31日上午	贝茨

附录五

徐淑希1938年编撰《日人战争行为》中相关南京大屠杀的文件

第四章　南京现状——第一部分

1. 《首都被攻陷后的奸淫、掳掠》，《字林西报》，1937年12月25日

2. M. S. 贝茨致朋友的信，1938年1月10日

3. 《发言人抨击〈字林西报〉的陈述》，《字林西报》，1938年1月22日

4. 《日军温厚抚慰难民，南京城内和气蔼々》，《新申报》，1938年1月8日

5. “南京安全区国际委员会成员名单”，1937年12月15日

第五章　南京现状——第二部分

6. 约翰·H. D. 拉贝致日军指挥官的信，1937年12月14日

7. 约翰·H. D. 拉贝致福田笃泰的信，1937年12月15日

8. 路易斯·S. C. 史迈斯致福田笃泰的信，1937年12月16日

9. 约翰·H. D. 拉贝致福井淳的信，1937年12月17日

10. 约翰·H. D. 拉贝致福井淳的信，1937年12月18日

11. 路易斯·S. C. 史迈斯致日本大使馆的信，1937年12月19日

12. 约翰·H. D. 拉贝致田中的信，1937年12月20日

13. 路易斯·S. C. 史迈斯致日本大使馆的信，1937年12月21日

14. 南京外侨社团（22位外籍人士）致日本大使馆的请愿书，1937年12月21日

15. 案例1-10、71-76和174-179

16. 路易斯·S. C. 史迈斯，“司法部事件备忘录”，1937年12月18日

17. M. S. 贝茨，“金陵大学难民登记后续情况备忘录”，根据12月31日准备的资料所起草稿与1月3日笔记于1938年1月25日撰写

18. 《南京城遭焚烧所发现的情况》，1937 年 12 月 21 日 续表

第六章　南京现状——第三部分

19. 乔治·A. 菲齐的个人日记，1937 年 12 月 10 日至 1938 年 1 月 1 日

附录六

徐淑希 1939 年编撰《南京安全区档案》文件一览表

第一部分：1937 年 12 月 14 日至 1938 年 1 月 7 日

1. 约翰·H. D. 拉贝致日军指挥官的信，1937 年 12 月 14 日
2. “南京安全区国际委员会成员名单”，1937 年 12 月 14 日
3. “南京国际红十字会成员名单”，1937 年 12 月 14 日
4. 约翰·H. D. 拉贝致福田笃泰的信，1937 年 12 月 15 日
5. 欧内斯特·H. 福斯特致福田笃泰的信，1937 年 12 月 15 日
6. “与特务机关长官访谈记录”，1937 年 12 月 15 日
7. 路易斯·S. C. 史迈斯致福田笃泰的信，1937 年 12 月 16 日
8. 路易斯·S. C. 史迈斯提交的编号 1–15 的暴行案件
9. 约翰·H. D. 拉贝致福井淳的信，1937 年 12 月 17 日
10. 约翰·H. D. 拉贝致福井淳的信，1937 年 12 月 18 日
11. 路易斯·S. C. 史迈斯，“司法部事件备忘录”，1937 年 12 月 18 日
12. “南京安全区难民营列表”，1937 年 12 月 17 日
13. 罗伯特·O. 威尔逊致日本大使馆官员的信，1937 年 12 月 19 日
14. 路易斯·S. C. 史迈斯致日本大使馆的信，1937 年 12 月 19 日
15. 编号 16–70 的暴行案件
16. 约翰·H. D. 拉贝致田中的信，1937 年 12 月 20 日
17. 编号 71–96 的暴行案件
18. 路易斯·S. C. 史迈斯致日本大使馆的信，1937 年 12 月 21 日
19. 编号 97–113 的暴行案件
20. 南京外侨社团致日本大使馆的请愿书，1937 年 12 月 21 日
21. “南京西方侨民名单”，1937 年 12 月 17 日

22. “南京城遭焚烧所发现的情况”，1937 年 12 月 21 日
23. “日军关于人口登记的公告”，1937 年 12 月 22 日
24. 路易斯·S. C. 史迈斯致日本大使馆的信，1937 年 12 月 26 日
25. 编号 144–154 的暴行案件
26. 约翰·H. D. 拉贝致福井淳的信，1937 年 12 月 27 日
27. 路易斯·S. C. 史迈斯致福井淳的信，1937 年 12 月
28. “王兴隆案件访谈记录”，1937 年 12 月 31 日
29. 约翰·H. D. 拉贝致福井淳的信，1938 年 1 月 2 日
30. 路易斯·S. C. 史迈斯提交的编号 165–175 的骚乱案件
31. 约翰·H. D. 拉贝致日本大使馆的信，1938 年 1 月 4 日
32. 编号 176–179 的暴行案件
33. 约翰·H. D. 拉贝致福田笃泰的信，1938 年 1 月 7 日
34. “恢复南京的正常局面”

第二部分：1938 年 1 月 10 日至 2 月 19 日

35. 路易斯·S. C. 史迈斯致约翰·爱利生的信，1938 年 1 月 10 日
36. “目前状况记录”，180–187 号案件
37. “搜查国际委员会总部事件备忘录”，1938 年 1 月 11 日
38. “目前状况记录”，188 号案件
39. 乔治·A. 菲齐致福井淳的信，1938 年 1 月 13 日
40. 约翰·H. D. 拉贝致福田笃泰的信，1938 年 1 月 14 日
41. 约翰·H. D. 拉贝致日本大使馆的信，1938 年 1 月 15 日
42. 约翰·H. D. 拉贝致福井淳的信，1938 年 1 月 17 日
43. 路易斯·S. C. 史迈斯致约翰·爱利生的信，1938 年 1 月 17 日
44. “目前状况记录”，189–194 号案件
45. 乔治·A. 菲齐致上海中华全国基督教协进会博因顿的电报，1938 年 1 月 18 日
46. 约翰·H. D. 拉贝致约翰·爱利生、普利焘－布伦和罗森的信，1938 年 1 月 19 日
47. “目前状况记录”，195–203 号案件
48. “难民救济状况备忘录”，1938 年 1 月 22 日
49. M. S. 贝茨，“金陵大学难民登记后续情况备忘录”，根据 12 月 31 日准备的资料所起草稿与 1 月 3 日笔记于 1938 年 1 月 25 日撰写

50. 约翰·H. D. 拉贝致约翰·爱利生、普利焘－布伦和罗森的信，1938年1月26日

51. 约翰·H. D. 拉贝致福井淳的信，1938年1月27日

52. 约翰·H. D. 拉贝致“南京自治政府”的信，1938年1月28日

53. 约翰·H. D. 拉贝致普利焘－布伦的信，1938年1月28日

54. 约翰·H. D. 拉贝致乔治·罗森的信，1938年1月30日

55. “目前状况记录”，210-219号案件

56. “目前状况记录”，220-231号案件

57. “目前状况记录”，232-308号案件

58. “栖霞山寺备忘录”，1938年1月25日（由伯恩哈德·阿尔普·辛德伯格1938年2月3日提交）

59. 约翰·H. D. 拉贝致日高的信，1938年2月3日

60. “目前状况记录”，309-369号案件

61. “目前状况记录”，370-406号案件

62. 426号案件

63. 约翰·H. D. 拉贝致约翰·爱利生的信，1938年2月6日

64. “目前状况记录”，427-444号案件

65. “目前状况记录”，407-424号案件

66. 425号案件

67. 路易斯·S. C. 史迈斯：“救济问题备忘录”，1938年2月10日

68. 约翰·H. D. 拉贝致约翰·爱利生的信，1938年2月19日

附录七

詹姆斯·爱斯比 1938 年 1 月编撰的《南京的状况》报告中的附件

附件

编号

1. 路易斯·S. C. 史迈斯致日本大使馆专员的信，1937 年 12 月 16 日

子附件："日军暴行案件"编号 1-15

1-a. 无

1-b. 路易斯·S. C. 史迈斯致日本大使馆的信，1937 年 12 月 19 日下午 5 点

子附件："日军暴行案件" 编号 16-70

1-c. 约翰·H. D. 拉贝致日本大使馆的信，1937 年 12 月 20 日

子附件："日军暴行案件" 编号 71-96

1-d. 路易斯·S. C. 史迈斯致日本大使馆的信，1937 年 12 月 21 日

子附件："日军暴行案件" 编号 97-113

1-e. 约翰·H. D. 拉贝致日本大使馆的信，1937 年 12 月 22 日

子附件："日军暴行案件" 编号 114-136

1-f. 路易斯·S. C. 史迈斯致日本大使馆的信，1937 年 12 月 26 日

子附件："日军暴行案件"编号 137-154

1-g. 路易斯·S. C. 史迈斯致日本大使馆的信，1937 年 12 月 30 日

子附件："日军暴行案件" 编号 155-164

1-h. 约翰·H. D. 拉贝致日本大使馆的信，1938 年 1 月 2 日

子附件："日军暴行案件"编号 165-175

1-i. 约翰·H. D. 拉贝致日本大使馆的信，1938 年 1 月 4 日上午 11 点

子附件："日军暴行案件" 编号 176-179

许传音先生关于“刘盘坤谋杀案”的陈述

1-j. 路易斯·S.C. 史迈斯致爱利生先生的信，1938 年 1 月 10 日

子附件：“目前状况记录”编号 180-187 号案件

1-k. M.S. 贝茨致美国大使馆的信，1938 年 1 月 10 日

1-l. “目前状况记录”，188 号案件

2. “南京城遭焚烧所发现的情况”，1937 年 12 月 21 日

3. 约翰·M. 爱利生致日本代理总领事的信，1938 年 1 月 13 日

4. 约翰·M. 爱利生致日本代理总领事的信，1938 年 1 月 14 日

   子附件：M.S. 贝茨致约翰·M. 爱利生的信，1938 年 1 月 14 日

5. 詹姆斯·H. 麦考伦致约翰·M. 爱利生的信，1938 年 1 月 18 日

6. “南京安全区国际委员会成员名单”

7. 南京安全区地图

8. 无

8-a. 约翰·H.D. 拉贝致日军南京指挥官的信，1937 年 12 月 14 日

8-b. “与特务机关长官访谈记录”，1937 年 12 月 15 日

8-c. 约翰·H.D. 拉贝致日本大使馆的信，1937 年 12 月 15 日

8-d. 欧内斯特·H. 福斯特致日本大使馆专员的信，1937 年 12 月 15 日

   子附件：“南京国际红十字会名单”

8-e. 约翰·H.D. 拉贝致日本大使馆的信，1937 年 12 月 17 日

8-f. 南京外侨社团致日本大使馆的信，1937 年 12 月 21 日

8-g. 路易斯·S.C. 史迈斯致日本大使馆的信，1937 年 12 月 27 日下午 5 点

8-h. 约翰·H.D. 拉贝致日本大使馆的信，1937 年 12 月 27 日

8-i. 约翰·H.D. 拉贝致日本大使馆的信，1938 年 1 月 15 日

8-j. 路易斯·S.C. 史迈斯致约翰·M. 爱利生的信，1938 年 1 月 10 日

   1 号子附件：约翰·H.D. 拉贝致福田笃泰的信，1938 年 1 月 7 日

   1 号子附件：“恢复南京的正常局面”

8-k. 约翰·H.D. 拉贝致爱利生、普利焘－布伦和罗森的信，1938 年 1 月 19 日

   子附件：乔治·A. 菲齐发给博因顿的电报，1938 年 1 月 18 日下午 3 点

8-l. 路易斯·S.C. 史迈斯致约翰·M. 爱利生的信，1938 年 1 月 14 日

   子附件：约翰·H.D. 拉贝致福田笃泰的信，1938 年 1 月 14 日

   未编号附件：“日军人口登记的公告”，1937 年 12 月 22 日

附录八

詹姆斯·爱斯比1938年2月编撰的《美国在南京的财产权益损失情况》报告中的附件

附件

编号

1-A. M. S.贝茨致日本大使馆的信，1937年12月16日上午

1-B. M. S.贝茨致日本大使馆的信，1937年12月16日下午

1-C. M. S.贝茨致日本大使馆的信，1937年12月17日

1-D. M. S.贝茨致日本大使馆的信，1937年12月18日

1-E. 罗伯特·O.威尔逊致日本大使馆的信，1937年12月19日

1-F. M. S.贝茨致福田的信，1937年12月21日

1-G. M. S.贝茨致日本大使馆的信，1937年12月22日

1-H. "金陵神学院财产损失报告"，1937年12月23日

1-I. M. S.贝茨写给田中的信，1937年12月25日

1-J. 路易斯·S. C.史迈斯致日本大使馆的信，1937年12月25日

1-K. M. S.贝茨致日本大使馆的信，1937年12月27日

1-L. M. S.贝茨致日本大使馆的信，1937年12月30日

1-M. 查尔斯·H.里格斯和M. S.贝茨致日本大使馆的信，1937年12月30日

1-N. M. S.贝茨致日本大使馆的信，1937年12月31日

1-O M. S.贝茨、查尔斯·H.里格斯和路易斯·S. C.史迈斯致美国大使馆的信，1938年1月8日

子附件："最近局势对金陵大学产生影响的纪要"，1938年1月8日

1-P. M. S.贝茨致日本大使馆的信，1938年1月8日

1-Q. M. S.贝茨致日本大使馆的信，1938年1月11日

1-R. M. S. 贝茨致美国大使馆的信，1938 年 1 月 13 日

1-S. M. S. 贝茨致约翰·M. 爱利生的信，1938 年 1 月 14 日

1-T. M. S. 贝茨致约翰·M. 爱利生的信，1938 年 1 月 15 日

1-U. M. S. 贝茨致约翰·M. 爱利生的信，1938 年 1 月 18 日

1-V. M. S. 贝茨致约翰·M. 爱利生的信，1938 年 2 月 22 日

1-W. M. S. 贝茨致约翰·M. 爱利生的信，1938 年 1 月 24 日

1-X. M. S. 贝茨致约翰·M. 爱利生的信，1938 年 1 月 26 日

1-Y. 詹姆斯·H. 麦考伦致约翰·M. 爱利生的信，1938 年 1 月 27 日

1-Z. M. S. 贝茨致约翰·M. 爱利生的信，1938 年 2 月 22 日（与 1-V 为同一封信）

子附件："关于日军闯入金陵大学美国地产的备忘录"，1938 年 1 月 24 日

2-A. 明妮·魏特琳致 M. 田中的信，1937 年 12 月 23 日

2-B. 明妮·魏特琳致美国大使馆的信，19381 年 1 月 7 日

2-C. 明妮·魏特琳致约翰·M. 爱利生的信，1938 年 1 月 21 日

3-A. W. P. 米尔斯致日本大使馆的信，1937 年 12 月 17 日

3-B. W. P. 米尔斯致日本大使馆的信，1937 年 12 月 25 日

3-C. W. P. 米尔斯致日本大使馆的信，1938 年 1 月 1 日

3-D. W. P. 米尔斯致日本大使馆的信，1938 年 1 月 1 日

3-E. W. P. 米尔斯致日本大使馆的信，1938 年 5 月 1 日

3-F. 路易斯·S. C. 史迈斯致日本大使馆的信，1938 年 1 月 8 日

子附件："双塘一日"

3-G. W. P. 米尔斯致约翰·M. 爱利生的信，1938 年 1 月 15 日

3-H. W. P. 米尔斯致约翰·M. 爱利生的信，1938 年 1 月 17 日

3-I. W. P. 米尔斯致约翰·M. 爱利生的信，1938 年 1 月 26 日

4-A. 路易斯·S. C. 史迈斯致约翰·M. 爱利生的信，1938 年 1 月 22 日

4-B. 詹姆斯·H. 麦考伦致约翰·M. 爱利生的信，1938 年 1 月 24 日

5-A. 胡勃特·L. 索尼致日本大使馆的信，1937 年 12 月 24 日

5-B. 胡勃特·L. 索尼致美国大使馆的信，1937 年 12 月 24 日

5-C. 胡勃特·L. 索尼致约翰·M. 爱利生的信，1938 年 1 月 22 日

6-A. 欧内斯特·H. 福斯特致约翰·M. 爱利生的信，1938 年 2 月 4 日

7. 乔治·A. 菲齐致美国大使馆的信，1938 年 1 月 21 日

8-A. 乔治·A. 菲齐致美国大使馆的信，1938 年 1 月 6 日

8-B. 乔治·A. 菲齐致美国大使馆的信，1938 年 1 月 13 日

8-C. 乔治·A. 菲齐致美国大使馆的信，1938 年 1 月 14 日
8-D. 乔治·A. 菲齐致美国大使馆的信，1938 年 1 月 17 日
8-E. 乔治·A. 菲齐致美国大使馆的信，1938 年 1 月 19 日
9. “关于闯入凯瑟琳·布莱恩小姐住所掳掠的备忘录”，1938 年 2 月 24 日
10-A. 约翰·M. 爱利生致上海大来公司的信，1938 年 2 月 7 日
10-B. 斯坦利·比希布里克致约翰·M. 爱利生的信，1938 年 2 月 2 日
10-C. “关于中国南京大来木材公司遭受损失的陈述”，1938 年 1 月 27 日
10-D. 熊明珠：“关于日军抢劫大来木材公司案件的说明”，1938 年 2 月 4 日
10-E. “关于下关溪流岸边大来木材公司的存货清单（斯坦利·比希布里克记录）”，1938 年 2 月 5 日
10-F. “关于运走下关溪流中大来木材公司木材事件的备忘录”，南京，1938 年 2 月 9 日
11. 克里斯卿·克罗格致美国大使馆的信，1938 年 1 月 22 日
12-A. 克里斯卿·克罗格致美国大使馆的信，1938 年 1 月 22 日
12-B. 爱德华·斯波林致美国大使馆的信，1938 年 2 月 17 日
13-A. 詹姆斯·H. 麦考伦致美国大使馆的信，1938 年 1 月 15 日
13-B. 克里斯卿·克罗格致美国大使馆的信，1938 年 1 月 18 日
14-A. 乔治·A. 菲齐致日本大使馆的信，1938 年 1 月 4 日
14-B. 乔治·A. 菲齐致日本大使馆的信，1938 年 1 月 5 日
15-A. 《南京西方侨民名单》，1937 年 12 月 16 日
15-B. 14 位美国公民给美国驻上海总领事馆发送的电报，1937 年 12 月 20 日
15-C. W. P. 米尔斯致日本大使馆的信，1937 年 12 月 22 日
15-D. 14 位美国公民给美国驻上海总领事馆发送的电报，1937 年 12 月 22 日
15-E. W. P. 米尔斯致日本大使馆的信，1937 年 12 月 17 日
15-F. W. P. 米尔斯致日本大使馆的信，1937 年 12 月 24 日
15-G. W. P. 米尔斯致日本大使馆的信，1937 年 12 月 23 日
子附件：“美国以下各单位财产的破坏和损失情况”：
1. 长老会
2. 卫理公会
3. 美国圣公会
4. 基督教青年会
5. 南京美国学校

6. 公谊会
7. 来复会
8. 基督复临安息日会
9. 基督教联合传教会
10. 金陵大学
11. 鼓楼医院
12. “有关商业房产的补充报告”

附录九

1937 年 12 月下旬至 1938 年 3 月下旬英国炮艇在长江下游的活动[①]

炮艇	抵达日期	港口	离开
“蚜虫号”	—	南京	12 月 30 日
	12 月 30 日	芜湖	1 月 16 日
	1 月 18 日	上海	1 月 25 日
	1 月 27 日	南京	1 月 28 日
	1 月 28 日	芜湖	3 月 15 日
	3 月 18 日	上海	—
“蜜蜂号”	—	南京	12 月 22 日
	12 月 23 日	马当	12 月 24 日
	12 月 24 日	芜湖	12 月 27 日
	12 月 27 日	南京	1 月 29 日
	1 月 31 日	上海	2 月 5 日
	2 月 8 日	南京	2 月 9 日
	2 月 9 日	芜湖	2 月 11 日
	2 月 11 日	南京	2 月 23 日
	2 月 25 日	上海	3 月 2 日
	3 月 4 日	南京	3 月 5 日

① 根据伦敦英国国家档案馆所藏67/194#扬子江巡逻档案第67/194号文件附件一“舰只活动一览表”，1938 年 4 月 21 日海军档案编号 ADM1/9558 中的信息整理。

续表

炮艇	抵达日期	港口	离开
“蜜蜂号”	3月5日	芜湖	3月6日
	3月6日	南京	3月14日
	3月14日	芜湖	3月21日
	3月25日	上海	—
“蟋蟀号”	—	口岸 / 镇江	12月30日
	12月31日	上海	1月7日
	1月9日	南京	1月9日
	1月10日	镇江	1月14日
	1月14日	南京	1月15日
	1月15日	芜湖	1月26日
	1月26日	南京	2月12日
	2月14日	上海	2月19日
	2月21日	南京	3月6日
	3月8日	上海	—
“圣甲虫号”	—	芜湖	12月31日
	12月31日	南京	1月2日
	1月4日	上海	3月11日
	3月14日	南京	—

附录十

马内·舍尔·贝茨的证词[①]

本人为美国沃海俄州[②]人，生于一八九七年五月二十八日，为美国公民，现住南京汉口路二十一号，自一九二〇年即任南京金陵大学历史学教授。一九三七年至一九四一年，该校迁至华西后，即任该校紧急事件处理委员会主席。

当日军进城时及其后，本人虽任南京国际安全委员会委员并于一九三七年十二月实际参加工作。本人与该会秘书史密斯同住，因能得悉并可证实该会送交日本当局之报告及案件所述各种屠杀、奸淫及抢劫确为实情，其副件今尚存于南京之美国大使馆档案之内。其后徐淑希教授并曾编纂成册，名之为《南京安全区档案》，于一九三九年香港之克列瓦西公司出版，其中大部分并曾由田伯烈先生在英国与美国出版，名为《日人在中国之恐怖》，其另一书名则为《战争之意义为何》。关于安全区报告内之各部凡提及本人或曾用本人之签字者，本人特别声明本人确能证实，如其中第七十七报告，即为一例。凡关于日人危害安全区内难民三万人及毁坏金大产业之每日暴行，本人在田伯烈先生所著之书中曾有三篇文字记载。一九四六年七月二十九日本人在东京之远东国际法庭作证之报告，并未发生问题或被提出辩护。

自一九三七年十二月十三日日兵进入南京城后，在广大范围内放火与抢劫，杀死、刺伤与强奸平民，并枪杀彼等认为曾充中国军人之非武装人民，情势万分严重，达三星期至七星期之久。前三星期内，尤其前七天至十天内，对损害生命所犯之罪恶无可指数，本

---

① ［美］M. S. 贝茨：书面证言，1947 年 2 月 7 日，藏耶鲁大学神学院图书馆特藏部，第 10 档案组第 126 档案盒第 1132 档案夹。此为金陵大学历史教授 M. S. 贝茨 1947 年 2 月为南京国防部军事法庭审判日本战犯所作的书面证词。中文译文采用 1947 年南京军事法庭翻译的中文本，该中文译本现藏南京中国第二历史档案馆文件编号 No. 593/。转引自《南京大屠杀史料集 24：南京审判》，第 369 至 370 页。

② 现通常翻译为俄亥俄。

人曾亲见日兵枪毙中国平民。满城各街尽是死尸，有着军衣者，有为平民者。余曾见被日兵杀伤之平民，余并曾亲眼看见日兵强奸多数妇女。余对日兵任意枪杀及损害平民一再抗议——包括强奸、刺死与枪毙。十二月十五日日兵由司法院趋［驱］逐平民四百人前往斩杀，余虽交涉三小时之久，希望能救活此等无辜之性命，但终归无效。

日兵进城后余未闻亦未见任何抵抗，日本官亦未曾声述有任何抵抗，惟一所强调者，十日后下关曾有一海军兵士被伤。日军官非但不做实际控制其兵士之措置，且其本身亦同样犯罪。

检查安全区报告及红卍字会埋葬死尸之报告，男女小孩死数甚不完全，且较实数为少，盖平民死伤绝不止一万二千人，无武器之军人被杀者亦绝不止三万五千人。以上所述为确实之情形，其不知者，定较此数为大，亦无法计算矣。

贝德士

一九四七年二月六日于南京

马内·舍尔·贝茨的法庭证词[①]

1946年7月29日，星期一

马内·舍尔·贝茨作为检方证人被传讯；经正式宣誓证词如下：

法庭讯问

由萨顿先生[②]讯问

问：贝茨博士，可以陈述你的全名吗?

答：马内·舍尔·贝茨。

问：你什么时候，在哪儿出生?

答：我1897年5月28日生于俄亥俄州纽瓦克（Newark）。

问：你在何处接受教育?

答：俄亥俄州休伦（Hiram）的休伦学院、英国牛津大学，以后在耶鲁大学和哈佛大学攻读历史专业研究生课程。

问：你在哪儿居住?

答：中国南京。

问：你在中国居住了多长时间?

答：从1920年至今。

问：你在中国从事何种职业?

答：在金陵大学任历史学教授。

问：你与1937年秋末南京组织的一些委员会有无联系?

答：有。我是南京安全区国际委员会的成员，是创始成员。

问：是否可以说明该委员会成立的时间及其作用?

答：预料到日军将要进攻南京，委员会在1937年11月底成立。

我们仿效上海一位法国牧师饶家驹神父组织国际委员会的先例，由于该委员会极大地帮助了那里的大量中国平民，我们希望在南京截然不同的情况下，做些类似的工作。

委员会起初由丹麦人任会长，成员为德国人、英国人和美国人。然而由于各国政府各自从南京撤走了几乎所有的公民，到日军攻城之时，只有德国人和美国人留在委员会里。

会长为杰出的德国商人约翰·拉贝先生。经由美、德、英使馆热心官员的联络与协助，

① 马里兰州学院公园市：美国国家第二档案馆，第238档案组，远东国际军事法庭的法庭文件、日志、物证与判决，缩微胶卷T918第5卷，远东国际军事法庭庭审笔录，第2624至2661页。

② 大卫·纳尔逊·萨顿（David Nelson Sutton，1895-1974），详见P153注③。

委员会得以与中日双方的司令官取得联系。目的是提供面积不大的非战斗区域，使老百姓能在此躲避战时的危险，免遭袭击。

问：委员会的秘书是谁？

答：金陵大学社会学教授路易斯·史迈斯教授。

问：委员会是否时常提交报告？

答：委员会预期的主要职责是在城市被围攻、中国市政当局可能已不复存在、日本军事当局尚未建立的几天或几周时期内，为平民提供住宿，在必要时提供一些食物。

实际情况却大不相同，因为日军迅速攻占了城市。然而这时麻烦来了。虐待平民的情况非常严重，委员会会长和秘书长定期去找有可能接触到的日本官员，不久便开始每天报告安全区内严重伤害平民的情况。数周之内共有几百个案子，许多都是涉及大批人员的复合案件，以书面和口头形式报告给日本官员。这些报告以后经金陵大学[①]徐淑希教授编辑，于1939年或1940年由英国别发洋行[②]在上海出版。

问：大部分书面报告是由谁执笔的——换个问题吧。不必理会这个问题。我将换个问题，谢谢。

南京安全国际委员会提交给日本当局的书面报告主要是谁签署的？

答：大多数报告是史迈斯教授以秘书身份签署，也有一部分由拉贝先生以会长名义签署。

问：1937年12月13日后，中国军队或中国民众在南京城内还有任何抵抗日军的行动吗？

答：城内没有任何形式的反抗。这点令中国民众非常失望，也让南京人数不多的外国人群体感到惊讶。拉贝先生、史迈斯教授和我同日本官员就暴行问题多次会谈时，我们发现日本官员从未以任何形式声称在城里有抵抗，或为攻击平民提供任何借口。只有一起案件，大约在日军进城十天，涉及长江上的一名水手。

问：你是否已回答完毕？

答：对那个问题的回答吗？

① 原文如此，但徐淑希并不是金陵大学的教授，他曾在燕京大学任政治教授。

② 别发洋行（Kelly & Walsh Ltd.）为1876年由英国人在上海创立的英语书籍出版公司，19世纪80年代至20世纪30年代为其鼎盛时期，曾在中国香港、新加坡、东京、横滨设有分支机构。日本占领上海期间迁往香港，并最终出售给主要经营艺术书籍的香港书商辰衡图书（Swindon Book Co. Ltd.）。但Kelly & Walsh英文商标仍沿用至今。

麦克马纳斯先生[1]：庭长阁下，法庭成员，请允许我此时指出，这并不是对这一证词的反对意见，而是想提请法庭注意，目前尚未确定任何策划的阴谋。到目前为止，这些被告中没有一个人被以任何方式与策划阴谋的指控有关联。因此，有鉴于此，庭长阁下，这些暴行的故事对被告有什么影响？我请求庭长阁下，我认为在这些人中有一个人，或至少有一个貌似证据确凿的案子被确立之前，不应允许这样的证词。

庭长：我们一致认为，这种关联可以在审判的任何阶段建立。当然，如果没有确立，那么就不存在策划阴谋的问题。但证据的顺序并不是你必须首先提供阴谋的证据。

如果我没有记错，我们已经就这一点作出了决定。

麦克马纳斯先生：谢谢阁下。

庭长：反对意见被否决。

问：日军控制南京城之后，他们对待平民百姓的行为如何？

答：这个问题太大，我不知从何说起。我只能说我亲眼观察到一系列在没有受到任何挑衅、没有丝毫缘由的情况下，枪杀个别平民百姓的事件；一个中国人从我家里被抓走，遭杀害。在我隔壁邻居的屋子里，日本兵抓住并强奸他们的妻子时，两个男子焦虑地站起来，于是，他们被抓走，在我家附近的池塘边被枪杀，扔进池塘。日军进城后许多天，在我住所附近的街巷里，仍横陈着老百姓的尸体。这种肆意滥杀的现象遍布极广，没有人能够进行完整地描述。只能说，我们尽最大努力去发现，并仔细检查了安全区和毗邻区域。

我和史迈斯教授，根据我们的调查、观察和对掩埋情况的检查得出结论，在我们确信的范围内，有一万两千名平民，包括男人、女人和儿童，在城内被杀害。还有许多人在城内被杀，但不为我们所知，其人数我们无法核实，而且还有大量的平民在城外被杀。这是与数以万计的中国军人或曾是中国军人的人被杀害完全不同的屠杀。

问：在什么情况下当过兵的人或被声称是当过兵的人遭到屠杀？

答：大批中国军人在城外紧靠着城墙那一带缴械投降，在最初72小时内，在那儿，但大多数在长江岸边，被机枪扫射杀害。

我们国际委员会雇用了工人，掩埋了这些数量有三万多的军人。这是由我们检查和指导的工作救济项目。被江流卷走的，以及以其他方式埋葬的尸体的数量，我们便无法尽数了。

日军军官指望在城内找到大批中国军人，由此在安全区造成非常严重的问题。在没

---

① 劳伦斯·J. 麦克马纳斯(Lawrence J. McManus, 1906-1967)出生于1906年，毕业于美国曼哈顿学院和福德姆大学法学院。1935年至1949年，他在纽约曼哈顿担任地区助理检察官。在东京审判期间，他从1946年6月6日开始担任荒木贞夫的美国副辩护律师。其后继续从事法律工作。他于1967年去世。

有发现这些军人的情况下，他们坚持声称这些军人躲在安全区内，我们隐藏了他们。根据那个理论，日军军官和军曹被派遣到安全区的难民中，日复一日达三周，企图发现、捉拿这些曾经当过兵的人。他们通常要求安全区中某一个地区或某一个难民营中所有身强力壮的男子排队检查，手上有老茧、前额有戴帽子痕迹的便被抓走。

在这些检查中，有几次我都在场，观看了整个过程。毫无疑问，这些难民中确实有一些士兵——曾经当过兵的，他们扔掉了武器和制服，穿上了便衣。同样明显的是，大多数遭受这一指控或被抓捕的人都是普通的挑夫、劳工，他们有很多充分的理由在手上长老茧。被指控为士兵的人被抓走，并在大多数情况下，立即在城边上被大批枪杀。

在有些情况下，采取特别欺诈的方式诱使这些人承认自己当过兵。日本军官利用日军占领南京之前松井石根大将颁布并由飞机广为散发的公告，该公告宣称日军对中国的和平的老百姓只会以善意相待，不会伤害那些不抵抗皇军的人，设法诱使许多中国人站出来，自愿为日本人做劳工。在有些情况下，日本兵说，“如果你以前当过中国兵，或者为中国军队做挑夫或做工，只要加入劳工队，现在都不计前嫌，得到宽恕”，以此来促使中国人站出来。一天下午，以这种方式从金陵大学诱骗出200人，并迅速将他们押走，当晚，这些人和从安全区其他地方抓来的人一起被枪杀。

问：日本兵对待南京城里妇女的行为如何?

答：那是整个事件中最粗野、最悲惨的一部分。再提一次，在离我最近的三个邻居家里，妇女遭强奸，包括金陵大学一些教师的妻子。在五个不同的场合，我本人遇到正在强奸的日本兵，并把他们从妇女身上拉开。对于这些情况，如需要，我可以为您仔细描述。

我们之前提及的安全区案例报告，以及我自己对住在金陵大学各处与建筑中的三万名难民所发生情况的记录，总共包括了好几百起强奸案件，当时向日本当局提供了这些案件准确详细的案情。南京被占领一月后，国际委员会会长拉贝先生向德国当局报告，他和他的同事相信，已经发生的强奸案不少于两万起。不久之前，我仅根据安全区的报告做了比较谨慎的估算，有大约8000起案件。

每日每夜，都有为数众多、形形色色、成帮结伙的日本兵，通常15或20人一群，在城里，主要在安全区转悠，因为差不多所有的人都住在那儿，闯家入舍，搜寻妇女。有两次我记得很清楚，因为这两次我差点送命，日本军官参与了这种在大学校园内劫持强奸妇女的行为。白昼黑夜都频繁地奸淫，在很多情况下强奸案就在路边发生。

在金陵神学院校园内，在我的一个朋友的眼皮底下，17名日本兵在短时间内轮奸一名中国妇女。我无意重复与强奸相关的虐待狂和反常行为的偶发案例，但我确实想提一下，仅在金陵大学的校园里，就有一个9岁的小女孩和一位76岁的老奶奶被强奸了。

问：日本兵对待南京城里老百姓私人财产的行为是怎样的?

答：从进城的那一刻起，日本兵在任何时间、任何地点，什么东西都抢。

庭长：证人绝对不能因为认为对我们讲述太可怕而隐瞒任何情况。

证人：我简直不知道该如何应对这个提示；然而，除非有人向我提问，否则相信我会略而不提，因为我个人并不了解太多虐待狂案件。

日军占领的最初几天，我们粗略猜测大约有五万日本兵，他们从难民那里抢走大量被褥、炊具和食物。日军占领最初的六七个星期，城内几乎每栋房子都被那些四处游荡的成群日本兵闯入许多次。在某些情况下，有组织、有计划地在军官的指挥下，动用军队的卡车车队进行抢劫。用乙炔割枪将银行的金库，包括德国官员、居民私人的保险箱打开。有一次，我看见一组三分之二英里长运送给养的车队，车上满载高档红木与黑檀木家具。

数月后，几位外籍居民有机会去找回从自己家里被抢劫走的钢琴，他们被领到一座储藏大厅，那里存放着两百多架钢琴。

外国使馆被闯入并遭受抢劫，其中包括德国大使馆和大使的个人财产，几乎所有具有明显价值的商业财产都被抢走。

问：在完全控制南京城后，日本兵对城市的房地产、建筑物的行为是怎样的?

答：进城当晚，日军在中山陵和党政机构建筑物布置了足够而有效的警卫部队。除了一两场显然是由喝醉酒的日本兵引发的小火，到日本军队进城五六天之际，没有焚烧的现象。我相信从 12 月 19 日或 20 日开始，进行了有规律的焚烧，达六个星期之久。在有些情况下，抢劫了一排商店后，将之放火烧毁，但在大多数情况下，我们看不出其中有任何原因或规律。从未发生过全城范围的大火，但每天肯定要烧毁某些建筑群。有时使用汽油，但更常见的是使用化学药剂，我曾获取这些药剂的样本。

就房产而论，另一个主要的问题是抢占私人房产，给即将到来的日本居民使用。我这里没有提因军事和办公的目的占用建筑物，而只提及 1938 年和 1939 年部分时间随便哪个日本商人到南京来都会得到一份有宪兵队或特务机关从中国人手上抢来的商业或居住的房产。我曾一而再再而三地在街头看到，在自己住所外面，一户中国人家被一纸 12 小时内迁出的通知赶出家门。这些人包括几十个与我有多年交情的朋友。

问：俄国大使馆的房舍是日本兵烧毁的吗?

答：是的，它们在 1938 年初被烧毁。此外，只是说明一下焚烧的范围，基督教青年会大楼、两座重要的教堂建筑、两栋飘扬着卐字旗的德国商业房产均在被烧之列。

问：你是否亲自向日本当局报告士兵在南京城内的行为?

答：是的。有四五次，我陪同拉贝先生和史迈斯博士与日本大使馆的官员面谈，这些官员是日本外务省希望能在一小群外国居民与日本军方之间起到缓冲作用而派来的。此外，由于金陵大学紧邻日本大使馆，而且这里飘扬着美国国旗，居住着大批难民，是美国产业面临的一个巨大而重要的考验，拉贝先生和我商量，我应该代表大学写补充报告。在最初的三个星期里，我几乎每天都带着一份打印好的报告或描述前一天情况的信件去大使馆，并经常与官员们就报告的情况进行交谈。这些官员为具有领事级别的福井先生①、一位副领事田中先生②，以及福田笃泰先生③。福田笃泰现为吉田首相④的秘书。这些人在极其恶劣的环境下，真诚地克尽微劳，努力工作，然而，他们自己也受到军方的恐吓，他们所能做到的仅仅是将这些报告经上海转往东京。

庭长：现在我们休庭15分钟。

（从10时45分休息至11点12分，随后法庭记录继续如下）

法庭主持人：现在重新开庭。

主持人：萨顿先生。

萨顿先生讯问（续）

问：我认为你对最后一个问题的答复尚未结束。

答：我想从这些每天给日本大使馆官员的打印报告中选几句读一读。我将根据自己上个月从原件的复写本上做的笔记来读。这些信件的副本在美国驻南京大使馆存档。原稿在我自己的行李中，相信此刻正在美国到中国航班的船上。

麦克马纳斯先生：庭长阁下，我认为证人自己能够作证，无须提交任何笔记，尤其是副本。证人称有原件，但不在此处。他完全有能力自己作证。我不明白为什么要向法庭提交任何笔记。

庭长：好吧。如果严格的取证规则适用，如果他需要的话，他应该可以根据当时的笔记来帮助他回忆。但是，这些规则并不适用，而你的立场基本上不受影响。如果他需要帮助回忆，没有理由不让他使用根据原件复制的这些笔记。反对意见被驳回。

麦克马纳斯先生：庭长阁下，如果证人使用这些笔记，我们可以检查它们吗？

庭长：如果你们对这些笔记有任何疑问，法庭允许你仔细阅读这些笔记。

---

① 日本驻南京代理总领事福井淳（Kiyoshi Fukui，1898-1955），详见P81注②。

② 日本驻南京副领事田中正一（Masakazu Tanaka，1888-1957），详见P81注③。

③ 福田笃泰（Tokuyasu Fukuda，1906-1993），详见P56注③。

④ 吉田茂（Shigeru Yoshida，1878-1967）曾任日本第45任（1946-1947）首相，并从1948年至1954年连任第48、第49、第50、第51任首相。他1878年9月22日出生于东京，1906年毕业于东京帝国大学，同年进入外交界，大部分外交生涯在中国度过，历任日本驻安东、济南等地领事，1922年任日本驻天津总领事，1925年任日本驻奉天（沈阳）总领事，1930年任日本驻意大利大使，1936年任日本驻英国大使。1945年至1947年出任外务大臣，1948年至1952年曾兼任外务大臣。1967年10月20日在神奈川县逝世。

证人:如果法庭许可,我的目的仅在于更确切地叙述我向日本大使馆官员报告的内容。

答:(继续)在12月16日的信里,我申诉了很多妇女从金陵大学的房产上被劫持走,以及前一天夜里在金陵大学的一座建筑中强奸30名妇女的案件。

在12月17日的信中,除了照本宣科地详述具体案件外,从你们的楼宇可以一目了然地见到笼罩的恐怖与残暴仍在你们的邻居中持续着。

在12月18日的信中,我报告了前一天夜里,金陵大学的六座不同的楼宇里发生了强奸案。三天三夜以来,我们楼里的数千名妇女中有许多人三天三夜无法入眠,产生了歇斯底里的恐惧,害怕暴力事件会发生。我报告了在中国人中常流传的说法:哪里有日本兵,哪里的房屋和人就没有安全可言。

在12月21日的信中,我抱怨说有数百名难民被抓走,强迫他们做苦工。日本兵刚刚第四次掳掠了我自己的住所,的确,金陵大学每一座房屋都经常被闯入。我还报告了日本兵第二次从美国学校撕扯下美国旗,在地上践踏,日本兵还以死亡来威胁再次升旗的人。

顺便说一下,这并不是这封信的内容,美国国旗从金陵大学被扯下来六次,我们又六次将其升起。

庭长:这并不是战争罪行证据。

答(继续):在圣诞节那天,我报告道,在大学的一栋楼舍里,每天持续发生大约十起强奸和劫持案件。12月27日,在长长的列有个别案件的清单之后,我写道:"令人羞耻的混乱局面仍持续着,我们看不出有任何严厉的措施来加以制止。日本兵每日将数百人打成重伤,难道日军不顾及自己的名声?"

庭长:他并没有利用笔记来回忆事实,而只是阅读其内容。

证人:这些足以显示报告的性质,并以清楚甚至强烈的方式加以陈述。

庭长:这种事情只会刺激辩方,我期待着辩方的辩词并对此留些时间。

问:你所详述的日本兵的上述行为,在1937年12月13日南京陷落后持续了多长时间?

答:极端的恐怖持续了一个半到三个星期。在总共六到七个星期之内,情况非常严重。

问:日军当局采取了哪些措施来约束部队?

答:日本大使馆的文职官员向我们保证东京已数次发出强硬的命令要求恢复南京的秩序。直至2月5日、6日一个高级军事代表团到来之前,我们没有看出这些命令有什么显著效果。恰如当时报端只略微提及,以及外国外交官和陪同代表团的日本朋友更为全面地指出的那样,我得知这位高级军官召集众多下级军官、军曹,非常严厉地告诉他们,为了日军的声誉,必须改善他们的行为。

在此之前,我们既没有看见,也没有听说过高级军官因看见士兵屠杀、强奸行为而实施有效的纪律处分或惩罚。有三四次,拉贝先生和委员会的其他成员在高级军官在场的情况下看见日本兵枪杀、刺杀平民百姓或强奸的行为。每一次，日本兵只是被命令向军官再行个礼，口头训斥一顿，士兵的名字并未记下来，也没有其他纪律处分。我们这些中立国的旁观者不可能逐个报告出罪犯的姓名，因为他们军装上没有佩戴他们的姓名或号码，占领南京最初几个星期内，甚至没法弄清楚一个日本兵属于哪个部队。

日本大使馆的几名官员宣称，造成困难的一个重要原因是宪兵的人数太少，他们声称，占领南京时只有17名宪兵。进城三天后，文职官员从宪兵队的高级军官那儿弄来一些小小的招贴或告示张贴在外国人房产的门口，命令日本兵不准入内。日本兵不仅每天无视这些宪兵司令部的告示，而且还把它们撕掉。2月6日、7日以后，局势有了明显的改善，虽然从那时起到夏天仍有严重的事件发生，但不再是大规模集体性的行为了。

问：南京城被攻占时、1937年12月剩余的时间里，以及1938年1月，日军的指挥官是谁?

答：我们不知道是否有一名南京地区的司令官，因为每一个支队似乎都是各自为政的。然而，官方的公告、报纸上一般的报道，包括日本的报纸，都说松井石根大将是上海－南京地区的司令官。

……

法庭盘问

由洛根先生[①]盘问

问：贝茨先生，你今天上午作证，主要是说将报告和申诉材料呈交给日本驻南京大使馆的三名官员，但他们也很害怕，所能做的仅仅是将这些报告送往东京。现在，如果可能的话请用“是”或“不是”来回答这个问题。你自己知道这些报告由日本领事馆办公室送往东京了?

答：是的。

问：这些信息是日本驻南京总领事馆的哪一位发送的?

答：我不知道我提到姓名的三个人中，哪一位实际上负责发送电文的工作。福井先生是负责的领事。

问：你看到这些电文了吗?

---

① 小威廉·洛根(William Logan Jr.)，1901年9月1日出生于苏格兰格拉斯哥，1923年毕业于新泽西州罗格斯（Rutgers）大学，1928年毕业于纽约大学法学院，1929年在纽约取得律师执照，东京审判期间担任被告人木户幸一（Koichi Kido，1889-1977）的美国助理辩护律师。

答：我没有看到这些电文。如果你想知道我的理由——

问：不，不想知道。

答：好吧。

萨顿先生：如果法庭允许，我谨提出，证人有权完成他的回答。即使那是辩方律师不希望听到的事实，但这并不能否认这一权利。

洛根先生：我相信，如果法庭允许，如果有问题没有得到回答，而且控方发现了，他们可以在重新询问时提出来。

庭长：我们同意你的看法，洛根先生。请继续。

问：那么，贝茨先生，由于没有看到这些电文，我想你自己也不知道这些发往东京的报告是给谁的，对吗？

答：我看到了美国驻东京大使格鲁先生[①]致美国驻南京大使馆的电报，电报非常详细地提到了这些报告，并提到格鲁先生与包括广田先生[②]在内的外务省官员之间讨论这些报告的谈话。

……

① 约瑟夫·克拉克·格鲁（Joseph Clark Grew，1880-1965），详见 P269 注②。

② 广田弘毅（Koki Hirota，1878-1948），详见 P348 页注⑨。

附录十一

乔治·A. 菲齐的证词[①]

本人乔治·A. 菲齐，为美国公民，1883年1月23日出生于中国苏州，首先正式宣誓，再作证如下：

除了偶尔在美国和其他地方休假，以及担任纽约基督教青年会国际委员会的干事之外，1909年12月至1945年12月21日期间本人一直在中国；从1945年12月21日至今，任联合国善后救济总署区域办事处的副主任。1936年夏至1938年2月15日前后，本人身在南京，并在日军攻占南京之际至1938年2月15日前后，担任南京安全区主任。以下摘录或段落转述自我当时的日记，内容属实：

眼睁睁看着成百上千的无辜平民被押走枪杀或用作练刺刀的靶子，不得不耳闻杀害他们的枪声。奔跑者必定被枪杀或刺死，似乎成了这里的规则。当时我们正在军政部近旁，很明显，正在行刑处决数百名可怜的被解除武装的军人，其中还有很多是无辜的平民百姓。

12月15日，我目睹大约1300名均身着便服的男子，刚刚被手持上了刺刀枪械的日本兵从我们总部附近的一个难民营押解出来，排队站好，大约每百人一组用绳索捆绑在一起。尽管我向指挥官提出抗议，他们还是被押走枪杀。12月19日是个混乱无序的日子。日本兵纵火烧起的几处大火正在熊熊燃烧，还会放火烧更多的地方。许多地方的美国国旗被扯下。军方对其士兵毫无约束。

12月20日星期一，日军的破坏与暴行毫无制约地持续着。整个太平路，这条城市最重要的商业街，都陷入了火海。我看到日本军用卡车满载着从商店掳掠的物品，然后将店铺付之一炬；还亲眼目睹一群日本兵确确实实在放火烧毁一座建筑。我开车经过基督教青年会时，其房屋已在烈焰之中，显然是此前不久刚刚放的火。当晚，我从窗口数了数，有

① ［美］乔治·A. 菲齐：书面证词，1946年6月18日，马里兰州学院公园市，美国国家第二档案馆，第238档案组，远东国际军事法庭的法庭文件、日志、物证与判决，缩微胶卷T918第12卷，第307号物证，文件编号1947。

14处大火，其中一些覆盖了相当大的面积。

日军从安全区抓人毫无规律可循。手上的老茧或头剪了短发便足以证明这个人曾经当过兵，那便肯定是他的死亡执行书。实际上，我们所有的难民营都被一群群日本兵一而再再而三地闯入，任意把人抓去枪杀。

1937年12月22日，在我办公室东面四分之一英里处的几个水塘里，见到大约50具尸体，均穿着平民服装。大部分人双手被反绑，其中一人脑袋的上半截被砍掉。之后，我又在各处的水塘中、街道上和房屋里见到数百具情况类似的中国人尸首，大部分为男子，但也有少数女人。

我们的委员会每天都将暴行事件报告给日本大使馆。

乔治·A. 菲齐

1946年6月18日在本人

见证下签名并宣誓

托马斯·H. 莫洛上校[1]

① 托马斯·亨利·莫洛（Thomas Henry Morrow，1885-1950），1885年1月27日在美国辛辛那提出生，1909年毕业于科罗拉多大学，1911年从辛辛那提大学法学院毕业，并于同年获得律师资格。1927年至1950年他出任俄亥俄州第一司法区普通法庭的法官。他在第一次世界大战和第二次世界大战期间从军作战，晋升至上校军衔，并曾驻扎在欧洲、非洲和亚洲。他在东京的日本战争罪行审判中担任了8个月的检察官。他于1950年2月27日在家乡辛辛那提去世。

附录十二

约翰·G. 麦琪的法庭证词记录[①]

1946年8月15日，星期四

约翰·麦琪作为控方证人被传讯，经过正式宣誓作证如下：

法庭讯问

由萨顿先生讯问

问：请陈述你的全名。

答：约翰·吉利斯比·麦琪。

问：你什么时候、在哪儿出生？

答：我1884年10月10日出生于宾夕法尼亚州匹兹堡。

问：你是在哪里接受教育的？

答：1906年毕业于耶鲁大学，以后又毕业于位于马萨诸塞州剑桥市，隶属哈佛大学的圣公会神学院。

问：你有没有在中国居住过，如果住过，是在什么时候？

答：1912年至1940年间，我在南京担任圣公会教堂的牧师。

问：1937年12月、1938年1月和2月这几个月，你是否一直在南京？

答：是的。

问：如果有抵抗行为的话，日军或日本人进行了什么样的抵抗——抱歉——1937年12月13日之后，南京城内中国军队和中国人进行了什么样的抵抗？

答：据我所知，没有抵抗。

---

① 马里兰州学院公园市：美国国家第二档案馆，第238档案组，远东国际军事法庭的法庭文件、日志、物证与判决，缩微胶卷T918第5卷，远东国际军事法庭庭审笔录，第3893至3943页。

问：1937年12月13日日军占领南京城后，对中国平民采取了什么行动？

答：令人难以置信地可怕。立即以各种方式开始屠杀，往往是由个别日本士兵或多达30名士兵一起四处游荡，每个人似乎都操有生杀大权；之后很快就进行有组织的大规模屠杀。不久，到处横陈着尸体，我曾遇到过一列列中国平民被押走杀害。这些人主要被步枪和机关枪杀害。另外，我们还知道有数百人被刺刀捅死。一位妇女告诉我，她丈夫在她眼前被捆绑起来扔进池塘，她就在那儿，他们不准她去救，丈夫在她眼前淹死了。

……

12月14日，我们学校厨师的男孩和其他100个人一起被抓走，押到城墙外的铁路边。他告诉我，他们被分成两组，每组大约50人。他们的双手被绑在身前，日军开始在前面杀人。他在后面——他是一个15岁的男孩，疯狂地咬着手腕上的绳子，最终把绳子松开，钻进了铁路下的一个涵洞，或防空洞，或排水沟。大约38个小时或更长时间后，他逃了回来，给我们讲述了他的经历。那是我们掌握的第一份证据，证明这些起初被抓走的人发生了什么。在当天晚上或第二天晚上，我记不清哪一天了，我遇到长长的两列中国人，他们双手都被绑在身前，四个人一组。应该说，这两列队伍至少有1000人，也可能将近2000人。我记得人群中没有一个中国军人。至少，他们都穿着便衣。被打伤的人开始陆续到教会医院来。常有人被枪击或刺中后昏迷，再装死，然后回到我们这儿，这样我们得到了真实的信息，知道这些早期持续不断被押解出去的队伍发生了什么。

12月16日，他们来到一个我非常熟悉的难民营，因为那里是我的一个教区的人，从那儿抓走14个人，包括中国牧师的15岁男孩。四天后，那14个人中的一个人，一个苦力，回来告诉我们其他人的命运。他们与大约1000人集中在一起，被押到长江岸边，并在那里被用机枪从两端交叉火扫射。这个人在子弹打到他之前的一瞬间，扑倒在地，没有中弹。周围其他人的尸体倒在他身上，他躺在那里，直至天黑，在黑夜的掩护下，才得以逃脱。

在这14人被抓走的同一天，我的司机来找我，说他们刚刚抓走了他的两个兄弟。他不敢上街，他的妻子和我一起去了这些人被抓后集中的地方，在那里，我看到大约500名中国人坐在空地上。我们站在人群边，司机的妻子找到了她的两个小叔子，我们走到一名看上去是管事的日本军曹面前。他——我和妇女走到中士面前，他愤怒异常，把我们赶走，我只能说“没有希望了”，我们只好走开。

第二天，我带着——我看到——当时我和其他三个外国人——两个俄国人以及我的同事美国人福斯特在一起。我们站在房子的阳台上，看到了一个人被杀害。一个身着丝绸长袍的中国人沿房屋前的街道走着，有两个日本士兵喊他，这使他非常恐惧，试图跑开。他加快了步伐，想从竹篱笆的角落绕过去，希望那里能有个缺口，但是那儿没有缺口，两个日本兵走到他面前，站在他前面不超过五码的地方，两个人都朝他的脸开枪——杀了他。

他们两个人有说有笑，仿佛什么都没有发生；一直没有停止过抽烟或说话，而且没有——他们杀了他，没有任何感觉，就像一个人向一只野鸭子开枪一样，然后继续走路。

12月18日，日本大使馆的田中副领事请我和他一起去城北的下关，指认一处外国人的房产，他要在这处房产上贴告示加以保护。不乘他的汽车，我是不可能出城的。我们拐进一条小巷，想抄近路，但是很快就碰到很多尸体，车子只能从巷子里倒出来，因为如果不从尸体上开过去，我们无法通过。

然后，我们开到江边太古洋行附近。他和日本警察进去贴告示时，我下车走到江边，在那儿我可以看到下面的情况，看到下面有三堆中国人的尸体。不知那儿有多少具尸体，但估计有300到500具。这个数字或许太小。尸体上的衣服已被烧掉，很多尸体也被烧焦了。显然，尸体被人点火烧过。

12月21日，我和田中派来的日本使馆警察再次去了下关。我想田中是真诚地想帮我找到一个我们听说已经逃走的男孩。这一次，我让司机从城门直接去江边，然而警察不同意，但我坚持。我们一直开到离江边几百码的扬子旅馆[①]，他坚决要求，我不能再往前走，如果再往前，日本兵会杀了我。他命令车子开进一条小街。我们马上碰到一具中国人的尸体。我记得那天没有见到被打死的中国军人。他又掉转车头，开上通往火车站的一条大路，察哈尔路。过不了多久，我们见到许多横陈在路边的尸体，他又让车子停下，不让再往前开，并说下关没有中国人了。我说："这儿有大批死的。"

12月22日，我用电影摄影机拍摄了一群六七十名中国男子，他们被集中在一条路上——是上海路；电影图像显示，妇女在街上跪在日本人面前，恳求放了她们的丈夫，还有一位老人也跪求，但日军还是把他们都押走了。

……

问：麦琪先生，你继续往下说。

答：12月21日，田中副领事对我说，当时在南京表现极差的师团将被一个好一些的师团替换，他觉得到12月24日一切都会解决妥当了。但是到了12月24日以及往后的日子，并没有明显的好转。

问：占领城市后，日本兵是以怎样的行为来对待南京城里的妇女儿童的？

答：还是一样：令人难以置信地可怕。日复一日，强奸案持续发生。许多妇女，甚至儿童都被杀害。稍有反抗或拒绝的表示，她们便会被杀，被刺刀捅死。我用摄影机拍摄了许多妇女的伤口，有的妇女颈脖被砍开，有的浑身到处都是刺刀刺的伤口。

① 扬子旅馆（Yangtze Hotel）位于下关，离火车站不远，为一英国人所有、经营的旅馆。当时的英籍老板为 W. W. 布莱顿（W. W. Brydon）。

如果丈夫想以任何方式帮助妻子，他就会被杀。一天晚上，我被叫到一户人家，一个日本兵下午四点半来这儿，企图强奸男子的妻子，丈夫帮着她从日本兵不知道的后门逃走了。日本兵第一次来未带武器。他出去拿了武器又回来杀死妇女的丈夫。这位妇女领我到后门外，丈夫的尸体躺在那儿。

我亲身遇到的第一宗强奸案是在最初那几天的一个晚上。一名妇女在街上拦住我和我的同事福斯特，求我们救她。天已很黑，那位妇女讲了她的遭遇。傍晚六点时，和丈夫待在一起的她遭日军劫持，被汽车拖到三四英里远的地方，三个日本兵轮奸了她。他们将她送到离家约一英里处，在离我们经过之处很近的地方下了车。正当日本兵喊她时，她或者看见我们，或者听到我们的声音，向我们跑过来，请我们救她。我们救了她。

12 月 18 日，我和委员会的一名德国成员，斯波林先生，一起去城内的居民区。我们觉得似乎每一栋房屋里都有日本兵在追逐妇女。我们进了一栋房子，一楼有个妇女在哭泣，那儿的中国人告诉我们她被强奸了。他们说三楼上还有个日本兵。我上了楼，打算进入他们说的那间屋子。门被闩住了。我用力敲门，大声喊叫，不一会儿，斯波林也上来了，和我一起敲门。大约十分钟后，出来一个日本兵，屋内还有一名妇女。12 月 20 日，我被叫到一户人家，他们告诉我一名 10 岁或 11 岁的小姑娘被强奸了。我将她送到医院，然后，我及时赶到那栋房子，阻止了另外三个日本兵进去。从医院回来，又被叫到另一家，赶走二楼妇女房间里的三个日本兵。接着，那儿的中国人指了指一个房间。我冲进屋去，撞开门，见到一个正在强奸的日本兵。我把他从屋子里赶出去，赶出这幢房子，逐出这幢房子所在的街巷。

这类案例还有很多。我们面临的最大问题之一——我们所有的外国人面临的问题。我们无法阻止他们抓走男人，但我们可以阻止他们强奸这些妇女。

城市被占领几天后，我和同事福斯特都意识到我们绝对不能在同一时间离开我们那处住着许多基督徒难民的房屋。我们两个都和中国基督徒住在一起，并设法保护他们。但是我们与其他外国人就相隔了一段距离。然而，那里的其他美国人邀请我们参加 1 月 1 日的新年晚宴。我们的习惯是，我俩中有一人整天站在街上，守卫着三栋房屋；一旦有日本兵在其中一栋房屋前停留，我们就会向他冲过去，他就会走掉。在元旦那天，一位美国人开车来邀请我们去他们那里。我不想离开，但他说在一个小时里是不会出什么事的，他会让我们在一小时内回来，于是我们就去了。那是我们专门收留大多数年轻姑娘的地方。我们还没吃完饭，两个中国人就跑来说，有日本兵到那里去追逐姑娘。我们没能及时赶到，两个姑娘被强奸了。我们的基督徒中有一名与我相识近 30 年的妇女告诉我，当时她和一个女孩在房间里，日本兵闯进来时，她下跪求他放过女孩。但日本兵用刺刀背敲打她的头，强奸了女孩。

如果真正采取措施阻止这种行为，是可以制止的，但日方完全没有认真对待。一天，我们安全区委员会会长拉贝先生同一名日军军官回到他的住所。拉贝先生收留了许多中国妇女，有两三百人，住进他在院子里搭建的小棚屋里。这天当他和那位日军军官到家时，他们看到一个日本兵正在一个棚子里强奸妇女。日军军官所做的就是打了那个日本兵的耳光。拉贝先生极为反感，并来告诉委员会的其他成员。

1 月 30 日，我们不得不处理新的危机，因为日本人企图——他们到我们那儿，企图强迫我们将妇女从安全区送回家。

问：那是哪一年的 1 月 30 日？

答：他们不希望我们——我们照顾这些妇女。我们决定作出顺从的姿态，因为我们担心整个安全区会被强行解散，因此我们建议年纪较大的妇女回家，但年轻的姑娘留下由我们保护。我们很快就听说了，我们之中有些人在安全区结识的这些妇女的遭遇——又开始强奸这些回家的妇女。

我和金陵女子文理学院的副院长、美国人魏特琳小姐一起去调查其中一起案件。情况最糟糕的时候，金陵女子文理学院收留了 12000 到 13000 名女孩——我应该说是 12000 到 13000 名妇女和女孩。我们去了城南的一所房子，我们走进前厅，见到一位妇女正在哭泣。她告诉我们，日本兵杀害了她的丈夫。我们来到房主住的后屋，一位四十来岁的寡妇、12 岁的女儿，还有她 77 岁的老母。她们向我们讲述她们的遭遇。

日军刚进城时，这个寡妇就多次被强奸。然后，她们决定逃到安全区去。路上，她们在黑暗中沿街行走，这个妇女和母亲失散了。老妈妈告诉我们她被劫持到一个房子里被奸两次。77 岁啦！这个寡妇对我们说，从金陵女子学院回家后已被强奸了很多次。我想，她说总共被强奸了十七八次。

一名传播《圣经》的妇女，也就是基督教的女福音传教士，告诉我们她和一名老太太，80 岁的中国人——那意味着她是 78 岁或 79 岁——住在一起。一个日本兵到她家来，把老太太叫到门口，并做手势示意她脱衣服。老太太说，“我太老了”，日本兵当即将她枪杀。

1 月底，我到城南一个地方调查在新开路 6 号[①]的房屋里发生的一系列罪行。

问：麦琪先生，这些事情发生在哪一年？

答：在 1938 年。我们走到南门内那条街上时，人们——许多人回家了——告诉我们，仅那条小街上就有约 500 个人被杀。

---

① 此处原文为“No. 6 Hsinkai Road”。这里麦琪记忆有误，这起日军强奸屠杀 11 人的案发地点为南京中华门附近的新路口 5 号。

我走进新开路6号，许多遇害孩子的老婆婆领着我四处察看。在那栋房屋中的13口人，只有两个孩子幸免于难。一名年约8岁，或是9岁的小姑娘对我讲了经过。她经历了全过程，背后被捅了两刀。我拍摄了她背上的伤口，当时伤口已经愈合。这件事发生在日本兵第一次进城的时候。大约30名士兵来到门前敲门。房子的主人，我想是个穆斯林，打开了门，他们当场就把他杀了。然后他们杀死了跪在他身后的中国人。然后是屋主的妻子。然后他们走进小天井，来到一个侧房，那里有——他们进入天井一侧的这个房间，在那里抓住两个分别为14岁、16岁的姑娘，并开始脱她们的衣服。这两个孩子的祖母搂着一个女孩以保护她，他们杀死这位祖母。她74岁了。她76岁的丈夫冲向妻子，用手臂抱住她，他们也杀了他。然后他们强奸了这些女孩，我不知道有多少次，并将她们杀害。领我查看的老婆婆给我拿来一根竹棍，她说是从其中一个姑娘的阴道里取出来的——我想是她自己取出来的，因为她是第一个回来的。那个小女孩也在同一个房间里，她四岁大的弟弟或妹妹——那孩子穿着男孩的衣服，但那不足为证——那是个女孩——我说的是这女孩被捅了两刀。

在同一个大院旁的另一个房间里，母亲和她一岁的孩子躲在床下。他们强奸了那个妇女，然后杀害了她以及那个一岁的婴儿，发现尸体时，妇女的阴道里塞着一个瓶子。

小女孩还告诉我一个小孩被杀的情况，我不知道孩子几岁，孩子的头被军刀劈开。

我们到那儿时，尸体已从房屋中搬走，那大概是六个星期之后，到处溅满血迹，如果我的电影摄影机——如果我有彩色胶卷的话，便能显现出桌子上的血迹，一个女孩在桌子上被强奸；地板上有另一个人被杀害时溅落的血迹。

老婆婆把我带到外面离房屋不远的空地上，放开一卷竹席，竹席原来是盖在14岁、16岁的姑娘身上，盖在那个妈妈，也就是老婆婆的女儿，和一岁婴儿身上的。

证人：一天，一个尼姑被送进鼓楼医院，她对我们说她的屁股被日军的子弹击碎了。送她来的中国裁缝告诉我，在那座尼姑庵周围大约有25个人被杀害，这个尼姑和许多别的尼姑就住在庵的后面。她说她的小徒弟——尼姑好像都有徒弟——一个12岁的小姑娘，中国人说12岁，我们看大概10岁，被刺刀捅了。医院的麦考伦开车去救那个背上被刺刀严重捅伤的孩子。她在医院治疗了几个星期。然后我接她到我自己的住所。但是她的伤口不断恶化，只好再送她——他们多次送她回医院。

尼姑告诉我——我在1月5日与她进行了长时间的交谈，后来便跟她熟了——她给我详细讲了那段遭遇。她说尼姑庵的住持，一位65岁的中国女人，以及她的徒弟，也是个10岁的孩子，都被日军杀害了。

2月1日，我和同事福斯特用午餐时，一个男孩跑进来说他们在追逐一个女孩，日本人在追逐。

问：这是哪一年的2月1日？

答：1938年。由那个指出房子的孩子带领，我们冲过一片宽约100码的空地。我们冲进房屋。有一个人——他指着一扇门。我们试图打开门，但打不开。我们用身体撞开门。两个日本兵和一个15岁的女孩在床上。我们冲着他们大声喊叫——我们既激动又愤怒——其中一个人跳起来拿他的枪，一把手枪，并拿起他的腰带，冲了出去。另一个人喝得太多，没能冲出去，我们把他赶出屋子。我跟着他来到附近的一个哨兵面前，然后写了几个汉字给哨兵，让他知道发生了什么，哨兵只是笑了笑。女孩的父亲告诉我们，这已经是孩子第五次被强奸了。那次我们去得太迟了，没能阻止他们俩强奸那个女孩。

2月的某一天，我记不得是哪一天了，我把另一个15岁的女孩送到鼓楼医院。

……

1946年8月16日，星期五

法庭讯问（续）

由萨顿先生讯问

问：麦琪先生，昨天休庭之际，你说要送一个15岁的小女孩去医院。现在请你继续回答这个问题：占领城市后，日本兵是以怎样的行为来对待南京城里的妇女儿童的？

答：我是在1938年2月的某一天把这个女孩送到医院的。当时我和她交谈了很长时间，后来又多次去看望她。她来自距南京约60英里的芜湖市，日本兵来到她家——她的父亲是个店老板——指控她的哥哥是军人，并杀害了他。女孩说她的哥哥不是军人。他们还杀了她嫂子，因为她反抗强奸；女孩的姐姐也同样因为反抗强奸而被杀害。与此同时，她年老的父母跪在他们面前，也被杀害，这些人都是被刺刀刺死的。

女孩昏了过去。日本人把她抬到某个兵营里，关在那里达两个月。第一个月，她每天都被强奸多次。他们拿走了她的衣服，把她锁在一个房间里。之后，她病得很厉害，他们都怕她。她在那里病了整整一个月。一天她正在哭泣，一个日本军官进来，问她怎么了。她将自己的遭遇告诉他。军官很同情她，开车把她送到60英里外的南京，并在一张纸片上写下“金陵女子大学”，显然是知道我们在那里收留女孩。我就是在那儿接她的，用教会的车送她去医院。

1月或2月初的某一天，我出城到离南京15英里的栖霞山的村庄。这儿有座由一名德国人和一名丹麦人负责管理的水泥厂。工厂挂着德国旗，里面有一万名难民。当天晚上，我见到了周围许多村庄——那个地区至少有十来个村庄——大概20位德高望重的年长者。南京发生的情况到处都有。这些老年人告诉我那时的问题是男子害怕离开难民营——那个难民营，因为日本兵会来要女人，不给女人，就会杀了他们。

问：麦琪先生，占领城市后，日本兵以怎样的行为对待南京城里的财产？

答：日本兵对老百姓的东西，只要中了意，什么都抢：手表、钢笔、钱、衣服、粮食。日军占领最初几天，我送一名智力不全的41岁的妇女去医院。她的颈脖子被捅了一刀，因为日本兵抢她的铺盖时，她紧抓不放。日本兵根本不理睬他们自己领事馆有关外国人财产的通告，或美国大使馆有关外国人财产的告示。

有一次，只是不记得什么时候，我见到日本兵从中山路上的一家中国商店搬走一卡车的电冰箱。12月21日，城里几乎所有的外国人都签署了一份给日本当局的请愿书，并亲自送往日本大使馆，恳求他们以人道的名义制止这些毫无理智地焚烧老百姓家舍的行为。日复一日，放火焚烧的事件在城里不同的地点持续着。我们圣公会的一座教堂被部分烧毁，后来在1月26日他们把这所教堂完全烧毁。基督会也遭到焚烧——他们的一所学校建筑被焚毁，基督教青年会、俄国大使馆，以及安全区外面许许多多老百姓的房子都付之一炬。有时，日本兵遗留下一些状如白蚁的黑色小棒。这东西非常易燃，无疑，他们用这玩意儿点火烧房子。

问：你所描述的日军对待南京的平民及财产的这些行为，在占领南京后持续了多长时间？

答：六个星期之后才开始逐渐减少，但仍发生很多事件——在那以后仍有个别事件发生。

问：你是南京安全区国际委员会的成员吗？

答：是的。我还是南京国际红十字会的会长，这也是我为什么常常和医院联系的原因。

问：南京安全区国际委员会的会长是谁？

答：拉贝先生，他是德国人。

问：委员会的秘书长是谁？

答：路易斯·史迈斯先生，一位美国教师。

问：委员会是否经常就南京城内平民百姓的遭遇向日本领事当局写报告？

答：是的，几乎每天都写报告；此外，我们中的很多人还亲自到日本大使馆讲述个别暴行案件的情况，我自己就曾多次去。

问：你是什么时候离开南京的？

答：我因例行休假于1938年5月离开南京，1939年5月返回，最终离开南京是在1940年5月。

问：你现在的职业是什么？

答：我目前在康涅狄格州纽黑文担任耶鲁大学信奉圣公会教派学生的牧师。

萨顿先生：现在辩方律师可以对证人进行盘问。

庭长：布鲁克斯上尉[①]。

布鲁克斯先生：庭长阁下。

法庭盘问

由布鲁克斯询问：

问：麦琪先生，日军于12月13日左右进城时南京城的人口大约有多少？是不是有20万左右，或者上下差不多是这个数？

答：这根本不可能说得准。我记得和我们委员会的成员谈过。我们估计约有20万人进入我们的安全区。还有很多人在安全区外面。应该说那儿至少有30万，或更多的人。城外有多少人，我就没法告诉您了。

问：那么，几个星期之后，城外的人回来了，人口大概是多少？人口有没有增加到50万上下，这些人是不是都是平民百姓？

答：当然，我应该说日军占领数周后那儿没有50万人。事实上，就我所认识的人，只有两三个人回城来。大部分人逃往内地去了。

问：你说有两三个你认识的人回来了。现在，回城的人有所增加。此刻，我的问题是：有没有士兵——中国军人夹杂在这些人之中？

答：我把这理解为你是指我认识的人是士兵。

问：或你不认识的人是士兵，如果你知道的话。

答：我记忆中没有听说有士兵回城。

问：然而，我们不能说所有回城的都不是士兵，所有回城的人都是平民百姓，人群里没有军人，对不对？

答：那我无法得知这一点。我没有和那些自称是军人的人交谈过。

问：麦琪先生，你说有位田中总领事，你时常和他交谈，他的名字是什么？

答：我不知道他的名字。我当时以为他是总领事，因为一直是他和我见面，但自从我到这里以后，从一位在那里担任过公职的日本人那听说他不是总领事；我想，他是副领事。

问：他的姓是田中，对吗？

答：是的。

① 阿尔弗雷德·威廉·布鲁克斯（Alfred William Brooks，1906-1987），1906年4月13日在美国密苏里州开罗（Cairo）出生，曾长期在密苏里州做律师。东京审判期间，他担任甲级战犯小矶国昭（Kuniaki Koiso，1880-1950）、南次郎（Jiro Minami，1874-1955）和大川周明（Shumei Okawa，1886-1957）的美国助理辩护律师。1987年10月27日在亚利桑那州斯科茨代尔（Scottsdale）逝世。

问：1937年12月的时候，他就在那儿。他在南京的办公室在哪里？

答：他在日军进城后不久就来了。

问：你说田中曾有意帮助你阻止某些暴戾的行径。是否有其他的日本军官或士兵也愿意帮助你解决这些暴行事件，或给予你本人，或你们的委员合作？

答：我想总的来说领事官员和使馆的人想帮助我们。我遇到过其他人——福田先生，还有其他我已忘记名字的人——不过我提田中，因为一直是他和我打交道。

问：他们是否因未能制止这些行为而感到难堪？

答：我想是的。有一天，我在日本兵偷汽车的地方——我和田中一起到那个地方——我们是不是在那儿见的面，我忘记了，但他在那儿，这一点我记得很清楚，在我看来，他像是在申辩抗议——我不知道他到底在说什么——很明显，他非常难堪。我在场，他显得很难堪，因为他们不拿他当回事。

问：那么，麦琪先生，你不是在暗示在南京的每位日本军官和士兵都犯下了你所描述的那种暴行吧？换句话说，并不是每一个人都犯下这样的暴行？在那个地区，只有那些具有犯罪倾向的人员才会犯下暴行，不对吗？

答：我遇到过几个日本兵，我认为他们是体面的，但绝大多数日本兵都像我所描述的那样。

问：那么，你认识那儿的宪兵司令或者宪兵的头目吗？认识他吗？见过面吗？听说过他的名字吗？

答：我见过其中一些人，但一个名字也不记得。除了和小人物打交道，我不像其他一些人——像贝茨博士那样常和这些人打交道。我只和使馆警察以及那一类的人见面。

问：这位宪兵司令和委员会的任何成员见过面吗？曾经参加过委员会的会议讨论过这些问题吗？

答：他没有在任何我参加的会议上和我们见过面。我根本想不起他的名字。我知道有些人单独见面，并清楚地记得贝茨博士和领事馆里的人见面，和他们交谈。

问：你是说这些人当中有人可能曾到他的办公室拜访过他——并讨论这些问题吗？

答：我想可能是在他家单独会面吧。

问：那么，在12月13日日军刚进城之际，在那个地区有大量的宪兵吗？宪兵的数量是否很多——你有没有注意到他们——或是知道有多少人？

答：起初好像没什么宪兵。我想肯定会有几个。但是，我们当然想到我们数次向大使馆——日本大使馆请求。然后，似乎多调了一些宪兵进城——他们说正在努力，要派遣一部分宪兵到安全区内某些地区周围设置岗哨。我们为此感到鼓舞，以为情况会好转。但后来这对我们来说成了笑话，因为就是这些宪兵开始干其他士兵干的勾当。

问：他们有没有张贴“禁止入内”的标志，或尝试任何类似的举措来限制士兵的活动？

答：我不记得有这类标志。我唯一记得清楚的标志是领事馆警察张贴的有关外国人财产的告示。

问：那里的日军政府官员有没有征用中国警察维护秩序？

答：据我所知，开始并不是那样。很多中国警察被屠杀。我们有一些没有携带武器的中国警察在安全区做警察；我们把他们留在安全区总部。但是，我记得1940年在南京街头曾和一名警察交谈，他对我说曾经做过警察——为独裁的旧政府做过警察。他还说“这只是我的饭碗而已”。1940年和我交谈过的这个人，我清楚地记得，曾经是我们安全区的一名警察——我们只有为数不多的几名警察。

问：那么，麦琪先生，你亲眼目睹了多少起谋杀案——大约有多少起？

答：我想我在证词中已经清楚地说明了这一点——我只亲眼目睹过一个人被杀。

问：一个人。那么至于强奸，你确实目睹过强奸吗，有多少次？

答：我在证词中讲过，我确实看到一个人在强奸。接着我讲了把两个日本兵从一名15岁女孩的床上赶走，但我——

问：那是两次，还是一次强奸？是不是一次是强奸，另一次是企图强奸，还是你确实看到两次强奸？

答：我见到一个人确实在强奸；另两个人和女孩在床上，并跑开了，那家的父亲说，他们在我们到达之前强奸了她。

问：你亲眼见过几次抢劫，你能记着的，无论是你确实知道是抢劫，还是你自己遭到抢劫？

答：我说过记得抢劫电冰箱，我看到抢劫的过程。我来想想看是否还有——有一位住在我隔壁的妇女向我跑过来，说“这个人刚刚抢了我80元钱”。我去追那个人，但无法强迫他——他确实看起来像犯有罪责的人——但我不能对他动手，将妇女所说被他抢走的80元拿过来。我见到的情况不多的真正原因，非常奇怪，是因为当我们冲向这些日本兵时，他们钻进一个地方，然后再走掉。我们时常感到奇怪，他们怎么能够抢劫妇女那么多东西逃脱掉。我们没法将他们赶走。他们抓人时，我们无法营救那些人。但是，至于其他事，他们似乎有些怕我们。

问：可能他们是怕被抓到后，身份会被他们的长官认出，受到处罚；有可能是这样吗？

答：我们只是认为——我对此没有证据——我们认为他们接到不要去招惹美国人的命令，因为我记得有一次我们三个人，俄国人波德希伏洛夫、我的同事福斯特和我自己，被叫去救一名妇女。我们跑了一小段距离来到日本兵用刺刀威胁妇女的地方。他见我们来了，拔腿就跑，把刺刀也丢下了。我们追了整整一个街区，想好好吓唬他一下，我们捡起了那把刺刀。

问：刺刀上有没有编号，或其他可以帮助你们识别这个人身份的东西？

答：我们把刺刀交到日本大使馆，交给他们。我没有注意到任何编号——也没有去找编号——只是告诉他们事情的经过。大概是第二天——我忘记了——他们派来一名英语讲得很好的人。听说他是个日裔美国人，来调查这事。我开始给他讲述我的不同经历和见到的事情。当我讲到将日本兵从女人身上赶走时，他竟笑起来。

问：现在你谈到的这些行为中——

答：请问你刚才说的是什么？

问：关于你提到的这些冰箱，是否有迹象表明它们不是被日军合法征用的？有什么证据说明这确实是抢劫或盗窃的吗？

答：我认为这是全城大规模抢劫的一部分。

问：当时那儿没有人抱怨，没有物主和这些军人之间的争斗，是吗？

答：从来不会有人抱怨，抱怨毫无裨益。一个智力不全的女子要夺回她的毯子，颈脖上就挨刀捅了。

问：麦琪先生，你亲眼目睹的杀人案件，你自己有没有报告给日本人，如果报告了，你记得他的名字吗？如果不记得名字，记得他的职务、官衔吗？

答：我不记得曾单独写过报告。可能和田中或可能是其他日本人见面，向他们讲述许多事件时，将这事附加上去；但我不记得专门报告过这个事件。

问：我明白了。那么，那些强奸和抢劫案件，你是否向什么人或哪个军官——机构报告了那些情况？

答：我报告了各种各样的暴行案件。我无法告诉你向路易斯·史迈斯报告了多少案件——

问：谁？

答：路易斯·史迈斯，我们安全区委员会的秘书长——以后，我们的委员会更名为国际救济委员会——但是，其他人，在交谈中，我记得告诉过田中先生——我记得曾告诉他一件案子；但是有多少案子——我觉得很多我目睹的案子没有向任何人报告。我很忙。我没有和其他外国人住在一起，一直和中国人待在一起。

问：麦琪先生，我只对那些你亲眼目睹的案件，以及你报告的方式感兴趣。那么，对这些你亲眼目睹的事件——事件发生后多久你才向人报告？

答：不知道我向史迈斯先生报告了多少案件，但它们可以从印出来的委员会报告中找到。我想它们都有报告人的姓名。记得在一些报告的后面见到过我的名字，但是，我没法告诉你哪些我报告了，哪些没有报告。

问：我明白了。那么，最终写出的这些报告是否详细描述了所发生的情况，是否提供了被指控罪犯的姓名或他的部队，或者他的位置或者他可能在哪儿，任何可能帮助识别他身份的信息？

庭长：哦，布鲁克斯上尉，我不想干预，尤其是考虑到这位证人提供了骇人听闻的证据；但那些回答无济于事。

布鲁克斯先生：我认为那些回答会有帮助，庭长阁下，请再给我几分钟。

庭长：根据你的态度来判断，你并没有真正质疑证人的可信度。

布鲁克斯先生：如果法庭允许，我认为证人非常公允，我希望法庭能予以宽容，因为我是唯一进行盘问的辩护律师，我只想提出几个要点。如果法庭再容忍我几分钟，就会看到结果。

庭长：好吧。

布鲁克斯先生：我撤回那个问题。

问：那么，以此为例，或以任何一个事件为例，麦琪先生，如果你当时和我一起在场，或在你写完报告之后，你能给我这个负责指挥的军官什么样的信息，供我用来查出罪犯并加以惩罚？

答：除非我们停下来和这些人交谈，我们无法得知他们的姓名、所属部队。通常，他们溜之大吉。但我们可以报告，我们大多数人都曾向日本大使馆报告这些情况。然后，他们会派一个人来，这个人的姓名我已忘了，但我们都不喜欢这个人。他并不真正打算调查案件，他主要想查找出谁向我们通风报信。

问：那么，最大的问题是查出那些犯下罪行的人的身份，以便惩处他们，不是吗？

答：最大的问题是彻底制止这种行为——

问：我也是这样想的。

答：（继续）当然，根本没有意愿要追查这些人——我们没有任何东西 ——没有任何迹象可证明有人被惩处。我唯一听说的一次是在拉贝先生在场的情况下，一名强奸妇女的日本兵被军官打了耳光。

问：12 月 13 日之后，城外仍有战斗在进行，不是吗？

答：当然，当时肯定还有战斗。我不知道——我没有听说什么，但肯定离南京城数英里以外的乡村仍有战斗；只是不知道——我不清楚紧靠着南京城的地方有没有战斗发生。

问：并没有频繁地从城市调动部队到战区，再调回来——其他部队调回来休息、休整吧？

答：我记得许多中国军人。我只是想到川军的一个团最后一天开到某座城门去。几个月后离南京城 15 英里处，我见到一些穿戴和那个团的人一样，戴着大盖帽的尸体，尸体仍陈放在那儿。

问：是否有办法通过徽章来辨别这些部队？他们有没有佩戴徽章，能使你从服装上把他们和别的部队区别开来？

答：你说的是日本军队还是中国军队？

问：说的是日军。

答：当然，他们身上有某种标签。我从来没有注意过——

问：某种什么？

答：某种小兵有的——不管是什么东西——但我从来没有留意过。我当时只是没有想到这点，再说那都是日文的，是我不认识的日语假名。我只是不认识那东西。

问：那么在你看来，没有什么东西可以将一个士兵和另一个士兵区别开来，是吧？

答：对我来说，主要以他们的面孔来区别他们，但没有机会看到他们的脸。只有一次我们拿到一点证据，就是我捡到刺刀送到大使馆那次。

……

问：麦琪先生，你在休庭前谈到那把刺刀。而且，你说从未注意到上面有编号或有助于识别这个人的东西，是这样吗？

答：你能把第一句话重复一遍吗？

问：刺刀。通常刺刀没有编号或识别物，这把刺刀也是如此，是吗？

答：我不记得那些东西，但也许有，我只是不知道。

问：那么，在那个案子里，就不会有什么具有价值的证据来辨别罪犯？

答：我在那儿捡起刺刀的原因，我觉得他们有办法找出这把刺刀是从哪儿来的，可以查到哪个士兵少了刺刀。

问：那是个很好的想法，但我想，作战时，他可以捡起另一把刺刀来代替，你说呢？

庭长：布鲁克斯上尉，我可以很有把握地说你过分追求细节了。有关日本兵的身份或他隶属哪个部队并不重要。既已承认证人是可信赖的，你盘问的范围当然受到极大的局限。我们完全理解你的立场。在这种情况下，进行盘问非常困难，但那并不是你不必要地固执坚持的理由。

布鲁克斯先生：如果法庭允许，我想显示调查人员的困难。如果要进行惩处，很难辨别出罪犯。他们不能因为别人犯了罪而随便抓个士兵枪毙了他。那是我所想通过证词来证明的。

问：麦琪先生，你说当你用中文写出这个强奸案给日军调查员看时，他笑起来。这个人看得懂中文吗？你知道他在笑什么吗？

萨顿先生：证人没有说过用中文写出强奸案一事。

问：他肯定说过。麦琪先生，我误会你了吗？我想你说了你写了东西给那个人看，他就笑了。

答：我把那个醉醺醺的日本兵交给哨兵时，在我手上写了几个汉字。我说，“一个女人，两个日本兵”，并指了指那座房屋，那个人懂了我的意思。他是否笑我说的话，还是笑那个丢了皮带、穿裤子有麻烦的日本兵，我就不得而知了。

我可以说几句吗？就你先前的问题而论，日本人可以查出这些犯法的日本兵。我们没法做到，但是如果他们的人遍布城市，他们自己有辨别人员的办法。如果真正有制止这一切的决心，他们能够办得到。如果他们枪毙 25 个人，就能制止住。

庭长：盘问越深入，对辩方就越不利。布鲁克斯上尉，你得决定继续问询是否对你有利。

布鲁克斯先生：庭长阁下，我相信证人在努力做到公允。

问：你不是说不分青红皂白地枪毙这些人吧，是吗？

答：当然不是。

问：我知道你们的委员会，我相信是到 1938 年 2 月，或 1 月时，报告了 308 起案件，对不对？

庭长：现在，这是哪一点——你必须就那一点提出问题，而不是问他是否属实。你必须根据报告中陈述的内容来提问。

问：我撤回这个问题。麦琪先生，如果你记得的话，到 1938 年上半年为止，你们的委员会共提交了多少份报告？

答：我不记得了。

问：那么，12 月 13 日日军开始进城时，中国军人是如何处置他们的武器、军装的？

答：把它们扔掉了。我个人和我们许多外国人都从这些人手中接过武器，并把它们扔掉。如果他们换上便服，谁能责怪他们呢？我知道一些情况，并和那些缴械的中国军人交谈过，仅仅少数几个人，他们中的一些人在遭到枪杀时昏过去了，他们告诉我，不管做什么，没有任何区别。一个住在城外 15 英里的丹麦人告诉我，他看到一个士兵投降。回到南京时，他看到了士兵的尸体，显然被殴打致死。

问：这些穿上便衣的士兵有没有做间谍，搞破坏，当狙击手，夜间袭击日军哨兵和军人，或者你知道有这种情况吗？

答：城市被占领后，我从未听说城内发生过这样的事。

问：我对你回答的理解是这种情况在城外很常见。对不对？

答：众所周知，很多地方都有中国游击队。然而，我之所以这样回答，是因为除了听说乡村有中国游击队的传闻外，我对这事一无所知。

布鲁克斯先生：没有其他问题了。

附录十三

詹姆斯・H. 麦考伦的宣誓证词[①]

本人 J. H. 麦考伦，现证明上述日记笔记为本人于 1937 年 12 月至 1938 年 1 月在中国南京所写笔记真实而准确的副本，其中叙述的事实是真实的；本人现在已没有原始的日记笔记。上述日记笔记共有打印件十一（11）页。

1946 年 6 月 27 日本人亲笔签署。

詹姆士・H. 麦考伦

中华民国　　　　　：
南京领事区　　　　：
江苏省　　　　　　：
南京市　　　　　　：亦即：
美利坚合众国大使馆　：

① ［美］詹姆斯・H. 麦考伦：宣誓证词，1946 年 6 月 27 日，马里兰州学院公园市，美国国家第二档案馆，第 238 档案组，远东国际军事法庭的法庭文件、日志、物证与判决，缩微胶卷 T918 第 12 卷，第 309 号物证，文件编号 2466。

签字及宣誓见证人：美国驻中国南京领区副领事罗伯特·B. 穆迪[①]， 1946 年 6 月 27 日。

罗伯特·穆迪
美国副领事

① ［美］罗伯特·贝海默·穆迪(Robert Behymer Moody, 1921-2000), 1921 年 5 月 24 日出生在美国洛杉矶，1943 年毕业于南加州大学，1944 年毕业于塔夫茨大学弗莱彻法律和外交学院。他于 1944 年进入外交部门，在德黑兰任副领事。1945 年调往重庆，1946 年在南京任副领事。2000 年 1 月 26 日去世。

附录十四

路易斯·S. C. 史迈斯的书面证词[①]

本人，路易斯·S. C. 史迈斯，谨作证如下：

我1901年出生于华盛顿特区，在艾奥瓦州得梅因(Des Moines Iowa)的德雷克(Drake)大学读本科，在芝加哥大学攻读研究生，1928年获博士学位。

受印第安纳州印第安纳波利斯的基督教联合传教会（United Christian Missionary Society）派遣，我1928年10月来到中国，在金陵大学任社会学教授。此后，一直在金陵大学工作至今。仅在1934年6月至1935年9月以及1944年6月至1946年1月两次休假期间离开过中国。[②] 1935年9月至1938年7月期间，除1937年7月和8月外我一直待在南京。

1937年11月组建南京安全区国际委员会之际，我曾参与了筹备商议，并被推选为委员会的秘书。1937年12月1日，委员会在宁海路5号正式设立办公室时，我和委员会会长约翰·H. D.拉贝先生在同一个办公室工作。日军进城后，很显然，我们必须就虐待中国平民和解除武装的军人提出抗议。当时的做法是由我起草抗议书，拉贝先生建议，因为我们国籍不同，所以轮流签署抗议书。在日军占领南京最初的六个星期，我们差不多每天都提交两份抗议书。通常，其中一份由拉贝先生和我亲自送到日本大使馆；另一份则由信使送去。

---

① ［美］路易斯·S. C. 史迈斯：书面证词，1946年6月7日，马里兰州学院公园市：美国国家第二档案馆，第238档案组，远东国际军事法庭的法庭文件、日志、物证与判决，缩微胶卷T918第12卷，第306号物证，文件编号1921。此为金陵大学社会学教授路易斯·S. C. 史迈斯1946年6月为东京远东国际军事法庭审判日本战犯所作的书面证词。

② 1937年夏淞沪战役打响后，美国政府安排在华美国侨民中的妇孺前往当时为美国殖民地的菲律宾避难。1938年7月，史迈斯离开南京前往菲律宾碧瑶（Baguio）和妻女团聚，并待了一个多月，在秋季开学前，携妻女前往西迁成都华西坝的金陵大学任教。因为时间不长，又是取道菲律宾去成都，不被认为是真正意义上的离开中国。

在将案件写好并提交给日本大使馆之前，我尽最大努力核实案件的准确性，也尽可能与调查此案的委员会代表面谈，而且只将那些我认为准确报告来的案件送交给日本大使馆。

我没有这些报告的副本。这些文件的副本后来交给了美国驻南京大使馆。委员会给日本大使馆的这些报告及其转交函，还有其他信件，均准确无误地收录在徐淑希出版的《南京安全区档案》中。

在我和拉贝先生几乎每天都与日本大使馆人员会面的过程中，他们从未否认过这些报告的准确性。他们不断承诺要采取行动，但是直至 1938 年 2 月，才采取有效的行动使之改观。

1938 年春，我对南京地区的战争损失进行了调查，调查的结果发表在《1937 年 12 月至 1938 年 3 月南京地区战争损失城乡调查》[①] 一书中。该书于 1938 年 6 月由南京国际救济委员会出版。

本人于 1946 年 6 月 7 日在中华民国南京签名，以资证明。

路易斯・史迈斯

（盖章）

中华民国江苏省南京市：
美利坚合众国大使馆

1946 年 6 月 7 日，在我，正式委任并
取得相应资格的美国副领事罗伯特・B. 穆迪，
面前签名并宣誓。

罗伯特・B. 穆迪
美国副领事

① 《1937 年 12 月至 1938 年 3 月南京地区战争损失城乡调查》（“War Damage in the Nanking Area December 1937 to March 1938 Urban and Rural Surveys”），也译为《南京战祸写真》。

南京金陵大学社会学教授史密斯博士声明书[①]

本人证明本人自1937年春至1938年7月20日曾在南京，南京安全区成立时（1937年11月底），本人即为该区委员会之秘书。

日军进城后，安全区之人民曾受非常之虐待，本人不得不向日本大使馆每日抗议，日人曾要求以事实证明，乃开始作报告，并将每件事实附诸抗议书中。

其后此等抗议书即分送至南京之英国、德国及美国大使馆，上海全国基督教会并有一全份留存于其图书馆内。1938年春田伯烈氏曾将此等报告编入其所著之《日人在中国之恐怖》（即《外人目睹之日军暴行》）一书内，徐淑希教授亦曾编纂《南京安全区档案》一书。

当时之安全区委员会主席德人锐比先生（西门子洋行经理）与本人日常向日本当局抗议，因得有见日本当局之机会。1938年1月美国大使馆开馆办公，曾索此文件，以便明了当时情况，向日本当局抗议，而德国与英国两大使馆亦曾索阅，以便寄回本国政府。

1938年南京国际救济委员会（安全区委员会已改今名），决定作建设性之救济计划，因欲约知南京区及其附近各县之实际状况，嘱余做调查，其结果本人曾编就《南京区战时损害》（即《南京战祸写真》）一书（1937年12月至1938年3月止）。今谨将该书呈交贵庭作证。本人并为人道而望得伸正义云。

史密斯

1947年2月6日

---

① 《南京金陵大学社会学教授史密斯博士声明书》，1947年2月6日，中国第二历史档案馆文件编号No. 593/？转引自《南京大屠杀史料集：24　南京审判》第368页。此为金陵大学社会学教授路易斯·S. C. 史迈斯1947年2月为南京国防部军事法庭审判日本战犯所作的书面证词。

附录十五

罗伯特·O. 威尔逊医生的书面证词[①]

本人罗伯特·O. 威尔逊，正式宣誓，并作证如下：

本人为美国公民，1906 年 10 月 5 日出生于中国南京，我在南京生活到 1922 年，然后去美国上学，在普林斯顿大学学习专业知识，并毕业于哈佛大学医学专业。我 1936 年 1 月回到中国南京，从那时起至 1940 年 8 月，一直从事医疗工作，主要在外科工作。1937 年秋季以及 1937-1938 年冬季，我是鼓楼医院的工作人员。

1937 年 11 月上海沦陷后，日军向南京城进军，医院的中国籍医护人员变得忧心忡忡。尽管我们一再保证，他们不用害怕日军，但他们还是离开了医院，和其他人一道溯江而上前往华西。

南京城陷落的前一天，医院内患者的数量已减少至 50 人。1937 年 12 月 13 日，日军进城后不久，送入医院救治的平民数量迅速增加。在接下来的几天内，医院人满为患，医院的设施不堪重负。以下列举几个典型的病例：

一个小女孩左手肘部被打骨折，被送到医院。由于受到利器的猛烈打击，关节裸露。经调查发现，一个日本兵杀害她父母后，用军刀砍伤了她的手臂。

一名 19 岁的姑娘被从美国学校送来，她怀着第一个孩子，孕期大约四个半月。她身上有多处刺伤，包括下腹部有一道很深的伤口。我确认这是她反抗日本兵强奸时受的伤。受的这些伤导致了流产。

送来的另一位妇女，颈部一侧有一处刀伤，臂丛神经被切断。她说这是在反抗一个日本兵强奸时受的伤。这道伤口导致左臂永久性完全瘫痪。

送进来的一个小男孩，腹部有一处刺刀伤口，刺穿了胃部。这个男孩两天后死亡。

---

① ［美］罗伯特·O. 威尔逊：书面证词，1946 年 6 月 22 日，马里兰州学院公园市，美国国家第二档案馆第 238 档案组，远东国际军事法庭的法庭文件、日志、物证与判决，微缩胶卷 T918 第 12 卷，第 204 号物证，文件编号 2246。

从难民营来的一个学生，腹部被子弹打穿，肠子被打了 11 个孔，但幸免于难。

送来的一名妇女的颈脖后面有一道严重的横贯伤口，切断了所有的肌肉，深至脊椎骨，使她的头部无法保持平衡。我的调查显示，这些伤口是在她遭受多次袭击后，由一个日本军官造成的。

一位店主被送来时，他的左侧头骨被利器削掉，大脑暴露在外。这位店主拒绝了一个日本兵要他找姑娘的要求，而遭受这个日本兵伤害。

约翰·G. 麦琪牧师送来一个 15 岁的女孩，她的身体状况所显示的证据证实了她所陈述的最近遭到强奸。六个星期后，她出现了继发性梅毒的皮疹。

以前做过警察的伍长德因背部被刺刀严重刺伤而住院。

来自难民区的一个平民被送入医院，他的胸部被刺刀刺伤。他被遗弃在水沟里等死，被人救起来。

梁上尉因几天前受的枪伤导致右肩感染被送进医院。

还有一些患者因为身体和面部烧伤而进医院。他们中的一些人临死前说这些烧伤都是日本兵造成的。

1937 年 12 月下旬的一天，邻居向我紧急求助去赶走日本兵。我赶到这个中国人家里。一进院子，发现门房的门关着，几个日本兵拿着步枪站在周围。我推开门房的门，发现两名日本兵正在强奸两名中国妇女。日本兵离开后，我送这两名妇女去金陵大学避难。

六个多星期后，日本兵对城内平民的恐怖行为才开始有所收敛。

日军占领南京后，城内的鸦片销售量有所增长。日军占领之前，我从未在南京城内见过开业的鸦片馆。日军占领几个月后，我数了一下，在城市一条主要街道大约一英里的范围内，有 21 家公开经营的鸦片烟馆。

我亲笔签署，1946 年 6 月 22 日。

（签名）罗伯特·O. 威尔逊

罗伯特·O. 威尔逊医生

在本人见证下，罗伯特·O. 威尔逊于1946年6月22日在日本东京签署上述声明并宣誓。

（签名）约翰F. 胡默尔[①]

军法署少校

罗伯特·O. 威尔逊的法庭证词记录[②]

1946年7月25日星期四

罗伯特·O. 威尔逊作为控方证人被传讯，经正式宣誓作证如下：

法庭讯问

由萨顿先生讯问

问：你是加利福尼亚州阿卡迪亚市的罗伯特·O. 威尔逊医生吗？

答：是的。

……

问：威尔逊医生，你是何时何地出生的？

答：我1906年10月5日出生于中国南京。

问：你从事什么职业？在哪儿接受教育？

答：我是外科医生，在普林斯顿大学和哈佛医学院接受教育。

问：医学院毕业后，你有没有回到中国去？如果回去的话，你什么时候在中国行医？

① ［美］约翰·弗雷德里克·胡默尔（John Frederick Hummel，1910-1993），1910年11月11日出生在美国纽约的布鲁克林，1932年毕业于福特汉姆（Fordham）大学，1936年毕业于圣约翰（St. John's）大学法学院。他于1932年6月加入美国陆军预备役，但一直在纽约任律师，1941年3月被征召入现役，在北非和意大利的防空炮兵部队服役，直至1943年9月负伤。他于1942年8月晋升为少校，1945年6月加入美国陆军军法署（Judge Advocate General Department，JAGD），并任德国纽伦堡国际军事法庭杰克逊（Jackson）法官的法律工作人员。1946年，他被调往东京，成为远东国际军事法庭国际起诉科（IPS）成员，以及首席法官约瑟夫·B. 基南（Joseph B. Keenan）的法律工作人员。他于1961年获准在美国最高法院执业。1966年1月退役，1993年3月10日逝世。

② 马里兰州学院公园市：美国国家第二档案馆第238档案组，远东国际军事法庭的法庭文件、日志、物证与判决，微缩胶卷T918第5卷，远东国际军事法庭庭审笔录，第2527至2555页。

答：我1936年1月回到中国，从那时起一直到1940年8月都在中国南京鼓楼医院当医生。

问：你当时与鼓楼医院是否有隶属联系？如果有，是什么职务？

答：我当时是鼓楼医院外科副主任。

问：医院的中国医生、护士是否在1937年秋季离开医院，如果离开的话，在什么时候？

麦克马纳斯先生：庭长阁下，请记录在案，我反对这个问题——反对这个问题提问的方式，并且因为这个问题具有极强的引导性，并请求庭长指示律师询问时不要提出引导性的问题，要以适当的形式提问。

庭长：这些只是介绍性问题，完全可以允许他进行引导。

答：1937年11月下旬，上海陷落后，日军向南京推进之际，我们医院的护士和医生来找我们，请求允许他们前往长江上游地区，南京被日军攻占时，不要留在城里。他们这样做是因为听说上海、南京之间一些城市所发生事件的传闻。除了其他一些地方，这些城市特指苏州、无锡、镇江和丹阳。

我们的医护人员担心会有生命危险，希望离开，我们试图安抚他们恐惧的心情，告诉他们，城市陷落后，实施戒严法令，他们在南京无须担心。然而，我们无法说服他们。他们离开了，前往上游，把医院留给了特里默医生、另一位美国医生[①]和我，还有五名选择留下的护士，以及一些选择和我们在一起的仆役。他们大约在12月1日离城。总共有大约20名中国医生以及四五十名护士和实习护士离开。

问：南京城临近陷落之时，医院里病人的数量减少到什么程度？

答：医护人员离开后，我们不得不把病人的数量降到最低限度，将能够回家的都送走，留下50名或是无家可归或是病情太重无法动弹的病人。

问：1937年12月13日之后，情况是否有所变化？如果有的话，是怎样的变化？

答：日军12月13日上午进城，所有抵抗都在12日夜间停止。短短几天之内，医院里迅速住满了男女老少，各个年龄段，各种受伤程度的许许多多被打伤的人。

布鲁克斯先生[②]：如果法庭允许，我认为这应该予以反对。我认为法庭——

庭长：我听不到你说什么。请用麦克风讲话。

布鲁克斯先生：如果法院允许，我认为这种提问方式是应该予以反对的，我认为这

① 理查德·F. 布莱迪医生留在南京医治病患至1937年12月3日前往江西牯岭，照顾生重病的女儿。

② 阿尔弗雷德·威廉·布鲁克斯（Alfred William Brooks，1906-1987），详见P402注①。

个问题是为了有可能影响法庭成员而提出的，法庭可以适当实施司法认知；我认为辩方愿意同意，在任何战争中都会有平民——妇女、儿童和其他人员——的伤亡，否则，如果没有表明这一目的，我请求将其从记录中删除。

庭长：反对意见被否决。继续。

布鲁克斯先生：我再次提出反对意见，因为这与他们试图表明的问题——谁导致了这场战争——没有实质性和相关性。即便这与战争相关联，我看不出它有什么实质意义。

庭长：反对意见被否决。

问：医生，能不能具体举例说明你在医院医治的那些人所受伤害的类型?

答:我可以讲一讲南京沦陷后不久医治的几名患者的情况。但除了两个在此作证的人，我无法提供他们的姓名。

我能想到的一个患者是一位被送到医院来的40岁的妇女，她的脖子后面有一道伤口，颈脖后面的肌肉都被切断，使她的头部很难保持平衡。直接询问伤员，以及送她来的人所谈的情况，毫无——

马蒂斯先生[①]：我要打断证人，表示反对；首先，显然证人接下来要讲的是传闻；其次，这不是对提出问题的回答。对他的提问是要他描述看到的伤势情况，而现在他要讲的是那个妇女告诉他的情况。

庭长：反对被否决。对传闻证据的反对意见已多次被驳回。

答：（继续回答）直接询问妇女，以及送她来的人讲的内容，我们觉得这毫无疑问是日本兵所为。

庭长：他应该叙述那个妇女所说的内容。

答：（继续）一个8岁的小男孩被送来时，腹部有一个很深的穿透性伤口，刺穿了他的胃部。

沃伦先生[②]：庭长阁下，我以阁下提请证人注意的同样理由表示反对；他应该陈述据

① 弗洛伊德·朱利叶斯（杰克）·马蒂斯（Floyd Julius（Jack）Mattice ,1882-1970），1882年4月30日出生于美国纽约州米德尔堡（Middleburgh），1905年毕业于密歇根大学法学院，长期在印第安纳州做律师，并在印第安纳大学法学院任教。东京审判期间曾担任甲级战犯板垣征四郎（Seishiro Itagaki，1885-1948）和松井石根（Iwane Matsui，1878-1948）的美国助理辩护律师。他于1970年12月29日逝世。

② 法兰克林·爱德华·内德·沃伦（Franklin Edward Ned Warren，1905-1991），1905年2月2日出生于美国堪萨斯州林城（Linn City），1940年10月入伍，此后官至中校，在东京审判的不同时期担任多名甲级战犯的美国助理辩护律师。这些人包括土肥原贤二（Kenji Doihara，1883-1948）、平沼骐一郎（Kiichiro Hiranuma，1867-1952）、松冈洋右（Yosuke Matsuoka，1880-1946）和冈敬纯（Takasumi Oka，1890-1973）。他于1991年4月29日在佛罗里达州塔拉哈希（Tallahassee）逝世。

称是患者告诉他的内容，而不是他的结论，让法庭作出结论。谨请求法庭要求证人就其记忆所及陈述他与这些患者谈话的内容。

庭长：反对有效。

（对萨顿先生说）我想你没有听到我说的话。你需要戴上耳机才能听到我说话。

我说证人必须陈述他与那些伤员的谈话内容。

答：（继续）一名男子住进医院，他的右肩有贯通伤，显然是枪伤，而且——

证人：如果法庭允许，我可以用他当时对我讲的原话来讲述。我应该这样理解吗？

答：（继续）一大群人被押到长江岸边，逐一枪决，他是其中唯一的幸存者。尸体都被推入江中，因此，实际人数无法确定。但他佯装死亡，在黑暗中悄悄离开，来到医院。这名男子姓梁。

另一个是中国警察。他被送到医院时，背部中间有一道很深的伤口。他是被押到城外一大群人当中唯一的幸存者。他们也是先遭机枪扫射，然后受伤者再被刺刀刺穿，以确保将他们杀死。此人名叫伍长德。

一天中午，我们正在家吃饭，邻居们跑进来，对餐桌上的我们几个人说，日本兵正在他们家里强奸妇女。

沃伦先生：庭长阁下，这显然不是对这个证人提问的答复，我们请求法庭要求他回答这个问题，毫无疑问，在进一步的问讯中控方会提到这些内容。

庭长：他应该将回答限于提问的范围之内，但我认为他并未过多地超越问题的范围，这些都是相关的情况。反对被否决。

答：（继续）我们跑出房屋，跟着这些人到他们家。院子里的人们指着门房关着的门。三个日本兵手持刺刀站在院子里。我们推门进入门房，发现两个日本兵正在强奸两名中国妇女。我们把这两个妇女送到金陵大学难民营——那是国际难民委员会监管之下收容大批难民的难民营。

一名男子到医院来，他的下巴被子弹射穿，几乎无法说话。他的身体大约三分之二被严重烧伤。据我们了解，他被日本兵抓住，遭枪击，再浇上汽油，然后点火烧。他两天后死去。

另一个住进医院的男人的整个头部和肩膀被严重烧伤。在还能说话的时候，他告诉我们，一大群人被绑在一起，浇上汽油，然后点火焚烧。他是这群人里唯一的幸存者。

到目前为止我提到过的这些具体的案例，我们都留有照片。

一位60岁的老人胸部被刺刀刺伤住进医院。他的经历是，他从难民区回到城市的另一地区寻找一个亲戚。路上遇到一个日本兵，用刺刀刺伤了他的胸部，把他丢进排水沟里等死。六个小时后他苏醒过来，并到医院来。

在1937年12月13日城市陷落之后的六七个星期内，诸如此类受伤的病例持续不断地来到医院。医院的容量通常是180张床位，而这一阶段的整个时期都人满为患。

问：医生，在此期间，是否有受伤的儿童被送到医院来？

答：我前面提到过一个8岁的男孩。我还想起另外两个案例：

一个七八岁的女孩肘部有个极为严重的伤口，肘关节裸露在外。她对我说，日本兵在她眼前杀害了她父母，并使她伤成这样。

一个15岁的女孩被约翰·麦琪牧师送到医院，说她被强奸了。医院检查也证明这属实。两个月后，这个女孩又来到了医院，身上出现梅毒的继发性皮疹。

问：这些患者是否向你讲述是谁打伤了他们？

答：这些患者只是说他们受到——无一例外——他们说是遭受日本兵的伤害。

问：医生，这两个患者——梁上尉和伍长德——在东京吗？

答：你所说的梁上尉——我认识他的时候，他是中国军队的担架员。他现在在东京，前面提到的警察伍长德也在东京。

……

1946年7月26日，星期五

法庭盘问

由冈本先生[①]盘问：

问：你曾作证说，你们医院的医生、护士在南京陷落前逃跑了。邻近地区的居民不是也一样吗？

答：战前，南京的人口是100万多一些。日军占领南京城时，大多数居民已经离开，人口不到50万。

问：我没有听到具体时间。人口减少到这个数量是在什么时候？

答：是在11月以及12月开头的两个星期。

问：那么你知道在南京陷落之前，大批人已经逃走了？

答：是这样的。

问：你们医院有170张床位，对吗？

答：这个数字通常是180。

① 冈本尚一(Shoichi Okamoto, 1891-1958)，1891年6月11日出生于日本三重县，东京审判时担任甲级战犯武藤章的日本辩护律师。

问：你说这些床位立即就住满了——在南京陷落后立刻就住满了。具体是什么时候？

答：是在南京陷落后的第一个星期内。因为我们没有足够的床位，还有许多患者被拒之门外。

问：你拒收的病人大约有多少？你还记得总数吗，大概的数字？

答：这个我没有办法告诉你，主要是因为我的工作是在手术室，城市被占领后的几个星期里，我大部分时间都在那里日夜忙碌。其他人负责处理门诊病人，在没有床位的情况下，他们不得不把患者拒之门外。

问：你曾经说过，你的许多患者，你医治的这些患者，都有伤口。但是由于翻译不准确，我想指出一个例子。你说有一个约40岁的妇女脖子受伤，肌肉被切断悬挂着。但这是什么造成的？

答：日本军刀。

问：许多其他的伤口不是由于炮弹的碎弹片造成的吗？

答：不是在那个时候。在10月和9月的秋季，当我们遭到许多空袭时，我们收治了许多人，伤口是由碎弹片造成的。但是在我们所说的南京陷落后那段时间里，没有发生战斗。

……

伊藤先生：我是伊藤清[①]，被告人松井石根的律师。

法庭盘问（续）

由伊藤先生盘问：

问：由于我听不懂英语，昨天不能很好地理解你的证词，所以我只想问你这个问题：你说一个中国妇女被日本兵强奸，两个月后出现了梅毒二期的症状。对吧？

答：是的。

问：谢谢你。根据我的观察——当然我是业余的，所以不一定正确——梅毒二期的症状通常是在感染后三个月以上才会出现。这是正确的吧？

答：那是三期。

问：这是否是理论上的差别？我这本书上说是三个月。

答：我敢肯定我不知道那是本什么书。根据我的观察，从六周到三个月的任何时间，

---

① 伊藤清（Kiyoshi Ito，1890-1981），1890年12月7日出生于日本千叶县，1918年毕业于东京帝国大学法科，1925年开业做律师，1942年当选众议院议员，以后曾担任东京第二律师协会的主席和日本律师协会联合会的董事。1946年6月13日至1948年担任甲级战犯松井石根的日本辩护律师。他于1981年6月12日去世。

都可能出现继发性皮疹。

问：好吧，反正根据这本书，我只能得出这样的结论，既然二期要三个多月才会出现，这个女人不可能在两个月前被日本兵感染。

答：你有权发表你的意见，我也有权发表我的意见。

附录十六

美国外交官收集的日军屠杀中国军民暴行照片

陆束屏

1937 年 8 月淞沪开战以来，日军所到之处肆意屠杀当地的乡村民众。8 月 23 日凌晨，日军第十一师团在海军炮火的支援下，在川沙口登陆；同时，日军第三师团在吴淞镇一带发起攻击，与中国守军激战。根据当地以后进行的调查，在此后的 100 天内，日军在罗泾地区屠杀了 2244 名无辜平民，10948 座房屋遭焚毁，数百妇女被强奸。[①] 居住在罗泾韩家宅的幸存者顾庆祯作证，日军登陆之际，韩家宅村子里，除了 14 个人，全村的村民都离村逃难。留下来的村民之中，只有顾庆祯幸存，其他的 13 个人，包括顾的父母，都被日军屠杀了。他因为压在父母的尸体下面，未被日军发现而幸存。[②] 宝山县的村民吴雪生、吴永兴、吴永清描述了家人被日军屠杀的情况：

> 1937 农历年八月初八日上午，东洋兵在东边村庄烧房子，火光冲天，烟雾腾腾。大家只得弃家逃生。后来日本鬼子进了我宅，我亲眼看见邻村回娘家的妇女，鬼子逼她交出洋钿，因不给，就被一枪打死在井边。我伲未出逃的 10 多个人被鬼子关在刘老宅刘洪生家里，生死难测，凶多吉少，得要想法出逃。我伲（吴永兴娘俩、吴桃生夫妻俩）四人，在八月半夜里，趁鬼子归队后逃出去的。未逃走的，我（吴永兴）的祖父母、父亲、哥哥、嫂嫂五人三代被鬼子杀害。新婚的嫂嫂被逼到宅后棉花田里，从下身劈成两片。吴永清的叔父全家 7 人被杀害。吴雪生的父亲被杀在家东沟。

---

① 任晓初、金兆其：《罗泾血案调查记》，收录于上海宝山区政协学习文史委员会编《罗泾祭：侵华日军暴行实录》，上海：宝山区政协学习文史委员会，1997 年，第 196 页。以及本多胜一（Katsuichi Honda）著，《南京大屠杀：一个日本记者面对日本国耻》（*The Nanjing Massacre*：*A Japanese Journalist Confronting Japan's National Shame*），Armonk New York：E. Sharpe 1999，第 31 页。

② “顾庆祯证言”，收录于《罗泾祭：侵华日军暴行实录》，第 14 至 15 页和第 48 页。

十一月份回来，我伲宅上先后被鬼子杀害的有20条人命，其中枪杀的13人，刀杀的3人，逃难时染瘟疫而死的3人，被拉夫去未回失踪的1人。[①]

1937年11月初在杭州湾金山卫登陆的日军第十军也同样残暴地对待当地村庄的老百姓。从11月5日登陆至9日的5天之内，在金山卫地区的村落中屠杀了2933人，烧毁26418座房屋，强奸了389名妇女。[②]与此同时，日军还将俘虏的中国战俘处死。参加金山卫登陆的日本军人火野苇平（Ashihei Hino）在日记中描述了其所在部队在金山卫杀俘的情况：

我因寒冷而醒来，走到室外。此前被电线捆绑在一起的俘虏没有了踪迹。我问附近的士兵发生了什么，他说："我们把他们都杀了。"

我见到被扔进沟里中国军人的尸体。沟槽狭窄，尸体一层层叠放着，其中有些尸体一半浸泡在泥泞的水中。他们真的杀了36人？顷刻间，我既感伤心、愤怒，又感恶心。正要转身离开之际，我注意到奇怪的现象：尸体在移动。我仔细察看，见到一个血迹斑斑、半死不活的中国士兵在尸体堆的最底层移动。也许他听到了我的脚步声；不管是什么情况，他竭尽全力探起身体，直视着我。他痛苦的表情使我震惊。他以恳求的目光，先指着我，然后指着自己的胸膛。我心中没有丝毫怀疑他要我杀他，所以我毫不犹豫。我瞄准了垂死的中国军人，扣动了扳机，他不再动弹了。[③]

日军在上海地区的最高指挥官，上海派遣军司令松井石根，在他1937年9月6日的日记中直言不讳地记载了屠杀500名中国战俘的事实："在这次战斗中，共有500名敌方士兵投降，但后来发现他们有抗拒意图，便将他们全部枪杀。"[④]

身处上海的美国外交人员对日军处死战俘、滥杀无辜百姓的暴行早有所闻，也极为关注，并积极收集情报与证据，向国务院汇报。美国驻上海总领事克莱伦斯·爱德华·高思1938年1月25日向国务卿考德尔·豪尔（Cordell Hull）报告了日军在上海地区的暴行：

---

① 《泣血吴淞口：侵华日军在上海宝山地区的暴行》，上海：上海社会科学院出版社，2000年，第126页。

② 同①，第844至849页。

③ ［日］本多胜一：《南京大屠杀：一个日本记者面对日本国耻》，第11页。

④ ［日］松井石根：《松井石根大将战争日记》，收录于南京战史编辑委员会编纂的《南京战史资料集Ⅱ》，东京：偕行社1993，第31页。

就浦东而言，即使有，也只是为数极少的外国人深入该地区。没有收到外国人就那个地区日军的所作所为提供的信息。中国人的报道，有些无疑是可靠的，揭示中国平民遭到杀害，妇女被强奸，私人财产遭掳掠与焚烧。至于南市，美国医生和传教士报告了一些强奸案，约 80 名中国平民被枪杀，以及日军占领该地区后不久，大批中国人的私人财产遭到焚烧与抢劫。南市的状况正在缓慢地改善，但强奸案仍时有所闻。①

随着日军向西进军，日军沿途所犯暴行的报告也随之传来。美国人在上海出版的周刊《密勒氏评论》登载了美国传教士 11 月 21 日至 12 月 11 日在苏州街头目睹的惨状：杀戮比比皆是，他们“不得不小心翼翼地开车，以避免压到沿路与散落于田间地头的尸体，……我们在日军占领后第一次进城在苏州街头见到的尸体，在那儿横陈了十几天”。② 在电报中高思也报告了日军在苏州的所作所为：

日本军队狂妄而毫无节制地强奸、掳掠的行径令人震惊。一份报告陈述：“我们在苏州的几个教会大院探访之际，必须经过城里最重要的商业和住宅区。我们查看过的每家商店、银行与住宅都被闯入，并见到着军装的日本士兵出入这些建筑，出来时拿着一捆捆丝绸、羽绒被、枕头、衣服等物。这些抢劫并不是干活的士兵个人图财谋利，这些抢劫是为了日本军队的利益，而且我们见到军用卡车装载这些掳掠来的物品这一事实，证明这是在军官知情与同意之下进行的。我们见到日军司令部前停放的一辆大卡车上高高堆放着精美的中国红木家具。日本人在苏州的抢劫极其可怕，但是更糟糕的还有待奉告——日本劫匪强暴所有阶层的中国妇女。受害者的人数众多。”③

日军分别于 1937 年 12 月 10 日与 13 日攻占芜湖、南京之后不久，美国传教士记录的日军在这两座城市的暴行材料便经由英美舰船带到上海。高思及时于 1938 年 1 月 5 日向国务卿转发了这些材料。在芜湖总医院工作的罗勃特·埃尔斯渥兹·布朗医生（Dr.

---

① ［美］C. E. 高思：135 号电报，1938 年 1 月 25 日下午 3 时，美国国务院文件编号 793.94/12207，原件藏美国国家第二档案馆，第 59 档案组国务院档案，微缩胶卷 M976 第 49 卷。

② 《苏州梦魇》（“Soochow Nightmare”），《密勒氏评论增刊》（*The China Weekly Review Supplement*）1938 年 3 月 19 日，第 24 页。

③ ［美］C. E. 高思：135 号电报。

Robert Ellsworth Brown）报告了日军在当地肆意屠杀平民百姓、强奸妇女的情况：

自从日军10日抵达以来便笼罩在残酷无情的恐怖之中，在我个人的经历中，日军远比任何中国军人残暴。从医院的窗口，我们见到日军在路上拦截手无寸铁的平民百姓，搜身，没有找到什么，便平静地用枪弹击穿他们的头颅。我们看见日军如同猎手猎杀兔子般射杀奔逃的平民百姓。那些由于已被抢劫多次，没有东西再给强盗，或是因为没有按要求交出他们的女人，而遭军刀砍、被刺刀刺的人，一个接着一个地送到我们医院来。今天上午，一个可怜的人被送到我们这儿来，他的头有一半在后颈部被砍开，喉部在前面被砍到气管，左面颊被砍削至嘴巴，这一切都是因为他没有交出他们要求的女人。[①]

金陵大学历史教授马内·舍尔·贝茨（Miner Searle Bates）于12月15日记叙了日军攻占南京后的暴行：

然而，两天之内，频繁的屠杀、大规模无甚规律可循的掳掠，以及毫无节制地骚扰私人住宅，包括侵犯妇女的人身安全，而使得所有对前景的展望毁灭了。在城市各处走访的外国人报告说，街头横陈着很多平民的尸体。在南京市中心地区，他们昨天数了一下，大约每一个街区都有一具尸体。相当大比例的死难平民是在日军进城的13日下午与晚间遭枪击或被刺杀遇难的。任何因恐惧或受刺激而奔跑的人，黄昏后在街头或小巷中遇到游荡巡逻队的人极有可能被当场打死。这种严酷虐杀的绝大多数甚至都没有任何可以揣度的借口。屠杀在安全区内持续着，也发生在其他地区，很多案件为外国人与有身份的体面中国人亲眼所见。有些刺刀造成的伤口野蛮残酷至极。

日军将成群的男子作为当过中国兵的人加以搜捕，捆绑起来枪杀。这些军人丢弃了武器，有些人脱掉了军装。除了四处抓来临时为日军挑运掳掠品与装备的人，还有实际上，或显然是成群押往刑场的人之外，迄今为止，我们没有发现日本人手上留有俘虏的痕迹。在日军的逼迫下，当地的警察从安全区内的一栋建筑里挑出400个人，每50个人一组地绑在一起，由持步枪与机枪的日本兵在两旁押送走。给旁观者所作

① ［美］C. E. 高思：《日军攻占后芜湖的状况与美国旗事件，以及南京的情况》（Flag Incident at Wuhu and Conditions There and in Nanking After the Japanese Occupation），1938年1月5日，美国国务院文件编号811.015394/29，原件藏美国国家第二档案馆，第59档案组国务院档案，第4785文件盒。

的解释使人们对这些人的命运不会有任何疑问。[①]

在南京大使馆工作的副领事詹姆斯·爱斯比 1938 年 1 月 25 日编撰，详述日军暴行，长达 137 页的报告《南京的状况》，也是先由炮艇送到上海，再经美国驻上海总领事馆打印出多份，重新组装，发往汉口、华盛顿与东京。

1938 年 2 月，高思总领事回国休假。在美国驻北平大使馆工作的洛克哈特参赞调到上海，在高思休假期间代行总领事的职责。弗兰克·布鲁特·洛克哈特（Frank Pruit Lockhart，1881－1949）1881 年 4 月 8 日出生于得克萨斯州的匹兹堡（Pittsburg），毕业于格莱逊（Grayson）学院，1914 年进入外交界，担任国务院远东事务助理主任，1925 年 4 月出任美国驻汉口总领事，1931 年任驻天津总领事，至 1935 年调往驻北平大使馆任参赞，1938 年 2 月 14 日至 9 月 19 日任驻上海总领事，暂时接替休假的高思。高思在上海总领事的任上直至 1940 年提升为美国驻澳大利亚大使馆公使。洛克哈特 1938 年 9 月 20 日以后仍回北平大使馆工作直至 1940 年接替高思正式出任上海总领事至珍珠港事件爆发，他和总领事馆的外交官均被日军羁押 6 个月。战后他曾担任国务院远东事务部主任，1949 年 8 月 25 日在华盛顿去世。

接替高思后，洛克哈特积极收集、报告有关日军暴行的材料。1938 年 5 月，日军攻占徐州后，其暴虐的行径和在上海、南京如出一辙。在徐州工作多年的美国传教士医生阿契鲍德·亚历山大·麦克法瑾[②]，也就是 1938 年 1 月 6 日进入南京的三位美国外交官之一的小阿契鲍德·亚历山大·麦克法瑾的父亲，在 1938 年 7 月向洛克哈特总领事详细报告了日军在徐州的暴行：

> 日军从西边攻入城市——沿途烧毁村庄、杀人、强奸。日军在穿越城市的过程中，砸开每一扇门，百分之百的房屋遭到洗劫——唯一的例外是那些悬挂着外国国旗的房舍。日军占领的第一、第二天，在我们的难民营以外，很少有妇女能逃脱被强奸的厄运。许多受害者是 12 至 15 岁的女孩，我们的避孕诊所一直忙得不可开交。我们医院电工的两个年轻女儿在第一天晚上被强奸多次。第二天，两三个全副武装的日本兵结

① ［美］C. E. 高思：《日军攻占后芜湖的状况与美国旗事件，以及南京的情况》（“Flag Incident at Wuhu and Conditions There and in Nanking After the Japanese Occupation”），1938 年 1 月 5 日，美国国务院文件编号 811.015394/29，原件藏美国国家第二档案馆，第 59 档案组国务院档案，第 4785 文件盒。

② 阿契鲍德·亚历山大·麦克法瑾（Archibald Alexander McFadyen，1877-1944），详见 P344 注①。

伙游荡，时常强行闯入我们收容妇女的教会大院；他们通常索要的，依次为酒、女人、香烟、火柴。……①

在为转发麦克法瑾的信件而起草的报告中，洛克哈特总领事评论道："标志着日军进入南京疯狂而毫无节制的掳掠、强奸、酗酒与谋杀在徐州重演。因此，不管肇因如何，日本军队的这种暴虐的倾向便是其特征，并且只有外国人在事发现场，外国人才对之确信，这似乎是合理的推断。"②

1938 年 9 月 16 日洛克哈特总领事向国务卿发送了一份简短的绝密报告。起草这份报告是为了传送美国外交人员获得的 13 张日军屠杀中国军民的照片。洛克哈特一定是在接获这些照片不久，认真核实了它们的出处与可靠性之后，即将照片翻拍加印多份，起草报告，迅速将这些照片用加密外交邮包寄往华盛顿，再由信使将副本送往美国驻东京大使馆。

洛克哈特在报告中特别指出，"照片从可靠的人士处获得。此人声称大部分照片是以日本军人送到照相馆冲洗的底片加印而成"。同时还提到，"日本人有拍照的嗜好，仔细审视第八张照片，可见一军人持照相机，显然在取景拍照"。③以此来佐证这些照片很有可能是那些嗜好照相的普通日本兵拍摄的。接着，他对每一幅照片附加文字进行讲解。对第 8 至第 11 幅照片，洛克哈特分析道，这些"照片显示日本军人正在行刑刺杀明显是身着军装的中国俘虏。在许多日军部队在场的情况下行刑，很显然，这些军人被专门派遣来执行这些行刑杀人的行动"。对第 13 幅照片，他指出，照片"在上海的极士非而路桥附近拍摄，日本军人推着一部外国人设计的婴儿车"。④以此试图揭示日本军人确实掳掠外国人的财物。

寻获这批照片是美国外交官追踪、收集日军暴行报告及证据一系列努力中最成功的一次，因为这批珍贵的图像资料是不久之前日本军人在屠杀的现场拍摄的，以最可靠的直

① ［美］A. A. 麦克法瑾:《徐州事件》(Hsuchowfu Incidents)，弗兰克·P. 洛克哈特所撰《日军攻入江苏省徐州后掳掠、强奸与谋杀》("Looting Raping and murder by the Japanese Army on Entering Hsuchow Kiangsu Province")报告的附件一，1938 年 7 月 29 日，美国国务院文件编号 793.94/13752，原件藏美国国家第二档案馆，第 59 档案组国务院档案，微缩胶卷 M976 组第 56 卷。

② ［美］弗兰克·P. 洛克哈特:《日军攻入江苏省徐州后掳掠、强奸与谋杀》，美国国务院文件编号 793.94/13752，1938 年 7 月 29 日，原件藏美国国家第二档案馆，第 59 档案组国务院档案，微缩胶卷 M976 组第 56 卷。

③ ［美］弗兰克·P. 洛克哈特:"日军行刑杀人的照片"("Photographs of Executions by Japanese Armed Forces")，1938 年 9 月 16 日，美国国务院文件编号 793.94/14040，原件藏美国国家第二档案馆，第 59 档案组国务院档案，第 4462 文件盒。

④ 同③。

观的图像向美国国务院的上级官员证实日军在华的暴行。爱利生在1938年1月5日向国务卿报告了日军攻占芜湖后肆意杀人、掳掠的暴行："日军占领最初的一个星期里'残酷对待并屠杀平民，肆无忌惮地掳掠破坏'城内的私人财产。"[①]然而，在美国国务院与东京的美国官员对这一较为抽象而概括的描述颇为怀疑，而有微词，并质询报告的真实性与可靠性。对此，爱利生于1938年1月22日发电报，用更多的日军暴行例证证明他们的报告情况属实：

在我1月8日[②]下午4时发自芜湖的电报中报告了日军在占领后最初一周内"残酷对待并屠杀平民，肆无忌惮地掳掠破坏私人财产"。此后，1938年1月9日的报告，该报告的一个寄给东京的副本于1月10日从南京发往上海，详细报告了芜湖的情况，其中作为附件包括一份由美国传教士写的有关日军在该城市所作所为的报告。

在1月6日下午5时的电报里，我报告了当地美国居民讲述的"骇人听闻的肆意屠杀中国平民、强奸妇女的情况，有的就发生在美国人的房产上"，以及在我1月18日下午4时发的27号电报中，提供了从美国人房产上强行掳掠走中国妇女的进一步例证。用电报发送完整详细的暴行报告，我觉得不妥当，但是一份详细的报告正在准备之中，不久将以安全的方式送往上海。[③]然而，可以说上面提及的东京电报中报告的事实在此经核实完全属实，本使馆存档了负责任的美国公民的书面陈述，证明占领南京后日军士兵极端野蛮的行径，而军官没有明显加以制止。

情况虽然有所好转，军纪并未完全恢复，我仍持续收到美国居民平均每天3次或4次在安全区内的强奸，或图谋强奸案件的报告。还有多少没有引起美国人注意的案件发生，那根本就不可能说得清。日本人现在想方设法迫使中国难民回到位于安全区外面的家里，但是，很多人不愿意回去，因为很多回去的人被抢劫，遭强奸，在数起案件中，还有人被日本兵刺死。这些事件的记录都已在本使馆存档。[④]

正是由于要面对这类疑问与质询，美国外交官不厌其烦地追踪、收集证据确凿、内容翔实、事例具体详细的日军暴行报告，向上级汇报。毫无疑问，这批图像资料提供了最

① ［美］约翰·A.爱利生：第4号电报，1938年1月5日下午4时，美国国务院档案编号793.94/11974。原件藏美国国家第二档案馆，第59档案组国务院档案，微缩胶卷M976组第48卷。

② 此处日期应为1月5日。

③ 此处指副领事爱斯比于1938年1月25日编撰完毕的题为《1938年1月南京的状况》的长篇报告。

④ ［美］约翰·A.爱利生：第32号电报，1938年1月22日中午，美国国务院档案编号793.94/12176，原件藏美国国家第二档案馆，第59档案组国务院档案，微缩胶卷M976组第49卷。

可信赖、无可辩驳的证据。

这些照片的珍贵之处首先在于获得与上报它们的时间，以及上报给最高层次的美国当局这一事实。虽然，这些图像资料对于今天的公众来说并不陌生，似曾相识于某个别的场合，但是美国外交官早于1938年9月在这些记载的暴行发生后不久，便获得这些证据，并立即上报给美国当局，而中国当局要迟至七八年之后，在抗战结束后的1945年底或1946年初全面调查日军在南京的战争罪行时，才获得其中一些照片，又过了若干年才公之于众。

这组图像资料被美国外交官收集、存档、上报给美国国务院是其另一珍贵之处。由于外交官的身份与工作性质，他们不可能随便将一些来路不明、价值不大、证据不够确凿的材料上报。然而，被他们认可为货真价实的日军暴行证据，便具有相当高的权威性而值得信赖。因为他们在收集到材料后，会认真仔细地分析、核实，论证这些照片的出处、真实性与可靠性。在确定它们是准确无误、令人可信的日军暴行的图像记载后，洛克哈特才会上报给国务卿。而这些图像资料同时也进一步证实了美国外交官此前多次上报的有关日军在中国各地所犯暴行的文字材料。

今天，我们已经无法知晓美国外交官是通过什么途径在1938年9月获得这些极其珍贵，同时也会危及收藏人生命安全的照片的。然而，美国特工或线人在这些记载的屠杀发生后不久便查访到照片的存在与下落,进一步成功地说服身处危险境地的当事人提供照片。这一方面毫无疑问地彰显了美国外交官收集日军暴行证据的决心与能力，另一方面也显示了美国特工或线人在收集此类情报中展示的精明强干与高效率。

虽然我们无法确知这些照片记载的是日军在何时何地屠杀中国军民，但是根据图像中人员的衣着、所处环境来分析，前两幅照片似乎是在淞沪会战时，俘获的中国战俘；第3至第6幅拍摄了在长江三角洲地区或徐州会战地区屠杀军民；而第7至第11幅应该是南京大屠杀期间的某个集体屠杀的场面。

在此，将洛克哈特总领事1938年9月16日报告全文翻译成中文，并将影印的该报告英文原文与13幅照片附录于后。

793.94/14040

美利坚合众国
外交机构

编号 1668

保密

美国驻上海总领事馆

1938 年 9 月 16 日于上海

文件主题：日军行刑杀人的照片[①]

华盛顿，

尊敬的国务卿[②]

先生：

我非常荣幸地附上或许会引起关注的日军行刑杀人与其他活动的一套 12[③] 幅照片。照片从可靠的人士处获得。此人声称大部分照片是以日本军人送到照相馆冲洗的底片加印而成。众所周知，日本人有拍照的嗜好，仔细审视第八幅照片，可见一军人持照相机，显然在取景拍照。

第一、第二幅照片为日本军人与被俘的中国男青年。

第三、第四幅照片展现一次行刑杀人的场面。

第五幅照片显现的也是一次行刑杀人。

第六幅照片中一身着海军制服的日本人手持一个人头，被砍掉头颅的身躯在他脚下。

第七、第八、第九、第十与第十一幅照片显示日本军人正在行刑刺杀明显是身着军装的中国俘虏。在许多日军部队在场的情况下行刑，很显然，这些军人被专门派遣来执行

① 原件藏美国国家第二档案馆，第 59 档案组国务院档案，第 4462 文件盒。

② 当时的国务卿为考德尔·豪尔（Cordell Hull，1871-1955），他从 1933 年至 1944 年担任国务卿，是美国历史上任职最长的国务卿。

③ 原文如此，应为 13 幅。

这些行刑杀人的行动。

第十二幅照片里中国农民在乞求怜悯。

第十三幅照片在上海的极士非而路桥[①]附近拍摄，日本军人推着一部外国人设计的婴儿车。

满怀崇敬地
美国总领事
弗兰克·P. 洛克哈特

附件：
上述 13 幅照片
一套照片
800RPB MB
一个副本
副本由信使送往驻东京大使馆

① 极士非而路桥（Jessfield Bridge），今万航渡路桥。

1938 年 9 月 16 日，美国驻上海总领事弗兰克・P. 洛克哈特给美国国务卿发送的外交文件

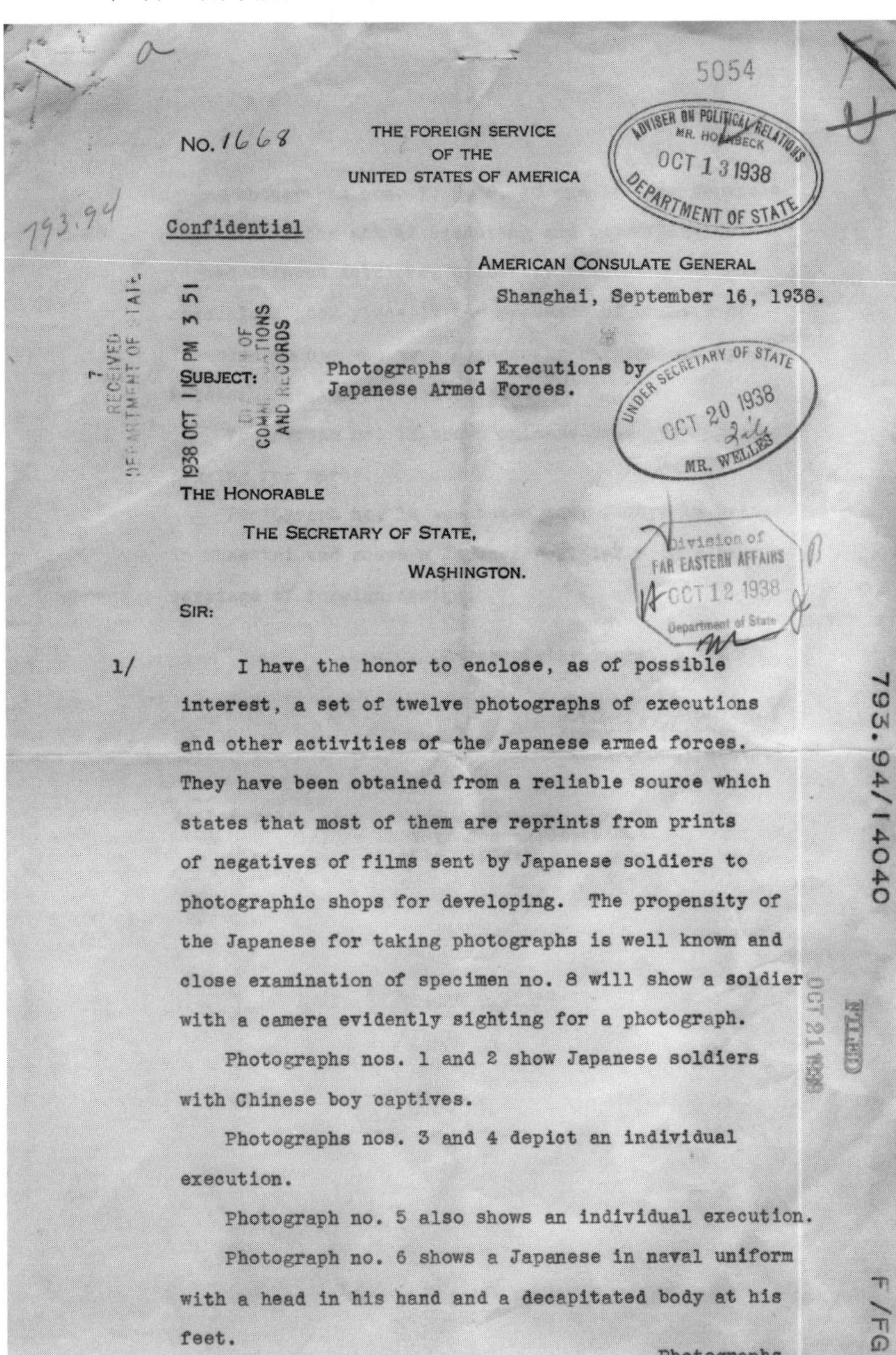

5054

No. 1668

THE FOREIGN SERVICE
OF THE
UNITED STATES OF AMERICA

ADVISER ON POLITICAL RELATIONS
MR. HORNBECK
OCT 13 1938
DEPARTMENT OF STATE

793.94

Confidential

AMERICAN CONSULATE GENERAL
Shanghai, September 16, 1938.

RECEIVED
DEPARTMENT OF STATE
1938 OCT 11 PM 3 51
DIVISION OF
COMMUNICATIONS
AND RECORDS

SUBJECT: Photographs of Executions by Japanese Armed Forces.

UNDER SECRETARY OF STATE
OCT 20 1938
MR. WELLES

THE HONORABLE
THE SECRETARY OF STATE,
WASHINGTON.

Division of
FAR EASTERN AFFAIRS
OCT 12 1938
Department of State

SIR:

1/ I have the honor to enclose, as of possible interest, a set of twelve photographs of executions and other activities of the Japanese armed forces. They have been obtained from a reliable source which states that most of them are reprints from prints of negatives of films sent by Japanese soldiers to photographic shops for developing. The propensity of the Japanese for taking photographs is well known and close examination of specimen no. 8 will show a soldier with a camera evidently sighting for a photograph.

Photographs nos. 1 and 2 show Japanese soldiers with Chinese boy captives.

Photographs nos. 3 and 4 depict an individual execution.

Photograph no. 5 also shows an individual execution.

Photograph no. 6 shows a Japanese in naval uniform with a head in his hand and a decapitated body at his feet.

Photographs

793.94/14040

FILED
OCT 21 1938

F/FG

1938 年 9 月 16 日，美国驻上海总领事弗兰克・P. 洛克哈特给美国国务卿发送的外交文件

5055

-2-

Photographs nos. 7, 8, 9, 10 and 11 show Japanese soldiers in the act of executing and bayoneting uniformed Chinese soldiers, evidently prisoners. These executions took place in the presence of numbers of Japanese troops and were apparently carried out by soldiers detailed for the purpose.

Photograph no. 12 shows Chinese peasants apparently begging for mercy.

Photograph no. 13 was taken near Jessfield Bridge in Shanghai and shows a Japanese soldier with a baby carriage of foreign design.

Respectfully yours,

Frank P. Lockhart
Frank P. Lockhart
American Consul General

Enclosures:
1/13/- Photographs as described.
Single copies.

800
RPB MB

In Single Copy

Copy to Embassy, Tokyo, by Courier.

1938 年 9 月 16 日，美国驻上海总领事弗兰克·P.洛克哈特给美国国务卿发送的日军屠杀中国军民的照片